革マル派 五十年の軌跡 第二巻

革マル派の結成と新たな飛躍

政治組織局 編

あかね図書

『革マル派　五十年の軌跡』の刊行にあたって

ソ連軍の戦車によって無慈悲にも蹂躙されたハンガリー労働者人民と彼らのソビエト。悲劇的なこの革命の魂をうけついだ若き哲学者・黒田寛一によって、わが日本の反スターリン主義運動は創造された。そして、同志黒田寛一に導かれつつ、われわれは、革命的共産主義者同盟の三度にわたる決して避けて通ることのできなかった分裂を経て、〈反帝・反スターリン主義〉を背骨とし革命的マルクス主義の思想と理論で武装した革共同・革マル派を結成した。あれからはや五十年。われわれの果たすべき歴史的使命からするならばたとえ蝸牛の歩みであったとしても、われわれはいまや日本における真実のプロレタリア前衛党としての確固とした地位を築くとともに、世界に向かってはばたきつつある。

かつては全世界の労働者人民は「社会主義」ソ連邦を「平和の砦」と信じ「労働者の母国」と信じて疑わなかった。しかし「社会主義」はやがて「圧政」の別名となり、そしてついにスターリニスト・ソ連邦は歴史の中に没し去った。だが、クレムリン官僚によって壊滅させられたハンガリー革命が全世界のプロレタリアートに突きつけたあまりにも深刻かつ大きな問題、「スターリニズムの超克」という問題は、思想的にも現実的にも解決されたわけではまったくない。それどころか、末期資本主義の死の苦悶にあえいでいる帝国主義諸国の政府＝ブルジョア支配階級は、スターリン主義ソ連圏との対抗から解き放たれたことのゆえに、「資本主義の勝利」を喧伝しながら、いまや容赦なく労働者階級に「古典的貧困」と「古典的階級分裂」を強制し、彼らを日々餓死線上にさらしているのである。

だがしかし、スターリン主義ソ連邦の「世紀の崩落」は、「社会主義の壮大な実験の失敗」を意味するのではまったくない。日本の反スターリン主義運動が一貫して暴きだしてきたように、それはニセ・マルクス主義としてのスターリン主義の必然的な破産なのであって、労働者階級を一切の悲惨から解放しかつ人類破滅の危機をうち破る道を指し示しうるのは、ただマルクス思想だけなのである。全世界のすべての労働者は、今こそこのことに目覚めなければならない。まさしくこのゆえに、∧反帝国主義・反スターリン主義∨を掲げて闘う世界に冠たるわが革命的共産主義運動に課せられた責務は重かつ大なのである。

こうした責務をなしとげるためにこそ、同志黒田寛一を先頭にわが運動の先達たちが、その時々の歴史的現実に実存することによって必然的に課せられた諸問題にたいしてどのように対決してきたか、その血と汗にまみれた格闘の足跡を、今を生きかつ闘うわれわれ一人ひとりが追体験し主体化するのでなければならない。われわれは人間社会史の創造的尖端にたつためにこそ、われわれの運動の軌跡をふりかえるのであり、そしてわが運動の革命的伝統を絶えず場所的に創造してゆくのでなければならないのである。

そして同時にわれわれは訴える——この地球上からあらゆる戦火と圧政と貧困と悲惨をなくすことを熱願するすべての人々が、∧反帝・反スターリン主義∨の旗のもとに結集されんことを！

最後に、今は亡きわが運動の創始者・同志黒田寛一に、志半ばにして無念にも国家権力の謀略的殺人攻撃に斃れた八十数名の同志に、そしてすでに鬼籍に入った同志たちに、本書を捧げる。

二〇一四年六月

日本革命的共産主義者同盟 革マル派　政治組織局

第二巻について

全四巻＋別巻一の五冊で構成される『革マル派　五十年の軌跡』、その第二巻『革マル派の結成と新たな飛躍』は、一九六二年秋以降一九七〇年代末までを扱っている。

第二巻の「第一部　革共同第三次分裂」には、ブクロ官僚一派との分派闘争の渦中においてこの闘いにかちぬくために、同志黒田寛一が執筆した多くの未公開文書を収録した。

「第二部　反戦・反安保・沖縄闘争の革命的高揚」は、革マル派の結成以降一九七〇年までのわが同盟の、怒濤の前進の足跡を記している。わが反スターリン主義運動は、開拓された組織現実論を武器として、労学両戦線においてその勇姿をあらわし、新たな地平を切りひらいたのである。

「第三部　謀略粉砕闘争の勝利」は、「革命のヒドラ」として成長するわが革命的左翼を破壊するために国家権力が、権力の走狗集団に転落したブクロ＝中核派や社青同解放派を追認者として従え「内ゲバ」を装ってしかけてきた謀略攻撃にたいして、われわれが多くの同志たちの貴い命を奪われながらも一致団結しついにこれをうち砕いた、一九七〇年代末までの血みどろの闘いを記している。

なお「第二部」と「第三部」の最後には、革マル派のいくつかの大会における黒田議長の基調報告を収録した。これまで未公開であったこれらの文書には、いつの時代にもわれわれが真実の前衛党を建設するために真剣な内部闘争を繰りひろげていた、その足跡が刻まれている。組織建設に全身全霊を捧げた同志黒田寛一の心の底からの訴えを、われわれは現在のわが党建設に生かすのでなければならない。

凡例

一、本書に収録した諸論文・諸文書はほとんどが書きおろし、または初出であるが、一部再録もある。巻末の収録論文一覧を参照されたい。

一、黒田寛一の初出の諸文書はほとんどが横書きである。本書に収録するにあたっては、縦組みとした。

一、黒田寛一の論稿やレジュメには人名・書名・日付・カテゴリーなどの略記が多い。その表記にあたっては、生前に黒田が自らの著書の刊行にあたっておこなった整序を参考にした。

一、欧文で表記された外国人名・カテゴリー等は、初出箇所に〔 〕で読み方を補った。

一、本書の文字表記は、旧字体は新字体に、旧仮名遣いは現代仮名遣いに改めた。ただし、一部の文書については、その歴史的意義にふまえ当時の表記のままとした。

一、※は著者による註記であり、( )〔 〕は著者による補足および註記である。＊は編集者による註記であり、［ ］は編集者による補足および註記である。

革マル派　五十年の軌跡　第二巻

革マル派の結成と新たな飛躍／目次

第一部 革共同第三次分裂

第二部　反戦・反安保・沖縄闘争の革命的高揚　一九六〇年代

第三部　謀略粉砕闘争の勝利　一九七〇年代

装丁　岩屋鉄夫
函の英字　黒田寛一

《全巻の構成》

第一巻　日本反スターリン主義運動の創成　(既刊)
第二巻　革マル派の結成と新たな飛躍
第三巻　真のプロレタリア前衛党への道
第四巻　スターリン主義の超克と諸理論の探究
別　巻　革命的共産主義運動の軌跡　〈年表〉と〈写真〉

第一部　革共同第三次分裂

概説

革共同内ブント主義者との決別と革マル派の結成

日本革命的共産主義者同盟（革共同）の第三次分裂は、「わが同盟の内部に移植され発芽した「ブント主義」、つまり変形されて成長したブント主義としての大衆運動主義＝労働運動主義的偏向、これから決裂するために決してさけてとおることのできなかった革命的な闘いであったのだ。」（黒田寛一「わが革命的共産主義運動の特質」『革命的マルクス主義とは何か？』所収、二七五頁）

一九五六年のハンガリー革命以後トロツキストとの二度にわたる分派闘争にかちぬき、さらに「壮大なゼロに終わった」といわれた六〇年安保闘争における国鉄労働者たちの6・4反安保政治ストの実現と、これへの全学連の支援闘争――指導性を喪失したブントに代わって日本マルクス主義学生同盟（マル学同）の指揮のもとで繰りひろげられたそれ――とに象徴される〝珠玉の闘い〟をつうじて、新しい真の労働者党の萌芽たるの実を示したわが革共同。ブントの空中分解と反代々木戦線の四分五裂のなかで、この革共同・全国委員会のもとには、元ブントの〝革命家〟たちが続々と参集してきただけでなく、多くの労働者や学生たちが結集してきた。労働戦線では、日本マルクス主義青年労働者同盟（マル青労同）が結成され、国鉄や全逓をはじめとするいくつかの戦線に産別労働者委員会もつくられた。また学生戦線では、マル学同の指導のもとに全学連が革命的学生運動を繰りひろげはじめた。こうしてわが革共同は、一九六一年秋以降の「米・ソ核実験反対」の反戦闘争や一九六二年の春闘および参議院選挙闘争をたたかった。

たしかにわが同盟が革命的共産主義運動の新しい地平をきりひらきつつあったことは事実である。だがこうした新たな段階において、革共同に流入したブント主義者どもは、わが同盟の基本的な運動＝組織路線および党建設路線にかんするすでに芽生えさせていたゆがみを、ますます増幅しはじめたのであった。しかも、同志黒田がこれらブントからの流入分子たちの思想変革のために粉骨砕身していたにもかかわらず、破廉恥にもこれらブント主義者どもの〝頭目〟におさまりかえったのが、抜きがたいブント・コンプレックスのゆえに早くも一九六一年夏ころから大衆運動主義的偏向に陥没しはじめていた書記長・武井健人（本多延嘉＝当初の組織名は「田宮健二」）であった。

この武井は、一九六二年九月二十三〜二十四日に千葉県下の某旅館で開催された革共同第三回全国委員総会（三全総）において、「社共にかわる第三の潮流」路線というべきものを提起し、〝いまやわが革共同・全国委員会は第三の潮流としてたちあらわれなければならない。そのためには従来の古いスタイル、古い活動の方法と形態を克服し、新しい活動の方法と形態を追求しなければならない〟ということをがなりたてはじめた（武井の第一報告「日本革命的共産主義運動の飛躍的前進のために」）。

①われわれの運動の創成期には不可避であったさまざまな小児病的セクト主義のカラを破り、たたかう労働者との大胆な交流をつくりだすこと。要するに「ケルンの組織化の段階はすでに終わった。これからは運動をやる段階だ」（広田広）ということ。②そのためには「戦闘的労働運動の防衛」のための「戦術の精密化」をはかること。「戦術の精密化」とは、後に野島三郎が書いた「政治局通達」第二号「動力車の闘争について」（十一月二十三日付）に典型的に示されるような「二段階戦術」

をさす。③また、そのためにも党建設にかんしては「地区党」の建設に重点を移すこと。――これが、政治局内多数派の主張の骨子であった。

革共同第三次分裂を導いた内部闘争上の諸問題は、(1)統一行動とマル学同建設にかんする問題、(2)キューバ危機をめぐる反戦闘争にかんする問題、(3)動力車労組の運転保安闘争にたいする二段階戦術をめぐる問題、(4)参議院選挙闘争にかんする問題、(5)地区の党組織建設と産業別労働者委員会の強化にかんする問題、などである(『日本の反スターリン主義運動 2』八〇〜八三頁などを参照)。この内部闘争を、追求された理論問題という観点から整理すれば、次のようにいえる。

(A)「米・ソ核実験反対」闘争の過程でつかみとられた運動づくりと組織づくりとの弁証法的関係にふまえて、政治局内多数派の大衆運動主義を克服し、黒田を先頭にわが先達たちは、運動＝組織論をどのように深めていくか、ということを追求しようとしたのであった。

(B)大衆運動と党づくりの関係を切断すると、まずもって大衆運動を戦闘的に展開し・そのあとで戦闘的部分をわれわれの側に獲得するという段階的な思考法が必然的に出てくる。それが政治局内多数派の「二段階戦術」論なのである。「最初は大衆の憤激にのっかって「実力闘争を断固としてたたかえ」ということだけを言い、社会党・共産党の裏切りが誰の目にも明らかになった時点ではじめて社・共の裏切りの直接的暴露をやるべき」という彼らのこの「二段階戦術」論にたいして、われわれは、われわれのうちだす戦術は∧反帝・反スターリニズム∨戦略の現実的適用にもとづくとともにわれわれの組織戦術にふまえたそれ(つまり闘争＝組織戦術)でなければならないことを主張した。

(C)政治局内多数派は、「党とは本来地区的なものであるから地区党をつくれ」とか「全国委の地区かマル青労同の地区かの区別だてに苦慮することなく地区党をつくれ」とか「革共同機関紙『前進』とマル青労同機関紙『最前線』とを合併する」（武井）とかと主張した。これにたいして、われわれは――「企業別労働組合の産業別勢揃い」というこの労働組合運動の日本的特殊性に根ざして――産業別労働者委員会を基礎に産業別の労働運動を左翼的に推進することをつうじて労働者細胞を横に拡大し、これを基礎として種々の労働者細胞群から構成される地区的組織とその指導部を確立することをめざしてたたかう、という基本路線を堅持するべきことを主張した（ちなみに本多は一九六二年七月ころから、「来春までには革共同とマル青労同とを合併して、たとえば「共産主義労働者党」などという名称の新たな党をつくる」という腹の内をもらしはじめていたという）。

（D）　さらに、政治局内多数派との分派闘争の推進のただなかで次第に明らかになってきたことは、党組織本質論または党組織そのものの本質観における分裂であった。同志黒田らがおしすすめた内部思想闘争にたいして、政治局内多数派の官僚どもは「組織規律」をふりかざしながらこれを抑圧し、組織を官僚主義的に統制し支配する挙に出た。まさしくこのゆえに同志黒田らは、官僚どもによるわが反スターリニズム運動の基本路線の歪曲に抗して、断固たる分派闘争を実現し、革命的マルクス主義派を創造するためにたたかったのである。

武井を先頭とする政治局内多数派の連中は、いつも前進社にタムロして、機関紙『前進』づくりやビラづくりばかりをやっていた。彼らは、労働戦線の同志たちがどのようにたたかっているかということについても、また地方組織の状況についても、ほとんど何も知らない。しかも官僚どもの〝論議〟はまったくムード的で、このゆえに『前進』には「スターリニスト帝国」という言葉が乱舞したり（北川・山村・武井・広田）、「実力闘争でたたかえ」という呼号しかない〝方針〟で『前進』の紙面が埋め尽くされたりした。これにたいして黒田は、一九六一年秋以降の激務のなかで右眼の視力を完全に失っていたことのゆえに前進社に出向くことはほとんどなかったが、いわゆる「幹部教育」のためにマル学同員たちとの論議を繰りひろげ、また労働者大学には必ず出席して国鉄戦線や全逓戦線をはじめとする労働者同志たちとの論議をつづけていた。要するに政治局内多数派の「三全総路線」なるものは、現実の労働者・学生の闘いから完全に浮きあがった官僚の「六〇年闘争を上回る壮大な闘いを革共同のもとでいま一度……」という淡い願望以外のなにものでもなかったのである。

それだけではない。ブクロ官僚によるかの悪名高き「二段階戦術」の強制は、国鉄戦線では木っ端微塵に粉砕されたが、地方などでは一定の混乱を現実にうみおとした。たとえばある地方では、わが労働者が「実力闘争でたたかえ」ということだけを言って歩きまわったが、闘争が終わると何の成果も残らない、といった事態がうみだされた。またある地方の社青同（社会党傘下の青年組織）の書記長というポストにあるわが同盟員が、わが同盟のビラをそっくりそのまま・ただ「革共同」あるいは「マル青労同」という所だけを「社青同」に書き換えて撒いたところ、「社青同はすばらしい」ということで結局のところ社青同を強化してしまった、という事態もうみだされた。さらに「産別委員会＝細胞＝地区党」といった素朴きわまりない理解にもとづく「地区党づくり」の上からの号令は、組織的混乱と一定程度の組織の分散化をもうみだしたのであった。

ところで、革共同第三次分裂の発端は三全総であったといえる。すでに同志黒田は、一九六一年の五月以降の「共学同」問題、六一年秋からの「米・ソ核実験反対」の反戦闘争における左翼的偏向の問題、そして一九六二年春の参議院選挙闘争への取りくみの問題などをめぐって、また同年七月の全学連第十九回大会において清水丈夫が「他党派を暴力的に解体する」という路線を打ちだしたことをめぐって、ブントからの流入分子を変革するための思想＝理論闘争を執拗に繰りひろげてきていた。けれども、三全総において同盟指導部が提起した大衆運動づくりにかんする・また党建設にかんする基本路線は、ブント主義まるだしのものであり、わが反スターリン主義運動のそれから完全に逸脱したものであった。まさにこのゆえにこの「三全総路線」なるものをうち砕くために、同志黒田らは、政治局内多数派との断固たる思想＝理論闘争の組織的推進に突入したのだからである。

一般に革命的組織というものは、様々の問題に遭遇し生き物のように絶えず動いている。このゆえに、ある意味では当然にも種々のゆがみもまた出てくる。このゆがみを、その発生根拠（認識論的・組織論的根拠など）にまでほりさげつつ批判と自己批判と相互批判をつうじて克服し止揚し、これをつうじて組織の全体および個々の組織成員が思想的にも組織的にも成長していくのでなければならない。だから、組織内部の思想＝理論闘争の絶えざる推進は、組織の生動性を保障するとともにその成長を促すものなのである。そして論争が膠着したようなばあいには、この思想闘争を組織的に推進することもまた、必要となる。しかも重大な組織的危機が発生したようなばあいには、党内フラクションをつくりさらには党内分派をも結成してたたかわなければならない。「一枚岩の団結」の名のもとに分派闘争を禁じるスターリニスト党。他方、意見の対立をそのまま組織的分裂に直結する分散主義

・解党主義。これら両極の誤りにたいして、プロレタリア民主主義と中央集権とを統一した・それゆえに自己発展が可能な真実の前衛党の創造をめざすわれわれは、分派闘争をあくまでも党内闘争の一形態としてとらえるのである（『呪縛からの解放』二一〇〜一一頁参照）。

三全総以降の政治局内多数派との組織的闘いの具体的プロセスについては、本書所収の「革共同・革マル派第一回大会議長報告」や「現段階における党内闘争の核心は何か？」に詳しい。ここでは、この闘いの過程における結節点的なことがらについてのみ触れておく。

（1）　三全総そのものの場（四十畳ほどの和室で机はなく、七〜八十名が坐りこんでおこなわれた）では、黒田は、まず第一日目は、武井の第一報告にたいして、これを批判する発言を組織した。ノートの切れっぱしに発言すべき主旨のメモを書き、十円玉にくるんでピュッと投げる。これを受けとった同志はニヤッと笑って発言する、といった具合である。二日目は議場戦術を変えた。今度は黒田自身が北川登の「日本労働運動とわれわれの任務」と題する第二報告にたいして、「組織戦術がない」「統一戦線の論理が逆立ちしている」「反幹部闘争と統一戦線との関係が明らかにされなければダメだ」などと三度にわたってヤジり倒したのであった（このゆえに北川の第二報告はシリキレ・トンボに終わるとともに、「個人的見解」とされた）。そしてそれ以降、黒田は、政治局内多数派にたいする思想＝理論闘争を一段と強化した。三全総の一週間まえにはすでに都学生細胞代表者による学習会組織「Qの会」を発足させていた黒田は、さらに十月からはマルクス主義入門講座を開催し（岡田新＝清水らは「あれは入門者向けの集まりだ」などとうそぶいてボイコットした）、そこで政治局内多数派の大衆運動主義にたいする批判をおこなったりした。

（2）　ところが、黒田が「三全総路線」を批判した論文「党組織の地区的確立と産業別労働者委員会」（『日本の反スターリン主義運動　1』のⅢ部に所収）を『前進』第一〇六号に載せたことを一つの契機として、十月二十三日の政治局会議のあたりから政治局内多数派は、「三全総路線を労働運動主義・大衆運動主義などと批判する黒田は、政治感覚が狂っている」などと全面的に居直りはじめた。それだけでなく、黒田が執筆した「現段階における大衆闘争と党建設」という論文（一九六二年十月二十九日。『日本の反スターリン主義運動　1』のⅢ部に所収）の『前進』への掲載拒否という挙に出るとともに、黒田＝山本勝彦を攻撃する「吉野勝」その他の陰険なサクラ投書を次々に『前進』に掲載しだした。そして、「山本の非組織性」なるキャンペーンを流しだした。こうして事態は一変した。

（3）　学生戦線では――すでにブント主義者のたまり場となっていた学対部を解体し、各大学の細胞指導部を加えた中央学生組織委員会（ＳＯＢ）を新たにつくりだしていたのであるが――この革命的学生たちにたいして黒田は、「党内フラクションの強化」を訴えた。また十一月八日には、労働者同志たちとの論議をおこない、「分裂覚悟の分派闘争」を意志一致した。

（4）　同志黒田が革命的分派の結成を最後的に決断したのは、ヨーロッパから帰国した同志森（彼は黒田と手紙のやりとりをしており、「三全総路線」に反対の態度をとっていた）がブクロ官僚によって恫喝されたその直後の、十二月八日のことであった。『日本の反スターリン主義運動　2』の一五五頁に、「同盟内フラクションの形成から革命的分派組織の結成への過渡期においては、ほかならぬわれわれ自身がこれまでつくりあげてきたわが同盟組織そのものを固定的にとらえ物神化するという、われわれの内なる党組織観との闘いがなされなければならなかった」という叙述がある。これについて同志黒田は、一九七〇年九月十三日におこなわれたこの部分（「組織建設路線にかんする問題点」）をめぐる学習会のなかで、次のように述懐している。「これはぼくのことですよ、中心的には。……十二月八日までのあいだ、どうも踏み切れなかったんだよ」と。みずからが手塩にかけて創りだしてきた組織をみずからの手で割るということは、わが黒田において苦渋の決断であったにちがいない。だが、ブクロ官僚どもが内部闘争の圧殺とわが同盟組織の官僚主義的支配・統制にのりだしたとき、まさに黒田は、革命的分派組織の結成に決然と起ちあがったのだ。

（5）　こうしてブクロ官僚一派との分派闘争は、一九六二年年末から全同盟的に拡大した。一九六二年十二月二十五～二十六日の革共同・都学生細胞代表者会議において学生組織は分裂した（山本派26、政治局内多数派13、中間派1。中央学生組織委員会は山本派8、政治局内多数派2、中間派2）。このゆえに政治局内多数派は、十二月二十八日には、黒田・森を政治局から排除した。これにたいして黒田は、一九六三年一月一日にもたれた政治局の主要メンバーと関西地方委との合同会議に出席し、黒田、森および関西地方委の吉川文夫の三人は、政治局内多数派を徹底的に批判し彼らと決裂した（政治局内多数派の官僚どもは、〝大衆の中に少しも入らず〟いつも都内豊島区の池袋にある前進社にタムロしていたことから、この日以降彼らを「ブクロ官僚派」と呼ぶこととなった）。そして一月五日に黒田は、「同盟内闘争の本質と目標」（『日本の反スターリン主義運動 1』所収）という分派闘争宣言を発した。ブクロ派官僚どもは、一九六三年一月十二～十三日の全学連第三十三回中央委において彼らの〝路線〟が粉砕されるや、マル学同「中核派」なるものをでっちあげた（「中核派」はケルンがパーという意味で、「ケルンパー」と呼ばれた）。さらにブクロ官僚どもは、機関紙を完全に私物化するだけでなく、一月末に彼らの分派宣言を発することを決定し、反政治局内多数派にたいしては〝再登録〟という手段をも活用してその締め出しのための策略を開始した。

このように革共同の内部闘争が分派闘争という形態で実現されはじめた段階において、ブクロ官僚どもは、わが同盟の内部に「分割支配の論理」をもちこみ、風前の灯火となった同盟の基本路線を守り発展させようとした黒田らの理論的＝組織的闘いを官僚主義的に統制し封殺しようとしたのであった。このスターリニスト官僚と同様の官僚主義にたいして屈することなく、黒田らは同盟内フラクションや分派組織を結成して断固とした組織的闘いを推進し、革共同内ブント主義者と決別して革共同・革マル派へとみずからを純化したのである。革マル派は、労働戦線でも学生戦線でも、また各地方委員会においても、革共同第三次分裂の勝利をかちとった。そして一九六三年四月一日には革マル派機関紙『解放』を創刊し、また五月一日には同機関誌『共産主義者』第七号を発行したのであった。

最初に収録した**「革命的共産主義運動の現段階とわれわれの当面する組織的任務」**は、一九六三年二月八〜九日に開催された革マル派第一回大会、そこでなされた山本勝彦＝黒田議長の基調報告である。この報告は後に文章化され、『日本の反スターリン主義運動　1』の第Ⅴ部に収録されているが、本書では黒田が直《じき》ガリして大会に提出した文書そのものを収録した。この会議は当初は革命的労働者・学生の出席のもとに全国代表者会議としてもたれ、そこで新しい革命的分派組織を結成することが組織的に決定された。したがってこの会議が革マル派の結成大会（＝第一回大会）と位置づけなおされた。なお、議案の報告は大会初日の二月八日になされたが、議案（の作成）の日付は「二月九日」

となっている。これは誤りではなく、組織防衛上の配慮からである。

「現段階における党内闘争の核心は何か？」（一九六二年十二月二十一日）では、ブクロ官僚派を打倒するための分派闘争への突入の過程がリアルに描かれている。この論文の第Ⅱ章が、『日本の反スターリン主義運動　1』に収められている「大衆運動主義の今日的形態」である。

「地区党組織路線の混乱について」（一九六二年十一月四日）は、『前進』第一〇七号の田宮（＝武井）論文の混乱をえぐりだしつつ党組織の一般的構成とその特殊的構成との弁証法的関係を論じたものである。ちなみに、参議院選挙闘争のさいに北海道を訪れた黒田が、「北海道は地理的に広大である。こういうところでは、まずもって各地区の指導部を確立し、そのもとに各産業別の労働者細胞を……」という北海道地方の組織づくりの一般的方針を述べた。これにヒントを得たのが武井であって、彼らブクロ官僚どもは、参議院選挙後の一九六二年七〜八月ころから、「地区党建設」を力説しかつ現実に産別的なタテ構造をなしていたわが同盟組織を各地区ごとに再編成するという組織いじりをはじめたのであった。「おまえは〇〇地区に骨を埋めろ。そして解放区のようなものをつくれ」というように。それは、①七月の参議院選挙において革共同議長・黒田に約二万三千の票が投じられたことを即 支持者の拡大と錯覚し、「この支持者を拡大するためには地区的党組織が必要だ」「六三年の衆議院選挙では東京第一区（当時は中選挙区制）で候補者を立て（実は武井自身が出るハラ）七万から十二万票を取る」などと考えだしたこと、②「炭労の闘いができなかったのは地区党組織がなかったからだ」というように、「戦闘的労働運動の防衛」のためにも地区党が必要と考えたこと、そして、③「もともと党とは地区的なものである」というスターリン主義党の組織観がこびりついており、この「原則」から天下って考えていること――これらにもとづくといえる。

　労働者細胞があちこちに数多くつくりだされたばあいには、地区産別委員会が産別労働者細胞の指導機関としてつくりだされねばならない。だがそこまで至っていない段階においては、各産別の労働者細胞をいかに拡大していくかということが現在的な環をなし、そのためには地方産別委員会の確立が決定的な意義と役割をもつ。ところがブクロ官僚には、こうした場所的にして過程的な思考法がなく、未来的な党の構造をあてはめて「地区党建設」を解釈することしかできないのだ。〔なお、この当時の「党組織の一般的および特殊的構成」というような考え方それ自体が今日の革共同（革マル派）の党組織づくりにおいては揚棄されている、ということについては、『労働運動の前進のために』のなかの「労働運動論の課題」の「一五　産業別労働者委員会」の項目を見よ。また革マル派結成以降はわれわれは、革共同とは別にマル青労同を組織化することはしないという方針を決定した。これについては『日本の反スターリン主義運動　2』の一五六〜五九頁を見よ。〕

「問題の核心は何か？――都学生細胞総会における――」（一九六二年十一月二十日）は、岡田新の政治局内多数派への屈服という事態のもとで開催された東京都学生細胞総会における論議を、黒田が全面的に総括したものである。この文章は黒田自身がガリ版でパンフレットにして学生たちに配った。

「学対指導の腐敗について」（一九六二年三月十八日）は本書が初出であり、「労対指導の腐敗について」（『日本の反スターリン主義運動　1』所収）とともに検討されたい。なお『日本の反スターリン主義運動　1』の「《マル学同》の当面する組織的課題」は、本論文にのっとって書かれた。

「わが同盟の危機を直視し思想闘争を展開しつつある同志へ　㊙」（一九六三年二月十四日）は、革マル派第一回大会の直後に黒田が、全国の同志に送った手紙である。当時、地方との連絡は手紙のやりとりが主たる手段であった。このゆえに分派闘争も、東京に比すれば地方ではやや遅れがちであった。またブクロ官僚派との対立の中心問題の多くが学生運動の推進に密着していたことからして、学生諸組織における同盟内フラクションの形成や革命的分派組織の結成は急速かつ全国的な規模で燃えひろがったのであるが、これに比して労働者諸組織において同盟内フラクションを創造する闘いは――各産業別労働者委員会や各地方委員会においては進展したが――とりわけ東京の各地区委員会では、必ずしもはかばかしく進展したとはいえなかった。したがって労働者組織のばあい、同盟内フラクションはいわゆる中間派との合同反対派的な性格を刻印されるばあいもあった。こうした労働者組織を革命的分派組織へと止揚し純化していくために、この手紙は書かれたといえる。

「西ヨーロッパにおけるAnti-Stalinism運動の創成のために」（一九六二年九月二十五日）は、黒田が、当時反スターリン主義運動を国際的におしひろげるために西ヨーロッパに滞在していた同志森茂に書き送った手紙である。冒頭の「同志S・K」とは鈴木啓一＝同志森のことである。

「わが同盟指導部の腐敗をのりこえ「陰謀的」分派闘争を推進せよ！」（一九六三年二月十六日）は、『共産主義者』第七号に掲載された同志倉川篤執筆の国鉄委員会論文の再録である。「「陰謀的」分派闘争」とは、ブクロ官僚がわれわれを「陰謀的」と非難したことを逆手にとったものである。

「動力車労組の運転保安闘争――政治局内多数派による二段階戦術の強要を粉砕」は同志山下鉄雄が新たに書きおろしたものである。**「関西における反スタ運動の創成と第三次分裂の勝利」**も同志藤江卓が新たに書きおろしたものである。さらに**「ブクロ官僚一派との分派闘争をたたかって」**も同じく、同志朝倉文夫が新たに書きおろしたものである。

最後に「**「過去からの訣別」をいかになしとげるべきか?」**（一九六三年七月十三日）は、わが同盟の内部にブクロ官僚一派をうみだしてしまったこの痛苦な現実を打破するためにはまずもってブクロ派をうみだした「われわれ自身の腐敗をみつめよ」と主張した一部の同志たちにたいして、同志黒田が、その主体主義的で非弁証法的な組織観をうち砕くべきことを提起しているものである。この問題は、革マル派の第二回全国代表者会議（一九六三年三月）から第四回全国代表者会議（同年七月）にかけて論議され、克服されてきたことがらである。

最後に、今後わが運動を担うであろう若い仲間たちのなかには、革共同のなかになぜあのようなブント主義者が流入したのだろうという疑問を抱くことがあるかもしれない。だが、生まれながらの革命的マルクス主義者はいないのであって、黒田が彼らブント主義者を変革するために執拗にたたかったことにこそ思いを馳せなければならない。この自己変革を拒否した者は堕落の道を転げおち、この自己変革をみずからに課した者は革マル派へと結集したのである。それに、階級闘争や革命運動は常に合理的に動くわけではなく、理論を超えた・合理的には割り切れない非合理的なものが常につきまといからみあってゆくのであって、この現実政治のダイナミックスとパラドックスを理解しなければならない。太陽ははじめから現在のように光り輝いていたわけではない。星雲状態の中から原始の太陽が生まれ、やがてそれが光を放ちだし輝く太陽になったのである。

革命的共産主義運動の現段階と われわれの当面する組織的任務

――革共同・革マル派第一回大会 議長報告 （要旨）

一九六三年二月九日

山本勝彦

I わが同盟の現在的危機

第三回全国委員総会「路線」［一九六二年九月］のなかにすでにめばえていたところの大衆運動主義＝労働運動主義の開花――それにかんするPB［政治局］内多数派の無自覚、というよりは三全総路線の美化と謳歌、そして「反山本」の策動の開始→わが同盟の危機として拡大・深化、それは指導部の危機として集約化される。――その紋章としての『前進』第一一六号［一九六三年一月七日付］巻頭論文。

わが同盟の基本的運動＝組織路線を擁護し貫徹せんとする下部同盟員の苦闘と、それを官僚的恫喝によって「解決」せんとするブクロ官僚との対立とその尖鋭化←政治技術主義的には打開されえない、にもかかわらずＰＢ内多数派は政治技術主義的にのりきろうとしていること。過去の誤謬からの根底的決裂は、同時に、われわれ自身の自己切開のための闘争としておしすすめられなければならないこと。

当面の運動＝組織路線をめぐる理論上の対立の実践的解決を放棄し、もっぱら「山本の非組織性」なるものをがなりたてつつ実質的な論争を封殺し続けてきたＰＢ内多数派は、いまや、党内闘争と分派闘争とを機械的に切断するという彼らの組織論にのっとって、直接に組織的分裂の方向を目的意識的に追求しはじめた。ＰＢ内多数派はＰＢを僭称し、かつ自己の誤った路線を貫徹するために機関紙『前進』を独占（実質上、第一〇八号〔一九六二年十一月五日付〕以降）している。これは、日本反スターリニズム運動におけるセクト主義との闘争という貴重な経験と教訓を足蹴にし、太田流の分裂主義的組織論をわが同盟内にもちこんだものにほかならない。われわれは、ＰＢ僭称派のこのような陰謀を公然と暴露し、断乎たる闘争を組織的に展開すべきである。

Ⅱ　わが同盟建設のための内部闘争の歴史とその問題点

(1)　党建設における内部闘争の問題

革命的労働者党建設における内部闘争の問題――スターリニスト党とわれわれとの党内闘争のちがい――思想闘争の組織的展開の諸形態と分派闘争――レーニン・トロツキーの場合と革命的Ｍ〔マルクス〕主義者としてのわれわれの場合。

日本反スターリニズム革命的共産主義運動の創造過程における内部闘争――それは、労働運動における
われわれの独自活動を、いかなる方法と組織戦術をもって実現するかの問題に集約化される。

(イ) パブロ修正主義との闘争――太田的トロツキー教条主義＝セクト主義、社共両党への加入＝没入戦術への理論的批判と実践的決裂。(『革命的マルクス主義とは何か?』、『逆流に抗して』参照。)

(ロ) 西派純トロツキストとの闘争――その経済主義的偏向、その労働運動主義との決裂。(『組織論序説』を参照。)

(ハ) NC〔全国委員会〕政治局内多数派の現在的偏向との闘争――労働運動主義的偏向のあらたな発生と開花、そしてこの偏向と「プロレタリア党のための闘争」との機械的結合、という点に集約化される政治局僭称派を理論的および組織的に粉砕するための闘争。←――このような偏向発生の理論的解明の前提として、NC結成〔一九五九年八月二十九日〕当時から今日にいたるまでの党内諸問題への歴史的反省＝構成の必要。

(2) JRCL(NC)創成のための闘争 (一九五九年八月下旬以降)

(A) 労働者細胞の確立と、学生戦線における西分派との闘争を通じての学生細胞の形成・確立のための闘争――一九五八年秋のRMG〔革命的マルクス主義者グループまたは「探究派」〕の解体的危機の教訓化(組織的闘争と当面の闘争方針の提起)。(「RMG通信」抜粋を参照。)

〔附〕 〃一九五八年問題〃の現実と本質

○『共産主義者』第五号の田宮［武井＝本多延嘉］論文[※]とPB内多数派の今日的見解（「政治局討議資料」№1）とのちがいとそれへの批判。

※　坂内鉄雄「過渡期の断章」における田宮批判をみよ。

○当時の指導部（SB［書記局］）の解体的現実（傍線は書記局員）。

・遠山──→太田派への無原則的のりうつり

・「大川＝青山」路線の形成と、全線委員会［国鉄委員会の前身］およびSG［埼玉グループ］の労働者同志によるこの路線の粉砕──青山のみBund［ブント］へのりうつり。

・山村──政治的には青山のシッポにつながりつつも、実際には大学院入試のために戦線逃亡。

○西・岡谷・大原らは、太田竜と交渉をたもち、彼ら関西派は中央書記局を無視して、独走。ブント結成にたいして、JRCL［革共同］としての一致した組織戦術が提起されえず。

○革共同の再建（五八年十二月十七日　拡大PB──山本はボイコットされる）──山本へ一切の責任が転嫁され、山本はPBを解任され、かつ実質上政治論文の執筆停止を西京司より命ぜられた。

○関東B［ビューロー］確立のための闘争（一九五九年一月以降）の非RMG性。

○一九五九年第二次分裂前後の問題──RMGがRMGとして結集されず。反純トロ派のあいだの理論的同一性をつくりだすための闘いが、まったく不十分、「分裂」によってはじめて結集。

☆　一九五八～五九年問題の教訓

(a)　党のための闘争（RMG路線＝〈反帝・反スタ〉路線の貫徹）と大衆運動との関係の問題──

左翼スターリニスト的発想法（一九六一年「6・25問題」で再生産される）からの根底的決裂のための必要性。

(b)　RMGの分派闘争の非貫徹――山本の政治的実践からの、強制された「逃避」＝理論家集団形成のためのささやかな闘争――西分派によるRMG狩りに直面させられる‥‥▸強制された分裂。

(c)　スパイ問題――「疑わしきものは直ちに排除する」というプロレタリア的原則を適用することをおくらせた日和見主義。RMG労働者組織の崩壊を危惧したとはいえ、これは誤りであった。――NC結成にたって、この問題は基本的に解決されている。

(B)　安保闘争におけるNCとブント

・西派との最後的決裂（全学連第十五回臨時大会、一九六〇年三月）――西派とのイデオロギー的および組織的闘争（一九五九年九月〜六〇年三月十五日）におけるわれわれNCの日和見主義（たとえば、今日では『組織論序説』の第I部におさめられている山本論文のガリ版化を武井らは理由を明らかにしないまま、約半年もおくらせ、われわれのイデオロギー闘争の全面的展開を阻害したこと。W大S［早稲田大細胞］建設における武井の行為、すなわち原則の非貫徹、細胞の分割をおそれた日和見主義的行為。）

・ブント指導下の学生運動の左翼的展開とMSL［日本マルクス主義学生同盟］の「寄生虫」的闘争――一九六〇年6・4ストをめぐるブントとNC（6・4ストをめぐるわれわれの戦術・組織戦術＝ハダカオドリを拒否⟷加藤明夫らによって流された〝革共の裏切り〟なるもの）‥‥▸一九六〇年秋、MW［日本マルクス主義青年労働者同盟］結成のための闘争の開始＝反スタ左翼の四分五裂を実践的・組織的に止揚するための闘争における、われわれの指導権を確立するための闘争――しかしブントを革命的に解体するためのイデオロギー的・組織的闘争や吉本・谷川らの反前衛主義との闘争の、武井による抑圧と阻害。（武井＝北川らと青山とのボス交が七月頃より開始されていたことを、山本は十月まで知らされなかった！）十二月上旬より山本は、ブント解体のための「非組織的活動」を開始。十二月下旬、戦旗派内に革命的フラクションを結成。

（C）ブントの革命的解体（一九六一年一～三月）と革命的マルクス主義者の原則的統一のための闘争の開始とその挫折をめぐる諸問題。

・博多会議の問題〔一九六一年一月十五日、反代々木系労働者の全国交流会議〕

・『前進』第二〇号巻頭論文〔「革命的マルクス主義者の原則的統一のために！」『日本の反スターリン主義運動1』所収〕のなかの戦旗派にかんする項目の内容が、武井により無断で全面削除・訂正（ソフト化）されたこと。

・革命的戦旗派の立脚点主義的誤謬――理論的同一性をかちとるための闘争とその挫折。

・学生戦線の革命的再建のための闘争（全学連第二十六中委における戦旗派系学生の日和見主義、第二十七中委路線確立過程におけるジッグザッグと困難性）。

(3)「6・25問題」の発生とNC第一回大会前後の諸問題

・「6・25問題」とは何か？――NCの内部における、党建設にかんするNC路線とブント的傾向との対立の発生（その背景は、ブント崩壊直後の段階における学生戦線の混沌的状況のもとでの、政暴法闘争［政治的暴力行為防止法案反対闘争］へのマル学同のかかわり方の欠陥の露呈）。

・「家代［唐牛］・岸本［陶山］・中条［北小路］・井上・秋月［篠原］・梶村［高木］・岡田新［清水丈夫］・剛谷・鏑木※」などの思想と行動の本質は何か？――学生運動をぶちこわすことをめざした家代（全学連書記局において）や岸本（東大C［教養学部］のマル学同をぶっこわす）。

※青山到も、このような会合に出席している。

・「家代＝秋月」（プラス「竜巻［斎藤］＝今井［小野田襄二］」）提案

(イ) 一九六一年六月［二十五日］に開かれる予定の革共同・全国委員会第四回全国代表者会議を、同盟第一回大会とし、流動化しつつある左翼戦線（春日派の離党問題が、このようにとらえられるのだ！）にたいして大きな手をうつべきこと。

(ロ) ＰＢの改組要求――山本・倉川・広田をおとし、ＰＢを機能集団化すべきことを要求。

(ハ) わが同盟の名称を変更すべきこと。

・「共学同」問題（六月三日に朝倉文夫などにオルグがなされ、六月十一日の都自代［東京都自治会代表者会議］において大衆的に提出されるはずであったところのもの、しかし自己崩壊）。――自称ブント探究派＝「余剰派」とのとりひきの具体的なことがらは、いまなお不明である。

・第四回全国代表者会議における岸本＝中条＝秋月＝鏑木（＝家代＝岡田新）発言をとおして、党建設路線をめぐって明白な対立があることが露呈した。――彼らの思想は、芳村三郎・佐伯文隆の「意見書」という形で一応理論化されているといってよい。（四全代における同志たちの発言の記録とその分析は、現在の党内闘争と不可分にむすびついているので、かなり詳しく別稿で明らかにする。）
・「6・25」以後、断乎NCの基本路線を貫徹するために、とくに労働戦線において分派組織を結成してたたかう。――岡田新が全学連第十七回大会〔一九六一年七月八〜十一日〕直前に「自己批判」したことからして、「共学同」・「6・25路線」は腰くだけの状態となる。（芳村・佐伯らは、全学連大会会場の扉を午前五時にあけ、余剰派を会場に導入するというような工作をおこなった。――八月六日の第二回全国委員総会での鏑木の「自己批判」的発言によれば、「当時、共学同路線に共感していた同志たちは、全学連第十七回大会をぶちこわすことによって、NCとマル学同にキズをつけるというカマエであった」のだそうである。）……→八月六日の全国委総会において6・25問題は政治的に解決（にもかかわらず、六一年八月×日発行の「政治局通達」№2では「基本的に解決」とされている）。
○「6・25問題」が「基本的に解決」されていないということは、革共同・全国委第一回大会〔一九六一年八月二十六〜二十七日〕において、岸本健一が執筆した「第二議案」にあらわれた左翼スターリン主義的傾向の前面化と、批判がそれに集中されたという事実そのもののなかに端的にしめされた。第一回大会においても、「6・25問題」はなしくずし的にしか解決されていない。（まさしくこのゆえに、一九六一年秋の思想闘争が不可避であったわけである。――にもかかわらず、六二年初秋の第三回全国委総会において武井は、第一回大会の「成功」を代々木官僚スタイルでもって謳歌すると同時に、必然的に一九六一年秋の思想闘争については一言も語らない「総括」なるものをやってのけたのである。）
○一九六一年秋の思想闘争の不徹底・不十分性――(イ)共学同－6・25問題をめぐる思想闘争のシリキレトンボ、(ロ)反戦闘争におけるPB的＝左翼的偏向（六一年十月二十五日のPB会議で転換）からの脱却の不十分性（第一回大会の第四＝北川議案への批判にまではつきすすみえなかったわれわれの弱さと不可分）。――とくに、「自己批判」したばかりの岡田新が学生運動の指導において極左派から混沌派へとゆれうごき（この混沌状況は、六二年十一月十四日にPB内多数派に屈服するまで持続）、一九六一年九月以後、学生運動の指導方針は基本的に完全に経験主義的・技術主義的なものへと堕していった。――これを克服するための闘争の端緒は、六二年一月中旬にきずかれた。

(4)　反戦闘争をめぐる偏向の克服

・「P〔プロレタリアート〕によるS〔学生〕の獲得」路線の提出（全学連第二十八中委）、「前衛組織としてのマル学同」の提起（一九六一年九月三十日――早大マル学同の一部同志）。

←――「兵士の獲得」論（今井ら）に象徴される極左的偏向の開花（全学連第二十九中委）。――『学生戦線』第一号掲載の小野田書記長論文は、その根底にある発想法そのものからして誤りであるにもかかわらず、この論文のなかから「兵士の獲得」という言葉だけを削除して掲載をみとめた武井健人の思想が問題にされなければならない。- - - →「10・5反戦集会」における〝武井的循環論法〟の発生根拠をえぐりだし克服するという問題とも、それは密接不可分である。

・反戦闘争における左翼的偏向を克服するためのPB内思想闘争（一九六一年十月二十五日、十一月八日、十一月十四日）。――にもかかわらず、『前進』十一月五日号掲載の岡田論文のようなものがとびだしてきたし、しかも山村編集長※はその欠陥がどこにあるかが理解しえなかったこと。理論的低水準と混乱。（※『前進』第二四号掲載の山村の「軍縮」批判論の観念性が再発掘されるべきだ。）――今日のPB内多数派（たとえば三全総の武井報告）は、反戦闘争における左翼的偏向の問題をマル学同の問題として矮小化し、しかも訴え方の問題としてしかとらえていない（「……問題を〝戦術的〟にしかとらえない小ブル急進主義……」）ことが明白である。だから第一回大会の北川＝第四議案の問題性にまでメスがふるえないだけでなく、今日ではますます反スターリニズムを欠落しつつレーニン教条主義・純粋コミンテルン主義へ転落していることにも無自覚となってしまうのである。

・こうして反戦闘争の偏向を克服するための闘争は全同盟的に教訓化されず、たんに技術的に解決されたにすぎない。（一九六一年十一月十八〜十九日のマル学同第三回大会と、十二月十日のマル青労同拡大中執とにおける論議の質的ちがいを後者の会議上で山本が発言したことにたいして、武井は、会議のあとで、「学生への不信感をあおるようなことは言わないでほしい」と。）

・反戦闘争における偏向の根拠

(α) 思考法——原則主義・最大限綱領主義の克服

(β) 組織論——統一行動と独自活動との関係の問題

・山本の活動の問題点と自己批判——PB内思想闘争の非貫徹＝岡田新批判に終始し、北川の「兵士の獲得」論にしめされる純粋レーニン主義的偏向への批判が徹底的になされず。マル学同にたいしては個別的、マル青労同にたいしては労大〔労働者大学〕を通じてしか遂行されなかった。たとえば十一月二十四日の学対会議において学生細胞幹部教育の問題を提起したが、自称混沌派により挫折させられた。

〔附〕『一橋新聞』や『早稲田大学新聞』にのせられた反戦闘争にかんするKK論文について

(イ) 一九六一年秋の段階における武井——「機関紙上に発表されている方針とことなるものが、大学新聞などを通じて流されることについて、主体的にうけとめうる力がなければならない。」

(ロ)　一九六二年秋の党内闘争の段階におけるPB僭称派の見解——「反戦闘争にかんするKK論文は非組織的だ」。

(5) 選挙闘争をめぐる諸問題

(A)　一九六二年の『前進』新年号論文は、本質上、革命的議会主義の原則から演繹するという理論上の欠陥とわがNCの運動を拡大するという政治的要求との機械的結合にすぎない。——運動における経験主義と理論におけるコミンテルン主義との雑炊。——→六二年二月四日の選対部長会議における野島三郎の発言（選挙運動のやり方における手工業性が不可避であるということ）と、それへの批判の集中。あるいはまた、思想問題をぬきにしたカンパ集めのための「左翼」文化人めぐりの破綻から労働者主義へ転換していった武井健人、すなわち反議会統一戦線の論理の非主体化の暴露。

(B)　春闘におけるわれわれの闘争と社・共の議会主義的堕落の暴露、アメリカ太平洋核実験への抗議行動をおこしえない社・共の暴露と行動による弾劾‥‥→選挙でのかりとり。

(C)　「革命的議会主義か、反議会主義（=選挙ボイコット主義）か」という二者択一的な思考法（岡田新に代表された）にたいするイデオロギー闘争の不十分性（個別的にはおこなってきた）。←——このような山本の日和見主義は、四月八日に第一回の学生細胞幹部教育の学習会が開かれた以後、岡田新により弾圧されたこととも連関する。
・選挙闘争にたいする理論的態度が明白にならないまま、直接に選挙戦に突入。——したがって各地方ではは十分にとりくめない、という事態が発生。
「たたかわない社共」にたいする「たたかうわれわれ」という対置の仕方が横行し、このあたりから「反スターリニズム＝実力闘争」というマンガ（一九六二年十一月以後のPB内多数派に支配的な見解）がうみだされた。
・「議会主義との決別」集会——その意義と限界を、各地方の経験にふまえて総括すること。『前進』第一〇二号の武井論文のように、「反議会戦線」を否定的に評価したり、また「決別」集会を無視したりすることになっている根拠を、理論的にあばくべきこと。

(6) 現在的危機の発生

・選挙闘争そのものの総括を徹底的におこなうことなく、票数として現象的＝量的にしめされた「支持者」を直接無媒介的に、「地区党のための闘争」にずらしていく方式。
・地区委員会の確立（一九六二年七月）——→地区党建設（八月）——→「地区か産別か」（拠点としての細胞確立の立場が欠落）という混乱を発生させた——→地区的産別委の方向への強行突破（九月）‐‐‐‐→三全総で噴出。
・三全総における山本の立場と活動
(イ) 地区の党建設をめぐる機能主義的理解（江川発言にしめされた）を打破し、中田的立場を擁護し、細胞建設を軸として地区・産別の闘いの推進を提起。

(ロ)　現段階における党建設のための闘争にかんする二つの発想法——

(a)　何年かに一度おとずれる選挙を基準にしてわれわれの運動を考える傾向〔武井＝岸本＝井上ら〕と、

(b)　産別の闘いを軸にして地区の党建設に主体的にかかわる傾向——のちがいを暴露。しかし実質的には、この両者は平行線をたどり、かみあわず。動力車の支援闘争にどうとりくむべきかをめぐる討議に移行。

(ハ)　武井の「反議会主義」批判への批判。〝票〟の現象論的解釈、ならびに「選挙──→地区党」という叙述の背後にある思想への批判。(しかしながら、一九六二年10・5反戦集会や、11・2ハンガリア革命記念集会が、一九六三年秋に予定されている衆議院選挙を東京南部でたたかう、という観点からくまれていることを暴露せず。)

(ニ)　一九五九年春以後、今日にいたるまで克服されていない北川登の「情勢分析主義──→大衆運動主義」(組織実体論の欠如した、労働運動の現象論)への批判を、反幹部闘争と統一戦線の問題にかみあわせておこなったが不十分。つまり、北川との思想闘争の非貫徹が現在的に開花。

・三全総以後におけるわれわれの闘争

(a)　地区の党建設路線を理論化するための闘争

(b)　マル学同第四回大会〔一九六二年八月三十～三十一日〕の問題性の切開(一九六一年秋に提起し、翌六二年三～四月に再提起したが、ふたたび挫折した問題の貫徹。)——Qの会〔革共同都学生細胞代表者による学習会組織〕・マルクス主義入門講座の発足。——統一行動をめぐる論争(七月名古屋、九月東京での憲法公聴会阻止闘争、10・31、11・1、11・30大学管理法阻止闘争）←----PB（北川）によるニコポン戦術の注入（十一月十九～二十日）による学生指導部の若干部分の混乱。

(c)　大衆運動主義・労働運動主義からの決別のための闘争の開始――学生戦線における統一行動論、キューバ問題、動力車問題、全逓十六時間勤務反対闘争問題その他。←→三全総の「戦闘的労働運動の防衛のための戦術の緻密化」論への根底的批判の必然性。

(d)　「党建設論」〔「現段階における大衆闘争と党建設」『日本の反スターリン主義運動 1』所収〕の『前進』掲載拒否（一九六二年十一月二日夜）、武井＝北川らによる〝**山本打倒**〟のための策動の開始（十一月十四日以後）、機関紙『前進』のPB内多数派による独占化傾向の発生（第一〇八号以後、とくに第一一〇号の「吉野勝」投書以後）。――→組織論における対立と実践的組織的対立の露呈と前面化――「山本の非組織性」なるもののがなりたて。

(7)　現在的危機の根拠は何か？

(A)　山本の腐敗、そのPBとしての活動の自己批判

武井書記長の種々の形態の日和見主義（すなわち西分派・戦旗派・「定型の超克」派・そして「6・25路線」などにたいする徹底した闘争の放棄）、ならびにそのレーニン教条主義的傾向・代々木アナロジー方式にたいする断乎たる思想闘争の非貫徹＝げたあずけ。

・6・25問題を、組織論的ほりさげの契機たらしめることができず。

・反戦闘争における左翼的偏向の問題を、統一戦線の論理へのきりこみの契機たらしめることができず

‥‥→反議会戦線の否定的評価の発生。

・さらに、党建設主義の裏返しとしての大衆の自然発生性への拝跪傾向＝大衆追随主義の開花（とくに北川）──→純粋レーニン主義あるいはコミンテルン主義への転落傾向の倍加（「反スタ＝実力闘争」方式、戦術的対置の次元での低迷⇐革命的マルクス主義の非主体化）。

・北川のAG［反戦学同］主義との決別にかんする点検・理論的批判なし。──労働運動主義への反スタらしきものの接ぎ木や、第一回大会第四議案にしめされているレーニンあてはめ主義への批判の欠如。

・山村の沈黙主義との闘争なし──宇野経済学イカレからの脱却のための理論闘争の不徹底。

（B）　PBのSB化傾向との闘争の欠落

・労対の常任メンバーへの固定化、or WOB［中央労働者組織委員会］確立への志向なし。

　PB決定を下部へ流すパイプ的存在と化す。官僚化の傾向発生。下部同盟員たちの問題をとらえ、整理し、くみあげ、理論的に一般化する能力の一般的欠落。

・PB・労対メンバーそれ自身の自己形成のための組織的闘争なし。理論体得は各個人にゆだねられた、これは、組織的点検の欠如と符合する。

・OB［組織局］は、一九六一年九月二十一日にたった一回開かれただけ。全国的組織化のための組織的指導と点検がおこなわれず。

・NCの組織化は、どのようにしておこなわれてきたか？

○一九五八年～六〇年秋まで（NC結成は五九年八月下旬）は、PBメンバーと労働者との真実の結合は弱かった、あるいみで違和感があった。しかし、六〇年十一～十二月のマル青労同結成のための闘争の過程で、ようやく結合されはじめた。
○一九六一年一月十五日の博多会議にたいするわれわれの方針
○戦旗派との闘争、そのマル学同・NCへの結集のための闘争――いわゆる過渡的組織の固定化傾向の発生（H〔北海道〕、Q〔九州〕、N〔名古屋〕など）とその克服のための闘争――山本の「私的文書」による。←――山本のこの〝個人的指導〟にたいして剛谷が批判しているとのことを武井から山本がきかされ、一九六一年五月以降、山本の地方組織の組織化のための指導は断絶。（ただし、一九六二年三月には、山本の「非組織的」文書によるQB〔九州ビューロー〕批判がなされた。）
○6・25問題への対決のしかたの日和見主義、6・25以後の分派闘争の非実現。
○第一回大会以後、組織局がつくられたが、地方の特殊性にそくした組織化のための方針は提起されず、その場しのぎのオルグしか依然なされず。
○反戦闘争の左翼的偏向の克服のための山本のイデオロギー闘争は「非組織的」（武井）におこなわれるほかなかった。――反戦闘争の誤謬発生以後、翌六二年十一月下旬にいたるまでまる一年の間、PBは学生運動の指導を完全に放棄。
○一九六二年一～三月、学生指導部の無活動状況にたいして、PBは、たった一回（三月八日）〝暴力的切開〟（岡田新の述懐）をおこなっただけ。――学対（三月十九日以後）への森・山本の出席。……→選挙への全面投入。
○選挙演説のための地方めぐりを、山本は、地方のマル青労同・マル学同の問題点へのきりこみとして活用。

○マル学同第四回大会の爆発──→Qの会、入門講座による打開のための第一歩をふみだす。学生細胞確立のためのイデオロギー闘争の開始。

○労働戦線における（中央および地方）幹部の未形成と組織局の組織局としての未確立。

（C）　幹部教育の不成功と挫折　（略）

一九六一年秋、労大を都労S代〔都労働者細胞代表者会議〕の形式に充実することを提起したが、これは野島三郎により弾圧された（「労対指導の腐敗について」〔『日本の反スターリン主義運動 1』所収〕を参照）。労大はNCの一機関であるかのようにいわれているが、これは、発足当時から学習会 即 フラクションだ。非組織的なことも、ドシドシやるゆえん。

Ⅲ　現段階における党内闘争の激化とあばかれた同盟指導部の腐敗

（A）　三全総以後における、地区の党建設路線および労働運動主義（あるいは大衆運動主義）をめぐる理論的対立の明確化と尖鋭化──ＰＢ内における「反山本」グループの強硬的な態度と官僚主義的恫喝（三全総路線の擁護、自己保身のための居直り的姿勢‖十月二十三日と十一月一日のＰＢ）。

・ＮＣの指導部の観念性、官僚意識を切開するための闘争の開始‖「労対指導の腐敗について」。──→これを、山本の「誤謬」を他に転嫁するためのものとして位置づけるPB内多数派のまやかし。――理論的低水準と実践的混乱を隠蔽し、経験主義・肉体派組織論に無自覚（「理論物神」などという野島三郎の腐敗堕落）のまま政治技術主義的あるいは官僚主義的にのりきっていこうとするやり方。

・NCの運動＝組織路線の歪曲にたいする、山本の下からの闘争の開始、『前進』の〝党派的〟＝セクト的編集の露呈（サクラ投書の掲載）――「山本の非組織性」なるものをがなりたてて、「山本打倒」のカンパニアが武井＝北川らにより精力的に推進。

・理論的対立を組織的しめあげによって「解決」せんとするPB内多数派の官僚主義の前面化（その契機は、山本と武井との理論的対立を、武井らが隠蔽しきれなくなり、しかも十一月十八日の都学生細胞総会において「PBの無指導性」にたいする下部同盟員たちの弾劾がはげしくなったことにある。）――→こうして組織論における基本的対立が次第に明白となる。

（B）　PB内多数派＝WB〔関西ビューロー〕に代表される組織論のまやかし、誤謬は何か？

関西ビューローの第一意見書――「上から下へ」方式の強制。

関西ビューローの第二意見書――「分派禁止」令。

関西ビューローの第三意見書（九州ビューロー意見書への反論）――この意見書の展開におけるまやかしは、「……この保障は……」をもっぱら個人間の交流にのみ矮小化したうえで批判する点にある。九州ビューロー意見書は「指導部はいらないという思想だ」、というように極端化して批判。

この三つの意見書に代表されるPB内多数派的組織論の本質、それらの根底につらぬかれている立場と思想は何か？

まず第一に、わが同盟の現在的危機にまったく無感覚、無自覚であること。――NCが現在直面している組織問題（大衆運動主義からの根底的決裂）にかんする自覚がなく、各地方の労働者細胞、学生細胞の現状認識とその具体的分析がまったくないこと。「NCの飛躍的前進」、「新しい段階への突入」という展望から直接無媒介的に同盟の諸活動をきりもりするブクロ的官僚意識。

第二に、反スタ前衛組織そのものの固定的理解＝組織物神化（われわれがつくったものだから、いいものだ、として絶対化するやり方）。――「思想闘争の組織的展開のための保障は組織である」などという循環論法によって、自己の立場を正当化している観念性。かかる循環論法を切断するもの、組織の実体的担い手、その質（共産主義的主体性）が問題とされなければならない。組織における個＝プロレタリア的人間と全＝プロ階級の弁証法を、社民的・スタ的疎外のもとで、いかに実現していくか、という点において反スタ前衛組織の問題が問題となること。このような革命的前衛組織の生命化は、ただこの組織の実体＝担い手たるコムニスト的人間の内部闘争の展開による自己運動としてのみ可能である。

しかるに、PB内多数派＝関西ビューロー的組織論は、ハジメニ組織アリキで、組織の過程的把握、組織創造の立場が欠如。彼らは組織問題を、理論的対立にかんする内容的問題から機械的に切断して、それ自体を問題とするから形式主義となる。「山本の非組織性」のがなりたての背後にある思想的頽廃。――九州ビューローの意見書は、地方諸組織にたいする政治局の無指導、組織局の未確立の問題として提起されているのであり、かつそのようなものとしてうけとめられねばならない。

組織内における理論闘争とそれを通じての同志的信頼の高まりの弁証法を抹殺し、「同志的信頼」という道徳主義的空語によって理論闘争を圧殺するPB内多数派の官僚主義。
・一般に、組織問題は政治問題であるだけでなく、同時に人間変革の問題として提起されなければならない。
(a) 組織問題と戦略・戦術問題との統一的把握の必要――初期のLeninと晩年のLeninの組織観のちがい(PB内多数派が引用するLeninの文章は、もっぱら後者からだ!)をほりさげること、「批判の自由」と「分派禁止」の問題。
(b) 党内闘争から分派闘争を分離し、「分派闘争＝組織的分裂」とするPB内多数派＝関西ビューローの立場の誤謬を克服すること。
(c) 戦略・戦術問題から機械的に切断された組織問題は、完全に形式主義化され官僚主義的統制・支配が発生すること。

PB内多数派は口を開けば「組織原則」とか「民主集中制」とかいうが、しかしそれは、NCの基本路線の形骸化を隠蔽し、誤謬を擁護するための官僚主義的集中化いがいの何ものでもない。党の官僚主義的統制と官僚主義的集中化を阻止するためには、コムミューン型国家の四原則のなかのリコール制のようなものが党組織論に位置づけられなければならないが、そのためにも組織の担い手のコムニストとしての自己形成が前提となる。――毛沢東方式＝官僚を下へおろすだけでは不可。上⟷下の交流とともに、実体的転換が必要である。

他方、組織問題から戦略・戦術問題が機械的に切断される場合には、それは、形骸化される。――→

情勢分析主義への転落、大衆運動主義への陥没、大衆の即自性への拝跪＝ズブズブ統一行動論、∧反帝・反スタ∨の立場の欠如（＝反帝イズムへの転落と反スタの接ぎ木）、組織戦術の欠落――労働運動をその担い手を無視して論じる北川方式（＝実体論ぬきの現象論）⟹二段階戦術論の必然的発生、すなわち実力闘争（大衆追随主義）から極左的批判（セクト主義）へ、あるいはニコポン戦術からハダカ踊りへ！――労働運動と革命的共産主義運動との――実体論ぬきの――無媒介的「合流」論。

――動力車臨時大会にたいする野島三郎の極左方針――右翼的低姿勢と極左的分裂的強行方針との Zigzag＝二段階戦術の破綻の一証明。

(d)　Stalinist 党にとってかわるものとしてうちたてられつつあるわれわれの組織の内部に発生した新しい疎外＝歪みを克服せよ！

反スタ＝革命的マルクス主義の立場を喪失し、Lenin 教条主義 or コミンテルン・アナロジー主義への傾斜を濃厚化しつつあるＰＢ内多数派の腐敗。

「闘う労働者大衆の中へ」（『前進』第一一六号）――これは、労働組合をはじめからつくらなければならなかったロシア共産党の場合と、われわれの場合とのちがいを無視。⟶反スタ・反社民の現象論的・実体論的理解。大衆運動主義を純粋 Lenin 主義で隠蔽するＰＢ僭称派のまやかし。

(C)　現段階におけるわれわれの組織戦術の一般的論理

(イ)　ＮＣの危機的現実から、われわれは出発する。――各地方の学生・労働者細胞が現在直面している諸問題の実践的解決（ＰＢ内多数派は、この問題を、個別的・具体的に解決していけばよい、というように技術主義的におしやっているのだが）にふまえることなしには、われわれの現段階における党建設はなしえない。（「青パン」［『党建設論』、本書六〇頁参照］の第Ⅰ章のめざしているものは何か？それを否定するＰＢ僭称派の自己保身的強弁。）

(ロ) わが同盟の危機にかんする意識――ＰＢの腐敗＝官僚化――七対一的現実にふまえた、下からの闘争の再組織化。

(ハ) 「解党主義」というレッテルはりの空論性。

解党主義とは小ブル自由＝分散主義の組織的表現形態でしかない。われわれの下からの組織的闘争は、わが同盟の現在的危機、指導部のあばかれた腐敗をのりこえて前進するためのものであって、解党主義とは正反対。まさしく真実の党づくりのための闘争。

官僚主義的統制と官僚主義的集中化こそが党組織を腐敗・堕落させるものだ。――各細胞、各機関の一定の独自性、全党の一有機的構成部分としての位置と役割（いわば「地方分権主義」）を無視すると、民主集中制は、やすやすと官僚主義的集中制へ疎外される、ということについてまったく無自覚なＰＢ僭称派。

(ニ) ６・25問題と現在的問題――いずれも分派闘争（その形態と段階的ちがいがある）として実現。しかし後者の場合は、指導部が全体として意識的 or 無自覚的に変質しつつあるという危機、基本路線の破壊者（しかし、「新しい段階」の名において、それは屁理屈的に擁護されている）が上層部で多数をしめているという危機。――これにたいする革命的立場と態度は何か？　指導部内の少数意見を物質化するための、下からの組織化という原則の貫徹、指導部創造の闘い。――指導部の統制・監視のもとで上部で解決してから下部へおろす、というPB僭称派腐敗分子の自己保身的まやかし、「組織的討議」なるもののインチキ性（反PB内多数派系の諸文書を〝政治局より配布〟としない政治局！）。

分派闘争の展開は、最初からスッキリいくものではない。事態の進行に規定される。中核的分派と、PB内多数派にたいする反対派フラクションの形成――非分派的分派闘争という形態における思想的＝組織的闘い――この闘いの純化・発展――分派闘争としての実現。

Ⅳ　現段階における理論闘争の核心的問題

（A）　地区の党建設路線をめぐる対立

・選挙総括――→「地区党」建設の試行錯誤性。

六二年七月――地区委員会の確立、産別委も地区的に。もぐり型。

八月――「地区党」建設提唱。

八月下旬～九月中旬――産別労働者のあいだに「地区か産別か」というようなマタザキが発生。

←――官僚主義的恫喝。

九月二十三～二十四日　ＮＣ第三回全国委員総会において露呈された問題点――典型的には、

江川・岸本発言←――→中田発言。

・党組織の地区的確立のための論理追求の開始＝『前進』第一〇六号の山本論文〔「党組織の地区的確立と産業別労働者委員会」『日本の反スターリン主義運動 1』所収〕←──武井らによる撤回要求‥‥→「青パン」、「労対指導の腐敗について」執筆⟹対立の激化（山本の日和見主義が決定的なモメントとなる）。

・武井論文（『前進』第一〇七号）の非現実性（「青パン」のまえがき二〜三頁をみよ）──十一月一日のPBでは、実質上武井論文は、次の三点ですでに粉砕されている、にもかかわらず、山本の新しい論文の『前進』掲載の再度の要求（十一月二日）は拒否された！

① 各地区にまたがる地方産別委員会の確立の必要性の確認。

② 「NCの地区か、マル青労同の地区かに苦慮することなく」（『前進』第一〇四号の武井論文）ではなく、NCの地区づくりという立場の確認。

③ 「NC＋マル青労同」というような武井式即自的展望、『前進』と『最前線』〔マル青労同機関紙〕との合併という武井方式の否認。

（八月二十九日、武井曰く、「地区党づくりについて、青田さんがわからず混乱しているのは当然で、ぼく自身も、よくわからないので、おまえ〔＝山本〕も考えておいてほしい」と。）

・理論闘争の停止、実践的には産別委に、なしくずし的に力点がおかれはじめた（十一月十五日以降）。

・広田の地区党メモが発表（一九六三年一月五日）──雑炊的デタラメ、原則主義と結果論とのこねまわし、七月段階のPB路線への逆戻り。「地区党」の絶対化。図式主義・結果解釈論。

・武井論文のなしくずし的訂正（「政治局討議資料」№1）。

・北川＝武井論文（『前進』第一一六号）は、第一〇四号の「並行的に」という肉体派理論へまいもどり。

——創造過程の論理の欠如、将来的形態の図式を、直接に現実的実践的課題にあてはめるやり方、それは必然的に組織いじりとなる。

地区の党建設にかんするPB内多数派の理論は、パーであるか、肉体派まるだしであるか、さもなければ官僚主義的いじくり。

（B）大衆＝労働運動と党建設路線との関係をめぐる対立

(イ) 北川式＝「反戦学同式」情勢分析主義——→大衆運動主義。

カタツムリ的「反応」論と即自的大衆へのアワビ的へバリッキ論との雑炊。（反スタ革命的共産主義者としてのわれわれの意識を、即自的大衆の意識へ還元・埋没・解消すべきことを強制するザル頭 or ゆがんだ鏡的反映論者の訥弁《とつべん》。）

(ロ) 大衆運動主義の今日的形態としての二段階戦術論——ニコポンからハダカ踊りへ！

キューバ問題（北川）、動力車闘争問題（野島）、全逓中間総括（北川）、大管法統一行動問題（岡田＝岸本＝今井＝梶村）などのパー的本質については、略。

(ハ) 「戦闘的労働運動の防衛」とは何か？

(A) 突発型——資本の攻撃、既成左翼諸政党の裏切りにたいして自然発生的に戦闘的労働者の闘いが突発的におこる場合——これにたいしては、プロレタリアートの階級的連帯性にもとづいた支援闘争がくまれなければならない。こうして「戦闘的労働運動の防衛」として、それは現象する。

(B) 創造型——動力車労組の闘いの場合のように、われわれの同志たちによって闘いが創造され、戦闘的に展開されるのを、労働運動の右傾化の現実のなかで位置づけつつ「防衛」する場合。――左派フラクション内でのわれわれの組織的闘いとその力量の具体的分析をぬきにして、挫折＝敗北の責任追及の名においてハダカ踊りを強制するＰＢ僭称派の官僚主義を粉砕せよ。

労働組合運動の内部におけるわれわれの同志たちの公然・非公然の闘い、その段階性、組織戦術の精密化。

（注）ＰＢ内多数派のポン助たちは、組織戦術を「デモの組織戦術」（岡田新）として、あるいは「直接的な組織技術」（武井『前進』第一二〇号）としてしか理解していない。あるいはまた、広田は、闘争戦術・闘争のための組織戦術・組織の組織化のための組織戦術をゴチャゴチャゴチャ。

闘争戦術＝闘争方針
組織戦術――①Kernづくり、②労組内フラクションや統一戦線戦術
組織技術――組織づくりのためのアジ・プロの技術（今日ＰＢ僭称派がわめきはじめている「組織戦術」とは、これだ！）

ＰＢ内多数派の官僚どもは、大衆闘争とKernづくり、統一戦線戦術の論理がまったくつかまれていない。だから、ベッタリ主義とセクト主義を交互にだしてくる。党的独自活動、革命的フラクション活動、組合運動の、この三者の立体的構造をつかみとりえない非弁証法的ブクロ・ボケ。彼らは、第一段階＝Kernづくり、第二段階＝労働運動の先頭にたって闘うこと、第三段階＝Sowjet［ソビエト］のための闘争てな具合に考えているのだ。おどろくべき形式論理！

「オレのことをサ、労働運動主義だなんて、くだらぬことをいう奴がいる」（二月一日の全逓委員会における北川の独白）という程度にしか問題をつかんでいないブクロ官僚の観念性。――有能な組合活動家であればあるほど労働運動主義的偏向におちこむのである、そして労働運動の先頭にたってたたかいたいが、しかしそれができない、という矛盾を、どう突破するか、これを組織実体論的に明らかにすることこそが問題なのであって、コミンテルン・テーゼをお正月のカザリモノのように引用してすませることが問題なのではない。

ＰＢ内多数派は、いまやブント主義をよみがえらせ、その再生を助長している。反スタ運動の経験の浅い同志がブクロ官僚の恫喝に屈しているという事実。そして労働運動主義におちこんで挫折しているのに、それを挫折として自覚していない同志たちの判断停止と組織物神化。

ブント主義とは何か？――これが、あらためて反省されなければならぬ。

Ｖ　党建設のためのわれわれの当面の組織的任務

（Ａ）　ＮＣの現在的危機――指導部の腐敗＝官僚主義化、下部ＮＣの問題意識とのズレ、党内闘争の官僚主義的・技術主義的のりきりと組織的分裂の追求。

（Ｂ）　ブクロ指導部をいかにのりこえ前進していくか？

(イ) 革命的共産主義者の中核的組織づくり(Kern の Kern)

(ロ) これを基礎として、各細胞、各地区委、各産別委の内部に種々の形態の反対派フラクションを結成すること(これは当然にも非分派的分派闘争という現象形態をとる)。

(ハ) この反対派フラクションの、イデオロギー的＝組織的闘争を通じての純化・強化・拡大と、その分派組織への止揚＝形態転換。——これを通じての新しい指導部創造のための闘い。——理論的＝組織的闘いの成否が、この過渡期の長短を決定する。

NCの基本路線を歪曲するPB内多数派が分派であり、われわれはこれに対抗する**革命的分派**(つまり革マル派＝RMS)である。われわれは、NC内におけるLeadershipを確立するために(本質的および実体的の意味における)断乎として闘争する。

あばかれた指導部の腐敗をのりこえて前進していくための民主集中的な組織的闘いを、最初からやりなおす構えを確立すること。PB僭称派のとなえる「民主集中制」or「組織原則」なるものは、自己のまちがった理論と立場を擁護するための自己保身的な官僚主義的集中制に転化してしまっている事実を暴露すべきこと。

「党内に党をつくること」の実践的意味と根拠。

指導部を占拠し、機関紙を独占しているPB内多数派のますます深まりつつある腐敗、純粋レーニン主義 or コミンテルン主義への転落、革命的マルクス主義の歪曲に抗して、NCをNCたらしめるための革命的分派闘争の断乎たる推進のみが、わが同盟の現在的危機を打開するための唯一の途である。

各細胞、各機関における具体的組織戦術——略。

現段階における党内闘争の核心は何か？

一九六二年十二月二十一日

山本勝彦

N.B.〔注意せよ〕追記

十二月二十三日夜、前進社より「政治局討議資料」なるものをうけとったが、これについて山本はまったく関知しない。

わが同盟の全同志諸君！

事態の本質を冷静に、かつ理性的に判断し実践するという革命的共産主義者としての資質をそなえている全国各地の同志たちが、一九六二年十月中旬以後に公然と開始されたわが同盟の基本的な運動＝組織路線をめぐる思想闘争の推進、ならびにキューバ問題や大学管理法阻止のための統一行動論をめぐる理論的対立の露呈と尖鋭化の現実、これらを認識することを通じて事態の深刻さを直観し、そして討議をまきおこしていることにしめされているように、いまやわが同盟の基本路線は風前のトモシビとなっている。いまおしすすめられつつあるわが同盟内の思想闘争は、現段階におけるわが同盟の直接的な運動＝組織路線上の対立に局限されるものではなく、同時にそのような対立がうみだされている根拠そのものにもかかわるものとして、きわめて重大な意義をもっているのである。このようなものとして現在の思想闘争は、わが同盟第三回拡大全国委員総会〔一九六二年九月二十三〜二十四日〕に提出された「議案」（とくにその第一、二章）そのものへの根本的な評価の問題にもつながっているのである。一方では学生戦線におけるわが同盟の指導方針のZigzag、他方では「戦闘的労働運動の防衛のための戦術の精密化」の名のもとに露呈しはじめた労働運動主義的偏向——現にいま急速に前面化しつつあるこれらの誤謬を根本的に打開し克服することなしには、現段階におけるわが同盟が直面している現実的諸課題を実践的に解決することはできないことを、われわれは明白に自覚し、あらたな決意をもって思想闘争をいまこそ徹底的に推進すべきであると考える。いま発生している諸問題を政治技術的に解決し、のりきっていくのではなく、そのような諸問題の発生根拠にまでほりさげ、その根をたちきるための全同盟的な思想闘争を組織し推進すること——これこそが、われわれにとっての現在の中心問題なのである。

すでに「思想闘争の組織化と前進のために」、『党建設論』、「《マル学同》の当面する組織的課題」、「問題の核心は何か？——都学生細胞総会における——」[*]、「関西ブント解体のためのわれわれの基本的立場」、「労対指導の腐敗について」などの諸文書において、われわれは、現在の論争の中心問題がなんであるかを部分的に明らかにしてきたのであるが、ここでは、その後の思想闘争の進展に即しつつ、現段階における思想闘争の核心は何か？を明らかにしていきたい。

＊「問題の核心は何か？」は本書に所収。それ以外の諸文書は『日本の反スターリン主義運動 1』に収録されているが、「関西ブント解体のためのわれわれの基本的立場」は「党派闘争と統一行動について」と改

題されている。

Ⅰ　いかに思想闘争は推進されるべきか？

まず第一に確認しておかなければならないことは、次の点である。すなわち現在おしすすめられつつある思想闘争の発端は、『前進』第一〇六号〔一九六二年十月二十二日付〕の山本勝彦論文〔「党組織の地区的確立と産業別労働者委員会」〕が、「同盟組織路線の混乱」を二つの点から、つまり「戦闘的労働運動の防衛のための戦術の精密化」および地区的党建設という二点から指摘しつつ、現段階におけるわが同盟の組織路線を明確に理論的に基礎づけるための理論的努力をなしとげなければならないことを提起した点にある、ということである。しかもこの提起は、たんに理論上の興味からなされているのではなくして、まさしく「「宣言文」（『前進』第一〇四号〔「全国委員総会宣言」〕）の叙述そのものは、総会での討論を通じて獲得された理論的成果を正しく反映し、かつそれを理論的にまとめて展開しているとは決していいえない」（第一〇六号）という事実認識にふまえてなされているのである。ところが、このような問題提起は、同時に、現段階におけるわが同盟の運動＝組織路線にかんして対立があることをあらわにしたのであった。こうして十月下旬以降、山本論文およびその批判として提出された武井〔本多延嘉〕論文（第一〇七号）をめぐって理論闘争が全同盟的に展開されはじめた。

しかるに、十一月中旬（十一月十四日）以降、事態は一変した。すなわち、現段階におけるわが同盟の運動＝組織路線をめぐる理論闘争が後景にしりぞけられ（しかし今日では「理論的対立はない」などとさえ**ごまかし**はじめているのだが）、ただもっぱら「山本の非組織性」なるものが云々されはじめただけでなく、さらに「山本の個人的性格」なるものまでもがそれにかみあわされることによって、「反山本」の策動が個人オルグの形で、あるいは各地区委員会を通じて、ＰＢ〔政治局〕内多数派や労対メンバーなどにより**組織的**に開始されたのであり、こうして下部同盟員たちのあいだにいちじるしい混乱が発生したのであった。

（Ａ） 事実問題について

さて、このような事態の変貌を理論的に明らかにするための前提として、われわれは、まず第一に事実問題を明らかにすることからはじめなければならない。

『前進』第一〇六号に掲載された山本論文は、十月十四日に編集部に提出された。その当時（十月十四〜二十日のあいだ）同志山村は「山本論文によって「宣言文」の問題点がはっきりした」と語り、また同志北川は「地区党建設と産別委員会との関係について山本論文により問題意識化された」と語っていたのであった。そしてこの山本論文をめぐるＰＢでの第一回目の討論（その内容については第Ⅲ章でのべる）は、十月二十三日におこなわれ、そしてそこでの討論の内容にふまえて、自己批判的にあらたな論文（「党建設における当面の理論的諸問題」、これはのちに『党建設論』という党内討議のための青パンフレット〔通称「青パン」〕として公表された）を執筆し（十月二十五、二十六、二十九日――二十七日は理工系ゼミ学習会および労大、二十八日は第二回目の入門講座〔全都マルクス主義研究会主催のマルクス主義入門講座「史的唯物論入門」〕およびトロツキー研究会などで中断された）、十月二十八日にこの論文の「まえおき、Ａ、Ｂ、

C」までの原稿（「青パン」四〜一五頁）を編集局に提出した。そして十月二十九日に「D」を書きあげ、翌三十日には「労対指導の腐敗について」というPBへの書簡を書き、前進社気付で同志田宮〔武井〕へ送付した（十月三十一日午前十一時五十五分頃、同志田宮より電話をうけ、「腐敗」書簡をうけとっていることを確認）。

十一月一日に開かれたPBにおいては、『党建設論』の「まえおき、A、B、C」および「労対指導の腐敗について」をめぐって討論がなされ、その結果として、後者は「数々の正しい指摘がふくまれているが、事実認識がまちがっている点がある〔しかし、どこがそうであるかは、いまなお明らかにされていない——山本註〕」（同志山川〔野島〕の発言）ということからして、山本はこれを撤回し、そして他方『党建設論』は党内討議資料とすることが確認された。

ところで、十一月二日朝、『前進』第一〇七号の武井論文（およびガリ版刷りの訂正文——これは第一〇八号に掲載されている）を検討した結果、理論的対立はかなり深刻であること、そして武井論文の内容は十一月一日のPBでの確認事項（後述する）からするならば、すでにホゴと化していること——この二点にふまえて、『党建設論』の「序文」（二〜三頁）を書き、かつその全文を機関紙『前進』に掲載することを、あらたに要求したのである。〔印刷するにあたり、この「要求」の部分は削除したのであるが、原文は次のとおりである。——「右のような理論的対立を全同盟員にたいして明白に提示し、わが同盟内の思想闘争をおしすすめるために、この山本の新しい論文（十月二十五、二十六、二十九日にわたって執筆された）を、なんらの削除をくわえることなく、そしてまたこの序文をもそえて、わが同盟機関紙に発表し、討議することを要求するものである。」〕そして論文全体（「序文、まえおき、A、B、C、D」）を十一月二日の

〝ロシア・ハンガリア革命記念講演会〟のあとで、同志山村に手渡した。

ところで、十一月二日夜〜三日朝にかけて開かれた労対および編集局の合同会議において、すでに山本が撤回しているところの「労対指導の腐敗について」を公開し、かつ上記の『党建設論』の全文をめぐっての討議がなされた。(しかしその討議内容は、いまなお不明である。)その結果として、『党建設論』の『前進』掲載拒否が決定され、そのことを三日午後に同志山川から知らされた。山本による『前進』掲載の要求を、いかなる理由により拒否したのか、またそれについて誰が、どう責任をとるのか、さらにあらたに掲載要求を山本がおこなわなければならなかった直接の根拠となった第一〇七号の武井論文の処理についてどうするのか――こういう問題については、一切説明されなかった。――説明されなかっただけでなく、『前進』第一一〇号には、十一月一日のPBでの同志田宮・北川の発言とほぼ同様の内容をもった「吉野勝」という投稿が掲載されたほどである(後述する)。

ところで、山本の新しい論文の『前進』掲載が拒否された以上、第一〇六号の山本論文の訂正だけでもおこなっておく必要を感じ、かつ第一〇七号の武井論文について山本は反対であるという見解を明らかにするために、『前進』第一〇六号に直接訂正文を書きこみ、かつ「武井論文はパー、詳しくは新しい論文を参照」としるした新聞(これをみて混乱し、自主的に判断できないようではコムニストにはなれない)を、約三十部ほど各地方に、十一月四日朝および五日夕刻に送付した。それと同時に、武井論文にたいする山本の見解と態度を明白にするために、十一月四日朝「地区党組織路線の混乱について」〔本書所収〕という短文(この内容は、『党建設論』の「序文」とほぼ同じ)を書き、北海道・関西・九州の各ビューローに送付した。(このやり方は、決して「非組織的」ではない。それは、第一〇六号の山本論文の筆者として組織的になすべき最低の権利であり義務である。）

そして十一月四日午後のQの会〔革共同都学生細胞代表者による学習会組織〕において、同志岡田新〔清水丈夫〕の提案により、地区の党建設にかんする山本の理論的解明がおこなわれた。その内容は、すでに編集局に提出してある山本の新しい論文（「青パン」）にそくして展開されたのであり、そして同志岡田新の独自的判断により「地区党建設にかんする理論的諸問題」というQの会メモとして、それは十一月十日、入門講座〔第三回マルクス主義入門講座「経済学入門」〕において同盟内に販売された。（このことが十一月十四日のPBで「非組織的だ」と指弾されることによって、同志岡田新は「若干非組織的であった」と自己批判したのであったが、しかし山本は決して「非組織的」であるとは考えない。）

山本の新しい論文は、十一月二～七日のあいだ前進社にあったにもかかわらず、同志北川いがいはほとんどまったく眼をとおしていないことが、あとで判明した。同志田宮から十一月七日に返却され、党内討議資料として印刷にすることを確認。十一月八～十二日のあいだ労働者同志のあいだで検討をくわえてもらう。

十一月十三日に、「A　労働運動主義について」の章に加筆をおこなった。その部分は次のごとし。

(イ)　『党建設論』六頁下段左から五行目～七頁上段左から四行目まで。

(ロ)　同上、七頁下段左から八行目～九頁上段右から一三行目まで。

〔なお自己批判の部分（まえおき、四頁）を削除したなどという意見が流されているが、この部分は、十月二十五日の下書きとさえ一字一句違わない。あまりくだらぬことをピーピーいうべきでない。〕

そして十一月十三日に『前進』掲載を拒否された『党建設論』のガリ版化の手続きをとったが、十四日のPBにおける同志岡田新の「自己批判」、十五日のSOB〔中央学生組織委員会〕会議での同志今井〔小野田襄二〕＝岡田新による「山本の自己批判」なるものの要求（Qの会の指導方法その他にかんする）などの事態の進展を契機として、十六日に『党建設論』のタイプ印刷にはいる（これは十二月一日に発行された）。

十一月十五日に「思想闘争の組織化と前進のために」を執筆。これは、ただちにガリ版にせず。（第一一〇号の「吉野勝」投書を契機に、そのガリ版化を決意し、十二月二十五日に発行。）

十一月十九日発行の『前進』第一一〇号に「吉野勝」というデッチあげの〝投書〟がのる。〔なお『前進』第一一三号の「前田慎二」という投書、また第一一四号の「田中邦一」という投稿も、そうである。〝投書〟という形で、こういう一方的なサクラ的宣伝がなされているにもかかわらず、山本の新しい論文の『前進』掲載は拒否され、またキューバ問題にかんするW大S〔早稲田大細胞〕意見書の『前進』掲載要求もまた拒否されている、ということの現実の事実は何を意味するか？——これすなわち、NC〔全国委員会〕かMW〔日本マルクス主義青年労働者同盟〕かMS〔日本マルクス主義学生同盟〕かを「**苦慮することなく**」、わが同盟の基本路線の擁護のために、山本は各地方・各産別委の同志たちに送付せざるをえなかったのである。「同盟の内外にばらまいた」と宣伝されているが、NC・MW・MSいがいに、山本は配布してはいない。そのような宣伝がなされているということは、「山本の非組織性」を印象づけるためのものでしかない。なお後述。〕

十一月十八日、都学生細胞総会、十九日休養、二十日に「問題の核心は何か？」〔本書所収〕を書き、翌二十一日にガリ版をきる。二十四日発行。

十一月二十二日、W大で講演。

十一月二十三日、第四回目の入門講座〔「革命論入門」〕において、北川論文〔「キューバ問題の現段階について」〕（『前進』第一〇九号）を公然と批判（その理由と根拠については後述する）。

十一月二十三、二十四、二十七日に、同志北川・田宮その他による「反山本」の策動についての報告を同志たちからうける。とくに、「労対指導の腐敗について」をゆがめて、下部同盟員たちに個別オルグがなされているというこの現状からして、原文そのものを発表した方がよいとの同志山中らの要請にもとづき、翌二十八日にガリ版化し、十二月二日に発行した。――（ところで、こういう策動を排し、理論闘争を遂行すべきこと、および各地区委員会にもよびかけることを、たとえば東京中部地区委員会は十二月五日に決議した。）

以上が当面問題になっている「山本の非組織性」なるものを明らかにするために必要な最小限の事実的前提である。（なお『前進』の最近の諸論文がきわめて〝党派的〟に編集されていることについては、ここではふれない。）

（B）「非組織的」とは何か？

十一月中旬以降「反山本」の策動を組織的におこなった（これを山本は「非組織的」などとはいわない）同志たちは、明らかに、まずもって事実の歪曲に立脚しているのである。しかも山本がすでに撤回している（十一月一日）「労対指導の腐敗について」を不正確に、かつゆがめて、PB内多数派および労対メンバーが各地区委員会に提出したり、個別的オルグに利用した、ということである。〔その場合、同時に「一九五八年問題」が歪曲されて宣伝されているのであるが、そのような宣伝がためにするものであることを明らかにするために、当時のガリ版にされていない組織問題にかんする諸文書――これらを、当時中間主義者でしかなかった同志田宮・山村らは見ていない――を全面的に発表し、事態の本質を明確にするつもりである。――だから、この問題については、ここではふれない。なお『共産主義者』第五号の田宮論文における「五八年問題」の叙述は、まったく一面的である。なぜなら、一切の問題が同志青山の責任に転嫁されているからである。〕

ところで、「反山本」の策動を開始した同志たちが異口同音にとなえていることは、「山本の非組織性」ということである。その場合彼らは、地区の党建設にかんして発生した理論的対立の問題を、わが同盟建設の現段階にふまえつつほりさげていくという姿勢をとることさえもなく、ただもっぱら山本への個人攻撃・中傷と誹謗をおこなったのである。しかも事実問題にかんしても、とくに次の二点（これが決定的な問題だ）について、彼らはまったくふれようとせず、問題をもっぱら「山本の個人的性格」、「山本の非組織性」なるものにすりかえているのである。

すなわちまず第一に、山本の新しい論文（『党建設論』）の『前進』掲載拒否（十一月二日夜）およびその政治責任の問題について、なんら明らかにされていないことである。――その当時「山本論文を『前進』にのせなかったのは田宮の政治的日和見主義である」と同志山村が語っていたにもかかわらず、今日では『前進』掲載を拒否したという事実はない」などということがいわれはじめているほどである。これは、まったくの**虚構である**。

第二に、『前進』第一一〇号の「吉野勝」投書について、いまなおなんらの釈明もおこなわれていない、ということである。十二月七日のPBにおいて、同志田宮（彼は「闘いは進む」欄の直接担当責任者である）にたいして山本が「吉野勝という人物は東京に住んでいるらしいので、あわせてほしい」と要求したところ、彼は話をそらせた。また十二月十六日のQの会において、ふたたび彼に「吉野勝の原稿をみせてほしい」と山本が要求したところ、「印刷屋が原稿を全部かえしてくれるとはかぎらないので、しらべてみなければわからない」とのことであった！

それはともかく、「吉野勝」名義の投書のなかの次の三点には、十一月一日のPBにおける同志たちの発言内容が再現されているのである。すなわち――

(1)「この〔山本〕論文はたんに「宣言文」の足らない点を深めるのではなく、「背後にある思想は……」という一句のごとく、基本的には「宣言」にだされた路線と対立する反対意見」（同志田宮・北川）。

(2)「武井氏の主張のほうが革共同のこれまでの『組織論序説』などに書かれている実際の経験にふまえている」（同志北川）。

(3)「いまのままでは革共同とその運動全体に混乱をよぶことになるのではないか」（同志田宮・北川）。

にもかかわらず、「一読者」の投書とは！　同盟外の「一読者」のほうが同盟員よりも同盟内の、しかもPB内の論争をつかみとっているとは!!――まさにこういうやり方をこそ、われわれは「非組織的」というべきなのであり、この政治責任は明確に問われなければならない。

まさにこの「吉野勝」投書の発表を第二の決定的なクギリとして、山本の文書活動（それ以前にガリ版文書は、だされていない）は、目的意識的かつ組織的に開始されたのである。にもかかわらず、「反山本」の策動をおこなった同志たちは、異口同音に「山本の非組織性」という。一体どちらが非組織的なのか?! ——しかし、では一体なぜ「山本の非組織性」なるものが組織的に強力に流されているのか？ その思想的＝理論的根拠は何か？

一言でいうならば、思想闘争の下部からの組織化を意図し実現せんとした山本の文書活動を官僚主義的に統制するための策略が、すなわち「山本の非組織性」にほかならない。

たとえば、「ＰＢ内で発言されていないことが、Ｑの会でだされている」などと同志今井は山本を指弾しているわけであるが、これには、二つの誤りがある。その第一は、十一月四日のＱの会において提起された地区党建設にかんする山本の見解は、すでに十一月二日に編集局に提出した新しい論文として対象化されているだけでなく、労対および編集局の合同会議（十一月二〜三日）において討議されているはずのものであるからだ。そして第二に、意見の対立がある場合、それが上部機関で討議され解決されないかぎり、下部組織で討議してはならない、などというのは代々木流の思想の官僚統制いがいの何ものでもないからである。（『共産主義者』第三号掲載の「日本共産党の思想統制をめぐって」という山本論文〔『スターリン批判以後　下巻』および『黒田寛一初期セレクション　下』所収〕を参照せよ。）ところで、このことは、キューバ問題にかんする北川論文（『前進』第一〇九号）への批判が入門講座などで大衆的におこなわれたことは非組織的である、という官僚意識としてもあらわれる。

そもそも『前進』は、わが同盟の内外に販売されているのであって、その個々の論文などにたいする批判は、同盟の内外を問わず完全に自由であり、しかもわが同盟の基本的立場をふみはずしていることが歴然としているような諸論文（だからこそ、ＭＷ・ＭＳの下部組織に混乱が発生するのであって、その逆ではない）にたいして、わが同盟員たるの自負と誇りをもっている革命的共産主義者は公然と批判する権利があるだけでなく**義務**がある。それは自由分散主義、組織原則の無視などでは決してない。それをおこないえないということは、革命的共産主義者としての自己自身と組織への責任を回避するいがいの何ものでもないのであって、批判をなしえないということそれ自身のほうが、むしろ反組織的行為なのである。

にもかかわらず、革命的共産主義者として当然なすべきことがらが「非組織性」の名において封殺されようとしているのは、なぜであるか？　いうまでもなく、わが同盟の基本路線をゆがめようとする傾向にたいする断乎とした思想闘争（蛇足ながら、たとえ孤立したとしても、山本はPB内における思想闘争を拒否したことは一度もない、いやむしろそれをやる決意を、十一月二十日に書いた都学生細胞総会メモ［「問題の核心は何か？」］でも表明している）、しかもこの思想闘争の下部からの組織化と推進――これに恐怖し反撥し、それを官僚主義的に統制せんとするやり方の一露呈にほかならない。

現段階におけるわが同盟の思想闘争は、すでにのべたように、わが同盟の運動＝組織路線をめぐる理論的対立に根ざしている。この対立がPB内において解決される見透しがなく、またPB内多数派の見解を代表しない論文を『前進』に掲載することが拒否されただけでなく、すでに「吉野勝」とか「前田慎一」とかいう名義の**サクラ**投書がのせられ、また今井論文（第一一二号）のような空論主義の典型や岡田新論文（第一一三号）のような肉体派統一行動論などが、あたかも中央SOBを代表する見解であるかのようにして発表される、という事態が発生している以上、当然にも、みずからの立場と理論を貫徹するために思想闘争は下部から組織化されなければならないのだ。これをしも「非組織的」というのであれば、何をかいわんやである。いやそもそも今日この時にいたって、右のようなことを書かなければならないということは、まことに痛苦にたえない。わが同盟の全同志諸君！「山本は自分の著書『組織論序説』をよみかえせ」（同志長尾〔竹中明夫〕の言葉）などというのも結構であるが、もう一度『**逆流に抗して**』におさめられている「反レーニン主義的分派闘争の教訓」をよみかえされんことを。

(C) わが同盟の現段階と思想闘争の核心

『前進』第一〇六号の山本論文が執筆された段階（一九六二年十月上旬）においては、理論的対立は現象的にはなおそれほど尖鋭化されていなかったのであるが、この論文においてつきだされているところの労働運動主義的偏向は、キューバ問題、全逓の中間総括、動力車の安全運転闘争にかんする闘争方針（とくに「政治局通達」第二号〔野島三郎「動力車の闘争について」〕にしめされている政治技術主義・機能主義・大衆運動主義は、**かなり根深い**ものである）、そして大管法反対の統一行動論などを通じて**満開**しはじめ、こうしていまや各地方の同志たちまでもが直観しているように、わが同盟の基本路線は風前のトモシビとさえなりつつある。闘争方針の現象論的性格（だから二段階戦術とならざるをえない——これについては**第Ⅱ章**でのべる）、その機能主義、その政治技術主義、その Zigzag は、同時に、わが同盟の組織的危機としてさえも現にいま露呈しはじめているのであり、問題は、きわめて深刻である、といわなければならない。

現段階におけるわが同盟内の理論的対立、運動＝組織路線の雑炊化と混乱の源は、「反山本」の策動をおこなっている同志たちが宣伝しているように、「山本の個人的性格にある」（もしもそうであるならば、彼はスターリン以上である！）のでもなければ、また「山本の非組織性」なるものにあるのでもない。山本による問題提起への反批判も、またＰＢ員のすべてが地区党建設にかんする自己の立場と理論を**文書化**すべきだという要求（十一月一日）も、今日にいたるまでなんら実行されず、ただもっぱらＰＢ内多数派が「反山本」の策動をおこなっている、という点にあるのである。現段階における中心問題は、まさしくわが同盟の基本路線を歪曲しつつある傾向とそれにたいする断固とした組織的闘争との対立とその実践的＝理論的解決にあることがわすれられてはならない。

だがしかし、「反山本」派の同志諸君は、多分こういうにちがいない。――わが同盟の現段階は、その組織化の手工業性から脱却し、大胆に大衆運動＝労働運動の先頭にたってたたかうことにより、革命的共産主義運動の新しい段階をきりひらかなければならない、ところが山本らは、こういう現実認識が欠如し、従来の「手工業的」組織路線からなお脱却しえないところの、おくれた立場と傾向を代表するものである、と。

しかしながら、まさにこういう見解を、哲学的には現象論というのであり、戦略戦術論的には組織戦術の欠如した大衆＝労働運動論というのであり、かつての《共産同》や西分派がおちこんでいたところの「労働運動の現象的左傾化」論と本質的にはなんらえらぶところのないものなのである。これにたいして、もちろん彼らは、こう反論するであろう。――われわれは決して組織戦術を無視しているのではない、われわれの組織的基盤を拡大するために、職場闘争の先頭にたたなければならないのだ、と。

たしかに、彼らは、口先では、そう言っている。しかし、キューバ問題にかんする北川論文や東京全逓十六時間「勤務」反対闘争の中間総括、そして動力車労働者の闘いの記事や「政治局通達」第二号などのすべてに共通する特徴は、まさしくわれわれの革命的共産主義者としての（労働組合員としてではない）

独自的な組織的闘いの方針と展望と総括が欠落している、ということである。一口でいうならば、過程的思考法が、したがって「いかに」の組織戦術が、それらからは抜け落ち、今日の労働運動を全体としてどうするかという視点から、問題への接近がなされているにすぎない（＝現象論）のである。このことは、「新左翼を自称する諸分派との闘争を基本的に解決して新しい時代にはいりつつある」とか、「われわれは第三の潮流として登場しなければならない」とかというような、〝運動〟主義（組織実体論の欠如した、運動の現象的左傾化論、あるいは「戦闘的労働者との生きた交通の大胆な拡大」という現象論）の必然的帰結なのである。〔こういう現象論が、「関西ブントを革命的に解体しよう」という同志長尾らの文書――その冒頭の一節は、「（関西ブントの解体は）従属的ではあるが、関西では特殊的に重要である」（！）となっている――の発生根拠であることに注意せよ。なおこの文書にたいする批判としては、「関西ブント解体のためのわれわれの基本的立場」（十月二十二日）をみよ。〕

だから明らかに、反スターリニズム革命的共産主義運動の新しい段階にかんする現実感覚があるかないか〔「山本は現実感覚が狂っている」（十月二十三日、十一月一日のPBでの同志田宮の主張）のだそうであるが〕ではなくして、まさしくそれをいかにきりひらくか、ということの一点にかんして、対立が存在しているのである。まさにこの新しい段階をきりひらくためにこそ、第三回NC総会において種々の形で提出された大衆運動主義からの根底的決裂を理論的かつ実践的になしとげなければならないことを山本は主張しつづけてきたのであり、「戦闘的労働運動の防衛のための戦術の精密化」論のなかに、労働運動主義への転落の危険を直観し批判せざるをえなかったのである。（蛇足ながら「戦闘的労働運動の防衛」それ自体を山本が否定しているかのように宣伝し、あるいは錯覚している同志諸君は、頭を冷やして『党建設論』を読んでから批判してほしい。本来ならば赤表紙にしようと思ったが、わざわざ青表紙にしたゆえんは、まさにそこにある。）――そしてこの「戦術の精密化」論がもたらした理論的混乱にかんする無自覚は、『前進』掲載諸論文のチグハグとして、最近とくに明白に露呈している。たとえば、『前進』第一一四号の第二面をチョット見ただけでも、まったく明らかであろう。学生共産主義者の、いや一般学生活動家たちの問題意識が現在どういうものであり、また学生細胞建設のためにわが同盟員たちが、どういう問題で、いかに苦闘しているかの現実にかんして、まったく無知であることをさらけだす以外になんの役にもたたない観念的空論、ブント顔まけの学生運動論を提出した「政治局員」岸本〔陶山〕のデタラメな論文とキューバ問題にかんする**なしくずし**的評論との混存、そして北川的労働組合主義まるだしの「田中邦一」という投書(?)と同志大宮太一の生々とした闘争報告との珍奇な〝平和共存〟――これだけでも、『前進』編集局の立場と理論が、いかに混乱をきわめているかは明々白々ではないか。同志大宮太一の立場こそが、ほかならぬわれわれのものであって、岸本＝黒川論文は、デタラメであるか、さもなければゴマカシでしかないのである。

要するに、大衆運動主義からの根底的決裂をなしとげるための思想闘争を軽視して、わが同盟の新しい段階をきりひらくことは、決してできないのである。実際、最近の『前進』掲載の諸論文が全体として大衆運動主義的な色彩をつよめるのに比例して、各地方・各地区において大衆運動主義にもとづく組織的破綻（とくに学生戦線において）が現出しているのである。まさにこのような**きびしい**現実を、われわれは直視することから再出発し再点検をおこなっていく必要がある。そうでないならば、わが同盟の現在的混乱は、わが同盟の危機として現実化するであろう。現段階における党内闘争は、まさにかかるものとしてとらえかえされつつ実現されなければならないのだ。

（附1）「労対指導の腐敗について」にかんして

①　このPBへの書簡が「十一月上旬に山本によりばらまかれた」と宣伝されているが、これは事実無根である。それは二通しかない。（山本→PB（十月三十一日）→山本（十一月七日）→PB倉川（十一月八日）：山本→WB［関西ビューロー］の三人の同志へ（十一月三日）→山川・田宮（十一月二十三日頃）→ガリ版化配布）。――そしてこれを十一月末に山本自身がガリ版化したのは、すでにのべたように、「労対指導の腐敗について」という文書そのものにもとづいてではなく、そのゆがめられた内容が、労対およびPBメンバーによって下部に流され（十一月二日夜、上の文書は公開され討議されている）混乱が生じたからであって、その逆ではない。原因と結果をさかさまにした「事実」宣伝がなされているので、あえて附記する。

②　「この書簡は個人攻撃をおこなったものである」とされているが、じっくりかみしめて読んでもらえれば、山本の意図したことがなんであるかがわかるはずである。「個人攻撃だ」というようにしかうけとることのできない同志たちのほうが、むしろ問題である。

③　また「労対指導の腐敗について」という文書は、「わが同盟の基本路線にたいする、かなり重大な否定をふくんだ文書であるから、田宮親展でもらったからといって、田宮個人で処理するわけにはいかないものである」（十二月十六日の同志田宮の発言）といわれているが、この傍点の部分は、同志田宮の個人的判断にすぎない。わが同盟建設の現段階にかんする認識の相違によって、この文書の

うけとめ方それ自体がかわってくるのである。

（附2）　学生運動の指導について一言

一九六一年秋に発生した、反戦闘争における左翼的偏向をなんら理論的に自己批判しえず、そしてそれ以後約一年の間（つまり一九六二年十一月十四日夜まで）〝**混沌派**〟と自称していた学対部長・岡田新が、学生戦線の Zigzag を根本的に打開するために書かれたところの山本の「《マル学同》の当面する組織的課題」（三月三十一日付、十月二十日付〔「学生運動と《マル学同》組織づくり」〕、『日本の反スターリン主義運動　1』所収）や『学生戦線』第二号のＫＫ論文〔「米・ソ核実験反対闘争の推進のために」『ヒューマニズムとマルクス主義』所収〕もまた「非組織的である」と語った（十二月十六日のＱの会）、という事実を記録しておく。自称**混沌派**たる自己自身の過去の無指導性、学対指導の腐敗（一九六二年三月十八日付の文書をみよ〔本書所収〕）について無自覚であるもののみが、こういう代々木官僚もどきの発言をなしうるのである。

Ⅱ　大衆運動主義の今日的形態　〔略〕

〔編註〕「Ⅱ　大衆運動主義の今日的形態」は『日本の反スターリン主義運動　1』に収録されている。

地区党組織路線の混乱について

一九六二年十一月四日

山本勝彦

『前進』第一〇六号の山本勝彦論文［「党組織の地区的確立と産業別労働者委員会」］にたいする同志武井［本多延嘉］の批判的意見（『前進』第一〇七号）にもかかわらず、第一〇六号山本論文の訂正したもの（党組織の一般的構成とその特殊的構成との弁証法的関係）は、なんらの変更を必要としない。この点については、山本の新しい論文「党建設における当面の理論的諸問題」（七〇枚）をみてほしい。*（これは、どのような形で発表されるか、十一月四日現在なお不明。）

＊　右の二つの論文は『日本の反スターリン主義運動 1』に収録。なお、後者は「現段階における大衆闘争と党建設」と改題されている。

さてここでは、第一〇七号の田宮［武井］論文の混乱、それを貫徹するならば、NC総会［革共同・全国委員会第三回拡大全国委員総会］で否定されたところの「地区党＝地区委員会」という理論にゆきつかざるをえない、という点にかぎってのべておきたい。

（1）　田宮論文の末尾から六行目以下の叙述における「各級の党組織の……一構成部分」とあるが、この傍点の部分がなお不明確である。すなわち、「各級の党組織」ということは、（A）各級の党機関のことなのか、（B）各地区・地方の党組織全体をさすのか、はっきりしない。もしも前者（A）であるとするならば、各地区・地方産別委員会は各地区・地方党指導部の一構成部分ということになり、産別委員会の独自性は地区（地方）委員会のなかにもぐりこまされることになる。これは、モグリ型組織論の一種となる。他方、後者（B）であるとするならば、各地区（地方）委員会＝党指導部と各地区（地方）産別委員会との関係はどうなるのか、これが不明である。αという形をなすなら、そのような理論化がおこなわれるべきだ。

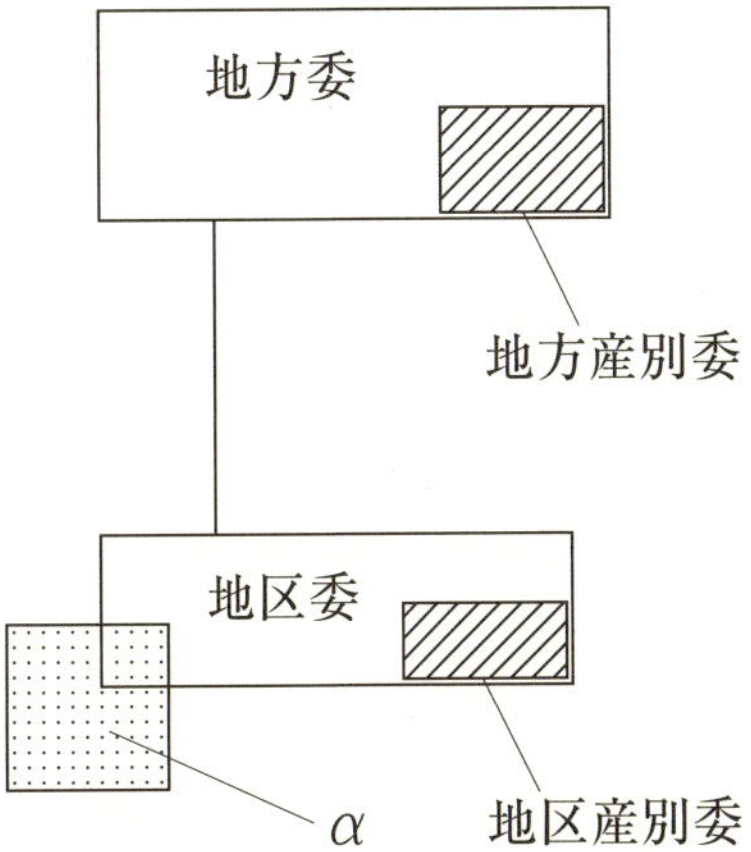

（2）　上掲田宮論文のガリ版訂正部分（末尾から二七行目以下）に、次のような展開がある。

(A)「地区別の産別労働者委員会として機能する産別労働者細胞」。

(B)「あるいは地区的な産別「労働者指導部」と産別「労働者細胞」群とをふくむ地区別の産業別労働者委員会」への分裂・拡大。

(A)の場合は問題ない。組織が小さい場合には産別労働者細胞が同時にその地区の産別委員会として意義をもつのだから。

(B)

(A)の形態が発展したのが(B)の形態である。しかし

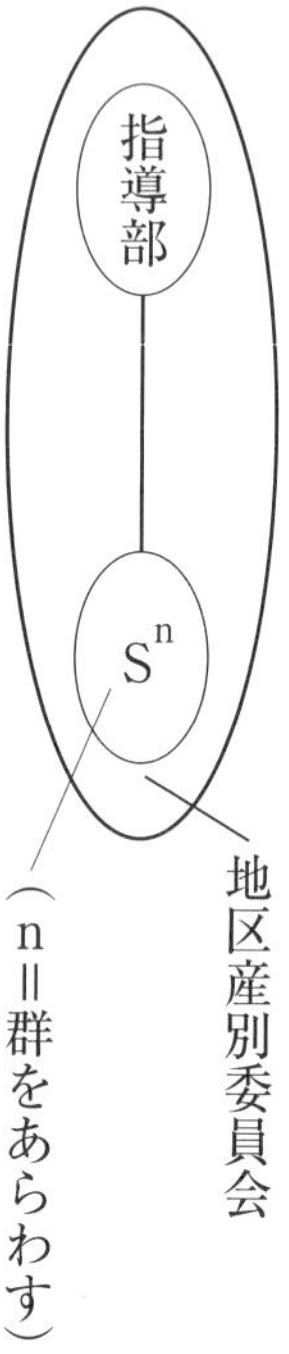

というように規定されているから、この場合、地区産別委員会は、二つの意味が、すなわち地区産別指導部という機関、および指導部および S^n をふくむ産別組織全体としての二重の意味がもたされていることになる。これは、まったく不正確。

（3）ところで、（2）の(B)の場合の後者の論理（つまり、地区産別委員会は、それぞれの地区の産別指導機関と同時に産別組織全体をあらわすという論理）を、（1）の問題に貫徹するならば、どうなるか？　たとえば地区委員会ということは、各地区の党指導機関であると同時にその地区の党組織全体をしめすことになる。ところで、このようにしてしまうならば、せっかく提起された「地区党」を、つまり地区委員会という機関ではないところの地区的党組織を、否定することにならざるをえないのである。

この混乱をすくうために、地区委を地区の党指導部と規定するならば、その論理をもって産別委員会も規定すべきだ。とするならば、地区産別委員会が産別細胞から分化した場合、それは、各地区の産業別指導部として規定されなければならない。そうするならば、さらに、この地区的産別指導部と地区委員会との関係が明らかにされなければならない。その場合、「地区的」という共通項が指摘されただけでは、問題の解決にはならない。論理的解明が必要となる。

（4）いずれにしても、第一〇七号の田宮論文の根底にある地区党建設のための組織路線は混乱している。ないしは肉体派的組織論でしかない。

（5）地区党建設にかんして、十一月一日のPB［政治局］で確認されたことがらは、次のごとし。

(イ)「NCの地区か、MW［マル青労同］の地区か……」といった問題提起をなすのではなく、明白にNCの立場において、NCの地区づくりをやってゆくこと、その場合、MWの同志をNCとともに活動させ、MWの同志をNCへ高めるための闘争をおこなってゆくこと。

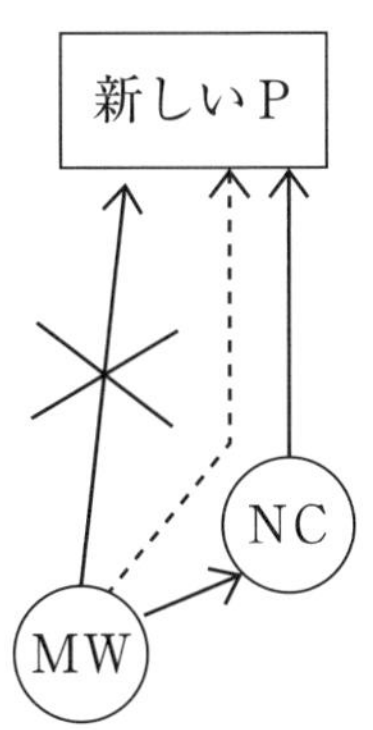

(ロ) 地区委員会の実体的基礎は労働者細胞であり、そして労働者細胞の産別的特殊性によってこの細胞は同時に産別委の担い手でもあること。

(ハ) 現段階においては、各地区にまたがる産別委員会の地方（中央）指導部の確立が必要であること。

(すでにおくった図解を参照せよ。)

上記のような確認にもかかわらず、**いかに**地区的に党組織を確立してゆくかの論理をめぐって、依然山本と田宮らのあいだには対立がのこされている。産業別の闘い・各工場＝経営での闘争などをとおしての党組織の地区的確立の論理にかんする**山本の論理**は、すでにしるした新しい論文で展開されている。これをめぐって討議をふかめてほしい。［以下、図あり。次頁参照］

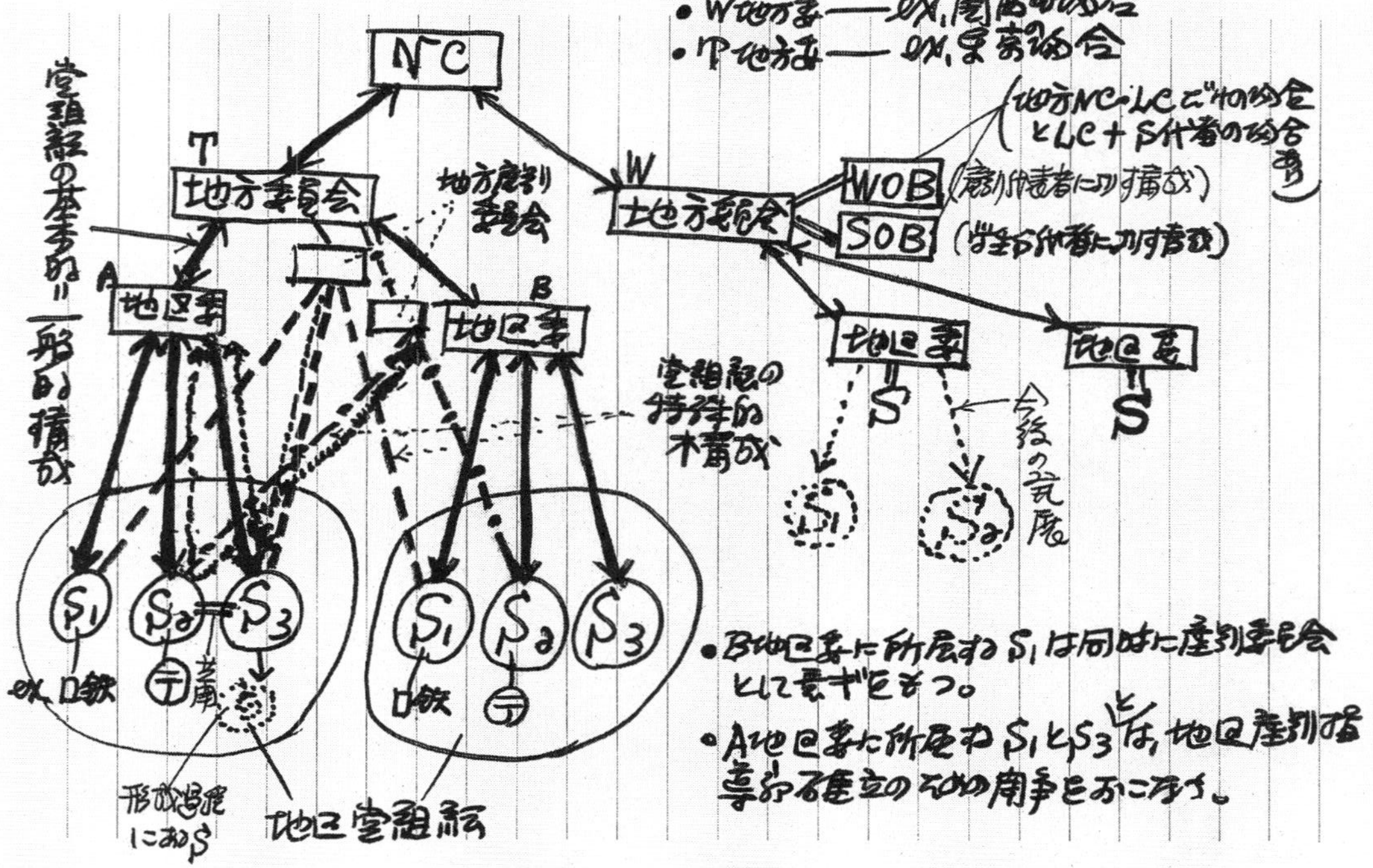
• W地方委——ex. 関西の場合
• T地方委——ex. 東京の場合
NC
T
地方委員会
W
地方協議会
WOB
SOB
(地方NC・LCごとの場合とLC＋S代表の場合有)
(産別代表者による構成)
(学生代表者による構成)
党組織の本来的＝一般的構成
地方産別委員会
A
B
地区委
S
党組織の特殊的構成
S1
S2
S3
ex. 国鉄
国鉄
形成過程にあるS
地区党組織
• B地区委に所属するS1は同時に産別委員会として籍をもつ。
• A地区委に所属するS1とS3とは、地区産別指導部確立のための闘争をおこなう。

問題の核心は何か？

――都学生細胞総会における――

一九六二年十一月二十日

山本勝彦

一九六二年十一月十八日に開かれた都学S総会〔東京都学生細胞総会〕に提出された「報告」が、SOB〔中央学生組織委員会〕の提案としてではなく、同志岡田新〔清水丈夫〕の個人提案としてしかなされなかったところに、現段階におけるJRCL・NC〔革共同・全国委員会〕学生細胞の問題性が集約的にしめされている。まさにこのことによって同時に、約六時間にわたって討論がなされたにもかかわらず、問題の核心がどこにあるかは、十分に明らかにされたとはいいえない。それで以下に、都学生細胞総会の問題点はなんであるかを指摘していきたいと思う。

〔1〕 岡田報告の欺瞞性

まず第一の問題は、同志岡田新によって執筆された報告草案は、総会直前に開かれたSOB会議において否決されたにもかかわらず、この「否決」の意味を彼はなんら主体化することなく、ただたんに批判された諸点を報告の最後で客観的にのべたにすぎなかった、という点にある。いいかえるならば、SOB会議において批判された諸問題を主体化しつつ岡田報告がなされたのではなかったのである。それだけではない。そもそも十一月十五日のSOB会議で明白にうちだされた同志岡田新の〝立場〟(これについては後述する)そのものまでもが総会での報告においてはアイマイ化され、なしくずし的に〝改革〟されていたのであった。ここに、岡田報告のまず第一の欺瞞性がある。

その第二の欺瞞性は、たしかに次の三点にわたって同志岡田の「自己批判」がなされたのであるが、しかしそれは完全に内実の欠如したものでしかなく、まったく自己批判にならぬ自己批判でしかなかった、という点にある。

まずはじめに同志岡田新の「自己批判」とは、次の三点である。

(1) 地区党建設にかんするQの会〔革共同都学生細胞代表者による学習会組織〕のメモを発行したさい、岡田自身の立場と見解を提出しなかったのは、まちがいであったこと。

(2) 東京南部地区に問題があるとか、同志Hに問題があるとか、いうような形での追求しか、SOBでやらなかったのは、まずかったこと。

(3) 岡田自身がNC第三回全国委員総会での討議の内容が、よくわからなかった(!←山本)ことからして、第三回総会議案の討議を組織することなく、Qの会における山本の意見にのっかっていった(!←山本)のは、まずかったこと。

このような「自己批判」は、しかし真の自己批判にはなりえない。理論的に追求されるべき問題を、技術上の問題にすりかえていく以外の何ものでもないからであり、自己批判のやり方それ自身がまったく客観主義的である。同志岡田新が、ＮＣ第三回総会の諸問題について、また現在の論争となっている大衆運動主義あるいは労働運動主義や地区党建設にかんして、現在どういう立場をとり、どういう見解をもっているか、についての積極的かつ実質的な発言を、なんらおこなわないばかりか、依然としてそれをアイマイ化しているのだからである。自己の立場を明白にうちだすことなくして、どうしてＮＣ学生細胞会議を指導することができようか。

岡田報告の第三の欺瞞性は、自己自身の立場・見解のアイマイ性をＳＯＢ全体のそれに横すべりさせることにより、同志岡田新の自己批判を同時に「ＳＯＢの自己批判」として提出している点にある。しかもなお悪いことには、「依然スッキリしない」ということを唯一の口実として、全学連第十七回大会［一九六一年七月］路線、第二十八［九月］―二十九中委［十月］路線、反戦闘争、「プロレタリアートによる学生の獲得」論、全学連第十九回大会［一九六二年七月］の「暴力」路線などの再検討を意識的におしすすめることを通じて、自己の立場と思想の自己点検をなんらなしとげることなしに「自己批判」を云々しているということである。これこそが「学対の腐敗」であるということは、一九六二年三月以降ずっといわれてきたことであり、それを克服するための思想闘争が続けられてきたのではなかったのか？

さて、十一月十八日の総会直前のＳＯＢ会議において提起された問題は――同志岡田の報告ならびに同志今井の発言によれば――、要するに次の点にあるようである。すなわち岡田報告のなかの第十項《まとめ》の第二番目（「どのような党をどのようにつくってきたかの反省をはなれて「党づくりと大衆闘争との区別と連関」を百ペンとなえてもダメ」）にしめされている立場と見解は間違いであり、むしろ反動的でさえある。こういう立場と見解がとられるかぎり、MSL〔日本マルクス主義学生同盟〕第四回大会（一九六二年八月三十〜三十一日）そのものの問題点がなんであり、それをそれ以後いかに克服しつつあるのか、ということの根本的な切開と把握がなしえなくなる。すなわちMSL第四回大会の混乱、大衆運動主義（全学連の運動のあとをおいかけるという方式、その裏指導部的なものに学生細胞がおとしめられていること）からの決別という問題提起などの確認のうえにたって、九月以降『スパルタクス』の復刊、Qの会の組織化、マルクス主義入門講座の設置によるMSL同盟員の思想的・理論的教育の開始、地区ブロックをめぐる討議などの諸活動が開始されたのであった。にもかかわらず岡田報告の第二項のA・Bにおいては、そういう立場が完全に欠落してしまっている。（このことは、とくに、岡田報告にすぐつづいてなされた同志**今井**〔小野田襄二〕の発言によって、明白につきだされた。）まさにこのような非実践的立場は、一方では全学連第十九回大会路線の再検討の回避、他方では現在学生細胞が直面させられている理論的および組織的諸問題の根本的な切開ではなく、その政治技術主義的のりきりによっておしかくされ、インペイされようとしているのである。（このことを討論においてつきだしたのは、同志**土門**であった。）

総会の討論は、上記のようなSOBでの討議を軸にして展開されたのであったが、これについてのべるまえに、岡田報告の背後にある立場と思想がなんであるかを、つきだしておく必要がある。すなわち、総会における同志西川の発言（「岡田報告の《まとめ》の第二項目は清算主義的である」という発言）からも推察されうるように、岡田報告が執筆されたときの同志岡田新には、明らかに九月以降の組織活動にかんする清算主義的評価があったのである。このことは、十一月十五日のSOB会議における同志岡田新の立場の〝転回〟として、すでに明白に提出されていたのであった。すなわち、NC第三回総会の議案や『前進』第一〇六〜一〇八号などに提起されている地区党建設をめぐる理論的諸問題を、直接にSOBや各細胞で討論するのは〝非組織的デアル〟などという、まったくデタラメな組織論（というよりは、代々木式官僚統制もどきの組織論）をふりかざし、※かつ山本の「理論」にたいする歪曲的批判＝誹謗をおこない（山本の面前では、なにくわぬ顔をしている）、Qの会での理論活動にたいして否定的な評価をあたえていたにもかかわらず、十八日の総会において同志岡田新は、三日まえのこの自己の立場の〝転回〟にはなんら言及せず、むしろそれを**なしくずし的に〝改革〟した立場**（その根拠は不明である）において無内容で形式的な折衷主義的発言をおこなったのである。まさにこのような自己のZigzagに無自覚な岡田報告がなされたからこそ、「SOB内にいぜん対立が存在しているという問題」への根本的な切開が必要である、というような発言（S大〔埼玉大〕の同志村井）がでてこざるをえないわけなのである。

要するに、同志岡田新は、自己の立場を明白にうちだすことなく、**コントン**とした立場において「報告」をおこなったのであり、まさにこのゆえに、報告内容は欺瞞的なものと堕してしまったのである。このことは、総会において発言したほとんどすべての同志により直接あるいは間接に指摘されたのであった。

※　コミンテルン第三回大会で採択された組織テーゼを、一体なんのためにマス・プリントしたのか?!

〔2〕　総会で討議された諸問題

総会においては、種々の問題が提出されたが、要約すると次のとおり。

(1)　MSL第四回大会の問題と全学連第十九回大会路線の問題。

(2) 大衆運動主義からの袂別の問題。
(3) ＳＯＢ、細胞活動、地区ブロック、Ｑの会などにかんする諸問題。
(4) 統一行動をめぐる諸問題。
(5) 反戦闘争（キューバ問題をふくむ）および選挙闘争をめぐる諸問題。

〔3〕 マル学同第四回大会・全学連第十九回大会路線の問題

同志今井は、次のような発言をおこなった。――岡田報告においては「Ｍ［マル学同］第四回大会においてあらわれた〝学対〟活動の破綻」とか、「Ｍ第四回大会にあらわれたＮＣの無指導性」とかいわれているが、どういう問題で破綻したのか、何が克服されなければならないか、が追求されなければならない。われわれは八月十日頃から全学連主義（全学連の運動への埋没）に気がついた。われわれのセクト主義については十分に気づいていなかった。岡田提案の第二項目のＡにおいては、事実が現象的に羅列されているにすぎない。第十九回大会までは、全学連運動の前進はすなわちＭＳＬの前進だ、というように美化してきたことが誤りであることが暴露されたこと――これが、ＭＳＬ第四回大会の「成果」であるといえる。「ＭＳＬを指導しえぬＮＣ」というのではなく、どう克服してゆくのか？　これが問題なのであって、全学連主義からの袂別を真に実現していくためには「党づくりと大衆闘争との区別と連関」にかんする理論を主体化することなしにはできない。いかなる形で克服してきたかを、Ｑの会のなかでの討議を通じて検討されなければならない。そしてまた、第十九回大会の立場と今日のわれわれの立場とがちがっていることを、はっきりさせなければならない。独自的な大衆闘争の組織化のために京都の同志は「大衆闘争の分裂」をつくりだしたのであったが、このことは、第十九回大会当時のセクト主義を根本的に切開することなしに統一行動の方針を提出したことの一結果であって、この点をはっきりさせなければ、われわれと京都の同志との同一性を獲得することはできない。……

なお同志土門もまた、上記の問題にかんして、次のような発言をおこなった。――……名古屋憲法公聴会阻止闘争でのＳＳＬ〔社会主義学生同盟〕の自己批判、一九六二年九月一～二日の共闘会議〔大学管理制度改悪反対全国学生共闘会議〕での大原派の自己批判などを通じて、統一行動を実現してきたことの反省をたたかいとることなしに、第三十二中委で第十九回大会路線の問題性を個人的に提起してきた。そして現在、Ｚ・ＳＢ・Ｓ〔全学連書記局細胞〕において第十九回大会路線の検討を開始している。……

第十九回大会路線をめぐっては、しかし、十分な討議がなされなかった。「全学連にはＭＳ以外は入れないといっていたんだろう、それがサァひっくりかえっているんじゃネ……」というような発言（埼玉大の同志山川）がなされていたにもかかわらず、第十九回大会の「暴力」路線を克服するための十分な理論的解明が、総会において提起されなかった、という事実は、明白に確認されておかなければならない。いやそもそも、第二十七中委以降の全学連の運動ならびにＭＳＬの闘いが全面的に再検討されなければならない、ということが提起されているにもかかわらず、今日においてもなおかつ、この問題へのとりくみは積極的におこなわれていない根拠は何か、ということが、あらためて追求されなければならない。しかしとにかく、そういう再検討への志向がうみだされたという事実は、明白に確認されておかれるべき事柄である。

〔4〕 大衆運動主義からの袂別の問題

総会の討議は、当然にもこの問題に集中された。

たとえば同志**西川**は、東C〔東大教養学部〕での闘いの経験にふまえつつ、次のような発言をおこなった。——われわれは大衆運動の次元でしかヒモをつけてこなかった。思想的にヒモをつけてゆく闘いをやらなければならない。われわれはこれまで大衆運動のなかで区別づけようとする傾向があったけれども、活動家を思想的に高めてゆくための場をもつくりだしてゆくべきである。活動家をわれわれのがわに獲得するために、闘争委員会・サークル内活動などに意識的にとりくんでいかなければならない。ところで、Qの会での組織問題にかんする討議をSOBおよび各細胞で十分に具体化することができなかった。……

またすでにしるした同志今井の発言に関連して、同志**朝倉**は、次のようにのべた。——MSL第四回大会において大衆運動主義からの袂別の傾向があらわれてきた、と指摘されたが、そういう傾向は十分ではなかった。当時の学対には大衆運動主義を克服するという立場はなかった。当時の学対の思想傾向との**対決**として、MSL第四回大会の混乱はとらえられなければならない。……実際、われわれの内部で発生した大衆運動主義の克服という指摘にたいしては、MSL第四回大会では**ヤジ**がとばされたのだ。MSL第四回大会の議案で大衆運動主義の克服ということが提起されながら、それは貫徹されていかなかった。技術主義的にのりこえてきたことを、あたかも克服してきたかのように考える、こういう思想的根拠が切開されなければならない。……学習会をやれば強くなるというような問題ではなく、思想闘争の場としてつくられなければならない。……

要するに、「MSあるいはNC細胞として組織的に解決すべきことを、全学連のなかにぶっこんでしまった」（同志土門の発言のなかから）という誤謬を克服していかなければならない、ということが、「党づくりと大衆運動の組織化の論理を主体化し、それにふまえつつ現実にNCやMSづくりをやってゆくこと」（同志岡田新の最後のまとめ発言）として提起されたのである。

〔5〕 SOB、細胞活動、地区ブロック、Qの会にかんする諸問題

たとえば同志土門は、自己批判的に次のように発言した。――Z・S〔全学連書記局細胞〕会議が開かれなかったのはなぜか？　各大学での指導の教訓を主体化して自分たちを高めていく立場がなく、オルグ集団化した。「Z・S―→地区ブロック」という関係はあるが、「各細胞―→Z・S」という関係がなく、また「SOB⇅Z・S⇅各細胞」の関係が弱い。地区ブロック会議とZ・Sとの関係がはっきりしない、現在では二重うつしになっている。……NC第三回総会でなされた地区党問題がZ・Sで討議されていない、SOBでの討議をZ・Sへかえしていく闘いがない。NC第三回総会の成果を各細胞へかえしていくということがおこなわれていない。これはしかしPB〔政治局〕の責任でもある。Qの会には上部のメンバーが参加しているにすぎないが、参加していないメンバーはどうするのか。Qの会の連中が各大学の学習会を指導しなければならないし、各大学で理論研究をやっているメンバーはQの会に参加させなければならない。……大衆運動を実現するための細胞会議にがっちりとりくんでいかなければならない。活動家・MS・細胞のそれぞれの段階ではっきり総括をおこなっていくべきである。……

SOBでの討議やQの会での理論活動を、各細胞へ具体化していくための活動が十分おこなわれていな

い、ということは全体としてみとめられた欠陥であった。
なお地区ブロックにかんしては、現在なおSOBで討議中であるが、これについては、次のような発言がなされた。
同志**小杉**——「指導の強化」とは一体なんであるか？　地区ブロックがオルグ対策（しかもそれはMS対策に矮小化されてきた）としてだされた（九月三日）ことは機能主義的解決でしかない。オルグ者そのものを高めていくことがぬけてしまう。機関をつくりあげていく闘いとして、地区ブロックを位置づけ、機能主義的組織方針を克服し、細胞を細胞として確立するためにたたかわなければならぬ。……
同志**岡田Q**——九月にはまる一ヵ月のあいだ学S代〔学生細胞代表者会議〕が開かれなかった。SOBと細胞との関係はどうか。指導の中心が地区ブロックに解消されるかたむきが発生した。こういう問題をめぐって討議を深めてほしい。……というような議長としての発言があった。（山本の蛇足的註釈——→代々木共産党は、従来は学生運動の指導を各地区委員会にまかせていたのであったが、八月下旬あるいは九月上旬にいたって、それを党中央にきりかえた。）
同志**朝倉**——地区党との関連において、地区ブロックの問題が新しいオルグ対策として機能主義的にだされたにすぎなかった。九月にはSOB、学細代にはまったくとりくまれなかった。地区ブロックに解消されるかたむきがあった。……
地区ブロック問題にかんしては、ほぼ上記のような反省が提起されただけで、それ以上の討議はなされなかった。

〔6〕統一行動をめぐる諸問題

同志土門の発言より――東Cにおいては統一行動ができたが、学大〔東京学芸大〕などではできなかったのはなぜか？……Z・Sとして統一行動についてはっきりしていない。全学連第十九回大会において「社学同・民青の解体なしには学生戦線の統一なし」というようにうちだしてしまった。第十八回大会〔一九六一年十二月〕路線とのあいだにはブレがある。これはなぜか？　その根拠は、第十八回大会で正しい組織路線をだしたとき、それは反戦闘争の前進という政治的判断としてだしたにすぎず、それが理論化できなかったところにあった。……第十九回大会路線の問題をはっきりさせ、その思想的根拠を明らかにしなければならない。……統一行動の展開によって他党派の基盤をほりくずしていけるが、その組織はつぶせない。ＭＳＬの独自活動までも全学連の運動のなかにぶっこんでしまったので、全学連のなかのセクト主義としてあらわれてしまった。……たとえば、一方では「社学同の解体なしには全学連の統一はありえない」といいながら、他方では社学同などの他党派にたいしてコイコイといった珍奇なオルグを東Cでやった。しかし、統一行動はＭＳづくりの前提をつくりだすにすぎないのだ。……

同志梶村の発言――全学連第十八回大会で統一行動路線が提起され、六二年三〜四月にアメリカ核実験反対の統一行動が提起されたが、しかし第十九回大会においては、統一行動の問題はしりぞき「全学連＝党派闘争の場」としてのみとらえられた。統一行動にかんして明らかにジッグザッグが存在していた。憲法中央公聴会阻止のための統一行動をなしとげるということでやってきたが、しかし上記のジッグザッグから袂別してやられたのではなかった。……「社学同との統一行動ナンセンス、むしろ統一行動を拒否することによって、社学同を解体したほうがいいのではないか、東京は社学同へのベッタリ主義ではないか」というように京都の同志から批判された。そこで、東京における「統一行動」概念の混乱の修正、および京都の誤りの根拠、という二点にかんして、かなりの自信をもって『スパルタクス』第三〇号をスイスイ書いた。……「解体のための統一行動」はパーだとわかっても、その概念的把握ができない。三派連合〔社学同・社青同・構改派〕は解体したが、その組織はのこった、というような問題にかんしてスッキリした理論化ができなかった。……Qの会（《組織論》学習会メモというガリ版をみよ）を通じて理論的に明白となった。「統一行動」にかんする概念的把握がなされていないと、『スパルタクス』もうまく書けない。……（理論的内容にかんする発言は、省略。上記メモを参照。）

（なお統一行動にかんする理論的諸問題にかんしては、「《マル学同》の当面する組織的課題」（山本〔『日本の反スターリン主義運動　1』所収〕を、さしあたりみよ。）

〔7〕　反戦闘争および選挙闘争をめぐる諸問題

たとえば同志朝倉の発言より——反戦闘争にかんする二つの誤謬の根拠が組織論的に解明されることなく、全面的とりくみ＝技術主義的解決にもっていかれた。（山本註——たとえば一九六二年三月上旬にだされ、かつＰＢより批判された「四—五月闘争を準備せよ！」という学対論文は、その一典型をなす。）その結果として、反戦闘争をたたかったが、選挙闘争をたたかいえなかった、という誤りがでてきた。反戦闘争で闘いの基盤をつくりながらも、選挙闘争の意義が十分につかめなかった。またＣ大〔中央大〕における「学内民主化」問題をたんに改良主義としてとらえ、反戦闘争へもっていった（その結果、構改派にヘゲモニーをうばわれた）という誤謬は、最大限綱領主義からの袂別を十分なしえていなかったことを意味する。反戦闘争をやってきた**論理**をもって選挙闘争をたたかいえなかった理由は何か？……最大限綱領主義から大衆運動主義へののりうつりの危険を克服すること。思想闘争がなかったことからする一つの結果として、あのMSL第四回大会の危機があったのである。……

同志**土門**の発言より――反戦闘争の論理を主体化できなかったことから選挙闘争を十分にたたかいえなかった。たとえば東CのMSのなかに選挙闘争をやれるものとやれないものとがでてきてしまった。……

同志**森川**の発言より――革命的議会主義のおしつけによって、議会主義ではないことをしめそうとした。……MSL第三回大会〔一九六一年十一月十八～十九日〕の問題がなお主体化されていない。……

キューバ問題にかんして

同志**土門**の発言より――『前進』論文においては、反戦闘争とキューバ問題との関係が不明確である。『前進』の三つの論文（第一〇七、一〇八、一〇九号）がムサイと思っても、Z・S内で討論が十分できない。たとえば基地闘争を反米闘争としてやっている代々木がキューバ問題を利用しているという現実にふまえて、論文は書かれなければならない。それはPBの問題でもある、というように考える。反戦闘争の総括がPBや編集局などで十分なされていないのではないか。スターリン主義の反動性を明らかにするだけでなく、実践的立場をつくりあげていくという立場がPBにない。編集局の論文は実践的立場の欠如した論文である。……民青〔日本民主青年同盟〕が半分もいる××中郵で一票差で「米・ソ核実験反対」の決議をとった。このまえは「あらゆる核実験反対」であった。CP〔共産党〕、SP〔社会党〕が職場でたたかわないという本質をつきだしながら、反戦闘争は思想闘争としてたたかわれている。「あらゆる核実験反対」という形で統一戦線戦術をとり、それをつうじてKernをつくっていくことにより、今度は「米・ソ核実験反対」の決議がかちとられた。NC第三回総会における国鉄労働者の闘いを、NC・PBがはっきり意識していないのではないか？……

同志**朝倉**の発言より——キューバ問題にかんする『前進』の三つの論文は、昨年来の反戦闘争にかんする思想問題が十分に主体化されていない、という現実を露呈させた。他党派との関係において、独自活動をどうすすめていくか、を明らかにしなければならない。……

同志**森川**の発言——「キューバ問題にかんする前進編集局への意見書」（W大〔早稲田大〕細胞）、ならびに「北川論文にたいするわれわれの見解」（W大細胞委員会）という二つの文書を参照。

（附録）——「〇〇大細胞のなかから労対にひきぬかれ、分会の青年部長におしあげられ、そして労働運動主義に流されていった。」（同志朝倉の発言のなかから）

〔8〕

第三〜七項目は、総会における諸同志の発言を問題点別に整理したものである。種々の問題が提起されてはいるが、相互討論・論争という形にまでは発展しなかった。ただわずかに埼玉大の二人の同志が、その発言を通じて同時に埼玉大のMSLおよびNC細胞が大衆運動主義に完全にはまりこんでいることを自己暴露したところから活潑な討論がなされたにすぎなかった。もちろん、埼玉大の同志は、この討論を通じて、従来の学生運動没入主義を克服し、社学同を理論的に批判しえなかった自分自身から袂別するための闘いを開始するという方向性をうちだすことができたのであった。

今回の都学生細胞総会は、第十九回大会路線の克服、ＭＳＬ第四回大会の混乱の実践的解決をめざしつつある過渡的段階にひらかれたという事情からして、種々の理論的および実践的諸問題が提起されたにもかかわらず、総じて十分な討議がなされなかったといってよい。とはいえ、もちろん、討論の理論的水準は決して低いものとはいいえない。むしろ、ＳＯＢによる各大学細胞の組織活動にたいする指導が過渡期にあるがゆえに十分におこなわれてこなかったことの一つの必然的結果として、ＳＯＢ員と各細胞員とのあいだには、かなりの問題意識のズレがあったように思われる。したがって討論の焦点がどこにあるのかをつかみとりえなかった同志があったのではないかと考えられる。しかも明白に論争という形になったのは、わずかに大衆運動主義からの訣別の問題であったことからして、ＳＯＢとしては、この総会の成果を十分に総括し、それを各細胞の討議に付していくことが、絶対に必要である。そしてなお追求されなければならない諸問題を各細胞およびＳＯＢで摘出し、学生細胞全体の再武装のための思想闘争をおしすすめていかなければならない。

〔9〕

同志土門によって**ＰＢ批判**がなされたこと、（総会に出席したＰＢは同志岡田・田宮・岸本・北川・山川・山本の六名であった）、しかもその場でこの「批判」について誰一人としてＰＢが指導性を発揮しえなかったこと、――これについてＰＢは自己批判しなければならない、と山本は考える。しかもなお悪いことには、同志岡田新の空虚な「自己批判」にかんして、また同志西川の発言について、二度にわたって一ＰＢ員が〝後向きのヤジ〟をとばしたのであった。討論の進行につれてこのヤジが完全にうかされていったことに象徴される、**ＰＢの問題意識の低劣さと思想闘争の欠如**という事態について、山本は責任を感じている。同志土門が提起した問題――「ＰＢもまた、ＮＣ第三回総会の成果を各細胞にもちこむことをやっていない」、「キューバ問題にかんする『前進』論文の欠陥はＰＢの問題でもある」、というような――にかんしては、時間をかけた思想闘争を通じて解決していきたい、と山本は考えている。

〔10〕

都学生細胞総会で提起された諸問題のそれぞれは、きわめて大きく、かつ重大である。ＳＯＢおよび各細胞において、それらを今後徹底的にほりさげていくことが、絶対的に必要である。それを通して、わが同盟の思想的再武装と組織的強化がかちとられていかなければならない。

まず**第一**になされるべきことがらは、全学連第二十七中委以降から第十九回大会、ＭＳＬ第四回大会と十月全国学細代にいたるまでの路線の徹底的な点検を通じての、学生戦線におけるわれわれの立場と諸方針を明白にうちだすための思想闘争を、ただちに開始することである。過去の種々の誤謬にかんしてほっかぶりし続けることは、もはやゆるされない。徹底的な切開と自己批判的総括がなされるべきである。しかもそれは、**政治技術主義からの最後的決裂**の機会たらしめられなければならない。その時々の大衆闘争へのプラグマティックなかかわり方を打破し、党建設のためにわれわれは学生戦線において何をなすべきか、という思想問題として、学生細胞がいま直面している諸問題を提起し追求してゆくという根本的立場が確立されなければならない。――「《マル学同》の当面する組織的課題」（三月三十一日付、および十月二十日付〔「学生運動と《マル学同》組織づくり」〕の山本論文）を一つの素材としながら、それをＳＯＢおよび各細胞において組織的に討論し検討し批判し、問題点をえぐりだすための思想闘争を開始することが、一つの突破口となるであろう。第十九回大会の「暴力」路線に象徴されるところの学生戦線におけるわれわれの組織論の誤りを克服するための思想闘争が、全国的に組織されなければならない、と山本は考える。

そのためには**第二**に、わが同盟の内部に種々の形態であらたにうみだされている**大衆運動主義・労働運動主義から決裂**するために、われわれの運動＝組織論を深化させなければならない。これは、一方ではＮＣ第三回総会で提起された地区党建設にかかわる理論的諸問題を全同盟員が意識的に追求すべきことを意味する、と同時に他方では、日本学生運動の革命的前進のための統一行動の論理と組織戦術を具体化していく闘いをヨリ一層おしすすめてゆくべきことを意味する。

そして**第三**に、学生細胞活動の強化と点検、地区ブロック問題の立入った究明、というような現実的諸問題とそれは密接不可分にむすびついている。

さらに**第四**に、**Ｑの会**を一つの拠点として、**幹部教育**を強化してゆくとともに、各大学細胞、ＭＳの学習活動を意識的におしすすめてゆくべきである。（この点については、「ＭＳＬの幹部教育について」〔関西の一メンバーに送った手紙〕を参照のこと。）

第五に、直接的にはキューバ問題を軸にして、われわれの反戦闘争にかんする思想的再武装が徹底的になされなければならない。（この点については、「思想闘争の組織化と前進のために」〔『日本の反スターリン主義運動　1』所収〕を参照のこと。）

およそ上記のような諸点が、現段階においてわれわれが追求すべき中心問題である、と山本は考える。

学対指導の腐敗について

〔学生運動の指導にあらわれた種々の欠陥と誤謬の克服のために〕

一九六二年三月十八日

山本勝彦

A

一九六二年一～二月における学対〔革共同全国委員会・学生対策部〕の「無活動状態」ないし〝総括〟をめぐる論議の不毛性を、技術主義的に打開しようとする傾向〔「四～五月闘争を準備せよ！」なる学対ガリ版〕――これは、次のような諸点にかんする無自覚の集中的なあらわれである、と同時に、学対そのものの腐敗の頂点をなす。

〔1〕 全学連第二十七中委〔一九六一年四月〕以降、今日にいたるまでの全学連の運動方針のおどろくべきZigzag or pragmatic 的本質にかんする徹底的な無自覚。いいかえれば総括における＋α方式の美化。

(イ) 全学連第二十七中委＝全学連第十七回大会〔六一年七月〕――大衆運動主義 or 左翼スターリン主義から古典マルクス主義へののりうつり←――〔その根拠は？〕

(ロ) 全学連第二十八中委〔六一年九月〕――古典マルクス主義からの脱却のための改良闘争の提起、反戦闘争＝「軍隊の獲得」！←―（イ）の根拠の解明が欠如していることからして、改良闘争の提起の仕方までもが最大限綱領主義的となる。〕

（ハ）都学連第十四回大会〔六一年十月〕、全学連第二十九中委〔六一年十月〕――反戦闘争における左翼的偏向の拡大と確認の無自覚。

（ニ）全学連第十八回大会〔六一年十二月〕――「反戦闘争における二つの偏向の克服」というカテゴリー論争と折衷主義的解決。

「自己批判」の連続！　その根拠をあばき、その克服の方途を！

〔2〕学生運動論における混乱――（イ）党と大衆団体との関係のつかみ方における Bund 的混乱の延長、あるいは大衆運動への「党」路線の接ぎ木。思想的には〈反帝・反スタ〉ドグマティズム、そのスローガン化、方針上では党路線＝NC〔全国委員会〕路線の直接的あてはめとおしつけ。NC路線を学生運動のなかへ、いかに物質化してゆくかの思想的および組織的闘いを追求することなく、天下り的に、かつ無媒介的に学生運動に〈反帝・反スタ〉のワクをはめこむ方式（「反帝・反スタの学生運動」、「全自連打倒」がトップ……）。全学連が主体であるにもかかわらず、NCの政治路線でもって学対がひきまわすという結果がうみだされる。全学連の運動をいかに有効的におしすすめてゆくか、という立場が欠如。だから全学連の総括が、NC学対としての総括のおしつけとなっている。

（ロ）「P〔プロレタリアート〕によるS〔学生〕の獲得」論は、実体論的機能論であり、政治技術主義（＝Bund style）である。

（反戦闘争の理解の仕方における純粋レーニン主義と、プロレタリアートと学生の関係のこのつかみ方とは不可分。レーニンの「青年論」の無媒介的もちだし。）

〔3〕　全学連の指導方針の試行錯誤性、その混乱は、その指導部（実質的にはNC学対）の混乱の実践的表現であり、「総括」の回避は理論闘争の軽視※であり、理論闘争の軽視はM学同［マル学同］ないし学生S［細胞］づくりの非実現※※として現象する。

NC学対の指導のジグザグ・その指導性の欠如←――理論闘争を回避することによる、理論的低水準の固定化←――NCの基本路線の非主体化。

※　学対による理論闘争の軽視は、たとえば、三月十一日の拡大中執における「名古屋の発言」を必然的にうみださざるをえない。すなわち、①　過去の誤謬（全人類の危機に訴えるという）への逆転、②　しかもこの逆転は学生運動論における大衆運動主義的傾向（敵の攻撃に対処するという面からのみ、運動の展開を考える〝革通〟［「革命の通達」派］ or 長船［長崎造船社研］style）への逆戻りにうらうちされていること。

※※　これが「プロレタリアートによる学生の獲得」路線と結合される場合には、問題解決の方向が技術主義的にもとめられることになる。

B　学対の腐敗の根拠

(イ)　基本的立場がプラグマティズム、経験主義。――現実的課題にたいする一対一的対応の大衆運動主義的傾向の残存。

(ロ)　NC、マル学同、全学連のそれぞれの組織的性格の区別と連関を明白にすることなく、それらを三重うつしにして学対の方針を天下り的に全学連の方針としておしつけるブント・スタイルの残存。

——党と大衆団体との機械的分離と直接的結合。——指導部のメンバーが自己を三重化しえない単純なる思考法。

(ハ)　学生運動をなんのためにおこなうのか、という目的にかんする明白な自覚の欠如、or 学生運動のなかにＮＣ路線をいかに物質化してゆくのか、という組織戦術論的反省の欠如。

(a)　総括における＋α方式の美化——徹底的総括＝理論闘争の回避。

(b)　われわれの学生運動論の未確立、その政治技術主義的歪曲。

(c)　学生運動のなかにおけるマル学同の組織化およびＮＣの細胞づくりにかんする具体的戦術と闘争の欠如。（官僚主義的命令……とかいう問題ではない。）

以上のような諸欠陥の無自覚→無活動状態の現出。

Ｃ　マル学同の現在的課題

〔1〕第二十七中委以降の全学連運動方針のジグザグを許容したマル学同、or 学対指導の誤謬をあばき克服しえなかったマル学同そのものの徹底的自己批判。

〔2〕ブント崩壊以後、マル学同のヘゲモニーによる左翼学生戦線の組織的再建における種々の組織論上の誤謬にたいする闘争の不徹底。

(イ)「共学同」問題——右翼的偏向。

(ロ)「前衛組織としてのマル学同」問題——極左的偏向。

(ハ)　マル学同委員長〔梶村＝高木〕による「共学同」路線の持続（一九六一年十一月十五日にいたるも

なおかつそうだった)。

(ニ) NCの細胞づくりとマル学同組織化との連関の理論的把握の欠如。——運動の技術的指導(「チミツな」……というような)の問題へすりかえ矮小化する傾向との闘争。

〔3〕 NCの基本路線を無媒介的にマル学同路線としてもちこむ観念性。さらに大衆団体(=全学連)においての「党」の問題をじかに討議する極左的偏向。——このことは、NCの基本路線を学生運動のなかにいかに物質化してゆくかということにかんする明白な把握をもちえない理論的低水準の帰結である。

(イ) マル学同第一回大会(一九六一年五月五日)においては、〈反帝・反スタ〉はたんなるスローガンとして理解され、完全に空語化されていたこと。——その克服のための具体的方針が組織的にさえ提起されなかったこと。

二月十八日 『ドイツ・イデオロギー』 約十二人
三月十四日 〃 三人 (四月七日 CL〔ブント〕批判 中央マル学同ゼロ)
四月十四日 「反スターリン主義について」 三十人
五月十四日(反スタ)、二十一日(唯物史観)、二十八日(経済学・革命論) マル青労同が半分

(ロ) 「共学同」路線にたいする理論的・組織的闘争の欠如。——全学連S〔書記局細胞〕の徹底的腐敗——→6・25問題‐‐‐‐→必然的挫折。

(ハ) 第十七回大会路線の純粋レーニン主義〔空語化された〈反帝・反スタ〉路線への、階級闘争論の接ぎ木⟹反スターリン主義の立脚点の欠落(原水禁大会への方針の「反帝」主義として結実化される)〕との闘争の欠落。

《「大衆運動主義 or 左翼スターリン主義から古典的マルクス主義へののりうつり」の事実は第二十八中委・都学連大会・第二十九中委などで指摘されはしたものの、かかる事実の根拠への切開はなされず。一般に、全学連方針・学対論文には、理論的解明がない。》

(ニ) 第十七回大会路線の純粋レーニン主義を克服するために改良闘争の意義が第二十八中委で提起されたが、しかし、純粋レーニン主義の発生根拠への切開が欠如していたことからして、改良闘争の提起の仕方そのものまでもが最大限綱領主義的となった（反戦闘争の問題）ことへの批判が欠如。――第二十八中委路線は、「共学同」的思考法＝「統一戦線同盟」型思考法＝ブント・スタイルからの脱却の不徹底のまま書かれた第十七回大会路線の純粋レーニン主義＝最大限綱領主義の開花である。思考法としては天上（第二十七中委・第十七回大会）から地上へ、という天下り型。スターリニズムの把握なし。反スタは口先だけのもので、「反帝」主義へ転落（新島〔闘争〕・キューバ問題……）。

(ホ) 「前衛組織としてのマル学同」路線（九月三十日）にたいする闘争の不成功。――「共学同」路線の徹底的批判をおこなうことなく、「共学同」路線のカゲとしての〝余剰派〟への対抗意識の前面化と、大衆闘争のジグザグの克服の組織論的反省の失敗との結合の産物であることを、暴露し克服しえなかったこと。

(ヘ) 反戦闘争にかんする最大限綱領主義的誤謬＝極左的偏向の克服が、理論的低水準のゆえに、たんなるカテゴリー論争へおとしめられたこと。
（反戦闘争における左翼的偏向と、「プロによる学生の獲得」路線と、「前衛組織としてのマル学同」論とは連関がある。

(ト) マル学同委員長の自己批判の不徹底、反戦闘争にかんする学対の指導方針の誤謬にかんする自己批判の意識的回避──→下部同盟員の混乱──→第十八回大会における折衷主義的解決──→それ以後の学対の無活動状況と参院選への移行。

〔4〕 以上のような諸問題にかんする徹底的な総括がなんらおこなわれず、マル学同第三回大会〔一九六一年十一月十八〜十九日〕以後の理論闘争をなんら指導することなく、選挙問題を前面化（一九六二年一月二十八日の都同総会〔マル学同東京都決起大会〕）したこと、他方、かかる腐敗した状況の克服のために提起されたはずの「総括」をめぐる不毛な論争──この二つのことからして、現段階においては、次の三つの欠陥が露呈しはじめている。

(a) 「反戦闘争における二つの偏向」は一体克服されたのか？ という疑問の提起。名古屋における大衆運動主義的傾向への逆もどり。博多における〔右翼的偏向の〕未克服。

(b) 選挙闘争へのとりくみのおくれ（博多、北海道）。「革命的議会主義」のために選挙をやるという博多的うけとめ方。

参院選闘争における左右の偏向

(1) 「〈反帝・反スタ〉の一票を！」

(2) 地方区では「CP・SPに入れよ、だが……」（＝博多）。

(c) ビラ活動の位置づけと意義の理論的解明の不徹底。学対の無活動状態（四〜五月闘争準備のための理論的基盤を弱めたこと）。──→技術主義的打開の試み←──PB〔政治局〕による粉砕（三月八日）

・不毛なる論争は梶村路線を粉砕しえない無能力の再現。

〔5〕　理論的低水準を克服するための闘争

(イ)　単純なる思考法、スローガン的一面化という全学連スタイルを克服するための理論研究会の定期的かつ恒常的な開催。

(a)　〈反スターリン主義〉の把握

(b)　マルクス主義のイロハの把握

(c)　チューター集団の結成

(ロ)　マル学同結成以来の闘争の歩みばかりでなく、日本学生運動の批判的総括を通じて、われわれの学生運動論を確立するための組織的闘争。

(ハ)　マル学同の組織づくりのための具体的方針の提起。――学対の細胞づくり闘争の理論化。

(a)　労対・マル青労同集会への常時出席による労働戦線の現状把握。

(b)　労働者細胞活動から学ぶこと。

(c)　学生細胞づくりのための具体的指導。

(ニ)　全学連第三十中委　or　マル学同第四回大会にむけての議案作成のための理論闘争の組織化。

〔『学生戦線』創刊号書記長〔小野田襄二〕論文の自己批判

〔『闘う全学連』第四号発刊の責任問題

なしくずし的転回を阻止し、運動の担い手の人間変革を徹底化させること。

わが同盟の危機を直視し思想闘争を展開しつつある同志へ ㊙

わが同盟の危機を直視し、思想闘争を展開しつつある全国の同志諸君！ いまや事態は急速に進行しつつある。

① 二月十一〜十三日の中央における種々の動きを総合すると、PB〔政治局〕内多数派は、来週早々に分派宣言を発し、かつ『前進』を彼らの私物化＝分派機関紙とすることを正式に声明すること、そしてすでに関西では十四日にMS〔日本マルクス主義学生同盟〕総会が開かれ、PB内多数派分派に参加するか否かの態度を決定する予定になっていること、などが明らかとなった。（そして事実、昨十三日前進社において、分派宣言の原稿の最後の部分らしいもの※を発見した。）——上記のような動きからして、われわれは、わが同盟の危機を打開するために、各細胞、各地区委、各地方委、各産別委が、大会要求の決議を至急議長あてにだすべきことを決定した。

※「……われわれは、一切の成果を〝分派闘争〟の勝利に集約しつつも、まさに大胆に、日韓会談阻止闘争をとりくみつつ同盟をボルシェビイキ的にきたえ、大衆の獲得を実現しなければならない。この道は、いままでにくらべ幾倍もの困難さをもっている。この困難をきりひらいたときに、幾十倍

の力を同盟はきずきあげるであろう。／同盟のボル的発展のために、全国の同志諸君、われわれとともに進もう！」という北川執筆の原稿。

②　PB内多数派がNC〔全国委員会〕総会を提起してきた場合には、われわれは大会 or 全同盟員総会を開くことをもって対抗する。現在われわれは、二月下旬に都段階の労働者および学生の総会（RMS＝革マル派）を開き、三月二(土)〜三日(日)に同盟の大会を東京で開く予定である。各地方の同志たちは、この大会にむけて、一切の準備をととのえられんことを。いまや明確に反PB内多数派路線としてのRMSを結成し、断乎たる闘争を開始し、機関紙『前進』の私物化を粉砕し、わが同盟の革命的伝統を擁護し、その革命的前進をかちとるために、われわれは全力を傾注すべきである、と考える。

③　上記の事情からして、MSL・RMSの党学校は、二月二十五〜二十八日のあいだに開かれる。これについては追って連絡する。

④　さまざまの情報を中央RMS（当面の連絡先は山本）に集中されんことを。

⑤　機関紙誌発刊のための組織的＝財政的体制の確立のために全力を傾注されんことを。

⑥　PB内多数派が一方的に機関紙の私物化を宣言した場合、当然にも、販売拒否の闘いをやるべきだと考える。

1963年2月14日　10am

山本　勝彦

西ヨーロッパにおける Anti-Stalinism 運動の創成のために

一九六二年九月二十五日

黒田寛一

同志S・Kへ

昨二十四日、㋮より手紙をもらいうけたし、また小生宅の手紙もうけとった。何よりもまず積極的な活動に感謝する。そして以下における記述は、まったく小生個人の意見である（PB〔政治局〕で討議してはいないし、またするヒマもないので）。

Ⅰ　今後の活動方針について

〔イ〕　西ヨーロッパにおける反Sta〔反スターリン主義〕諸潮流の傾向・特殊性・特質・欠陥・可能性などの諸問題は実に明確につかみとれた。やはり可能性としては、さしあたりカルダン派にしかないように思われる。そしてカルダン派にたいする評価は基本的に正当であると考える。カルダン派とのイデオロギー闘争が当面の決定的環であり、これにどうわれわれの路線をぶちこんでゆくかということが当面の最重要のカギである。

〔ロ〕 質問事項――カルダン派と Max Shachtman［マックス・シャハトマン］とのつながり、その Bureau-cratic Collectivism［官僚的集産主義］の評価のしかたが不明であること。（註――カルダン派のソ連論は Ken Weller［ケン・ウェラー］のそれと同じであると思われるが、これについては、あとで書く）。

〔ハ〕 カルダン派との理論的および実践的闘争は次の点にしぼること。

（1） SP、CPの内部で、あるいはそれらの支配・影響下におかれている労働組合の内部で、いかにわれわれの組織的力を拡大してゆくか――という組織路線について。

その場合に前提となるべきことは、――

（a） われわれの基本的立場を革命的マルクス主義とすること――トロツキズムの評価のちがいは当面かまわない。

（b） 西ヨーロッパには第二インター流の組織、いわゆる西欧型のソフト＝民主主義的（or Rosa［ローザ・ルクセンブルク］的）な労働者党（≠前衛党）にたいして Lenin および Comintern が徹底的にたたかわなければならなかった、という歴史的過去を、われわれは再びひきだし討議する必要があること。これを確認しておかないと、Lenin 的課題を、われわれがヨリ高次の次元（反スタ、反社民）で再生産しなければならない、ということがつかみとれなくなるから。

（c） Lenin の「前衛党」概念の批判——つまり、われわれの前衛党組織論のイロハをじっくり説明すること。

（注）「党」問題にかんしては、かなり芳村三郎的であると考えられる。自然発生性への拝跪、サンディカリズム的傾向があるようだ。

前衛とは、Lenin 式の「職革」［職業革命家］ではなく、革命的プロレタリアそのものであることをまずもって確認し、前衛党とは、だから革命的労働者自身による、彼らの政治的結集体であること、「職革」はそのためのテコとして決定的なイミをもつこと、Sowjet ［ソビエト］をつくりだすための母胎であること、要するに革命的労働者に根をはったその先進的部隊であること、などを執拗にぶっこんでおくことが大切だ。

上記の理論的前提にふまえて、既成諸組織の内部でのわれわれのイデオロギー的および組織的闘争のあり方を具体的に追求してゆくこと。すなわちまず——

（2） Kern の創造——CPおよびSP（系）の労働運動その他の大衆運動にたいする闘争方針の欠陥・誤謬の具体的暴露を基礎として、Stalinism や社民のイデオロギーの虚偽性にめざめさせるような闘いを、組合内部などで展開すること。一般的に政治的 Nihilism の状況におちこんでいるのではきわめてこれは困難であるが、突破口は、これ以外にはないであろう。反幹部闘争を遂行するためには、一定の Kern の創造なしには不可能であるので、ハネ上りを警戒することが必要である。

（3）大衆運動を通じて反帝・反スタ・反社民をめざす革命的分子をあらたにつくりだすためには、やはり米・ソの核実験問題への主体的・組織的なきりこみが決定的な環をなすことを、執拗に入れ、われわれの経験をかたること。

Stalinist の平和擁護運動をただ小ブル平和主義的なものとして頭から否定するのではなく、なぜそれが破産しなければならないかの根拠（「平和共存」戦略化──→一国社会主義）の暴露を通じて、革命的反戦闘争へ転化してゆく契機をつくりだすと同時に、Stalinist のまやかしおよびランベール派*の Pro-Sta［プロ・スターリン主義］を暴露するイデオロギー闘争を遂行すべきこと。

だから、当面、〝反戦のつどい〟のようなものを、プロ・スタや単純人道主義者などの一切をふくめて（*Sartre*［サルトル］などもまきこむこと）やり、イデオロギー闘争の場とすること。

（イ）「米・ソ核実験反対」を最低綱領とすること。

（ロ）百人委の Russell［バートランド・ラッセル］派の人道主義的軍縮論の小ブル急進主義性と観念性（世界政府の幻想にうらうちされていること）を暴露すること。

（ハ）ランベール派*の「無条件擁護」論のプロ・スタ性の暴露（軍事力問題へすりかえる軍事評論家＝軍事戦略家への堕落）──〝Stalinist 官僚打倒〟の線を彼らに強力に注入することによって、それを大原派的に改造することを追求すること。

＊　黒田は同志森へののちの手紙で「ランベール派はカルダン派の誤り」と記している。

（ニ）　Ken Weller がモスクワでまいたビラ（ソ連は社会主義ではない、ということから長船社研式に天下り的にやるやり方でそめあげられている）の限界をつきだすことによって、Stalinism にたいして直接に〝あるべき社会主義〟（生産の労働者管理を軸として説かれている）を対置するにすぎない、この観念性のゆえに、いいかえればトロツキー的な過渡的（＝橋わたし）綱領的思考法 or 連続革命的思想の欠如のゆえに、即自的大衆を自覚させ組織することができていないことを明らかにすること。いいかえれば、カルダン派的「原則」を直接もちだすのではなく（直接もちだすのは原則主義 or 最大限綱領主義）、そのような「原則」の方向へ、下部大衆をたかめてゆく、という基本的な立場（現実の闘いから、原則的なものをつかみとった革命的プロへ）をぶちこみ、足を大地にねづかせること。――ソ連論におけるクイチガイ問題はそのあとだ。要するに足をボッタテルとは何か、を徹底的にぶちこむこと。

（“Socialism Re-affirmed” の最後の二頁にかかれている立場と、“International Socialism” のK論文〔「日本における階級闘争――新安保条約反対――」『革マル派　五十年の軌跡』第一巻所収〕の終りの方の立場とは、原理的に同じだ。）

（ホ）　Sartre のプロ・スタ的性格（裏から一国社会主義を弁護するやり方）を暴露し、彼らを反スタ的にすること。〔Sartre の〝弁証法的理性批判〟という本の〝序説〟だけが日本訳になったが、ここでのサルトルの立場は一九四八年頃の梅本と全く同じ。主体性問題が公認マルクス主義の「余白」（梅本の場合〝空隙〟とよんだところのもの）だといっている。マルクス主義の立場において、公認マルクス主義＝スターリニスト哲学に欠けているこの問題を Sartre 的実存哲学でおぎなおうというもの。」Sartre とは必ず会い、日本の反スタ運動を紹介し、彼のプロ・スタと徹底的にたたかうこと。彼をソ連核実験反対の闘士にし、われわれのがわにまきこむこと。かのハンガリア事件の時の Sartre の憤激を、彼によびさましてやるべきだ。実存主義者だからといって彼をバカにしては不可。

以上のような理論闘争の結果としてしか、反戦デモはできない。

（4）政治討論集会を組織すべきこと。

（a）アルジェリア問題——FLN〔民族解放戦線〕の八年間のたたかいにもかかわらず、フランス・プロレタリアートが連帯的行動をなんらやらなかったのはなぜか？　SP、CPの非戦闘性・議会主義、フルシチョフの「平和」恫喝 etc.、第四インタ・トロツキストの戦略のまやかし（「アルジェリアに平和を！　アルジェリア完全独立」）ということで、植民地人民と本国プロとの国際的団結による自国政府打倒の闘いをやらなかったことの理論的根拠の解明——Stalinism の裏切り、プロ・スタの暴露。アルジェリアの権力の性格規定というように問題を横すべりさせないこと。フランス・プロレタリアートがいま何をなすべきか、de-Gaulle〔ド・ゴール〕にたいしてどうたたかうかをはっきりさせること。

（b）ベルギー・ゼネストの問題

（c）ＥＥＣ（資本のヨーロッパ的規模での結合）に対応して、西ヨーロッパ・プロレタリアートの横への団結（イタリア、フランス、ドイツ……）をかちとることなしには、各国プロの解放はありえないこと。（チトーはＥＥＣ加盟を希望。）

（d）東西両ドイツの同時的解放（反帝・反スタ）のための戦略・戦術・組織戦術の具体的追求。——コメコンがＥＥＣにおびやかされ大変。日経連のエライ奴が八〜九月にかけてソ連・中国へゆく、日・ソ、日・中貿易が強力に展開されつつある。

（e）イタリア構改派の社民への堕落の暴露。

（5）大衆闘争および政治討論集会を通じて、革命的分子を発見し、それを組織化（サークルないしカルダンの組織の周辺へ）し、そこで、革命的マルクス主義による武装＝Kern の結集のための闘争をおこなう。

〔二〕カルダン派との高次の理論闘争としては——

（1）解党主義的傾向を克服するための党組織論の確立。既成諸組織（労働組合、ＣＰ、ＳＰ）にたいする、われわれの独自組織の確立、そのための加入戦術（≠没入戦術）or 反対派活動の適用。Lenin 組織論の現代的再生産（西欧型＝Rosa 型大衆政党の限界の指摘とその克服をともなった、Lenin 組織論批判、およびトロツキー組織論批判）。

トロツキー組織論は、上層部だけでの論争に終始し足をもたないこと。←——レーニンおよびトロツキー組織論にたいする Cliff［トニー・クリフ］の批判の逆立ち性。"International Socialism" 一九六〇年秋号の Cliff 論文批判をやること。

（2）大衆闘争と革命運動とを媒介する実体的組織（前衛党）をつくりだすための戦略戦術の確立。Lenin の二段階型革命論（『二つの戦術』）批判によるトロツキーの連続革命論へ。そして両者の限界暴露。端初的＝「改良」的任務（ex. 賃上げ、米・ソ核実験反対……）をたたかいぬく（この過程で、社民・スタの本質暴露をやる）ことなしには革命前的状況をつくりだせないこと。——そのために純トロ的情勢方針主義＝客観情勢分析主義（客観主義）を克服すべきことを明らかにすること。

（3）革命的マルクス主義というわれわれの立脚点の論理を明らかにすること。——Stalinism（フルシチョフ＝トリアッティ路線と毛沢東路線）そのものの本質暴露を理論的におこなうこと。その物質的基礎の解明（＝ソ連論）は一応あとまわしにして、何よりもまず、スタ党、社民党の相互媒介的癒着化傾向の反労働者的本質を暴露すること。

（4）ソ連論について。

（a）スタ官僚の暴力的打倒を確認すること。（したがってスタ党をも解体し、われわれの党をつくるべきこと。）

（b）生産管理はいいが、その実体的基礎としての労働者 Soviet or 工場委員会の問題をださないかぎり実現不能であり、そしてこの後者の問題は前衛党の場所的創造にかかわるということ。

（c）カルダン派は、「過渡的社会＝社会主義」としてとらえているにすぎず、プロ革命以後における価値法則の撤廃過程そのものにおける擬制的労賃制（Bukharin［ブハーリン］のいった）の問題が完全にぬけおちている点をつくこと。いいかえれば、プロレタリアの alienated labour と今日のソ連における労働者の “alienated”《疎外された》 labour との区別と連関を明らかにすることを通じて、労働者管理の問題を追求することなしには、それはたんなる願望（未来）にとどまってしまうこと。

擬制的労賃制の問題を追求すれば、当然、等量労働交換（労働証書制）へ移行する前段階における「価格」問題が問題となるのだから、今日のソ連経済学界における諸論争に学び、それを批判することなしには、われわれのプロ独裁下での具体的な理論はでてこないこと。いいかえれば、依然『ゴータ綱領批判』の周辺か、「労働者管理」ということより以上には深まらないこと。

（d）国家資本主義とか集産主義とかレッテルをはっても、問題の解決にはならない。われわれがプロ独をうちたてた時にどうするか、ということからきりはなされたソ連論はパーであること。——このことを力説すればよい。われわれのいう「過渡期社会とその疎外」の問題はあとまわし。

Ⅱ　今後の具体的活動

（1）カルダン派の若手部分の教育。

（2）大衆集会・政治討議をやらせること。

（3）CND〔核非武装運動〕的なものでよいから反対組織をつくり、カルダン派の Hegemonie の下にそれをおくようにすること。

（4）K・Sの個人的勉強について。——英語を体得するだけで可。——フランスに革共運動を根づかせるために、どうしたらよいかを、これまでに体得したわれわれの組織論を適用・具体化する形で論文を書くことがすなわちあなたの理論的向上として実現されるであろう。〝西ヨーロッパにおける反スタ運動の組織戦術〟というのを書くこと。——それによって、サークル主義、大衆運動主義、情勢分析＝方針主義などの克服となるはず。——そちらでのイデオロギー闘争の諸問題を整理し、まとめること。

Ⅲ　Ken Weller の〝思想〟について

“Socialism Reaffirmed”は次のようなものの雑炊。

（イ）第四インタの評価は、われわれとほぼ同じ。

（ロ）現代世界の社会構成（東西両陣営をふくむ）を官僚制としてつかむバーナム型。the appearance of *bureaucracy* as a new social formation というように。

（ハ）Bourgeoisie（西陣営）と Bureaucracy（東陣営）としてつかみ、産業資本主義から独占資本主義へのつかみ方は Dobb［ドッブ］型、一九一七年の革命でなく、一九二九年 Crisis を現代世界の結節点としてつかむといういみでは大内力型。

（ニ）東西両陣営を単純並列化して、核戦争の危機──→Barbarism という点ではヒメオカ or シャハトマン型。

（ホ）ボルシェヴィキ党権力の官僚化のつかみ方はトロツキー型。

（ヘ）生産管理の問題が、所有の問題からきりはなされてもいること（労働者 Soviet 問題の欠如）。トロツキーの国有化論の反措定でしかない。労働者的所有の問題が不明確。

（ト）the real nature of Stalinist regime を the bureaucratic capitalist regime としてとらえているといういみでは Cliff 型。──しかし、今日のソ連に資本はないし、プロレタリア的賃労働もない、商品生産そのものもない。イノシシとブタとの関係、あるいはオオカミとカラフト犬との関係を、Cliff はつかんでいない。

（チ）党問題を力説し、階級的自覚の問題をあつかっているのは、われわれと同じ。

（リ）官僚を、class［階級］とも strata［階層］とも明確にいいきっていない（論理上いいきれない──というのが、われわれ）。

（三）についての補注――Bureaucracy の一般化。

ＵＳＡとＵＳＳＲとは bureaucratic totalitarianism の方向へ identification する傾向にある、ととらえる。War がそれをやる。Barbarism にならないためにたたかう、ということになる。ＵＳＡとＵＳＳＲとの区別がないのは、一九一七年でなく一九二九年 Crisis に力点をおく（大内力）からだ。ＵＳＡとＵＳＳＲによる分割支配、相互依存の論理がない――→「平和共存」批判が欠落する＝直接 War の問題へ横すべり――→野蛮！　テナコトになる。∴＜反帝・反スタ＞戦略がでてこない。

以上のことからして、ヘタをするとヒメオカ的 or「社学同」的としてあらわれる可能性もある。だが、百人委「労働者部」を彼がやっているのでマアマア。しかしモスクワのビラみたいなものでは不可。これをネタに討議のこと。

Ⅳ　全国委員会の現段階について

（1）　原水禁大会における全学連の闘争については『前進』参照。――この大会中におこなわれるべきＭＳ［マル学同］の理論的武装は不成功。

（2）　〝暴力論なき暴力〟の横行（第十九回大会路線）を八月中旬に転換させる。――東大Ｃの彼（ツヨイヒト）は対権力関係（パクラれて）でつぶれかかるさわぎも発生。

（3）八月三十〜三十一日のマル学同大会は、マル学同一般の理論的低水準、学対の腐敗の必然的帰結として大混乱。何事もきまらず。これまでのマル学同の恥部（とくに学対の）がさらけだされた。中央大学の彼、森川、西川ががんばっている。

（4）九月一〜二日、大管法共闘会議に西分派の大原派が参加、自己批判。彼らの主張は、われわれに似而非なので批判がかなりむずかしく、マル学同一般が純トロ批判のやりなおしをやらなければならない始末。——最近では大原派（法政の）にヒモをつけ、「青年インタ粉砕のためにたたかう」と決意させたとのこと。

（5）清水（幾）らの現代思想研究会や春日派は、完全に社会党になだれこむ。池山重朗（もと全学連のトミタ）、前野良、長洲などは、『月刊社会党』の執筆メンバーとなる。

（6）九月三日よりKK、学対指導を開始。問題点の切開をはじめる。（この日夜、根本帰る。）

（7）九月十四日　反戦デモ　四〇〇人。

（8）九月十六日「学対＋中堅」の第一回研究会——組織論をめぐって。学生運動論に焦点をあわせておこなう。六時間。

（9）九月下旬、NC全国総会〔革共同全国委員会三全総〕。——地区にⓈ〔細胞〕を基礎とした党建設を実現することをめぐって討議。「地区党」と「産別委」との関係をめぐって討議。選挙・反戦闘争については、しかし理論的には何も討論されず。もっぱら党建設をめぐって。〔以下、図あり。次頁参照〕

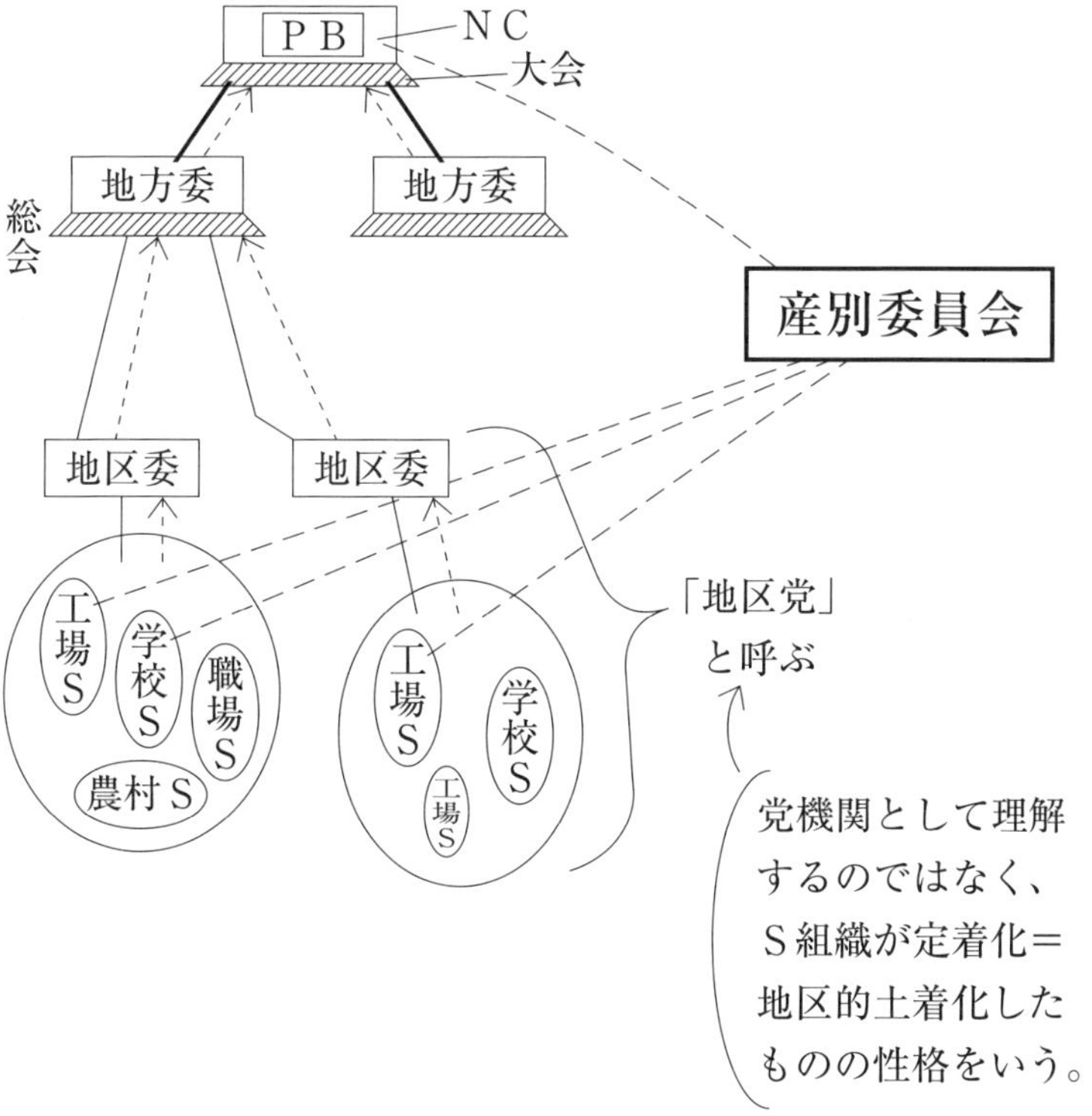

だいたい上のようなものを念頭におけばよい。
Ⓢ［細胞］の土着化と地区的規模への拡大をめざす。
（センキョのため *!!?!* ）
↑
ＫＫ

(10) 十月より第一、三日曜日には「学対＋α」の教育＝革命的人づくり。第二、四日曜日は、マルクス主義入門講座。理工系ゼミのための教育（月二回）、労働者教育（月二回――いつものやつ）などをやり、今年は終る予定。

(11) 八月五日 アメリカの Feuer という哲学者に会う。“New Politics”（香山投稿論文掲載）のヤツ。カリフォルニア大の社会学部長。五十五歳位。社学同に親近感をもつ。Lukács［ルカーチ］の話をやったのみ。てんでワカラナカッタらしい。

(12) 九月には、“Socialism or Barbarism”［『社会主義か野蛮か』誌］にのったKK論文（Cliff 機関誌のやつと同じ）のイタリア語訳でKKの名を知ったというイタリアの記録映画作家と会う。SP員らしいが、政治的にはまったくパー。ただただ日本における alienation の状態をカメラでとりたいので、例証をあげろ、というバカげたもの。「左」も右もオドリ（ジャズ喫茶――創価学会――民青）というのが典型だ、といっても興味をしめさぬほどのバカヤロー。客観主義もいいところで、芸術論における「典型」ということも、わかっていない。中村宏が笑っていたし、松本という記録映画作家は腹をたてて中途で帰る始末。

(13) (高)は、九月十七日に帰国。三日前にあったが、ほとんど話をせず。(根)は東奔西走で話もできず。「モスクワ・デモ」は日本外務省が「いいことをやった」とほめた。週刊誌には、あなたがた三人のシンコクなツラが三回ほどでた。強盗殺人犯（SK）、バーテン（桑）、ヒンケツ病（根）の三人だとは、池袋の住人の意見で、ぼくのではない。この三人は、鎌倉カーニバルでの「神様」としてまつりあげられたのだそうだ。右翼がほめている！「デモ」の(根)報告は、すでに週刊誌にでた。

(14)　選挙後は総じて、(6・15問題が唯一だ) われわれの間はきわめて平穏無事というわけで、みんなでオドロイテイル。分派闘争も、おきないのでつまらない。梶村のヤツも、どうやらわれわれの路線でやってゆくらしい。岡田新も、九月三、十六日にやったことを、細大もらさずしゃべるというふうで、やっと、どうやら「自信」がついたらしい。
とにかく、そちらで十分にたたかってほしい。

9月25日　　K　K

Ken Weller によろしく

わが同盟指導部の腐敗をのりこえ「陰謀的」分派闘争を推進せよ！

一九六三年二月十六日

革共同・国鉄委員会

『前進』第一一九号は「今年の春闘の特徴は何か、第一に春闘の中心で闘う構えをもった単産が一つもないことである」という。

だがこれが第一の特徴として語られるべきものであるかどうか？　一昨年六一春闘における「青空闘争」という「方針」を別にすれば、昨年の六二春闘においても民間・公労協を問わず「春闘の中心で闘う構えをもった単産は一つも」なかったのである。鉄鋼をトップ・バッターにたてた昨春闘が闘う構えをもったものでないことこそわれわれが明白に暴露し、宣伝してきたところのものであった。右翼社民に握られた八幡にイニシアチブをとられた鉄鋼を前面におしだし、「景気のいいところから掘りくずせ」方式で春闘相場なるものを導き出そうとしたものこそ昨春闘の全体的姿勢の表現であった。

私鉄の闘いについても安恒前書記長を総評へ送りだすための演出に「出口」をみいだしたものであった（われわれはもちろん、私鉄労働者の下からのつきあげと闘争力をいささかも否定するものではないが）。

この私鉄の春闘のなかで「成績給」の導入にたいしては、私鉄ダラ幹は、なんらの反対もしなかったのである。

われわれは昨春闘を次のように分析した――。

「鉄鋼・電機をトップ・バッターに据えた「官民統一闘争」は、資本との闘いを完全に放棄したダラ幹流の「正当」なスケジュールであった。好況な産業を前面に立てて一定の相場を作らせ、以降、将棋倒しの闘争集約ができれば、それは成功なのだ。そして事実、鉄鋼に対する職務給移行を一三〇〇円程度含む一八〇〇円は春闘全体の相場となった。（三〇〇円や五〇〇円の上下は、春闘を総括するに大きな意味をもつものではない。）問題は最初から闘う気のない、右翼社民にイニシアチブをとられた鉄鋼を主力におき、全体の相場作りを意図した点にある。即ち一定額を特定産業において出させ、激烈な闘いにならないように配慮した点こそが、われわれの春闘総括においての中心的問題なのだ。徹頭徹尾、ブルジョアどもの「善意」に賃金決定をゆだねたダラ幹のダラ幹たるゆえんを職場でバクロすることが必要なのだ。

「政府なり経営者が、善意ある回答をしない場合には……効果あるストライキをやる」とか「仲裁委員会の公平な仲裁を期待」とかは、今春闘の本質を、ダラ幹どもの姿を明瞭に描きだしている。」

（倉川篤「春闘と革命的労働者の立場」『共産主義者』第六号）

しかるに、『前進』第一一九号「春闘と革命的労働者の任務」の筆者においては「今春闘の特徴は闘う構えをもった単産が一つもないこと」と語ることによって、逆説的に昨春闘を美化する立場が貫かれている。そうではないと開きなおるならば、この論文は何のために書かれたのか、まったくわからなくなってしまうのだ。――情勢分析のための情勢分析か？――

われわれがダラ幹の存在を潮流としてとらえ、個別的なダラ幹ではなしに、このブルジョアの安全弁たる潮流に、革命的共産主義者として、その組織として対決する立場を明らかにしたわが同盟の基本路線をふみにじるために書かれたのか？　昨年と同じ事態を、今年の特徴として分析する「情勢分析主義」は、分析能力を完全にマルクス主義から断絶した証左でなくしてなんであろう！

特徴の第二点として「今年からは、調停という労資の「話し合い」で「解決」を図ろう」としている「わが国の労働運動の中核である公労協のこのような協調主義的腐敗」があげられている。だが同じ文中にある「昨年春闘で、公労協幹部は、公労委依存を公然と掲げ、ついに闘争らしい闘争をなんら組織せず、仲裁裁定を受諾したことを想起するならば、今年の公労協の春闘方針に、昨年にも増して露骨な協調主義が唱えられている」ということとの内的関係は、一体どうなっているのか？

「公労委依存」ということは「話し合い」で「解決」しようということで、そのものであり、なんら今春闘の特徴とはならないのである。

第三、第四の特徴点も、まったく無内容である。特徴ならぬ「特徴」の羅列という特徴をもったこうした論文の立場、すなわち客観情勢の「分析」にコミンテルンやレーニンのドグマを無媒介的マグソヒロイ的にアテハメることによって「闘争の組織戦術」を提起するやり方は、ムダであるばかりでなく有害である。

「ケルンのための闘争は前提となっている」などと強弁しているが、しかし実質的にはそれから断絶された地点において「戦闘的労働運動」の「防衛」や「戦術の精密化」を語ることは、なんら「古いカラ、古い誤り」を克服することにならない。むしろそれはわが同盟の基本路線を歪曲するものでしかないのである。

第一点から四点までの客観情勢の客観主義的分析から接ぎ木的に次のようなことが語られている。——すなわち、「党のための闘争をますます要求している」、「なぜならばすでにみてきたように危機的様相を呈しているわがプロレタリア階級闘争の現局面においては、労働者階級の自然発生的な経済的諸要求のための闘争の前進も、革命的プロレタリア党のための闘争の前進に裏打ちされないかぎり、不可能に近いからである。」また「『社会党か共産党』に『出口』を見いだしていた労働者に『別の出口』を、すなわち、労働者自身が切り拓く出口を自覚させるための闘いとして闘われないかぎり、いかなる闘争も結局は社共指導部の規範に屈せざるをえないからでもある」、「このことは、個々の闘争を通じて労働者階級の階級的自覚のために指導するプロレタリア党のための闘いと固く結ばれていないかぎり階級闘争の前進がないことを意味している」と。

プロレタリア党のための闘いが現実に要求されていることは最初からその通りであり、分析ならざる分析から導きだされる結論ではない。「『出口』を自覚させるための闘い」とは、まさしく労働運動の戦闘的展開を通じてのケルン創造の闘いであり、プロレタリア党のための闘いなのだ。「固く結ばれる」などというものではなく、この闘争それ自身の中に階級闘争の前進が保障され位置づけられるのである。

『前進』第一一六号における「合流」論といい、この「固く結ばれる」論といい、それらは、労働運動（大衆闘争）と党のための闘いとの論理的把握、その弁証法的関係の把握が完全に欠如していることを明白に物語っている。だからこそ、「『ケルンのための闘争』と無媒介的に規定することで総括をすませてしまうようなセクト主義」(『前進』第一二〇号より)というようにしかとらえることのできない労働運動主義が全面的に開花せざるをえないのである。『前進』第一一七号倉川論文における「われわれは今次闘争の中で、如何にケルンを創造し、強化し、拡大するかに最大の力点を置いた闘いを進めて来た」という立場が〝セクト主義〟として「すませてしま」われるのである。

動力車労組青森大会〔一九六二年八月〕の決定方針が右翼社民によって実際の実践段階で否定され、逆オルグが全面的におこなわれる中で、われわれは、ケルンのための闘いを根底にふんまえた闘いなしに実践的立場をつらぬくことはできないのである。大会決定方針が突如として労働者大衆を革命的に変革するものでない以上、今日までのダラ幹どもの裏切り行為を一つひとつ具体的にあばきだし、そうすることによって中核形成への方向を追求することなしには、運転保安闘争の実践的意義は否定されるのである。このことは「政治局通達」第二号〔野島三郎「動力車の闘争について」〕のように「あまりケチをつけず」とか、「せっかく立ちあがった労働者に水をかけるようではいけないと「二号」を理解した」というように言う同志たちの立場と根底的に区別されるものである。

ところで、一般に労働運動そのものの闘いを戦闘的に展開するための主体的根拠として結集される「左派フラクション」、その内部における批判の自由を完全に留保しつつ「左派」内部における理論的・実践的立場の問題性を追求することは、しかし、機関における〝裸おどり〟をいささかも意味しないのである。

同志野島三郎は、国鉄委員会の討議の場に参加していながら、会議の内容を勝手に歪曲し、二段階戦術論的に主観的に総括し、しかも組織暴露をもあえてした。彼のノーズロ論、および二月四日、国鉄××支部会議における同志武井健人の裸おどり論などの勇敢なる「過去の方法と内容からの訣別」については別稿で明らかにする。

政治局を僭称する『前進』第一二〇号論文は「過去の活動の方法と内容、過去の組織形態、過去の教条にしがみつくことが一番「安全」な方法で基本路線をつらぬくものだと考えているらしいわが精神的＝肉体的なクレチン病患者たちは、「組織戦術がない」などと呪文を唱えればたちどころに当面する組織的困難は突破しうるとでも空想しているらしい」とでもいうことによって、三全総の「第三の潮流、戦闘的労働運動の防衛、戦術の精密化、地区党」という呪文を唱えればたちどころに当面する組織的困難は突破しうるとでも空想しているらしいのである。そしてこのことは、「過去の活動の方法と内容、過去の組織形態」を勇敢にかなぐり捨てることによって「いまわしき過去」から断絶しようと試みているらしいことを物語っているのである。

「主体を語らずに運動を語ることは、何もいわないに等しい。いやそれ以上に犯罪なのだ。」「……われわれは日本プロレタリアートの断固たる戦闘力に依拠し、戦線を拡大しつつ自己を貫徹してきた。それは、ストライキが打てたか打てなかったかという単純な評価を許すものではない。」「……まずもって闘いの中核形成に全力を傾注することなしには、運動はありえない」（『共産主義者』第六号の倉川論文より）――こういう「セクト主義者」を、われわれは断乎として守りぬき、これにふまえつつ運動の展開を通じての中核の創造と拡大、強化の闘いを発展させるために闘うであろう。まさにこの闘いが「過去の方法と内容」として、ほうむり去られようとしている今日のわが同盟の危機的現実において、われわれの任務は、「ますます重大」なものとなっているのである。

われわれ革命的共産主義者の一切の闘いは、つねにケルン＝革命的前衛の創造と強化のための闘いであり、このケルンを創造するわれわれの立場とは、労働運動と無縁なものではなく、労働運動主義とはまったく無縁なものなのである。

われわれは、労働運動の中で「戦闘的労働者の闘い」と「プロレタリア党のための闘い」の「合流」を考えるほどの「マルクス主義」とは無縁なのである。「狭義の誤解を恐れずに」われわれは直言しよう。――労働運動と党のための闘いを二元的にとらえる非弁証法的な思考方法との訣別のなかにこそ、プロレタリア党のための闘い、われわれの立場を位置づけるものである。それは『前進』第一一六号のように「闘う労働者大衆の中へ」といまさらのように主張するボケきった諸君が、逆説的に労働者大衆の外にいることを実証するあわれむべき事態の中で、当然の義務を遂行するものだからである。

ケルンのための闘争とは、現実の労働運動の中に、場所的に、普遍的に自己を拡大し、強化する闘いであり、このことと切断された情勢分析や、「合流」を追求することとは無縁である。ケルンのための闘争と「無媒介的」に大衆闘争や労働運動の戦闘化を語る労働運動主義（それは本質的に解党主義として現象する、だから、この誤りを隠蔽するために「プロレタリア党のための闘争」が接ぎ木される、しかし同時に、このスローガンそれ自体が空語化されてしまっているのだ！）との訣別なしには、わが同盟の前進はありえない。いうまでもないことだが――狭義の誤解をさけるためにいえば――労働運動の革命的前進もありえないことを同時にそれは意味しているのである。

闘う労働者大衆の外から戦闘的うんぬんという空虚な尻おし的言辞を弄する思想こそ、われわれが実践的に粉砕せんとするところのものである。「あまりケチをつけず」のニコポン戦術の提起――→裸おどりの強制というこの論理の中に、わが同盟の現在的危機が存在しているのである。このことは、『最前線』〔日本マルクス主義青年労働者同盟機関紙〕編集局における『前進』と『最前線』との合併論、『前進』第一〇四号〔武井＝本多執筆〕における「わが同盟とマル青労同との併立という歴史的限定性を突破し……」や「地区党があれば」等々の機能主義的傾向の根底に横たわっている、労働運動主義的偏向の、当然の帰結でもあるのだ。

「地区党があれば」炭労のみならず、一切の闘いをはるかに前進的・革命的に闘いうるであろう。しかしこれは、「地区党があれば」と問題をたてる理論的・組織論的立場そのものとは別である。なぜなら、機関紙の合併論や、マル青労同と全国委員会との直接的統一論と、この地区党論とは、根底的に同一のものだからである。そしてそれらは、わが同盟の基本路線の重大な変更を意味するものである。

したがってわれわれは、反帝国主義・反スターリン主義のわが同盟の基本路線を戦略戦術においても、組織戦術においても貫徹するために、全国の同志たちとともに、「陰謀的」分派として、「山本派のかくれみのとして」断乎たる闘争を前進させるであろう。

動力車労組の運転保安闘争
――政治局内多数派による二段階戦術の強要を粉砕

ブクロ官僚一派は革共同・全国委員会の第三回全国委員総会（三全総、一九六二年九月）において、「第三の潮流」路線を全面開花させ、大衆運動主義者としての本性を露わにした。

こうした政治局内多数派の腐敗に危機意識をつのらせた同志黒田は、「大衆運動なしには組織はできないが大衆運動だけでは組織はできない」ことを明らかにし、「大衆闘争の組織化と前衛組織そのものの組織化との区別と連関、あるいは大衆運動とわが同盟（ないしはマル青労同、マル学同）の独自活動との弁証法的関係の論理」（「大衆運動主義の今日的形態」『日本の反スターリン主義運動 1』）を提起して、政治局内多数派への批判を展開した。

この同志黒田の批判をまったく理解することができずに「（そういうことを）何百ペンくりかえしてもダメだ」とほざくことしかできなかったブクロ官僚一派、そうした輩と対決しつつ、運動づくりと組織づくりの弁証法を実践場面に適用してたたかったのが当時の国鉄内の、とりわけ動力車労組内の同志たちであった。彼らは動力車労組内の民同左派との「統一戦線」的連携を基礎として、一九六二年にかの12・14

運転保安闘争を組織化し、たたかいぬいたのであった。

一九六二年五月三日、国鉄常磐線三河島駅構内で貨物列車が脱線して下り本線上に転覆し、そこに下り電車が進入・追突して横転し、さらに上り電車が衝突して脱線大破するという多重衝突事故が惹き起された。百六十名の死者と多数の負傷者をだす大惨事となった。

この事故の責任を追及すべく、警察権力は機関士、機関助士、電車運転士、車掌、信号掛などの国鉄職員たちを逮捕し、列車往来危険罪で起訴した。国鉄当局は懲戒免職を含む厳しい行政処分をもって、この事故の責任を当該関係職員に擦《なす》りつけ、みずからの責任については頬被りしたのであった。

国鉄労組本部（民同・革同）と動力車労組本部民同は、警察権力と国鉄当局の攻撃に対決することを回避して、「事故防止策を労使共通の土俵で論議すべき」であるとして、労使の委員で構成する「事故防止委員会」の設置を国鉄当局にたいして要求した。国鉄当局は国労・動労の要求を受け入れ、かつ、それを逆手に取って「事故の原因は職員の士気の弛みにある」として「事故防止委員会」の場において、事故防止のための訓練の強化など職場規律を強化することを国労・動労の本部に強要してきたのであった。

そうした状況下にあって動労内のわが同志たちは、「「事故防止委員会」でのお喋りをもってしては、事故防止・運転保安を確立することはできない。闘いを背景とした団体交渉において、運転保安の確立を実現するべく国鉄当局にたいして迫るべきである」と、動労本部にたいして「事故防止委員会」からの脱退を求めてたたかったのである。

動労内の革命的労働者たちの闘いは、その年八月の動労全国大会で結実した。この「青森大会」で、彼らは民同左派系組合員と連携しつつ、「事故防止委員会」からの脱退を求める修正動議を提出して可決させることに成功したのであった。「事故防止委員会」の設置を要求し、かつ、国鉄当局が設置した「事故防止委員会」の場におけるお喋りにうつつを抜かしてきた本部三役は、その責任を問われて辞任した。

新たに選出された三役のもとで、動労は国鉄当局にたいして「事故防止委員会」からの脱退を通告するとともに、12・14ストライキを配置し、それを背景にして、運転保安の確立を求めて国鉄当局との団体交渉を進めたのである。

動労内の同志たちは、国鉄当局による弾圧と民同右派や当局の意を体した反動的な一部組合員の闘争妨害をはねのけながら、12・14運転保安闘争を貫徹するために奮闘した。

だが、ブクロ官僚一派はこの動力車労組の運転保安闘争の組織化の過程で、「戦闘的労働運動の防衛」論にもとづいて、かの「二段階戦術」を提起した。動労の12・14闘争を「防衛」するために、「動労の闘いが継続している限り」「あまりケチをつけず」たたかえ、などというニコポン戦術をわが同志たちに押しつけようとしてきたのであった。

もちろん、動労内の同志たちは、組織戦術を欠如したブクロ官僚のかかる指導を断固として拒否してたたかいぬいた。「事故防止委員会」への幻想を煽っている右派ダラ幹たちが依拠する運動路線（政策転換路線）にたいする確固たる批判とそれを媒介とした戦闘的労働者の創造、という不断の闘いの遂行によって「青森大会」における12・14闘争方針を決定させることができたのであり、こうした反右派の組織的闘いが同時に「動力車労組の戦闘性を防衛するものとして結果する」のだということを、ブクロ官僚一派に突きつけてたたかったのであった。

運転保安にかかわる要求を部分的にではあれ獲得したことをもって、動労本部はこのストライキ闘争を中止したのであった。安全側線の整備、ＡＴＳ（自動列車停止装置）などの運転保安設備の改善、あるいはＷ泊（二日連続の徹夜勤務）の改善など、動力車乗務員の労働条件の改善・緩和を求める闘いは、この闘争を起点として展開されることになったのである。

ところで、ブクロ官僚一派は、動力車労組がこの12・14闘争を中止した際に動労内の同志たちにたいして、闘争を総括する臨時全国大会（翌一九六三年一月の小田原大会）の場において「(闘争を妨害した) 右派も（闘争を中止した執行部＝）左派も串刺し的に批判」することを強要したのであった。だが、動労内の同志たちはブクロ官僚一派の「指導」と真っ向から対決しつつ、みずからの「闘争妨害」を棚に上げて闘争を中止した執行部を無責任に批判する右派系組合(役)員を断罪し、執行部＝左派系を擁護したのであった。

ブクロ官僚一派は「まずもって「実力闘争でたたかえ」ということを大衆的次元でいれていき、そして裏切りが誰の目にも明白になったときにはじめて政転闘争批判や反幹部闘争をやるべき」とするいわゆる「二段階戦術」(「戦術の精密化」なる彼らの指針）にのっとって動労内の同志たちに「裸踊り」を強要し、かつ、それをはねのけた彼らを断罪した。それは野島三郎をはじめとするブクロ官僚どもが、「運動をつくりだすのか、それとも組織づくりの観点か」などと二者択一的に問題をたてることしかできずに、わが同盟員が闘争の組織化過程そのものにおいて同時に、わが同盟組織を拡大し組織的強化をかちとる、という主体的な闘いの構造をまったく理解することができないがゆえである。

そもそも動力車労組の革命的労働者たちが青森大会において「事故防止委員会から脱退する」という修

正動議を提出してそれを可決することが可能になったのは一体何故なのか？　ブクロ官僚どもには決して理解することができない。方針（提起した動議の内容）が〝左翼的〟で正しかったというだけで、その方針が可決・成立するというものでは決してない。わが同志たちがそれまでの諸活動を通じて、修正動議を可決・成立させることを可能にしうる組織的基盤を創りだしてきていたからにほかならないのだ。

同志黒田はこの闘いについて、「動力車労組の運転保安闘争におけるわれわれの闘い（それは直接には「戦闘的労働運動の防衛」として現象する）は、一九六二年の三・三一闘争の場合とは性格を異にする（しかし本質的なちがいではない）。なぜなら、後者においては民同指導部や日共の裏切り行為を現実の事実にそくして暴露することを通じて、わが同盟の組織的強化と拡大をかちとることに重点がおかれていたのであるが、前者の運転保安闘争は、わが同盟に結集している革命的労働者たちといわゆる民同左派との「統一戦線」を実体的根拠とした、青森大会の決定の実現としてたたかわれたのであって、その意味で直接的には実力闘争そのものの組織化が運転保安闘争において前面におしだされることになるからである。／しかしながら、そのことは、この実力闘争の組織化の過程において同時に、わが同盟組織の基盤を拡大し組織的強化をかちとる、というわれわれの本質的＝組織的課題をたえず現在的に実現していくことなしには不可能なのである。」（「大衆運動主義の今日的形態」）と述べている。

同志黒田は、動力車労組内の同志たちが、みずからが組織化してきた「学習会」の仲間たちとともに、動労内民同左派と連携し、「統一戦線」的なものを創造しつつ、「事故防止委員会」の場における協議にすべてを解消しようとしていた国労・動労のダラ幹らを弾劾しつつ、かの運転保安闘争を組織化してきたのだということを述べているのだ。

実際に、動労内の同志たちは、一九五〇年代末から六〇年代にかけて、それまで動力車労組にはなかった専門部・青年部組織を創造・確立することを追求し、現実に（一九六〇年に東京地本青年部、六一年には本部青年部組織を）創りだしてきた。彼らは青年労働者の独自的な要求を実現するという直接的目的を掲げつつ、同時に動力車労組を戦闘的に強化することをめざして青年部組織づくりを牽引してきたのであった。しかし、民同右派系のダラ幹たちはわが同志たちの闘いの質を直感し、危機意識をつのらせて青年部組織づくりを妨害した、「組合員と青年部員の二重の権利を行使するのはおかしい」と。

わが同志たちは、民同右派系ダラ幹たちの反動性を暴露し、それを理論的に打ち破り、青年部組織を創造する闘いの担い手を鍛えるために「青年部学習会」組織を各地に創りだしてきたのである。もちろん、この学習会は、青年部組織づくりという組合運動上の目的を実現するための組織的基盤をなすものであると同時に、参加した青年労働者に革命運動への参画を促す場＝ケルンづくりとしての意義をもつものであった。さらに彼らは青年部組織づくりの過程で、これを支持してくれる良心的な組合(役)員＝民同左派系との接点・交流をも深めていったと思われる。

こうした青年部組織づくりの過程で創りだした組織的基盤と実践の経験を基礎に、動労内の同志たちは一九六二年の12・14運転保安闘争にとりくんだのである。この闘いは、従来のわれわれの闘い＝もっぱら民同指導部や日共による闘争の裏切りを暴露することをつうじて、わが組織の拡大・強化をはかるという追求のしかたとは性格が異なって、それまでの闘いによってわが同志たちが創りだしてきた組織的基盤（「青年部学習会」および民同左派系役員との「統一戦線的」連携）を基礎としてわれわれ自身が組合大衆運動を推進するという構造をなしているのであった。〔すなわち、従来の・現に展開されている組合運動を前提に、そこにおける組合幹部の裏切りの暴露をつうじてわが組織をつくっていく、という〈m→O〉あるいは〈労働運動→学習会→ケルン〉のベクトルから、一定の力量をもったわが組織（およびフラクション）を基礎としてわれわれが運動にとりくみ、それをつうじて戦闘的な労働者を大量に生産しつつわが組織への結集をかちとっていく、という〈O→m〉（あるいは〈O↓↑m〉）のベクトルへの転換といえる。」

ところで、この闘いを牽引した当時の動労内の同志たちは青森大会において、「「事故防止委員会」からの脱退を求める、という修正動議が可決・成立するとは思っていなかったので、自分たちも吃驚《びっくり》した」と語っていたという。国鉄内の同志たちは具体的・現実的闘争課題に立ち向かう実践的立場は「運動をつくりだすのか、それとも組織づくりの観点か」などと二者択一的に問題をたてることしかできない政治局内多数派の大衆運動主義とは根本的に相容れなかった。そうであるがゆえに、決して運動上の目的＝修正動議を可決・成立させることのみを自己目的化することをしなかったからであろう。

「事故防止委員会」の場における話し合いによって運転保安がかちとれるかのような幻想に浸りきっていた国労・動労幹部、それを逆手にとって労働規律を引き締め、国鉄労働者の士気を高めるという精神主義をもって安全性を確保しようとする国鉄当局、わが同志たちはこうした否定的現実を突破することをめざして、大衆闘争を背景とした団体交渉において、運転保安設備・労働条件の改善をかちとることを運動上の目的として設定した。

もちろん、わが同志たちはブクロ官僚一派のように「運動をつくりだすのか、それとも組織づくりの観点か」などと二者択一的に問題をたてることなどしない。「大衆闘争とケルン創造の闘いは別々に提起されるものではなく、われわれの運動が大衆闘争であるがゆえにケルン創造の闘いであり、ケルンのための闘いであるがゆえに大衆闘争なのだ。」（国鉄委員会「動力車の闘争をめぐるブクロ官僚のジグザグ」『共産主義者』第七号）と「運動づくりと組織づくりの弁証法」をしっかりと主体化していた彼らは、先に述べた運動上の獲得目標を実現することを自己目的化してはいなかった。わが同志たちは、その運動上の課題を実現することと、それを可能にする実体的・組織的基礎を創造することとを統一的に追求していたからである。

わが同志たちは、それまでの諸組織活動によって創りだしてきた「学習会」組織、動労を戦闘的に強化することをめざした青年部組織づくりの過程で創造してきたこの「学習会」を実体的基礎とし、青年部組織づくりに賛同し、ともにたたかってくれた良心的な組合(役)員との論議を深め、組織的連携を密にするためのさまざまな活動を展開したのであった。当時の階級情勢、労使の力関係、動力車労組内の実体的諸関係など厳しい条件のもとでの彼らの活動・闘いが成功的に貫徹できたことによってはじめて、彼ら自身も予測しえなかったところの「修正動議の可決」が可能となったのであった。

かくして、「事故防止委員会」の設置を要求し、かつ、国鉄当局、国労と三者でのサロン会議に埋没してきた動労本部三役は、みずからの方針とそれにもとづく実践を、最高決議機関としての全国大会において否定され、引責辞任せざるをえなくなった。民同左派系の役員を三役に据えた新執行部は、国鉄当局にたいして「事故防止委員会」からの脱退を通告し、運転保安にかかわる団体交渉を求め、その圧力闘争として、12・14ストライキを設定したのであった。

わが同志たちはもちろん、組合(役)員として、この闘争を成功的に貫徹するために奮闘した。だが同時に、この闘争の背後において彼らは、国鉄当局やその手先と化した組合員による闘争破壊、および「国民の生命と財産を守るために」というような「国民の国鉄」論にのっとった国労本部、動労内民同右派系の妨害行為がおこなわれるであろうこと、そして、動労本部執行部・民同左派系の「たたかう政転」路線の限界などを突きだしつつ、「今次闘争の中で、如何にケルンを創造し、強化し、拡大するかに最大の力点を置いた闘い」（倉川篤論文『前進』第一一七号）を進めてきた。

ブクロ官僚一派は、先述したように「闘いが続いている限り、あまりケチをつけず」支援、連帯行動を展開せよなどという恥ずべき指導をしたかと思えば、動労本部がスト中止指令を出して以降には、「裏切りが誰の目にも明白になったときにはじめて政転闘争批判や反幹部闘争をやるべき」だとして、小田原大会（一九六二年一月）において、わが同志たちに「右も左も串刺し的に批判せよ」などと「裸踊り」を強要したのであった。

動労内の同志たちは、野島・北川らブクロ官僚一派の二段階戦術にもとづくこのような誤謬に満ちた指導に真正面から立ち向かった。「右派の圧倒的力量の中で、「左」派の限界性を大会でバクロすれば、それが革命的だということになるのか？　そうすれば、ケルンが拡大するというのか？」「具体的に闘いを提起し闘いを押し進めた「左」派を、右翼ダラ幹の攻撃の前で「防衛」し、ともに闘うことは必要である。／たとえ全国金属等の主流たる日共系であろうとも（仮定のことだが）具体的な闘争場面において、右翼からの攻撃を排し、ともに闘うことは、革命的共産主義者の当然の任務なのだ。だがこのことは、なんら無条件擁護を意味しないし、ましてや革命的共産主義者の独自的活動を否定するものではない。「別個に進んで、一緒に打つ」ことは、統一戦線におけるわれわれの立場である。われわれは引続き行なわれるであろう右派からの攻撃に対して、「左」派を、断乎として擁護するであろう。そして、その限界性に対する断乎たる闘争を継続的に発展させるであろう」（「動力車の闘争をめぐるブクロ官僚のジグザグ」）と。

動労内のわが同志たちは、ブクロ官僚どもの裸踊りの強要にたいして「大会の場（組合運動の表面）」では「左派を断乎として擁護」しつつ、組合運動の背後においては「その限界性に対する闘争を継続的に展開する」ことを闡明して、ブクロ官僚どもとたたかったのであった。

そして同志黒田は、かかるわが同志たちの闘いを物質的基礎にして、「同盟員としての同盟員の活動、組合員としての同盟員の活動、同盟員としての組合員の活動」といういわゆる活動の三形態を理論化し、運動＝組織論という新たな理論領域を開拓したのである。「大会での発言と（組織的）総括とを一緒くたにし、かつ日常的なわれわれの闘いを完全に無視抹殺している」――このように政治局内多数派と断固として対決してきた動労内の同志たちの実践こそが、同志黒田が運動＝組織論を理論化し組織現実論開拓の突破口を切りひらく場合の物質的基礎をなしたものなのである。「百の理論よりも一つの実践の方が豊富である」とかつて同志黒田がたびたび語っていたように、運転保安闘争における動労内の同志たちの実践が、その後に同志黒田が開拓していった大衆闘争論や労働組合運動論の領域においても貴重な教訓を提起しているといえるであろう。

わが同志たちは、みずからが右派の攻撃から擁護した「左」派系の人たちとともに、翌一九六三年の十二月に、車両基地統廃合に反対する12・13ストライキ闘争を組織化したたかい抜いた。そして二年後の一九六四年には動力車労組の左翼的・戦闘的強化をはかるために「政策研究会」という労組内の反執行部フラクションを結成した（われわれは後に、それを組合内左翼フラクションと位置づけた）のであった。これは、もちろん、わが同志たちが最初からフラクションの結成をも展望しつつ運転保安闘争をたたかってきたことの結晶であり、その現実的成果なのである。

このように動労内の同志たちの闘いをも大きな支えとして、われわれは、ブクロ官僚一派の二段階戦術の反労働者性を完膚なきまでに暴き打ち砕き、まぎれもなく、彼らとの分派闘争を勝利的にかちとってきたのである。

山下　鉄雄

関西における反スタ運動の創成と第三次分裂の勝利

一九六二年九月の革共同第三回全国委員総会（以下、三全総と略）でなされた武井書記長や北川登らの報告は、第一次、第二次分裂をたたかうことをつうじて築きあげたわが同盟の基本路線を逸脱したものであった。同志黒田は三全総のただなかであらわとなった運動＝組織路線上の歪みや同盟組織の地区的再編・強化にかんする一面性および誤りを克服するための理論闘争を直後から目的意識的に開始した。九月から翌一九六三年一、二月にかけて激烈な党内闘争、分派闘争をおしすすめ、二月には革命的分派組織として革命的マルクス主義派を結成した。

関西においては浜野哲夫を議長とする関西地方委員会（ＷＢ）多数派が、官僚主義的な組織論をふりかざし政治局（ＰＢ）内多数派に追随するなかで、同志吉川文夫が関西地方委員会内で唯一、革共同の基本路線を貫徹するためにたたかい、地方労働者組織委員会とマル青労同内に同志を組織化し、関西における革マル派を結成したのだ。

一　関西における革共同全国委員会結成から三全総まで

（1）同志吉川の来阪と関西地方委員会の結成

同志吉川が、ＲＭＧ（革共同内革命的マルクス主義者グループまたは「探究派」）不在の地・関西に来たのは一九六〇年四月であった。一九五七年末に反戦学生同盟の活動家として「今日の平和運動の意義と限界――反戦学生同盟の諸君へ――」（『探究』第二号）に出会ったことを結節点とし、一九五八年四月には同志黒田に直接に論議してもらったことを現実的な転回点としてスターリン主義からの根底的訣別を決意し、革命的マルクス主義を立脚点に生きる意志を固めた同志吉川。彼は、第一次・第二次分裂を九州でたたかうことをつうじて、スターリニスト党をのりこえる新たな革命的前衛党を「その担い手たらんとするわれわれとしてのわれわれであるおのれ自身が創りだすんだ！」という熱烈な想いに満ちあふれていた。

一九六〇年三月に大学を卒業し労働戦線での闘いに転進することが迫られていた同志吉川は、九州（熊本）での就職が困難な条件のもとで、九州出身者が多く住む大阪の地で反スターリン主義運動を創造することを決意して来阪したのであった。とはいえ、地縁も血縁もないので就職先も決まらず、当初は熊本（小中学校）時代からの友人Ｆの世話になり三畳一間の生活を余儀なくされた。――＜反帝・反スターリニズム＞世界革命戦略を実現するための組織を己れが一からつくりだすのだという熱い情熱に燃えて、同志吉川の関西における革共同・全国委員会結成の闘いが始まったのだ。

同志吉川はまず同志黒田から『探究』読者の名簿をもらい、一軒一軒訪ねることから始めた。見ず知らずの人間が訪ねていくのだから、読者といっても話ができたのはわずかに神戸大のKと尼崎のFくらい。五月初めに同志黒田から野島三郎（奈良出身）を紹介されて会った。彼はすでに『探究』に芸術論などを書いていた。そして野島と一緒に、国労大阪支部の書記をしていた浜野（池内）、国労の保線区労働者の前田（中筋）と会った。この三人で関西に革共同・全国委員会（の組織）を結成しようという意志一致をかちとり、実践的に第一歩をふみだしたのが一九六〇年五月だった。まさにこの時期に、六〇年安保闘争の最大の高揚と敗北、安保ブントの破産・分解がうみだされたのであった。

〔なお、安保ブントの崩壊から一年近くもたってから、京大の竹中明夫（小川登）、田村（田坂）ら二人が加わった。この二人は学生戦線で革共同に結集した元共産主義者同盟（ブント）員――この過程に同志吉川は直接にはタッチしていない――であるが、ブントが崩壊した後の行き先を革共同に求めたブント流入主義者とでもいうべきものであった。とにもかくにもこの五人で革共同・関西地方委員会が結成されたのは、一九六一年秋から六二年初め頃とのこと。〕

(2)「マル青労同」の結成

一九六〇年九月に同志吉川は国労大阪地本の書記になった。当時の大阪地本執行部は民同系が握っており、書記は十名くらいいた。ここで同志吉川は、書記労働組合を結成した。この当時、全国的にも国労の書記労働組合がつくられた。そして、同志吉川は、書記＝国鉄労働者としていろいろな場に参加するようになる。その代表的なものが、一九六一年一月に博多で開かれた反代々木系労働者の「全国交流会議」である。この「会議」において同志吉川は、中央の倉川同志とともに国鉄労働者代表として発言した。安保闘争の敗北とブントの崩壊のなかで、戦闘的・良心的労働者が既成指導部（社会主義青年同盟）のもとに流れていくのを阻止し、彼らを反スターリン主義の戦線に獲得すべく革共同の下部組織としての日本マルクス主義青年労働者同盟（マル青労同）を結成し（一九六一年一月二十二日）、その強化拡大のために、同志吉川は中央の労働者同志たちとともにたたかった。

同志吉川は学習会を組織活動の軸においた。一方では、元日共党員であった浜野や前田らを革共同・全国委の担い手として強化することを追求すると同時に、保線労働者を中心とした国鉄労働者を組織化するために学習会に力を入れた。『賃労働と資本』『賃金・価格および利潤』『共産党宣言』など、マルクスの基礎文献の学習を奈良市の労働会館で毎週のようにおこなっていた。

他方で、ブント崩壊によって動揺したブント系活動家がマル青労同の周辺に結集してくるなかで、同志吉川は彼らに「スターリン主義の克服こそブント主義の克服になるのだ」と熱く語り、『組織論序説』の学習を勧めた。彼らの中から革共同の有能な担い手たちが誕生し、彼らは同志吉川とともに第三次分裂をたたかった。この過程で、全電通等に多かったブント系活動家（のちに中電マッセンストを呼号した大崎（前田）ら）とも、同志吉川は論議を重ねたが、彼らの大半はスターリン主義の克服にもブント主義の破産にもまったく問題意識をもたず、マル青労同にはほとんど結集しなかった。だがこのことは驚くべきことではない。ほかならぬわが関西地方委員会を担うことになった竹中や田村も五十歩百歩だったのだ。[註1]

〔同志吉川の追求は労働戦線が中心であった。学生戦線は当初、中央の学生戦線の同志がオルグした学生活動家と個別的に論議していた程度であり、関西の学生活動家との本格的な交流は、一九六一年十一月に奈良女子大学の大学祭での講演会に講師として呼ばれていった時以降始められた。立命館大学では、

「国鉄労働者」として「反合理化闘争」について講演した。〕

(3) 参議院選挙闘争への取り組み

一九六一年秋の革共同の全国会議で参議院選挙闘争に取り組むことが決まった。関西では〝議会主義的幻想を持たずにやろう〟ということで意志一致した。浜野が国労の書記をやめて常任となり関西地方委員会の議長となったのもこの頃である。参院選の時は同志黒田も関西の地に来て京都、大阪、奈良で演説会や学習の指導をおこなった。

この参院選で二万数千の票を獲得したことから、完全に選挙ボケしたのが書記長武井であった。彼は革命的労働者組織建設のためにわが革共同がその結成いらい重視していた産業別労働者委員会をないがしろにし、選挙のための地区党建設を軸にわが組織建設を考えるようになった。また選挙に勝つためには「社共に代わる第三の潮流として躍り出なければならない」と考えて大衆運動主義を開花させたのだ。関西地方委員会としては〝議会主義的幻想を持たずにやる〟と意志一致していたはずだ。しかし議長になった浜野や前田は――元スターリン主義者であるのに――同志吉川の働きかけにもかかわらず、「スターリン主義からの訣別」の場所的苦闘を実質上アイマイ化した。実際「彼らが反スタ文献を読んでいるのを見たことがない」という同志さえいるのである。参院選への取り組みは浜野が地金として持っていた議会主義への幻想を呼び起こしてしまったともいえる。〔ブクロ＝中核派は、わが反スタ運動からの逃亡後に議会選挙ボケを深め、一九六五年に浜野を参院選全国区に立候補させた。〕

二　政治局内多数派に追随した関西地方委多数派

(1)　三全総直後の関西地方委員会

「わが同盟の第三の潮流としての登場」を呼号しつつ大衆運動主義（労働運動主義）への転落をあらわにすると同時に、わが同盟の中核的担い手となってその労働者的本質を決定してきた産別組織そのものの建設を軽視して地区党建設を自己目的化する、という腐敗をしめした三全総（武井報告）。この三全総において、同志吉川は、地方指導部（WB）を創造するための場所的闘いの進展にふまえながら、単一の地域細胞から労働者細胞と学生細胞を形態的に分離し、さらに地域的労働者細胞の諸経営細胞への細胞分裂をかちとりつつ、この経営細胞を基礎に産別組織をつくりだしていくという関西における党建設の経験をふまえて、「地区党はマル青労同の地区か、わが同盟の地区かなどと区別立てに苦慮することは無意味である」という武井の主張を批判する発言をおこなった。「マル青労同と全国委の合体として地区党をつくる」とでもいう素朴肉体派丸出しの発想法にたいして、「産別的闘いを基礎にいかに労働者細胞を建設するか」が基礎をなすのであり、この闘いをつうじて「地区的指導部をいかに創造するか」、と問題をたてるべきである、と彼は主張したのである。

三全総の直後には、一九六〇年春以降の関西における党建設の実践にふまえた同志吉川のこの提起をうけいれて、関西地方委員会全体は三全総路線について若干の批判的見解をとっていた。一つは、地区党問題については『前進』第一〇四号武井論文を批判した第一〇六号山本論文「党組織の地区的確立と産業別労働者委員会」を基礎に、産別委の組織化に重点を置くことを野島、広田も入った数度の会議で確認していた。二つには、当時開花しつつあった学生戦線における「大衆運動主義あるいは全学連主義」的傾向にたいする批判を、竹中らによる関西学生組織委員会の意見書として提起した。(だが後者についてはその提出の仕方の非組織性と内容の問題性を同志黒田が直ちに批判した。このことは、『日本の反スターリン主義運動 1』の「《マルクス主義学生同盟》の建設のために」に詳しい。)

だが、三全総路線をめぐる思想闘争が激烈に展開されていくなかで、政治局内多数派が思想闘争の回避＝官僚主義的な統制と組織の分断策動に出た。同志森茂の三全総への意見書(通称「パリからの手紙」)の握りつぶし。同志黒田の「党建設論――党建設における当面の理論的諸問題」の『前進』掲載拒否。また「同盟の混乱の要因は「同志山本の非組織性にある」」として、「組織原則の主体化」「権威主義からの訣別」をキャンペーン。このような政治局内多数派による官僚主義的な思想統制の先兵になったのが関西地方委多数派であった。

(2)　官僚主義的組織論の開陳

関西地方委員会は三回にわたって政治局に意見書を出している。〝党内闘争はイロハ的原則、すなわち政治局→地方委員会→細胞というルートにのっとっておこなうべきであり、これ以外のインフォーマルなルートは使うべきでない〟ことを提起した第一意見書(「組織活動のイロハ的原則の無視についての政治局への意見書」一九六二年十一月二十九日)。分派闘争・分派組織にかんするスターリニスト(＝日本共産党)と同様の官僚主義的な組織論の開陳と、「政治局と関西地方委員会の合同会議」を要求した第二意見書(「組織〝混乱〟止揚のために」十二月二十五日）。

これにたいして九州地方委員会（ＱＢ）が、〝思想闘争は、政治局⇅地方委員会・地区委員会⇅細胞、中央産別委⇅地方産別委⇅細胞間の組織的交通とともに、各組織（縦、横）の個人的同志の間の交通も自由に保障されるべきである。関西意見書は一切の分派闘争、思想闘争を否定する日共規約と同質だ〟、さらに武井を名指しして〝同志山本の非組織性の弾劾は思想闘争の回避であり官僚主義的ドウカツだ〟ときわめて原則的な批判を提起した（「同盟内思想闘争のイロハ的原則の無視についての政治局への意見書」十二月二十四日）。このことに頭にきて、九州地方委意見書の傍点部分を意識的に無視し、〝党組織論の中に個人的交流の自由を云々したものなどみたことがない〟〝解党主義だ〟と毒づき〝撤回を要求する〟などと空威張りした第三意見書（「九州地方委員会の意見書に反駁する！」一九六三年一月八日）。これらは政治局への意見書という形式をとっているが、その内実は政治局内多数派による思想闘争の官僚主義的な統制と、上から下への一方交通的な思想闘争のやり方、分派闘争・分派組織を否定する官僚主義的な組織論への援護射撃であり、「理論的」補強以外の何ものでもない。この意見書を書いたのは竹中明夫である。[註2]

三　同志吉川の闘い

三全総から関西地方委員会による第一〜第三意見書の提出、一九六三年一月一日の政治局と関西地方委員会の合同会議を経て、同志吉川は革命的分派組織としてのＲＭＳ（革マル派）を結成する闘いをくりひろげた。

前述したように地区党問題にかんしては、関西地方委員会においては同志吉川の意見を中心に、武井の『前進』第一〇四号への疑問が出され、山本執筆の第一〇六号の見解＝産別委を軸にした組織建設が基本であることが確認されていた。同志吉川は、「地区党問題で（同盟全体に）混乱が起きていても、関西においては実践的混乱はない」と考えていた。しかし、一九六二年十月二十五日に中央で反山本フラクがつくられた直後には秘密裡に反吉川フラクがつくられていたことは、野島への浜野の手紙で明らかである（『共産主義者』第七号参照）。第一意見書〜第三意見書は吉川を排除したうえで多数派が関西地方委員会を僭称したものだといわざるをえない。反吉川フラクがつくられていたことには無自覚のまま、同志吉川は同志黒田から来た手紙を浜野に見せていた。この点に、同志吉川が、武井や野島らのＲＭＧメンバーが党内に流入したブント主義者と同じようになるハズがないという、アプリオリな〝信頼〟を抱いてしまっていたこと、それゆえに野島とのつながりで紹介され、関西におけるＮＣ（全国委員会）建設への意欲、立場において同一性をつくりあげたはずの浜野、前田にたいする〝信頼感〟にとらわれていたことが浮かびあがる。

『共産主義者』第七号に、同志吉川が一九六三年二月に執筆した「わが同盟の質的強化と前進のために――関西における党内闘争の自己批判的総括と私の立場――」が掲載されている。そこでは、同盟内の大衆運動主義的偏向を「学生戦線の問題としてしか把握しきれない限界」にとらわれていたこと、労働戦線における偏向（労働運動主義）への無自覚のゆえに、「関西では実践的にはうまくいっているのにイヤな問題がもち出されたものだ」というようにうけとめてしまったと書かれている。同志吉川はこれを「現実にわが同盟内に生み出されている種々の理論的、組織的混乱と誤謬を、自己の問題として受けとめ」なかった問題として反省し、思想闘争を組織的に実現することを遅らせたことを自己批判している。

現実には、一九六二年の末に同志黒田からの働きかけをうけて、同志吉川は、武井らブクロ官僚が大衆運動、労働運動へのわが同盟の組織戦術の貫徹を没却するという新たな大衆運動主義的疎外に陥没していることを明確につかみとり、遅ればせながら彼らと全面的に対決する党内闘争にふみきった。一九六三年一月一日に黒田宅においてもたれた政治局と関西地方委員会との合同会議に出席して武井らと対決し、この実践を区切りとして同志黒田らとともに分派闘争をおしすすめる意志をうち固め、RMG発足以来の基本路線を貫徹する闘いの先頭に立ったのである。

それ以降、関西において同志吉川は、ブクロ官僚に追随する関西地方委多数派の腐敗をつきだしつつ、公然たる分派闘争を開始した[註3]。WOB(労働者組織委員会)内の同志やマル青労同の同志たちを精力的にオルグし、全逓戦線、教労戦線をはじめとする同志たちとともに、三月中旬に大阪市大において「革マル派結成集会」を実現したのである。

第三次分裂をかちとって以降の段階で、同志吉川が〝革マル派建設のためにはブクロ派的疎外を生みだしたみずからの腐敗を見つめよ〃と問題を立てたこと――それは、たんに「ブクロ派の誤謬はわかるけれども俺たちの組織をつくるというバネが出てこない」というような、ブクロ派的腐敗を自分自身の問題としてとらえることを欠如した(他地方の一部の同志たちの)党建設における客観主義を、批判・克服しようという実践的問題意識だけではなく、右に見たような三全総以降の党内闘争の過程でのみずからの実践にたいする苦い思いにも突き動かされてのことだったのではないか。

こうした〝自己の腐敗を見つめよ〃という問題の立て方にたいして、同志黒田は、「自己の腐敗」をみつめるという問題と、われわれの他在たるブクロ官僚派の路線そのものにたいする批判とが統一的に展開されなければならない、と指摘した。そして、主体的に反省しようとする立場はよいとしても、「自己の腐敗」は同時に「組織そのものの腐敗」なのであるから、主体的反省をつうじて自己の過去から訣別するというように問題を立てることは主体主義であって、個々の同盟員の問題を同時に組織そのものの問題として追求し組織的に克服していくという組織論的な角度から論じられなければならないことを明らかにした（「革マル派四全代メッセージ」『組織現実論の開拓』第五巻参照）。

同志吉川は、この指摘をうけとめることをつうじて、自分自身の主体形成主義的偏りを自覚し、「自己にあらざる他においてみずからを見る」という唯物論的自覚の論理にのっとって、ブクロ官僚的腐敗を理論的に批判しつくすことをつうじてみずからと組織を強化することを追求し、関西における革マル派建設を最先頭で牽引した。一九六四年に、同志吉川は、国労大阪の書記を退職し、みずからを革マル派の地方組織で初めての常任としてつくりだし、関西地方委員会を関西地方委員会として確立する闘いを実現していったのである。

註１　竹中はある大学の活動家の集まりに来て言った。「ブントが三分解したが、どこがいいと思う?」。するとＩ（のちの竹中の妻）が言った。「プロ通がいいんじゃないの」。この日の集まりに彼は『組織論序説』を持ってきていて、「相変わらずサロン主義でどうしようもない」とケチをつけるような言辞をもっぱらふりまいたのだ。だがこの時に参加していたＳさんは、この『組織論序説』を買って読み、「自分たちブントは大衆運動主義だった。スターリン主義の克服がなかった」といたく反省し、わが反スタ運動の担い手となりその後の第三次分裂を同志吉川とともにたたかい、彼の良き伴侶となって現在も奮闘している。これは竹

中の唯一の功績だ。
註2　竹中は京大の活動家の間で「ヒステリー・モンキー」と言われていた。ガアーッと自分の意見を述べるだけで、相手との論議をつくりだすことができず、オルグができない男（Iも嘆いていた）だった。
註3　一九六三年一月末に、関西における革共同の会議が設定されていた。この会議には、中央からもブクロ官僚派から武井・野島が、分派組織を結成しつつあった革マル派の側から森茂・倉川の両同志が出席し、提出された浜野と同志吉川のレポートをもとに、熾烈なイデオロギー闘争がおこなわれた。これが分裂前の関西における革共同の最後の会議となった。
　なお、竹中・浜野らは、一九六七年10・8闘争の直後に「指導部の小ブル急進主義」を弾劾する「意見書」を政治局に提出し、それが拒否されるや、ブクロ派から「脱盟」した。

藤江　卓

ブクロ官僚一派との分派闘争をたたかって

われわれは、わが反スターリン主義革命的共産主義運動から脱落しさったブクロ官僚一派（中核派）を粉砕し、同志黒田の指導のもとに断固として革共同・革マル派を結成してたたかいぬいてきた。結成いらい五十年の節目を迎える今、私は反スターリン主義運動のいっそうの飛躍のために全身全霊をささげることをあらためて誓う。ここでは、同志黒田に導かれながら私自身がくりひろげた学生戦線における闘い、その一端について明らかにしたい。

1　学生戦線における分派闘争の推進

一九六二年九月の「三全総」（革共同・全国委員会第三回全国委員総会）以降、同志黒田は、同盟指導部の内部に生みだされた新たな大衆運動主義＝労働運動主義を克服するための内部闘争を開始した。同志黒田を先頭にした革命的労働者・学生の断固たる批判にたいして開き直り官僚主義的封殺の挙にでたブクロ官僚どもにたいして、われわれは、断固とした分派闘争をくりひろげた。学生戦線においてはわれわれは、同志土門を先頭にＳＢＦ（学生ボルシェビキ・フラクション）を結成してこの闘いをおしすすめ、勝利的に貫徹したのであった。

同志黒田は、学生戦線においては、「三全総」の一ヵ月前にもたれたマル学同第四回大会以前から、全国委員会学対部長・岡田新（清水丈夫）に代表される大衆運動主義的指導を抜本的に覆すための思想的・組織的闘いをおしすすめていた。過去一年間におよぶ「米・ソ核実験反対」の反戦闘争のなかで突きだされた諸問題が克服されないばかりか、その政治技術主義的のりきりの結果としてマル学同組織そのものの危機が生みだされているという、この現実に終止符を打つための闘いを開始していたのだ。

まずもって、同志黒田は、ブント主義者のたまり場と化していた学対部の組織的解体を断行し、新たに各大学細胞指導部を加えた中央学生組織委員会（ＳＯＢ）を創設した。大学指導部の一人であった私もそこに参加し、マル学同の諸問題を理論的・組織的に掘り下げるかたちでの論議を開始した。

続いて、学生組織の次期指導部を育成するためにＳＯＢメンバー以外に各大学の細胞の中堅メンバーを加えた「Ｑの会」（九月から開始されたことからこう命名された）をたちあげ、グループ別の学習と全体論議がおこなわれていった。同志黒田は、清水・高木による統一行動のセクト主義的分断の根拠を掘り下げ、また「三全総」での「地区党建設」の名における産別組織解体のもくろみにたいしても断固たる批判を展開した。ここでの論議をつうじて、私は、書記長・武井健人（本多延嘉）をはじめとする同盟内の一部指導部にたいする闘争の必要性を自覚し、そのような決意を打ち固めていった。

そしてまた、同志黒田を講師にしたマルクス主義入門講座が大衆的規模で実現された。隔週の日曜日ごとにおこなわれたこの入門講座は、マルクス主義の基礎的学習を直接の目標としながらも、それにとどまらず「革共同全国委員会の内部理論闘争の一環として」（黒田）実現された。実際、第一回目の「哲学入門」（一九六二年十月十四日）の冒頭から同志黒田は、「現代革命における転回点とは何か」と問いかけ、それを一九六〇年安保闘争におく大衆運動史観（実は本多の考え）を批判し、二十世紀共産主義運動の結節点はあくまでもハンガリー革命にあることを強調して、大衆運動主義にたいする批判をおこなった。入門講座の内容がこのようなものであったからこそ、私は、マルクス主義の基礎的把握を実現することができただけではなく、その後における政治局内多数派との思想的・組織的闘いのための大きな確信を獲得することができたのだ。

われわれにとって決定的であったのは、一九六二年十月二十三日の政治局会議において本多をはじめとする政治局内多数派が全面的な居直りをはかったことであった。同志黒田の「三全総」路線にたいする批判〔「この背後にある思想は労働運動主義（あるいは大衆運動主義）でしかない」〕にたいして、ブクロ官僚どもは「黒田の政治感覚が狂っている」と言い放ったのだ。しかも、彼らは、同志黒田が現段階における大衆闘争と党建設にかんして新たに執筆した論文（「党建設論」）の『前進』掲載拒否という挙にでた。

この新たな事態に直面して、われわれSOB内の〝フラクション〟メンバーは、政治局内多数派にたいして断固としてたたかうことを決意した。われわれにたいして同志黒田は、「断固たる思想闘争というだけでは不十分だ。この事態は同盟の基本路線にとどまらず、同盟組織建設における官僚主義的変質を画するものだ。このことを暴きだし、これを覆すために同盟内フラクションを組織的に強化していくことが急務だ」と課題と方向性を提起してくれた。同志黒田は、十一月八日には、事態を本質的に洞察し「分裂覚悟の分派闘争を労働者同志らと討論し決意」するとともに、同盟内闘争を労学両戦線において全面的に組織し展開していったのである。

ＳＯＢ内の〝ブラクション〟のわが同志の追及にたいして「俺はどちらでもないんだ。俺は混沌派なんだ」と答えることしかできなかった清水丈夫は、本多の恫喝によって態度を一変させた。清水自身が執筆した「Ｑの会メモ」（同志黒田の「三全総」路線批判の引き写し）の配布をめぐって本多から恫喝されるや否や（十一月十四日の政治局会議）、彼は「黒田の非組織性が根本問題だ」とわめきたて、同志黒田による内部文書配布への敵意をむきだしにして同盟内闘争に敵対しはじめたのだ（その後、清水は、十一月十八日の都学生細胞総会では「党づくりと大衆運動との区別と連関を何百ぺん唱えてもダメだ」と言い放った）。

一九六二年十一月二十三日にもたれた第四回入門講座「革命論入門」は、ブクロ官僚どもにたいする同盟内闘争を大衆的規模において一気に押しあげるものとなった。同志黒田は、「今日ははじめに考えていたこととはやや違うことをやることにした」ときりだしたうえで、『前進』のキューバ論文（北川執筆）をとりあげ、こう断言した。「これはわれわれの立場ではない。」「結論的にいうならば、この北川論文は、わが同盟の内部におけるＡＧ《アージェー》（反戦学同）路線以外の何ものでもない。」声を大にしてこう断言した同志黒田は、ダーマット鉛筆で赤く大きなバッテン印をつけた『前進』を高々と掲げ、「機関紙はわれわれの顔なのだ。その顔にこのような傷があったらわれわれは恥ずかしいのだ！」と弾劾し、ブクロ官僚どもにたいする革命的共産主義者としての主体的対決が一人ひとりに求められている、と全参加者に呼びかけた。

同志黒田の燃えあがるこの闘志に、二百名近い労働者・学生は心から感動し、新たな段階に突入した同盟内闘争への決意を新たにした。私は、キューバ問題でただちに意見書を発表した早大細胞にふれて「これは早稲田の細胞が自己運動していることのあらわれであり、このような闘いこそが指導部が吹っ飛んだ場合でも組織を生かすことができるのだ」という同志黒田の言葉の重みをかみしめ、私自身が党建設の担い手として飛躍しなければならないと決意を打ち固めた。

学生戦線のわれわれは、「政治局内では少数派だが、学生組織ではボルシェビキ（多数派）だ」との自覚のもとに、すでにつくりだしていた〝同盟内フラクション〟を「学生ボルシェビキ・フラクション」と命名した。日曜日ごとにおこなわれた入門講座や「Qの会」の前後には同志黒田の指導のもとに会合をもち、同盟内闘争を強化するための論議をおこなった。同志黒田は、不眠不休で労働者のさまざまの会合や労働者大学などに出かけて思想闘争を展開し、またわれわれ学生にたいしてはRMG以来の内部闘争の教訓を紹介してわれわれの闘いを指導した。

十二月に入ってわれわれは、「分裂覚悟の分派闘争」をさらに高めていくことを決意し、「Qの会」総会を開催して、その場に本多らの政治局官僚を引きずり出して対決した。われわれは、すでに粉砕されたべッタリズム的統一行動論を賛美する『前進』や、動労の運転保安闘争における悪名高き二段階戦術、さらには内部闘争の官僚主義的封殺などをめぐって断固として闘争をくりひろげた。当初はふんぞり返っていた本多は、われわれの怒りに満ちた批判に直面するや「統一行動にかんする清水論文は基本的に正しい」「動労ストにむけての「政治局通達」は正しい」などと文字通りの官僚的居直りの答弁に終始したのだ。怒りに燃えて私は同志とともに「清水に下駄預けして一年間にわたってマル学同建設を放棄した政治局の責任を明らかにせよ」と迫った。本多は答えに窮し沈黙してのりきりをはかった。

ひき続きわれわれは、一九六二年十二月二十五〜二十六日の二日間にわたって都学生細胞代表者会議を開催し、ブクロ官僚一派を粉砕する闘いを貫徹した。われわれは、学生戦線で焦点になっていたベッタリズム的統一行動論を前年来の運動づくり・組織づくりをめぐっての論議にふまえて整理した同志土門の中央学生組織委員会報告（「大衆運動主義からの訣別のために——統一行動論争の教訓は何か」『共産主義者』第七号所収）を、ブクロ官僚の居並ぶなかで賛成26対反対13対保留1（ＳＯＢでは8対2対2）の圧倒的多数で可決した。われわれは、ＳＯＢ議長・清水の罷免と同志土門を責任者とする新体制をただちに確立すると同時に、ブクロ官僚一派との党内闘争をおしすすめるための分派組織としてＳＢＦの結成を高らかに宣言したのだ。

このＳＢＦは、同志黒田の指導のもとに労働戦線の内部で断固として党内闘争をくりひろげた国鉄委員会とともに、革マル派結成に向けての闘いをその後強力におしすすめていったのである。

2　同盟建設における内部闘争の意義と教訓

ブクロ官僚どもによるわが同盟の基本路線の歪曲に抗して、私自身が断固として闘争に立ちあがりえたのは、その前年の反戦闘争において生みだされた諸偏向との対決、とりわけ同志黒田の思想的・組織的闘いに学び、それに支えられてきたからにほかならない。一九六一年十一月五日付で私あてに直接同志黒田から送られてきた手紙を主体的に受けとめて、私は私の転回点をつくったのであった。

「ごく最近にいたって、わが同盟（とくにマル学同）の「反戦闘争」にかんする見解の驚くべき混乱を発見した。……まったく、おそすぎた。」（『反戦・平和の闘い』六五頁）――冒頭にこう記された同志黒田の危機感に、当時の私は衝撃を受けその内容に圧倒された。手紙を幾度も読み返し、「兵士の獲得」に示されるシミタケ式純粋レーニン主義や「反帝・反スタの反戦闘争」という最大限綱領主義にたいする同志黒田の激しい批判に、さらには「下向分析的なものの考え方を再体得しなければ、マル学同はのびない」と断言されていることに衝撃を受けた。私は、同志黒田が連続的に発表した諸論文に学びつつ、その克服をめざして学対部中央にたいする批判を開始した。

ところが、本多をはじめとする大多数の政治局員は「学生サンの問題」と称して同志黒田の諸論文の組織的検討すらおこなわなかった。そればかりか『前進』第七四号に掲載された「反戦闘争にかんする二つの偏向について」*と題する無署名論文（同志黒田執筆）にたいしても、清水・高木を先頭にして「抽象的だ、無内容だ」と反発し組織的な論議すらおこなわなかったのだ。そこには、「大衆運動を組織し展開することなしにはスターリニスト党にとってかわるべき革命的前衛党の創造はありえない。と同時にかかる革命党は大衆運動だけでは決して創造されえない」という「大衆運動と革命運動との区別と連関」の論理が初めて活字となっており、これをめぐって真剣に論議を開始していたにもかかわらず、である。

同盟指導部内のこのような現状にたいして、同志黒田は、翌六二年一月には清水らによるさまざまな妨害をはねのけ、「内部思想闘争を推進するための特別会議」（『日本の反スターリン主義運動 1』三六二頁）――一種の党内フラクションのようなもの――を組織化し、さらに学対部の会議に出かけて直接に思想闘争を開始したのだ。ところが、同志黒田が執筆した「学対指導の腐敗について」〔本書所収〕という内部文書を学対部は握りつぶしただけではなく、「米・ソ核実験反対闘争をさらに推進せよ！」*という論文を――同志黒田が「ただちにカッティングしてください」と指示していたにもかかわらず――清水らはなんと下宿の机の引き出しに二ヵ月ものあいだしまいこんで隠匿したのだ！

＊　右の二つの論文は『ヒューマニズムとマルクス主義』に収録。

この後者の論文は、同志黒田のテコ入れにより『学生戦線』第二号（一九六二年七月発行）に掲載された。七月の全学連第十九回大会の会場でそれを手にしたとき、私は驚愕した。なんとそこには、このかんマル学同内で論議されるべくして論議されなかった事柄が全面的に論じられているではないか。しかも、こういう論議を押しつぶし、政治技術主義的のりきりをはかってきた結果として、全学連大会は清水によって「他党派解体のために暴力的に対決せよ」というトーンで染めあげられてしまっているではないか。危機感に駆られて、一九六二年一月に「特別会議」に結集した仲間と私は論議し、夏の「全国革マル学校」で『学生戦線』論文をテキストにすることを確認し、かつ貫徹した。

だが、「米・ソ核実験反対」の署名・カンパ活動を終えて東大駒場の同窓会館で開かれた当の革マル学校の現実は、私の想像を絶するものであった。

チューターのマル学同書記局員は、論文を読み終わるや、隣にいる清水を意識して一言も発することができずにおし黙ったままで、会場全体が重苦しい沈黙に襲われた。この時、清水が突然立ち上がって発言した。なんとこの男は「えー、この論文は読んでわかるとおり、オレにたいする批判なのだ。以上、終わり！」と吐きすてるように言い終わるやどっかり座りこんだ。驚きと憤りを禁じえなかった私は、意を決して、われわれが今この論文を真剣に学ぶことの意義について発言した。ところが、私の発言に激怒した清水は、再び立ち上がり、「大衆運動主義を云々するなら、この春、中央大でどれだけ運動をつくったというんだ！　それを言わない発言は一切空論だ！」とどなり返した。

官僚主義的自己保身をむきだしにした清水のこの対応で、会場はしらけ、革マル学校は次の発言がないまま散会した。私自身ひき続き発言することができなかった悔しさは残ったが、しかし、この革マル学校での闘いは、その後全国の同志たちが学対部をのりこえる闘いを開始する一つの転機となったのである。

実は革マル学校でのこの闘いは、その直前に私自身がマル学同内での思想闘争が組織的に実現できない現状に困り果て、同志黒田に相談に出かけ、そこで叱咤激励されたことを契機としたものであった。

全学連第十九回大会の現実とそれに至るこのかんのマル学同内の論議が成立しない現状にかんする私の報告を聞いた同志黒田は、米・ソ核実験反対の反戦闘争の組織化以来の運動づくり・組織づくり上の諸問題の反省が少しも深まっていないことをていねいに掘り下げ、その核心を提起してくれた。

①全学連大会における「暴力路線」はマル学同の質的低下のあらわれである、②ブント以来の大衆運動主義の誤謬が現実的・実践的にはなお未克服であり、しかもその自覚が指導部には根本的に欠落している、③一月に確認したブント解体後のマル学同建設のジグザグを総括し、それをつうじてみずからを飛躍させるべきこと、等々。

論議を終えて帰ろうとした私にむかって、同志黒田はひときわ声を大にしてこう叫んだ。「今しゃべったことを文章にして必ず発表しろ！」　私は驚き、「はい！」と答えたものの内心では不安がこみあげた。しかし、同志黒田はなぜあのように叫んだのか、と考え、自分自身が学生指導部の一員として責任をもって内部闘争を推進すべきことを、しかも中断していた春の〝党内フラクション〟をもう一度つくってたたかえという提起として自覚した。私は二ヵ月かけて「〝全学連主義〟から決別せよ――大衆運動主義・政治技術主義を克服して」を書きあげ大学細胞機関紙に発表した。この論文は同志黒田の労で『前進』に掲載されたのであるが、なんと本多・山村らによって大幅に切り縮められてしまっていた（全文は『共産主義者』第七号に所収）。

ＳＢＦ結成に至る、またそれ以降のブクロ官僚一派にたいする闘争を私自身が決意も固く担うことができたのは、このときの同志黒田の叱咤激励に支えられているといっても過言ではない。

一九六三年二月八～九日の両日、われわれは全国から結集した同志とともに革共同・革マル派結成大会を実現した。同志黒田は、三時間におよぶ基調報告のなかで「わが同盟建設のための内部闘争」について論じ、次のように提起した。

「わが同盟組織づくり、一般的には前衛党組織建設にとって、内部理論闘争は決定的なバネとなるのであって、わが革共同の組織的強化と前進は、まさにこの内部闘争を、そしてまた分派闘争を通じてかちとられてきたのである。その時々の闘争課題にかんする闘争＝組織戦術や革命運動上の諸問題などをめぐって種々の内部対立が発生することそれ自体が問題なのではない。そのような対立をば内部闘争を通じて不断に組織的に解決し実践的に止揚していく、というようなことが保証されているような革命的前衛組織をつくりあげていくことこそが問題なのである。」（『日本の反スターリン主義運動1』三八〇頁）

この報告を、当時私は深い感動をもって聞いたことを思い起こす。われわれは、わが同盟の基本路線を新たなブント主義としての大衆運動主義に変質させようとしたブクロ官僚一派を粉砕し、革共同の第三次分裂を勝利的にかちとった。そればかりではなく、この組織的闘いをつうじて、わが同盟組織そのものの質的飛躍を実現したことを誇りをもって確認しうる。いうまでもなくその核心は、同志黒田が強調しているように、党建設における内部闘争の意義にかんしてであり、その絶えざる実現をつうじての「理論的＝組織的同一性を創造し実践的同一性を確保しうる同志たちの形成にもとづく真実の組織的結合」としてわが同盟・革マル派を創造する、という固い決意であった。

まさしくこのような強固な同盟建設のための闘いを通して、わが同盟・革マル派は、日本反スターリン主義運動を飛躍的に前進させるための組織的基礎を打ち固めたのであり、事実それ以降五十年にわたる組織的闘いをつうじて、権力の走狗集団に転落したブクロ残党を組織的に解体し、今日の輝かしい地平を築きあげえたのである。

同志黒田に導かれつつこの歴史的闘いの一端を担った私は、今は亡き同志黒田がその生涯を貫いた党建設のための闘いの遺志を受け継ぎ、常に「初心忘るべからず」の精神をもって生あるかぎりたたかいぬく決意である。

朝倉　文夫

「過去からの訣別」をいかになしとげるべきか？

一九六二年七月十三日

黒田寛一

ＲＭＳ〔革マル派〕建設のために、現実に克服されなければならない諸問題（たとえば政治技術主義とか、原則対置主義とかいう形であらわれているところのもの）についてては一致しているにもかかわらず、それを「どのようにして克服するかについて違っている」――同志高川は、こういう。すなわち――

「われわれが現在ＰＢ〔政治局〕批判をやる場合においても、あるいは個々具体的な現実の闘い（大衆闘争、大衆的学習会、組織内部の会議において）への問題提起の場合においても、われわれの思想の物質化の闘いであると同時に、われわれの内部にもっている弱さの克服のための提起として目的意識的に追求されねばならない。すなわち一個二重の闘いとして。」

これは基本的に正しく、当然のことである。問題は、このような立場を、いかに具体的に適用しつつＲＭＳ建設をなしとげていくかということにある。――その場合に教訓化されなければならないことは、たとえばＮ大学自治会選挙において、われわれは、まったくたたかうことなく敗北してしまった、ということの現実が、なぜうみだされたか、ということであり、それを、徹底的に自己批判的に反省することなしには、「一個二重の闘い」という正しい立脚点の提起も無にひとしいということである。

さて、まず、『解放』第六号の山本勝彦論文*が「ＰＢ批判に終っている」ということについて。——はたして、そうであるか？　それは、ただたんにブクロ官僚派の運動＝組織論の批判に終始しているのではない。そのような批判を通じて同時に、われわれの——なお未分析のままにのこされていた——運動＝組織論の一端が提起されているのである。もしも上記論文が「そうだ、そうだ」というふうにしかうけとられていないとするならば、そこで提起されている新しい展開がなんであるか、ということが少しも理解されていないことを意味する。一般にわれわれが批判を展開する場合には、それは同時にわれわれの立場や理論の創造として実現されなければならないのであって、そうでないものはたんなる批判的批判でしかない。ブクロ批判が現実のわれわれの組織づくりとしてかえってこないということは、実はブクロ批判が本当になされていないこと（外在的批判にとどまっていること）の証左であり、ブクロ批判がすなわち自己批判＝自己脱皮として主体的に展開されていないからであることは、三全代〔革共同・革マル派第三回全国代表者会議、一九六三年五月〕で明らかにされたはずである。

＊「革命的マルクス主義派建設の前進のために」『解放』第四～六号に連載、『日本の反スターリン主義運動 2』に所収。

ところで、第六号において、「わが革命的マルクス主義派の独自的組織をいかに創造していくかを具体的に明らかにするまえに」という叙述形式がとられているのはなぜか？

最初のプランでは、革マル派建設の論理を明らかにする過程そのものにおいて、ブクロ路線との分裂と敵対を明らかにする予定であったが、叙述が錯綜するので、ブクロ運動＝組織論の批判を通じて同時に、それとわれわれのそれとのちがいをうきぼりにする、という形式をえらんだのである。（その場合、「神話」〔武井健人「山本派の神話について」『前進』第一三〇号～。途中で書けなくなり中断〕を批判できないという同志がW〔関西〕地方に発生しているということも、当然念頭におかれている。――これにかんしては、①なぜそういう同志が発生しているかという組織・指導上の問題、②なぜ批判できないかという理論上の問題、この二つが一応区別され、そしてその克服のための闘争がおこなわれなければならない。いいかえれば、そのような傾向の発生は、そういう同志の主体性の問題に局限されてはならないのである。）

ここで、一般的に、叙述形式の問題にふれておかなければならない。

（a）認識論的あるいは「自己反省＝自己形成」的な叙述方法――この場合には、叙述そのものが下向分析的な自覚過程の対象化形態としてあらわれる。現実の自己（ブクロ派的汚物をまとっている腐敗した自己）を革マル派としての自己へ脱皮させていくためのイデオロギー闘争を、他者（ブクロ路線）への批判を媒介として実現する、という形式が、それである。

（b）対象分析的叙述方法――この場合には、革マル派としての自己への脱皮をうながす媒介となるところのものを、それ自体としてとりだし、体系的に批判・分析するものとしてあらわれる。（ただし、この対象的分析が客観主義的になされる場合には、たんなるヤッツケ批判になってしまうのだが。）こういう叙述形式がとられている場合には、それと自己との対決をとおして追体験的に主体化されないかぎり、「そうだ、そうだ」というふうにしかうけとられないことになるであろう。

具体的な例をあげるならば、（b）のような叙述形式の典型が『資本論』であり、（a）のような叙述形式をめざしているものが『現代における平和と革命』である。——ところで、『平和と革命』第一章は主体反省的下向分析的叙述がなされているけれども、その第二章以下は現代のプロレタリアートとしての自覚を媒介する現実的諸問題へのかかわり方をそれ自体としてとりだし展開したものである。——さらに『プロレタリア的人間の論理』の叙述形式をも再検討してほしい。すなわち、第一章のⅠで提起されている問題は、「第一章のⅡ→第二章→第三章Ⅰ」にわたる対象的分析にふまえて、そのうえで、第三章Ⅱ以下で実質的に展開されていることを。主体内反省の論理を、いかなる点で対象的分析への転化を通じて深めていくか、というように問題を提起するところに、唯物論における主体性論があるわけである。

たしかに、われわれの理論闘争は一個二重の闘いである。しかしその場合の理論展開においては、およそ上記の二つの方法（a、b）がとられるのであって、後者（b）のような叙述方法がとられたとしても、それは、「答え」へののりうつりのためではない。それは、自己脱皮、過去の大衆運動主義 or 組合主義的傾向から根底的に訣別するための武器として、追体験的に主体化されるべきなのである。

さらに問題となることは、次の点である。すなわち、山本論文をブクロ路線の批判に終始しているかのようにうけとっている同志たちは、（イ）RMSとしての自己脱皮をかちとるための主体的および組織的活動の論理を理論的に解明すること（腐敗した自己そのものの自己切開を回避し、ブクロ派の腐敗への外在的批判に安住する、といった腐敗そのものを打破し、ブクロ派の腐敗を自己の他在としてうけとめ、その批判・克服を通じて自己自身と組織そのものをつくりだすこと、しかもそれは、われわれ自身の実践・組織活動そのものの絶えざる点検と総括を基礎に実現されなければならないこと、その論理構造の追求)、そして他方（ロ）ブクロ官僚派の運動＝組織路線の本質がなんであり、その誤謬と必然的破綻の根拠がなんであるかを体系的に明らかにする、という理論的課題と対決し、かつそれを通じて同時にわれわれＲＭＳの運動＝組織論をヨリ豊富化していくということ、――この両者を二重うつしにしているということである。

「……過去の自己を否定させるうえにおいて、ＰＢがその否定すべき内容と同一であることをさししめし、そのことによってＰＢ批判を理論的強化として利用していく」――これは、われわれのオルグの基本原則である。シンパがもっているウミとブクロ的ウミとの同一性にもかかわらず、この両者は本質的に区別されるものであって、ブクロ的ウミの体系的切開それ自体さえもが、われわれの解明すべき理論的課題として、いま大きな問題となっているのである。

われわれ自身の過去からの訣別、ＲＭＳ建設のためには、われわれ自身の組織活動の絶えざる点検と総括における理論闘争が不可欠である。そしてほかならぬこの理論闘争の質的高さを絶えずかちとっていくためには、当面ブクロ路線との徹底的な対決とその粉砕のためのイデオロギー闘争を有効的におしすすめていくことが必要である。「われわれの内部にある弱さ」ということの実体的内容を理論的に対象化していくことが問題なのであって、「弱さの克服」一般が問題なのではない。そのように問題が提起されるならば、当然にも、運動＝組織路線における、さらに具体的には日韓会談・ポラリス潜水艦寄港・東大ポポロ事件判決などにたいする反対闘争におけるブクロ官僚派との対決とその粉砕が、われわれの具体的な運動＝組織方針の提起とともに、なされなければならないはずである。そして事実、直接的にKern-Pa〔ケルン・パー＝中核派〕とたたかっている同志たち（N大、K大などの場合）は、そのような具体的な問題をめぐる理論闘争をいかに有効的かつ成功的に実現していくか、ということをめぐって苦闘しているのであって、この苦闘にふまえたＲＭＳづくりの闘いを組織化していくことが、われわれの任務なのである。

『解放』第七号の合理化にかんする論文〔「国鉄合理化と革命的労働者の闘い」〕にかんしていうならば、もちろん不十分である。しかし、あれは、われわれの理論的低水準の一表現であることを、われわれはよく知っている。しかも、全体として、動力車の「方針案」への批判という形に流されていたものを、あれまでに改造しえたわけである。現代における合理化にたいする反対闘争が、政策転換闘争へ（総評・社会党）、また地域共闘へ（代々木共産党）ねじまげられているという事態、しかも現場の労働者自身が合理化攻勢にたいして組織的に闘う姿勢すらまったく失われてしまっているという事態を、どう突破していくかの運動＝組織方針を十全な形で提起することは、きわめて容易ではない。解明されるべき課題として、それはなお残されている。

〇〇電車区の例の事件は、われわれのこれまでの闘いの欠陥の集約として、いま主体的にとらえかえされつつある。詳しくは書けないけれど、第七号の第二、三章のそれぞれの後半部で展開されている、われわれの独自的な組織路線が明白に自覚され適用されていなかったことの必然的帰結として、断乎とした抵抗闘争が組織化しえないという事態がうまれているわけである。このことは、これまでのわれわれが反合理化闘争を展開するための前提として現代の合理化の特質はなんであるかを理論的にほりさげることをほとんどやってこなかったこと、そして反合理化闘争を職場でどう組織化するか、またそれを通じて革命的前衛をいかにつくりだすか、という組織論的追求が不十分にしか追求されてこなかったことを意味する。そしてこのようなわれわれ自身の欠陥を克服するための闘争を、いま精力的に展開しはじめている。△△と××〔尾久と田端〕の機関区の統廃合問題にたいして、ＲＭＳとしての断乎たる闘争を展開しうる基礎をつくりだすためのものとしても。

それはともかくとして、第七号の国鉄合理化にかんする論文は、しかし、『共産主義者』第七号掲載の国鉄委員会の二つの論文につらぬかれている欠陥を克服することをもめざして書かれている点に、最大の注意がはらわれるべきである。前者の理論展開が後者のそれと、いかなる点で、どのようにちがうか、――これをはっきりさせることができたときに、『解放』第六号の山本論文が意図しているところのものが同時に明らかになるはずである。

解放

1

同盟基本路線を歪曲する政治局僭称派を打倒し革命的マルクス主義派に結集せよ！

帝国主義打倒！スターリン主義打倒！

(1) 政治局内多数派の腐敗

(2) 労働運動主義とその根拠

中央機関紙の再出発に当って

「解放」編集局の基本的立脚点と全国の同志へのアッピール

(TBS放送をめぐる) 日共の反革命的本質とわれわれの教訓

西村実

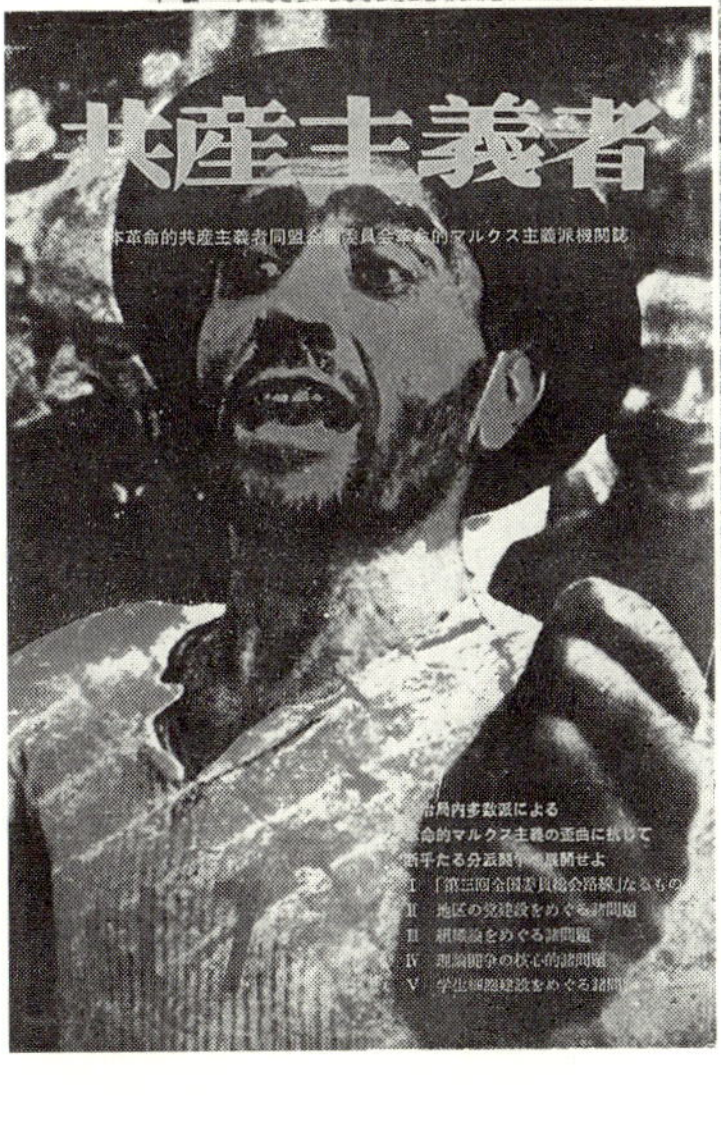

(上)「革マル派結成宣言」を掲載した『解放』創刊号（1963年4月1日付）

(左)革マル派機関誌として生まれかわった『共産主義者』第7号（1963年5月1日発行）

動力車労組の基地統廃合反対スト
(上)黒磯行列車を阻止する組合員
(左)構内をデモする支援の全学連
(63年12月13日、東京・尾久機関区)

第二部　反戦・反安保・沖縄闘争の革命的高揚——一九六〇年代

概説

わが同盟の真価を発揮した七〇年闘争

腐敗したブクロ官僚一派と決別し、わが革マル派は、まさしく既成労働運動の内側から戦闘的労働運動を創造するために組織戦術を柔軟に駆使してイデオロギー的＝組織的闘いを繰りひろげ、もって日本プロレタリア階級闘争の一大飛躍をかちとるとともに真実のプロレタリア前衛党を創造していくことをめざして、新たな歩みを開始した。ブクロ派の大衆運動主義まるだしの職場闘争方式の非実践性は、十六時間勤務反対闘争における全逓羽田のブクロ派系労働者の大破産（一九六三年十一月）において、まさに現実に立証された（『組織現実論の開拓』第二巻の「革マル派結成いご一年」などを参照）。これとはまったく対照的に、国鉄戦線のわが革命的戦闘的労働者たちは、一九六三年十二月十三日に、「尾久・田端機関区統廃合反対」の反合理化ストライキ闘争を断固としてうちぬいた。

ストライキ権を持っておらず「ストライキは打てない」というのが当時の官公労労働運動の〝常識〟となっていたなかで、この闘争は、前年からの動力車労組の運転保安闘争の全国的広がりを基礎に、尾久をはじめ全国六ヵ所を拠点としてたたかわれた。国家権力と国鉄当局は、尾久を拠点にしたこの闘争を治安問題としてとらえ、三日前から機動隊員一三〇〇人・鉄道公安官四〇〇余人を動員して戒厳令さながらの弾圧体制を敷いた。権力は、尾久駅から機関区へ通じる道、田端駅から通じる道、上中里駅から通じる道、すべての道を封鎖し、近辺の街道や路地にも警察官を配置し、尾久駅へ通じる地下道はバリケードで封鎖して、人っ子ひとり入れないようにした。そして田端駅構内の貨物置き場に警察庁の司令部を構えた。他方、当局は四十八人の代替え乗務員＝スト破り要員を確保して近くの旅館に待機させた。権力と当局は「これでもうストは打てっこない」と確信していた。こうして前夜から構内にいた尾久・田端と支援動員の組合員だけでこのストライキをたたかうこととなった。

松崎明・尾久支部委員長は、「指令はもらったが何の闘いもできなかったら組合員はどうなるか。処分だけが出され、要員の削減もやられてしまう」と現地闘争委員会で訴えた。下り黒磯行525列車を尾久で実力で止めるという戦術が決まった。大都市の中心の尾久で列車を止めれば東北線も高崎線も本線が全部止まる。午後七時半、尾久機関区の行動隊五〇〇名はスト体制に突入した。

その数分後、全学連の支援部隊が合流した。全学連はこの日、二〇〇名がまず早稲田大学に集まった。やがて張り込んでいる公安デカを欺いて、食事に行くふりをして三人一組であらゆる方向に散らばっていった。そしてある時間に上野駅に着いた。上野駅不忍口のある柱の下に目印の週刊誌を持って立っている一人の女子学生が、赤いマフラーを首に巻いていればスト決行。巻いていなければスト中止だ。合図は「GO！」。学生たちは一本の列車に乗って尾久駅で降り、一斉に線路側に飛び降りて労働者たちに合流したのである。午後八時、動労五〇〇名の行動隊は近づく525列車をホームの手前で止めて取り囲み、前面・側面・後方に座り込んでピケを張った（乗務員は乗務員室から降ろして隊列の中に入れた。乗務員はみずから進んで降りたとなると処分されるので、わざと自分のカバンと時計を乗務員室に残した）。予期していなかった全学連の突然の登場と組合員行動隊の実力阻止行動に周章狼狽した公安機動隊・私服刑事どもは「お前らは国賊だ！」「松崎はどこだ！」などと指導者を血眼になって捜し、逮捕しようとした。組合員はスクラムを組んで構内デモ。全学連の支援部隊も激しいジグザグデモ。この全学連の部隊にたいする権力の弾圧は凄まじかった。12・13ストを特集した動労の文芸誌『機関車文学』第一七号にはこんな歌が載っている。「暗き線路を轢死体のごとくひきずりて公務執行妨害とののしる輩」。だが、まさにこの全学連の突入と構内ジグザグデモによって、当局の代替え乗務員を運ぶ体制はズタズタになったのである。

この闘いによって松崎明・尾久支部委員長以下六名が逮捕され解雇され、尾久だけで組合員の四分の一の九十名に処分が出された。けれども当局は、当初計画していた二九〇名の要員削減の提案を取りさげざるをえなくなった。翌年三月に機関区は統合されたが、動労は先の六名以外には一人の解雇者も転出者も出さず、七四〇余名の動労田端支部を発足させたのであった。こうしてこの12・13ストライキ闘争は、その後の日本労働運動に歴史的なレールを敷く闘いとなったのである。のちにある国鉄労働者は言った――「ブクロ官僚に「ケルン主義」などと言われていたから、われわれはこのストを意地でも倒すわけにはいかなかったんだ」と。

学生戦線でも事態は同様であった。一九六三年四月一～二日の全学連第三十四中央委で中核派系中執六名全員を罷免されて以降、ブクロ派は、わが運動および全学連への敵対をますますあらわにした。一九六四年七月二日の早稲田大学における全学連への殴りこみ事件に象徴されるブクロ派・社青同解放派・構造改革派・社学同などの一切の敵対をはねのけながら、わが全学連は、既成平和運動をのりこえ、ベトナム反戦闘争、日韓闘争、反戦・反安保・沖縄闘争などを革命的に推進した。一九六六年初頭から長期のストライキを敢行し「早稲田を揺るがせた一五〇日間」と呼ばれた早大学費・学館闘争は、全学連の着実な前進を示すと同時に、その後の全国的な学園闘争の嚆矢となったのである。

革マル派の結成以後、われわれは、ただちに組織現実論の開拓にとりくんだ。ブクロ官僚一派との分派闘争が熾烈さをますなかで一九六三年一月十八日にもたれた反政治局内多数派（＝山本派）の労働者・学生代表者会議において、「同盟内フラクションづくりの現段階と新しい分派結成の展望」をめぐって論議しているそのさなかに、黒田は、まるで「〝ヒョータンからコマ〟でなくて〝ヒョータンからモミ〟」（『平和の創造とは何か』一八三頁）が出るかのように、話しているうちに自然に、「1の活動」「2の活動」「3の活動」が口をついて出た。このモミはまずもって運動＝組織論の骨格を解明した『解放』第四～六号の山本勝彦論文（「革命的マルクス主義派建設の前進のために」『日本の反スターリン主義運動 2』所収）として実を結んだ。

同志黒田は、激しい分派闘争の過程で疲労困憊し、こうして人前に出ることはできなくなった。『黒田寛一のレーベンと為事』の九一～九三頁には、「一九六三年六月より一九六八年三月までの五年間の執筆論文は皆無」「病床に臥しながらも」「マル学同の同志たちにむかって、また労働者たちにむかって、天井を仰ぎつつ討論や論議をした、このことが、全盲になってからの彼に役立ったと言えるのではないか。喋ることは考えることであり、喋ることがテープに「論文を書くこと」であった」とある。実際、黒田宅――われわれは黒田宅を「ポルテ」と呼んでいた。「ポルテ」とは「ポルテーニョ」（港の人）の略で、黒田がこよなく愛したタンゴの発祥の地であるブエノスアイレスの港湾で働く労働者をさす――には、学生も労働者も論議に出かけた。『日本の反スターリン主義運動 2』の二八二頁に載っている「のりこえの構造」を示す図は、一九六六年春のマル学同関西地方委の会議のさいに奈良女子大生の質問への答としてつくられたものである。この「テープ時代」の論議の成果は、こんにち、『組織現実論の開拓』シリーズ全五巻に結晶している。黒田は言っている、「真実の労働者前衛党を新しく創造しようとする意欲にもえブクロ官僚一派を組織的に解体しようとする情熱にみちあふれていたことからして、数々の理論的誤謬をおかすことを恐れることなく組織内討論が実に活発におこなわれた」「組織内討論が活発にダイナミックになされたことのゆえに、沈黙することは罪悪と感じられただけではなく、結果解釈にふける余裕などはなかったといってよい」と（一九八六年七月二十三日）。活発な思想闘争というわが同盟の作風は、まさにこの時代につくられたといえる。

『日本の反スターリン主義運動　2』に収められている「日本反スターリン主義運動の現段階」、そのⅠからⅣまでは、一九六八年八月十七～十八日にもたれた革共同・革マル派第二回大会における黒田議長の基調報告である。その「Ⅰ　革命的マルクス主義派建設五ヵ年の教訓」のなかから、「**ベトナム戦争反対闘争の推進と内部理論闘争の発展**」、ならびに「**高揚した沖縄・反戦闘争と党派闘争の新たな段階**」の二つを、本書に収録した。革マル派結成以降一九六八年夏までのわが同盟の歩みをたどるために、この「革命的マルクス主義派建設五ヵ年の教訓」の他の項目もぜひ読んでほしい。なお一九六八年八月二十日に強行されたチェコスロバキアへのソ連・東欧五ヵ国軍の侵攻とこれにたいするわれわれの闘いについては、本書第四巻を参照されたい。

続く「**七〇年安保＝沖縄闘争の歴史的教訓**」は、同志岩菅洋一がこのたび新たに書きおろしたものである。革命妄想主義者どもの惨めな破産と、これとはまったく対照的なわが革命的左翼の飛躍的前進が、その根拠とともに明確に突きだされている。

また**「国鉄戦線における七〇年安保＝沖縄闘争」**も、このたび同志国立昇が書きおろしたものである。動力車労働組合青年部の二〇〇〇名の白ヘルメット部隊が勇姿を現したことは——東京・山手線などの電車の車体が「安保粉砕」などのスローガンで埋め尽くされたことと相まって——日本労働者階級の内部に「革命のヒドラ」が成長しつつあることを、誰の目にも鮮やかに示したのである。

ところで、一九六〇年代末期の日本階級闘争において特徴的なことは、一九六八〜六九年に瞬時に開花した「大学解体」闘争である。いわゆるノンセクト・ラディカルズが澎湃《ほうはい》としてまきおこり一つの大きな流れを形成し、そして反代々木の行動左翼諸集団のすべてがこのノンセクト・ラディカルズに迎合し、それと運命をともにしたということである。

ノンセクト・ラディカルズに共通につらぬかれているのは、国家であれ大学であれ、また新旧左翼組織であれ「ポツダム自治会」であれ、すべてを「秩序」としてひとくくりにしこれに反逆するという「反権力・反権威」の意識、「自己否定」のうつろな叫びのなかに己れの生を見いだす小ブル的感性、すべての左翼諸党派にたいしてみずからをノンセクトとして区別だてする組織ニヒリズム、アメリカの「ブラック・パワー」やフランスの「五月の反乱」やいわゆる第三世界にまきおこった様々の武力闘争やぶち壊し運動（ラテン・アメリカの武装闘争やベトナムやアラブでの民族解放闘争や中国文化大革命における紅衛兵の「造反」運動など）への共感、そして己れの下意識にひそむ暴力への憧憬の直接的な表出、などである。たしかに一九六九年1・18〜19の東大闘争、これにひきつづいて展開された各大学での全共闘運動と全国全共闘連合の結成などの一連の激烈な闘いのうねりは、一見ラディカルな雰囲気をかもしだしはした。しかしそれは、いわゆる大衆社会的状況のもとにある「砂のごとき大衆」の倦怠感や自己嫌悪の裏返しにすぎず、爛熟した現代帝国主義の高度経済成長の時代、いわゆる「昭和元禄」の時代の怠惰で腐敗した状況にたいする感覚的な反発と肉体派的な反逆をその本質とするものでしかない。

だが、擬似レーニン主義のマントをつけたブクロ＝中核派、毛沢東主義・左翼スターリン主義の尾ひれをつけた第二次ブント（関西に残存していた安保ブントの残党を中心に細分化していたブント残党諸派を一つにまとめたもの。その仲介役をかって出たのが、かっての第一次ブントの結成の時にはこれへの参加を日和った「物象化の哲学」者・広松渉であった）、そして様々のインスタント左翼などの反代々木行動左翼集団のすべてが、このノンセクト・ラディカルズの暴力礼賛とそのぶち壊し運動のなかに己れの「他在」を見たのであった。このことは、反代々木左翼の悲喜劇であるといわなければならない。実際、「八派連合」といわれたすべての行動左翼集団が七〇年闘争を「階級決戦＝革命の到来」などととらえ、東大安田講堂を「決戦場＝玉砕地」とみなして惨めな破産をとげた。そしてノンセクト・ラディカルズの熱狂がさめるや否や、あるいは自爆の道を突進し（連合赤軍など）、あるいは雲散霧消してしまった。さらに最も悪質なブクロ＝中核派および青解派は己れの延命のために「革マル派のせん滅」を自己の中心任務とするに至り、ついには国家権力の走狗にまで転落し去ったのである。

こうした自己の悲喜劇に無自覚な輩のみが、わが全学連が東大安田講堂に代表を送るとともに大学の内外において大衆的かつ戦闘的な闘いを繰りひろげたことにたいして、また動力車労組青年部二〇〇〇名と連帯した全学連・反戦青年委員会三〇〇〇名の街頭闘争にたいして、「権力とたたかわない革マル派による七〇年闘争の成果の簒奪」などという、羨望にみちみちた泣き言を並べたてることになるのだ。学園闘争の激烈な展開によって革命が実現しうるなどと夢想するのは、小ブル行動左翼の観念性を自己暴露する以外のなにものでもない。七〇年闘争にむけて、既成指導部をのりこえ労働者階級のゼネストの実現をめざしつつ闘いを反政府・反権力におしあげていくべきまさにその時に、大学という箱庭の中で児戯にもひとしい「革命ゴッコ」にうつつをぬかした挙げ句のはてに〝玉砕〟するなどというのは、労働者階級への裏切りであり、まさに戦線逃亡でしかないのだ。

そもそも、いわゆる「東大安田決戦」なるものは、東大にまったく足をもっていなかったブクロ派や第二次ブントが社会的事件をまきおこすためにおこなった「革命の戯画」にほかならなかった。東大闘争の主役はまぎれもなくわが全学連であった。東京大学で最初にストに入ったのは、「講座制反対」を掲げた本郷キャンパス（三〜四年生）にある医学部であったが、全学無期限ストに突入しえたのは、まずわが全学連派が執行部を握っていた文学部が無期限ストライキ・法文二号館封鎖闘争に突入し、つづいて駒場キャンパス（一〜二年生）の教養学部が無期限ストに突入したからであった。この東大教養学部（東C）の闘いを牽引したのもわが全学連派（学生会議）であった。全学連派は、構改派と共同歩調をとって民青執行部を打倒し、その力を基礎として徹夜の代議員大会で無期限ストライキを決定した。そして結成された東C全共闘の書記長には、全学連派の仲間が就いたのであった（委員長はフロント）。まさにこの文学部と教養学部の無期限ストへの突入こそが、東大全学の無期限ストをきりひらくとともに、全国の大学でのストへと波及したのである。そして全学連派は、一九六九年1・18の東大本郷への機動隊導入のさいには法文二号館を中心に部隊を送ると同時に、駒場では八号館封鎖闘争をたたかっていたのであり、東C全共闘にたいする日共＝民青「あかつき行動隊」の連夜にわたる武装襲撃をはね返す闘いの先頭にたっていたのである。

それだけではない。全国における学園闘争を領導したのも、まさに全学連であった。最初に東大に続いて全学ストを実現した日大の闘いを牽引したのも、全学連であった。さらに全学連の最大拠点である早稲田大学においては、わが同盟に指導された革命的学生たちは一九六九年春から全国的に高揚した教育学園闘争の最先頭で全学無期限ストライキを実現した。この闘いは、小ブルどもの「大学占拠＝箱庭的な解放区づくり」をはるかに超えた地平において、すなわち教育学園闘争と安保＝沖縄闘争を同時的に推進するという革命的な指針を全学部の学生大会で決議し、これにのっとって実現された。しかも時の佐藤政府はこの闘いを破壊するために全国全共闘連合結成大会が早大で予定されていたことを口実に機動隊を導入した。これにたいして全学連の学生たちは、七時間にわたって大隈講堂死守闘争を敢行したのである（この闘いによって反革マル派の「八派連合」は早大での結成大会を断念し、日比谷公園へと逃亡しさった）。そして、全学連はこうした早大と同様の闘いを、北は北海道大から南は九州大まで、文字どおり全国津々浦々で繰りひろげたのである。

われわれは労学両戦線において七〇年安保＝沖縄闘争の一大高揚をつくりだすと同時に、わが反スターリン主義運動の強大化をかちとった。こうしたわれわれの着実な前進は、われわれが組織現実論を一歩また一歩と開拓してきたこと――これを理論的根拠としている。この理論追求の過程においてあらわれた二大偏向――われわれの戦略から天下り的に演繹して具体的運動方針を考えるという「戦略の適用」主義と、大衆運動づくりへの方針主義的で機能主義的なアプローチ――を克服する組織内討論の積み重ねをつうじて、組織論の現実論的展開は一歩一歩すすめられてきた。この二つの偏向は、直接的には組織戦術（論）の無理解にもとづくとともに、哲学的には実践論の、論理的には実体論の未主体化にもとづく。このゆえに、われわれの論議は同時に哲学的同一性の創造をめざして繰りひろげられたのであった。ここで一九六三年以降になされた主要な論議を列挙しておく。

① ケルン主義――いうまでもなくこれは、ブクロ官僚どもがわれわれに投げつけた「党建設至上主義」の別名としてのそれではなく、労働運動の左翼的展開とこれをつうじてのケルンづくりに重点がおかれ、創造された前衛組織がその時々の闘争課題にむけて・いかなる構えのもとに・どのような闘争＝組織戦術にのっとって・労働運動を創りだすのか、ということが弱くなる傾向をさす。

② 「戦略の適用」主義（一九六三年十一月以降。ガリ版「運動＝組織論によせて」（石田＝森茂）や『解放』第一四、二五、二六＝二七号の諸論文をめぐる論議）。

③ 組織戦術の欠如した政治的展望論＝形式的可能性の羅列方式（『共産主義者』第八＝九号の無署名論文）。

④ 情勢分析と他党派批判との未分化ないし雑炊（一九六四年春）。

⑤ 前衛党の、運動をつうじての「政治的＝組織的形成」と組織活動をつうじての「理論的＝組織的形成」という観念的かつ悟性主義まるだしの組織建設論（ガリ版）――この「理論」は理論として

は崩壊したが、中央指導部を「政治組織局」（ＰＯＢ）と呼称するという点にのみ生かされている。

⑥「戦術的課題の有効的実現」のための方針の提起、および「運動化へのベクトルと組織化へのベクトル」論（『解放』第二〇〜二一号・山代論文、『共産主義者』第一〇＝一一号・中央学生組織委員会論文）——しかしこの組織戦術論ぬきの方針論および機能主義的活動論は組織現実論を創造するための貴重な糧となる。

⑦ＭＳ（マル学同）組織づくりにかんする運動主義的かつ哲学主義的＝出身階層還元主義的な見解（『共産主義者』第一〇＝一一号、森茂論文）。

⑧三派連合（中核派・青解派・第二次ブント）による全学連でっちあげの蠢きにたいして「三派全学連との統一」を唱えた一同志の意見を粉砕し、「全学連の二重性」論および学生運動の革命的統一をかちとるための統一行動の推進の論理の解明（一九六四年六月）。

⑨「真理探求の場としての自治会」論および「学生活動家のプールとしてのサークル」論（一九六四年春）——これを契機として自治会運動論のほりさげが開始された（自治会運動と自治会選挙闘争との関係やクラス活動や自治会運動とサークル運動との関係なども追求された）。

⑩学習会の政治技術的ひきまわし・学習会のフラクション化・学習会のフラクション的機能などについての論議をつうじ、「形態と実体」の論理にふまえつつ、マル学同組織とフラクションと学習会の組織形態の区別およびフラクション活動についての運動＝組織論的アプローチをめぐる論議を意識的に追求（一九六四年春〜秋）。

⑪「組織形態にみあった方針の段階的具体化」論および「方針のオミコシかつぎとしてのフラク

ション」論――運動方針（提起）論と運動＝組織論とを二重写しにし「活動論」に陥没してしまう根拠の哲学的反省の開始（一九六四年後半より）。

⑫ 日韓条約締結反対闘争の過程においてあらわれた、「賃労働と資本」主義的な情勢分析、ならびに政治力学主義的で軍事力学主義的な情勢分析（『闘う全学連』第七号、一九六五年三月発行）。

⑬ 賃金論と賃金闘争論との未分化的雑炊――「方針論における理論主義」の開花（一九六五年春）。

⑭ 既成の平和擁護運動をのりこえていくためのわれわれの闘争＝組織戦術の解明を平和共存戦略批判に横すべりさせる理論主義（一九六五年四月）――われわれの実践を直接的に規定する指針の解明における他党派批判と、他党派のイデオロギーそのものの理論的批判との区別を、「実践―理論―再実践」のサイクルとの関係からとらえかえすこと。

⑮ ベトナム反戦闘争論のベトナム革命論（ないしベトコン論）への横すべり、およびこの打開法としての「戦略的課題の戦略戦術論的分析と戦術的課題の戦略戦術論的分析との区別」論（一九六五年五月、MS代表者会議）――「情勢分析内容の方針化」論とも重なったこの誤謬を克服するために、一九六一年の「米・ソ核実験反対」闘争の理論的諸教訓を反省し直し、〈のりこえの立場〉の重要性を確認しつつ、〈大衆闘争論〉という理論領域があることが明確にされた。

⑯ 「一人乗務反対！ ロング・ラン反対！」という方針を掲げてたたかわれた動力車労組の反合理化闘争（一九六五年）においてあらわれた左翼組合主義的ラディカリズムとこれを克服するための内部闘争。革命的労働運動主義や「フラクションとしての労働運動」という偏向を助長するような政治力学主義的活動論（運動論的情勢分析と「わが革命的左翼による運動の組織化」論との雑炊）とこ

れにもとづく□□産別委員会の混乱（一九六五年十一月）――これを契機として大衆闘争論および運動＝組織論を、労働運動の左翼的展開のための指針を解明するさいにどのように適用すべきか、ということをめぐって集中的に論議がなされ、「三つののりこえの論理」が発想され定式化された（一九六六年二〜三月）。

⑰　国鉄反合理化闘争論の深化――合理化反対闘争論と合理化論との区別と連関について（一九六五年秋以降）。

⑱　「フラクションとしての労働運動」という偏向を克服するための思想闘争（一九六六年〜）。

⑲　「三つののりこえ」について定式化するとともに大衆闘争論の対象領域についての図解も定型化された（一九六六年四月、ＭＳ代表者会議）。

⑳　「のりこえの立場の空語化」や「本質暴露主義的方針」を克服するためのイデオロギー闘争（一九六六年四月以降）。

㉑　「うちだされた戦術の分析方法」（いわゆる「四つの花びら」）の定式化（一九六六年春）。

㉒　「フラクションとしての学生運動」という偏向を克服するための組織戦術論の追求（一九六六〜六七年）。

㉓　同盟組織建設論の追求（一九六七〜六八年。とくに六七年三月のＭＳ第八回大会）。

㉔　反戦青年委員会の地区的組織化をすすめるためのわれわれの組織戦術の緻密化、および反代々木諸雑派による反戦青年委の党派的分断策動にたいするわれわれの闘い、これらについての理論的ほりさげ（一九六七〜七〇年）。

㉕「全学連の二重性」論にもとづいて、構改派系自治会に統一行動を呼びかけ統一行動を実現(一九六八年4・26)――これを契機とする、統一行動を組織化するための戦術スローガンの形式上の一致とその内容をめぐる党派的イデオロギー闘争についての論議、また共同歩調・共同行動・統一行動などについての理論的深化。

㉖七〇年闘争の高揚のなかで全学連のすそ野をさらに広げるために、全学連的党派性をあえて後景化したクラス・サークル・デモ(一九六九年七月十日)の組織化、これをめぐる論議。

㉗反代々木行動左翼諸集団の革命妄想主義をうちくだき、七〇年安保=沖縄闘争を「反政府・反権力」の闘いへいかにおしあげていくか、についての論議の深化――「ソフトクリーム型おしあげ」論の克服をつうじての「のりこえ・おしあげ・めざす」論理の解明。

最後に革マル派組織建設そのものについて。第三次分裂の時点におけるわれわれは、中央学生組織委員会(SOB)では絶対多数ではあったけれども政治局(PB)内では少数派(二名)であったことからして、わが同盟中央指導部をまずもって書記局(SB)という形態において創りだした。このSBは国鉄委員会、全逓委員会、教育労働者委員会、中央学生組織委員会、編集局の担当常任メンバー(平均年齢二十二歳)に議長および書記長が加わる、という実体構成のもとに発足し、指導者としての自己形成と質的向上をめざして組織的闘争は一歩一歩すすめられた。こうして一九六四年夏からは、このSBを基礎にして、労働者同志や特定の地方機関の指導的メンバーをもその構成実体としたところの最高指導部としての政治組織局(POB)を確立するための準備会会議がもたれ、この闘いは一九六八年八月十七〜十八日の革共同第二回大会にいたるまで続行された。他方、SBメンバーが中心になって、中央労働者組織委員会（WOB。特定の労働者同志をふくむ）ならびに中央産別委員会を、また中央学生組織委員会ならびにマル学同書記局を、それぞれ創造するための組織内闘争が繰りひろげられた。こうした闘いの成果にふまえて、革共同第三回大会（一九七〇年八月十五〜十七日）および第四回大会（一九七一年五月一〜三日）はかちとられたのである。

「現段階におけるわが同盟組織建設のための核心問題」（一九七〇年八月十二日）は、革共同第三回大会において黒田議長がおこなった基調報告である。

「共産主義者としての資質について」は、革共同第四回大会における黒田議長の報告である。

われわれの内部思想闘争においては、直面する運動上・組織上の諸問題をめぐって組織的意志一致がはかられるだけではなく、そこに露出した感覚上・思考法上・方法上などの諸欠陥をもその都度その都度互いに指摘しあいながら克服するための努力が重ねられた。前意識的なものや下意識的なものをも対象化することを促すかたちで組織内討論がすすめられたことは、指導的メンバーたちの共産主義者としての自己形成を、自己の内なる小ブルジョア的なものや過去的イデオロギーから脱却し革命家としての資質を鍛え上げてゆく苦闘をみずからに課す闘いを、不断に促すこととなった。このことが、第四回大会において「共産主義者の資質」を組織的に問う闘いにつながっていったのである。

なお、大会議案の公表にあたっては組織防衛上の配慮から当時の議案そのままではなく、政治組織局の責任において一定の部分を省略したりしていることを付記しておく。

ベトナム戦争反対闘争の推進と内部理論闘争の発展（一九六五年二月〜八月）

A　一九六五年二月七日、北ベトナムへの爆撃が公然と開始され、アメリカ帝国主義によるベトナム侵略戦争は拡大し深化した。明らかにこれは、中・ソ対立に象徴されるスターリニスト陣営の内部分裂のただなかで、ソ連圏に直接くさびをうちこむことをねらった帝国主義的攻撃であった。しかも、この侵略にたいして、基本的に「抗議」するという対処策しかとりえなかったのが、全世界のスターリニスト党であった。クレムリン官僚の提唱した「世界共産党協議会」をボイコットし、ただただ「反米世界革命」の旗をかかげ、「世界の農村が世界の都市を包囲する」という毛沢東＝林彪式の遊撃戦戦術、「人民戦争」路線を呼号する北京官僚もまた、「広がり深まる」と宣伝された「人民公社」運動の破綻のあとの調整政策さえもがジグザグしていただけでなく、この経済的危機に規定された政治的危機が深化し、それらをめぐっての党内闘争が背後でおしすすめられていた、というこの事態に決定されて、反米闘争を武力的に実現するという挙にはでなかった。

わが全学連を中心とした日本の反戦闘争のみが、一九六一年の米・ソ核実験反対の革命的伝統をうけついで、果敢に展開されたにすぎなかった。ベトナム戦争の激化に呼応して、アメリカ原子力潜水艦の日本寄港はますますひんぱんとなるとともに、佐藤自民党政府は韓国と日本における反対闘争のもりあがりをおしきって日韓条約に調印した［一九六五年六月］。このような事態にたいする社共両党の完全な闘争放棄（参議院選挙や地方選挙への没入）のただなかで、断乎たる反対闘争を、そのつどそのつど強力に推進したのは、わが全学連を中心とした革命的学生運動であり、これに追従しながら分裂デモをたたかったのが三派系学生運動であった。

B

ベトナム戦争反対の大衆行動を強力に展開することを通じて、したがって反戦闘争論の理論的深化のためのイデオロギー闘争を媒介として、わが同盟とマル学同の理論的再武装と組織的強化・拡大がかちとられてきた。とくに次のような問題をめぐって、反戦闘争論の深化がなしとげられてきた。

(1) 反戦闘争の場所的実現の論理、あるいは「のりこえの立場」にかんする問題

ベトナム戦争阻止というような当面する闘争課題（戦術的課題）をどの党派がもっとも有効的に実現するか、という視点から闘争戦術を提起しつつ大衆闘争を展開する（「戦術的課題の有効的実現」論）——というような立場における方針提起が、しばしば自治会主義的な方針としてあらわれたことを契機として、われわれの展開する反戦闘争の主体的構造を再反省する闘いが開始された。

ベトナム戦争の勃発という事態を主体的にうけとめつつ、われわれは、「ベトナム戦争阻止」を当面の戦術的課題としてとりあげ、この課題の解決のために大衆闘争を展開するのである。しかしその場合、同時に、かかる課題にたいする既成左翼諸政党や反代々木左翼的諸潮流などの種々の政治的＝イデオロギー

的対応にもとづいて展開される運動（平和主義的あるいは反米民族主義的な、そして行動左翼的な）そのものをのりこえていくというかたちにおいて、つまり場所的＝実践的立場において、われわれの大衆闘争とその方針は提起されなければならない。まさに大衆運動の組織化において、その前提として措定されていなければならない、このような実践的立場、既成の種々の運動を左翼的あるいは革命的にのりこえつつ大衆闘争を展開するという、この具体化された実践的立場——これを、われわれは「のりこえの立場」あるいは「闘争論的立場」と規定した。そしてこの立場における、われわれの闘争＝組織戦術の内容とその提起のしかたの緻密化をはかってきたのである。ベトナム戦争そのものの激化と拡大にともなった反戦闘争の強力な推進過程での理論闘争（一九六五年春から六六年暮までのあいだ）を通じて、われわれは、さらに「のりこえの論理」そのものの追求とか、「大衆闘争論の内的構造」とかの、新しい理論的追求を、運動＝組織論のそれとともに、おこなってきた。

（2）　情勢分析にかかわる問題

「戦術的課題の有効的実現」の立場と関連して、「戦術的課題、その戦略戦術論＝革命理論的分析」ということが論じられたのであるが、この後者のような考えかたでは、当面の闘争課題をめぐるわれわれの情勢分析と、他党派の情勢分析批判・他党派の闘争方針の批判・われわれの闘争＝組織方針の内容的展開など、とが種々のかたちで混同されたり、前者が後者にひきよせられたりする傾向がうみだされる。こうして、一九六三年暮いご論争されてきた「情勢分析の方法」、「政治経済分析と情勢分析との区別と連関」、「運動論的情勢分析の特殊性」、さらに「帝国主義とスターリン主義との相互滲透」論の誤りなどにかんする諸問題を再発掘しながら、われわれは、新たにうみだされた情勢分析にかんする欠陥や誤りを克服するためにたたかってきた。

理論闘争を通じて獲得された核心的なものは、ほぼ次のようなものであった。（1）政治経済構造の経済学的分析とは相対的に区別されるべき情勢分析の基本は、社会の直接性における階級的実体関係そのものを、この階級的諸実体を規定しているイデオロギーや方針を媒介として分析すること（だから当然にも革命理論がこの分析に適用される）にあるということ、（2）情勢分析は、情勢を構成している階級的諸実体（われわれをふくむ）とその動向の分析にかかわるのであるから、この階級的諸実体とその動向を規定しているイデオロギー（具体的には戦術や戦略）そのものを分析したり批判したりするのではないこと、（3）内外の支配階級のさまざまな攻撃をはねのけ、しかも既成左翼諸政党の運動とイデオロギーとをのりこえていこうとする、革命的左翼や反代々木行動左翼が構成する「戦線」や大衆闘争そのものの動態的分析は運動論的情勢分析であるということ。

（3）　戦術提起にかんする問題

一般学生大衆に密着し、彼らを大量に動員するための闘争方針の提起のしかたを緻密化することを自己目的化する傾向（この場合、方針の内容はしばしば自治会主義的あるいは大衆追従主義的なものとなる）、つまり方針提起論主義、また、われわれの組織戦術を没却した大衆運動のための方針内容をもっぱら緻密化することをめざす傾向、つまり運動づくりにおける方針主義、――これらを克服するために運動＝組織論と運動＝組織戦術（または方針）論との連関が、われわれの展開する、「運動の組織化」と「組織の組織化」との実体的構造にふまえつつ追求された。

（4）　戦術内容の理論的展開にかんする問題

われわれの闘争＝組織戦術は、その提起のしかた（形式――これは、われわれが展開する諸活動によって規定される）と、提起されるその内容との、統一においてとらえられなければならない。ところが、方針提起論主義におちこんでいる場合には、戦術の内容的展開はしばしば形骸化される。だが、そうでない場合でも――マルクス主義革命論一般や反スターリニズム理論の主体化の度合が弱いということに規定されて――、戦術の内容的展開が原則主義や「原則」対置主義になったり、また存在論主義的なものとなったりするのである。こうした欠陥の克服は、マル学同の同盟員一人ひとりの理論的武装を強化することという一般的問題にかかわるものである。

（5）ベトナム革命論にかかわる問題

ベトナム戦争反対の闘争論的解明が、しばしば「南ベトナム解放民族戦線」論議やベトナム革命論（一般的には現代における後進国および植民地の革命論）に直接に横すべりさせられたわけであるが、これは、直接には「のりこえの論理」の体得にもとづく大衆闘争論の追求によって克服されなければならない。それと同時に他方では、中・ソ対立のもとでのベトナム革命をどのように実現するかの構造（後進国・植民地革命一般の構造）や、「解放民族戦線」の民族主義的＝スターリニスト的ゆがみなどにたいする革命理論的批判もまたなされなければならない。こうして内容空虚な中・ソ論争とともに、スターリニストの新・旧植民地主義論や民族理論の徹底的検討と批判が開始されたのであった。

C　他方、労働戦線において、わが同盟は、一九六五年春闘をたたかうなかで、二度にわたって春闘討論集会をもっただけでなく、賃金闘争論、反合理化闘争論、運動＝組織論などを深めようと努力した。

しかしそれらは十分に追求されたわけでは決してない。むしろ、なお克服されずに残存していた運動＝組織づくり（論）と闘争＝組織戦術（論）との未分化、あるいは「戦略の適用」主義的な傾向が、かたちをかえて賃金闘争論などに再生産されたのであった。それだけではない。社民＝民同の経済主義にたいして反権力闘争が、彼らの合法主義にたいして非合法闘争が、それぞれ対置されたり、また「フラクション」がわれわれの展開する組織活動の一形態としてのフラクション活動からきりはなして結果的にとらえられたことからして、ある場合には「労働運動の左翼的展開のためのフラクション」というように、他の場合には「革命的労働運動のためのフラクション」というように、一面的かつ間違った規定がなされたりもした。

フラクション（活動）の理論化におけるこの失敗は、われわれの組織戦術の大衆運動の場面への貫徹にかんする主体的構造の運動＝組織論的アプローチと、既成の労働運動の内部においてそれを左翼的に展開し、かつこれを通じて革命的フラクションやわが同盟組織の強化をたたかいとるという闘争論的アプローチとが、なお未分化であったことに起因するものであった。また、社共両党による歪曲から解放された典型的な「労働運動」、あるいは「反帝・反スターリニズムの（立場における）労働運動」なるものを、あらかじめ想定し、これを基礎として現存する労働運動の直接的なのりこえ（革命的労働運動の直接的創造から権力打倒の革命闘争へ）を論じるというような、あやまった「労働運動」論が発生する理論的根拠も、右のようなアプローチのしかたの混乱と「戦略の適用」主義との合体にあるのだ、ということが次第に明らかにされたのであった。

高揚した沖縄・反戦闘争と党派闘争の新たな段階（一九六七年〜六八年五月）

A　サンフランシスコ講和条約第三条により日本本土からきりはなされた沖縄は、それゆえ第二次大戦以後今日にいたるまで二十数年のあいだアメリカ帝国主義の直接的な軍事的支配下におかれている。その直接的表現が、アメリカ大統領の直轄のもとにある「民政府」という名の軍事基地権力であり、そしてこれが琉球政府を統治手段として沖縄人民の支配をこんにちなお持続している。沖縄におけるこの権力機構は、米・ソ二大陣営に分裂している現代世界における、アメリカ帝国主義の対ソ連圏（とりわけ対中国）軍事戦略にもっぱら規定された、歴史上いまだかつてなかった特殊な形態をなしている。全島が軍事基地化されている沖縄においては、したがって大統領行政命令が「憲法」的地位と威力とをもち、また民政府の高等弁務官が発する布令・布告が絶対的な法的拘束力をもっているのであって、民政府がそれを媒介として支配統治しているところの琉球立法院で決定された一切の法律にたいして、それらは当然にも優先させられている。（たとえば、琉球政府主席任命制、軍事基地拡張のための土地接収問題、漁業権や裁判移送問題などに、そのことは端的にしめされている。）

沖縄の軍事基地を永続化せんとしているアメリカ帝国主義者が、沖縄人民大衆をスムースに支配するための一手段として利用している琉球政府は、しかし、もちろん地域資本（沖縄ブルジョアジー）や日本独占ブルジョアジーの階級的諸利害を代弁し、それにみあった諸政策をとらないわけではない。だが、これらすべては、アメリカ帝国主義の権益に衝突しないかぎりにおいてのみ部分的に是認されるにすぎない。こうして沖縄の人民大衆は、アメリカ帝国主義の強烈で過酷な軍事的支配と貧困のもとに抑圧されつづけてきた。しかもベトナム戦争の激化に呼応して、東西対立の谷間におけるアメリカ極東軍事戦略のカナメ石、〝不沈母艦〟としての沖縄の地位はますます高まった。沖縄全島は、ベトナム戦争のための軍事物資の補給基地・兵站基地としてアメリカ帝国主義により十全に活用されているだけでなく、さらに――「台風をさけるため」といった口実をつけることなく――いまや公然と、かつ恒常的にB52戦略爆撃機の発進基地にされてしまっているのである。

第二次世界大戦の末期に艦砲射撃によって全島が荒廃に帰した沖縄は、まずもってアメリカ第一騎兵師団によって占領され、そしてこの軍事占領状態が今日にいたるまで持続している。しかも、講和条約第三条によって本土からきりはなされ、アメリカ帝国主義の直接的軍事支配下におかれることを運命づけられたことへの沖縄人民大衆の怒りは、毎年毎年くりひろげられる「4・28沖縄返還デー」に象徴されるような「祖国復帰運動」として表現され、闘いは展開されてきた。社会大衆党や人民党などによって指導されてきた「復帰協」をその推進母胎として、「祖国復帰」のための闘いは、軍事基地反対・諸権利剝奪反対の闘いと結合されつつ推進されてきた。

「祖国復帰」路線にもとづいた、このような種々の闘争のブルジョア民族主義的・議会主義的ゆがみや反米民族主義的誤謬をあばき弾劾し、しかもそれらをのりこえることをめざした大衆闘争が、一九六〇年の安保闘争の高揚に触発されながら革命的に展開されはじめた。〃泣く子もだまる琉大マル研〃と称された学生組織による、革命的学生運動の創成が、それであった。

社会大衆党や人民党に指導された「祖国復帰」運動のブルジョア民族主義的および反米民族主義的なゆがみを批判しつつ「日本帝国主義国家権力打倒」の戦略をかかげ、行動左翼的な数々の闘争形態をもって琉球大学マルクス主義研究会はたたかった。創成期にはさけることのできない種々の欠陥や誤りに、それはまつわりつかれていた。たとえば戦略においては人民党の「反米」にたいして「反日帝」を単純に対置し、また闘争形態にかんしては議会主義的なそれを否定して戦闘的＝左翼的なそれを対置する、といった単純さから、それはまぬかれていなかった。しかも、一つの「研究会」にすぎないものが同時にあたかも前衛的な政治組織であるかのような役割をえんじ、かつそのようなものとして機能させられた、という組織論上の誤りに「琉大マル研」はおちこんでいた。こうした一面的欠陥や誤謬、沖縄における既成の一切の運動とりわけスターリニスト運動（人民党に指導された運動として現実化しているところの）をのりこえることをめざしながらも基本的には小ブルジョア急進主義のワクをついに突破することができなかった、ということの偏向を克服するための苦闘を、彼らは開始したのであった。……

そして、新たに組織化された琉大反戦会議（一九六五年に結成）は、本土におけるわが全学連の闘いに呼応しながら、アメリカ軍事基地反対・米ソ核実験反対・太田任命政府反対（一九六四年秋）・中仏核実験反対・佐藤来沖阻止（一九六五年八月十九日）・裁判移送反対・教公二法反対（一九六七年）・主席公選その他の闘争を、〈反帝・反スターリニズム〉を根底的な戦略とした革命的学生運動の沖縄的形態として推進してきたのであった。これらの闘いは同時に「沖縄解放労働者会議」に結集した戦闘的労働者の仲間たちとの連帯のもとにたたかいとられた。沖縄の特殊的現実のもとで学生大衆運動を革命的に、そして種々の労働運動や政治闘争を左翼的にたたかってきた革命的労働者・学生たちは、∧反帝国主義・反スターリニズム∨の旗を高くかかげた「沖縄マルクス主義者同盟」を一九六七年一月に結成し、「祖国復帰」運動の腐敗をのりこえつつ沖縄人民の解放をめざした革命的な闘いの前衛部隊として、そのもとに結集したのであった。

B　アメリカ帝国主義の直接的な軍事的支配のもとにおかれている沖縄での革命的労働者・学生たちによる反戦闘争、「祖国復帰」運動をのりこえるための闘いなどに呼応して、わが全学連は、一九六五年九月の第四十一中委ころから沖縄解放問題をめぐって大衆的に討論を開始し、沖縄をめぐる内外情勢や沖縄における権力構造などの分析、そして既成左翼諸政党の「祖国復帰」路線とその運動をのりこえるための指針と理論の追求を、ベトナム反戦闘争論をめぐる論争とともに深化してきた。このような闘いを背景とし、これにふまえつつ、わが全学連は一九六七年の「4・28闘争」をはじめて革命的かつ大衆的にたたかった。社共両党の「沖縄返還要求」運動のブルジョア民族主義的および反米民族主義的ゆがみを暴露しのりこえ、かつ反代々木的中間主義的諸分派の民族主義的な沖縄闘争方針や完全な闘争放棄などにしめされる腐敗を弾劾しつつ、わが同盟の次のような「4・28闘争」スローガンのもとに断乎たる闘いをくりひろげたのは、マル学同（革マル派）に指導された全学連だけであった。

『I　社共の「返還要求」運動をのりこえ、サンフランシスコ条約第三条の破棄を通じて、沖縄人民の解放をめざしてたたかおう！
A　米帝と同盟した日本帝国主義の対沖縄政策粉砕！
B　ベトナム侵略拡大のための土地接収反対・軍事基地撤去の闘いと連帯し、革命的反戦闘争を推進せよ！
C　教公二法実力阻止をたたかう革命的労働者・学生を支援せよ！
D　裁判移送粉砕！　主席間接選挙制、渡航の自由制限など一切の民主的諸権利の剝奪反対！
Ⅱ　サンフランシスコ条約第三条破棄！　行政命令、一切の布令・布告の撤廃！

軍事基地撤去！　安保条約破棄！

民政府制度廃止・琉球政府打倒！

祖国復帰運動をのりこえてたたかう沖縄労働者・学生と連帯し４・28闘争をたたかおう！』


第Ⅰのメイン・スローガンは、沖縄における「祖国復帰」運動をのりこえつつ「沖縄人民解放」をめざしてたたかわれている大衆闘争と呼応してたたかわれるべき、本土での沖縄闘争のありかたとその本質を、ベトナム戦争反対闘争のただなかで獲得された闘争論的立場にふまえつつ明示したものにほかならない。「サンフランシスコ条約第三条の破棄を通じての沖縄人民解放」という、わが同盟の沖縄問題にかんする過渡的要求の集約をも、そのうちにふくんだ「４・28」大衆闘争のスローガンとして、それは定式化されている。そしてこれにつづいて当面の主要な大衆闘争のスローガンがかかげられている。そして第Ⅱのメイン・スローガンは、沖縄人民そのものの解放のための、わが同盟の過渡的要求のスローガンである。わが全学連は、このようなスローガンを学生大衆のなかにもちこみつつ、同時に、世界革命の一環としてかちとられるべき日本革命の展望をめぐって大衆的に自覚をうながしつつたたかってきたのであった。

しかも、この「4・28闘争」にひきつづいて、砂川基地拡張反対の闘い（二月、六～七月）を、さらに10・8闘争（佐藤東南アジア訪問阻止の闘い）、11・12闘争（佐藤訪米阻止の闘い）を、わが全学連は、反代々木左翼諸党派によって急速に地区的に再建されはじめた反戦青年委員会や三派「全学連」とともに、国家権力のはげしい弾圧をはねのけつつ、果敢にたたかったのであった。「ベトナム戦争の激化に呼応し、アメリカ帝国主義との軍事的・経済的な同盟の強化をねらう、佐藤訪米阻止！」を中心スローガンとして、羽田での10・8、11・12のゲリラ的武装闘争が綿密かつ柔軟にたたかわれた。社会党の完全な闘争放棄、［10・8］当日に開催された代々木共産党の「赤旗まつり」という裏切り行為を、はげしく弾劾しつつ。

さらに、一九六七年末から六八年一月にかけて、アメリカ航空母艦エンタープライズの佐世保入港を阻止するための現地闘争と首都における闘いが、小ブル急進主義的＝行動左翼的な闘争形態と社共の日和見主義的運動とを交錯させながらたたかわれた。佐世保の現地闘争において、終始一貫して反対闘争を原則的・組織的に、かつ大衆的にたたかいぬいたのは、全九州の革命的学生を結集してたたかったわが全学連だけであった。その断乎たる組織的な闘いは、たとえ三派「全学連」にたいして量的におとっていたとはいえ、質的に高度なものであった。なぜなら、少数精鋭主義的で武闘主義的でしかないだけでなく、なんら組織性がないがゆえにたちどころに雲散霧消させられるほかなかったのが三派「全学連」の闘いであったからである。じっさい、このような激烈な闘争を通じて組織的強化をたたかいとったのは、わが全学連とマル学同（革マル派）だけであった。

しかも、この闘いと組織的成果は、王子野戦病院設置反対闘争（六八年二～五月）に、そして4・26国際反戦統一行動と「4・28」沖縄闘争などにひきつがれ貫徹されていったのである。しかも、これらの闘いの推進過程で、動力車と国鉄の労働者たちによる反合理化ストライキ闘争（3・2、3・23）への支援闘争を、三派「全学連」の支援闘争からの完全な召還を弾劾しつつ、わが全学連はたたかいぬいたのであった。

「4・28沖縄デー」にむけての一切の既成左翼と反代々木中間主義的諸潮流の「沖縄返還要求」とか「沖縄奪還」とか「本土復帰」とかという路線とそれにもとづいた運動の民族主義的腐敗をのりこえつつたたかわれた沖縄闘争の高揚を発端とし、砂川（軍事基地拡張反対）、羽田（佐藤内閣のベトナム戦争加担、対沖縄政策、核基地つき沖縄返還策動などへの反対）、佐世保（エンタープライズ寄港阻止）、王子（野戦病院開設阻止）へとひきつがれ高揚した反戦の闘い。――このような沖縄・反戦の闘いへの組織的とりくみのただなかで、わが同盟は、他方同時に、地区反戦青年委員会を種々の形態で組織化したり、また第五回8・6国際反戦集会やロシア革命五〇周年記念集会などへの労働者・学生の大量の参加と、熱烈な討論をかちとったり、さらに公務員賃金闘争・年末闘争・沖縄での「即時無条件全面返還要求国民大会」への革命的介入・国鉄反合理化ストライキ・68年春闘などに組織的にとりくんだ。

とりわけ反代々木左翼諸党派が積極的に開始した反戦青年委員会の地区的結集のための闘いに、わが同盟も意識的にとりくんだ。首都の数地区においては、わが同盟のヘゲモニーのもとに反戦青年委員会がつくりだされ、また他の数地区では反戦青年委員会を他党派の仲間とともにわが同盟員たちはつくりあげてきた。この闘いは、あくまでも職場での闘いを基礎とした、その地区的結集というかたちにおいて、そしてまた地区反戦青年委員会での種々のイデオロギー的＝組織的闘いとその運動の展開を職場闘争に逆流させるというかたちにおいて、おしすすめられた。それとともにわが同盟は、反戦青年委員会の地区的結集のための闘いを、同時にわが同盟組織そのものを地区的に強化するための闘い（直接的には地区的指導部および細胞の形成と確立）の一環として位置づけつつおしすすめたのであった。ルン・プロ化した無能な常任に「地区反戦」の旗をもたせ、そのもとに職場闘争がまったくできないか、またはそれをやらないインポテ同盟員をかきあつめ、もって「多数派」を誇示することにやっきになったばかりでなく、さらに職場でたたかっている労働者たちに街頭化すべきことを官僚主義的に強制し、しかも今日の事態を革命前的情勢として主観主義的にとらえながら彼ら労働者にもケルン・パー的な武装闘争にたちあがるべきことを強要する（いわゆる〝石なげ反戦〟の自己目的化）にいたったブクロ官僚ども。――彼らとはまったく異なる形態において、わが同盟は反戦青年委員会の組織化とその運動にとりくんできた。この闘いの過程で、もちろん種々の偏向（地区反戦の闘いを街頭主義として頭から否定したり、またその逆の誤りにおちこんだりする傾向、あるいは職場闘争と地区反戦の闘いとの股ざきに直面して苦闘する傾向その他）がうみだされ、またそれを克服するために、われわれはたたかってきた。そうすることによって、地区反戦青年委員会を組織化するための闘いを、わが同盟は同時に、われわれの組織そのものの強化と種々の産業別フラクションの横への拡大としてかちとってきたのである。その場合われわれは、反代々木諸党派のきわめてセクト主義的な陰謀とわれわれの排除策動にたいして断乎たる闘いをおしすすめなければならなかった。このいみで反戦青年委員会づくりの闘いは、激烈な党派闘争としても実現されたのであった。こうして地区反戦青年委員会の闘いそれ自体もまた、わが全学連と三派「全学連」とのあいだの闘いとともに、一九六七～六八年の反戦闘争における独特な地位をしめ、特殊な役割をえんじることとなったのである。

C　高揚した沖縄・反戦闘争と密着して論議されたおもな問題は、ほぼ次のようなものであった。

（1）当面の具体的な大衆闘争についての戦術スローガンと、実現されるべき革命にかんする戦略スローガンあるいは戦略的課題を実現するための過渡的（要求の）綱領との関係にかんする問題

わが同盟（あるいは前衛党）がかかげる過渡的綱領にかかわるものを、当面の大衆運動のスローガンの一部としてもちこむのは、最大限綱領主義ではないか、という考えかたが「4・28闘争」の前後に部分的に発生した。革命的学生運動と革命的共産主義運動（あるいは革命運動――これは場所的現在においては前衛党づくりとしてあらわれる）とを機械的に、形式主義的にきりはなし、後者から切断された前者それ自体の推進にかかわる戦術問題だけを自立的に追求するところから、そのような考えかたがうみだされたといえる。

その時々の具体的な階級情勢の分析にふまえつつ、われわれの戦略を現実的に適用することによって、われわれは当面の大衆闘争のスローガン（＝戦術スローガン）を提起する。これが戦術提起におけるわれわれの基本である。しかし、当面の大衆闘争の特殊性（たとえば沖縄闘争とか、軍事基地反対・撤去闘争とか、というような）にもとづいて、大衆闘争のためのスローガンのなかには、当面の具体的な戦術スローガンばかりでなく、また前衛党がかかげる過渡的要求の綱領の一部（たとえば安保条約破棄、サンフランシスコ条約第三条破棄というような）が同時にかかげられなければならない。またそうすることによって、われわれは戦術的課題の実現のためにたたかっている労働者・学生大衆にたいして戦略的課題の実現にかんする自覚をうながすことができるのであり、しかもかかる闘いの担い手へと彼らを脱皮させていくためのイデオロギー闘争はそれによって有効的かつ実践的になしとげられうるのである。

一九六七年の沖縄闘争にかんする第Ⅰメイン・スローガンにみられる「サンフランシスコ条約第三条の破棄を通じて」という部分は、今日の沖縄の事態がもたらされている歴史的根拠の国際法的把握にもとづいて沖縄闘争が実現されないかぎり、それは根本的な解決の方向をきりひらきえないのだ、ということを端的にしめしているものにほかならない。しかもそれは「社共の返還要求運動をのりこえ……たたかおう」という、本土における沖縄闘争の場所的推進のための大衆闘争＝戦術スローガンの一環としてくみこまれているのである。そして第Ⅱメイン・スローガンでは沖縄解放にかんする戦略的スローガンがそれ自体として提起されており、「4・28闘争」のなかでかちとられるべき高い目標（これは他面同時に、前衛党の綱領においては低い目標をあらわす）が集約されているわけである。

また砂川の基地拡張反対闘争において、そしてエンタープライズ阻止闘争において、われわれが「安保破棄」のスローガンを同時にかかげてたたかってきたゆえんもまた、沖縄闘争の場合と同様である。

（2）　沖縄における「祖国復帰」運動ののりこえと、本土における社共の「沖縄返還要求」運動ののりこえとの関係にかんする問題

一九六五年春いごのベトナム反戦闘争の推進過程で論争されてきた一つの中心問題――すなわち、日本におけるベトナム戦争反対の闘いの場所的推進（既成左翼の種々の平和運動をのりこえてゆくという実践的立場における革命的反戦闘争の展開）にかかわる問題と、ベトナムそのものにおける反戦（アメリカ帝国主義の軍事侵略反対）の闘いを南ベトナム権力の打倒闘争に、さらに南北ベトナムの革命的統一のための闘いに永続的に高めていく、という反戦＝反権力の闘いにかかわる問題（これは必然的に同時に、南ベトナム解放民族戦線やスターリニズムにたいする批判の問題にむすびついている）とを、区別する（場所

的立場にたつこと）と同時に統一的に把握する（たとえば、ベトナム戦争反対闘争のための戦術を内容的に展開する場合には、必然的に同時にベトナム革命の問題が問題としてうかびあがってくるのである）という問題——、これを再反省し、この大衆闘争論の論理を沖縄解放問題に具体的に適用することを通じて〝「返還要求」運動ののりこえの論理〟を明らかにし、かつ「祖国復帰」運動ののりこえの問題との統一においてそれはつかみとられたのであった。

（3）　沖縄や本土の軍事基地をめぐる内外情勢の分析にかんする問題

沖縄は一つの国家をなすわけではないにもかかわらず、そのようなものとして無意識的にとらえ、沖縄における権力機構（民政府と琉球政府との関係）をそれ自体として分析しようとする傾向、したがって沖縄それ自体において完結されるような「革命」を想定するような一部の傾向を克服するための理論闘争がなされた。いうまでもなく、この傾向は、沖縄問題を民族問題としてとらえ、そこから「祖国復帰」という戦略をみちびきだす人民党や代々木共産党にたいして批判を展開しようとしたことからうみだされたものであった。しかし、そうすることによっては、たかだか人民党や代々木共産党のまったくの裏返しの結論（すなわち、沖縄において打倒されるべき権力は、日本帝国主義の沖縄的現実形態としての琉球政府そのものであり、したがって反米闘争ではなく反日帝闘争こそがわれわれの課題である、とするような過去において部分的にあった見解）がみちびきだされることになるのである。こうした誤謬は、一方では帝国主義的現代における民族・植民地問題にかんするスターリニスト戦略論の批判的検討、他方ではサンフランシスコ条約第三条を直接の根拠とした沖縄の日本本土からの分断、これを基礎とした、沖縄をめぐる現時点における内外情勢の分析を深化すること、これらを通して克服された。

右の情勢分析にかかわる問題と関連して、「施政権返還のプロレタリア的実現」とか「本土復帰のプロレタリア的実現」とかという方針上の誤りもまた克服された。「施政権返還」とは、現実には日本国憲法の適用範囲にくみ入れることをいみするのであって、「祖国復帰」の法的表現でしかない。いいかえれば、「完全占領」の沖縄と「半占領」の日本本土からなる「サンフランシスコ体制」（だから全体として「半占領」と規定される）という情勢分析にもとづき、かかる体制を民族民主主義革命によって打破する、という代々木中央のこの二段階戦略が沖縄問題に適用される場合、うちだされる路線がすなわち「祖国復帰」であり、その法的表現が「施政権返還」なのである。これにたいしてわれわれは、剝奪されている諸権利をうばいかえす闘いを、また自治権を拡大し強化するための諸闘争を、反戦・軍事基地拡張反対＝撤去のための闘いと結合させつつ「民政府制度廃止、琉球政府打倒」の闘いに集約するだけでなく、さらにすすんでこの闘いを世界革命の一環としての日本プロレタリア革命を実現するための闘いにまで連続的に高め、プロレタリア的自治＝ソビエト権力をうちたてる、という戦略的展望のもとに、沖縄闘争を革命的に推進すべきことを明らかにしたのであった。こうして一九六八年「4・28闘争」においては、次のようなスローガンのもとに、われわれはたたかったのであった。

『一　米帝と同盟した日帝の「核基地つき沖縄返還」策動を粉砕せよ！
　　A　日本核武装化阻止！
　　B　日米軍事同盟の強化をねらう70年安保条約改定粉砕！
二　沖縄のB52侵略爆撃基地化粉砕！　基地拡張粉砕！　土地接収反対！
三　社共の沖縄「返還要求」運動をのりこえ、サンフランシスコ条約第三条の破棄を通じて、沖縄人民の解放をめざしてたたかおう！

四　サンフランシスコ条約第三条破棄！　行政命令、一切の布令・布告の撤廃！

軍事基地撤去！　安保条約破棄！

民政府制度廃止・琉球政府打倒！

五　祖国復帰運動をのりこえてたたかう沖縄労働者・人民と連帯し4・28沖縄闘争をかちとろう！』

（4）　運動＝組織づくりにかんする問題

一九六七年春ころから、部分的に発生した「全学連フラクションとしての学生運動」とでもいうべき傾向を運動＝組織論的に反省しつつ、それを克服するための内部理論闘争がおしすすめられた。この過程で同時に、なお残存している「戦略の適用」主義的傾向を克服することもまた追求された。（イ）われわれの革命論（戦略論および組織論）の現実的適用にもとづく具体的な闘争＝組織戦術の提起（戦術論にかんする問題）、（ロ）この闘争＝組織戦術を物質化するための闘い（闘争論的解明にかんする問題）、そして（ハ）この物質化のための闘いが他面では同時に、われわれの組織戦術（一般）の大衆運動の場面へのたえざる貫徹でもあること（運動＝組織論的解明にかかわる問題）、――この三者を明白に区別するとともに統一的に把握することもまた明らかにされた。〔（ロ）と（ハ）とは、われわれの実践への「理論」の適用にかかわるのにたいして、（イ）は「理論」（あるいは戦略論）の具体化にかかわる。〕

（5）　地区の反戦青年委員会――その運営委員会――地区の労働者・学生細胞代表者会議……地区委員会……同盟細胞――地区反戦問題にかんする同盟指導部。これらにかんする組織論上の諸問題。（略）

沖縄・反戦闘争をたたかいぬくことを通じて、また右のような理論闘争を媒介として、わが同盟は組織強化と前進を現にいまたたかいとりつつある。

ところが、いわゆる「激動の七ヵ月」を経過したこんにち、諸闘争をもっぱら武闘主義的にたたかった諸組織、なかんずくブクロ＝中核派と第二次ブントは決定的な組織的危機に直面させられている。三派「全学連」は、その指導権をめぐって三月下旬に実質上中核派系と、ブント・社青同系とに完全に分裂した。四月の王子野戦病院闘争において動員数を激減させたブクロ＝中核派は、「激動の七ヵ月」を謳歌しながらも隠然と右旋回を開始した。無原則的な波状的武装闘争による中核組織の崩壊は、しかし、ブクロ官僚どもによる右旋回の命令一つで、くいとめることができるわけのものではない。彼ら官僚のおどろくべき「指導」のゆえに、はやくも労働者・学生同盟員のなかから脱盟者が西から東へ相次いで現出している。

他方、学生運動場面でいま中核派系と分裂行動をとっているブントは、すでに三月に、旧マル戦派を武闘的にたたきだすという関西ブントのクーデタによって「純化」されている。しかもこの組織は、今日でもなおその最大限綱領主義（反帝闘争主義）と武闘オンリー主義の闘争形態をとりながら、自爆へとつきすすんでいる。

羽田・佐世保・王子の諸闘争を武装闘争一辺倒主義でたたかった反代々木左翼諸分派は、明らかに、いま決定的な組織的危機にたたされている。かかる事態にたいして断乎たる党派闘争を貫徹しながら、反スターリニズム革命的左翼の戦線を強化し拡大すること――ここに、わが同盟の当面する決定的な組織的課題があるのだ。

黒田　寛一

七〇年安保＝沖縄闘争の歴史的教訓

二〇一四年七月一日、安倍ネオ・ファシスト政権は、国会前に決起した数万人もの労働者・人民の反対の声を踏みにじって、「集団的自衛権行使」を合憲とする閣議決定を強行した。これを号砲としてこの政権は、日本帝国主義国家をアメリカ帝国主義とともに戦争を遂行しうる「一流の軍事強国」に飛躍させるために、〝日米共同の対中国戦争計画〟たる新ガイドラインの二〇一四年末までの策定ならびに安保関連諸法制の一括的改定に一路猛進しようとしている。

「日米同盟の抑止力強化」を謳う新ガイドラインの策定こそは、米・日両権力者が日米新軍事同盟を名実ともに対中・対露攻守同盟として本格的に構築・強化することをたくらむものであり、日米安保条約の実質的改定を意味する。しかも、〝海洋版図〟の拡大（西太平洋の制海権奪取）をたくらむ習近平・中国とクリミア併合＝ロシア版図の拡大をたくらむプーチン・ロシアとが結託して仕掛けている対米・対日挑戦――これへの敵愾心をつのらせ、オバマのアメリカ帝国主義の「世界の警察官」としての力と威信の喪失を憂える安倍政権は、みずから対中戦争の引き金を引く戦争放火者たらんとしてさえいるのである。

日本労働者階級にとってきわめて由々しい一大攻撃が仕掛けられている今日この時に、転向スターリニスト代々木官僚は〝海外での戦争の前線に自衛隊員をさらさない〟ための「歯止め」を政府に懇願し、労働運動をネオ産業報国運動に変質せしめている「連合」労働貴族どもは「安保堅持」の名で日米新軍事同盟強化を翼賛している始末なのだ。わが反スターリン主義革命的左翼は今こそ、日本階級闘争のこの危機を根底から突き破り、日米新軍事同盟の新たな次元での強化を粉砕する大闘争を爆発させるのでなければならない。〈軍国日本再興〉の妄執に取り憑かれた安倍、その祖父・岸の弟＝佐藤の政権が沖縄の「核基地つき・自由使用」返還によって強行した日米軍事同盟の強化。これに反対して激烈にたたかわれ、わが革命的左翼の底力を発揮した一九七〇年反安保＝沖縄闘争の歴史的教訓をも糧として……。

Ⅰ　わが革命的左翼が切り開いた革命的地平

時の首相・佐藤栄作が日米首脳会談のために訪米に出立しようとしていたその前日の一九六九年十一月十六日に、わが同盟を中核とする革命的左翼は、羽田現地での実力阻止闘争に決起した。国家権力が首都を戒厳体制下におくなかで、全国から結集した全学連の学生は特別行動隊を編成し、敵権力・警察機動隊の阻止線を突破して蒲田周辺に集結。催涙ガス弾の盲滅法の水平撃ち、青ペイント着色液の大量放水など、狂気の弾圧を仕掛ける機動隊にたいして、全学連部隊は再三再四突撃しゲリラ戦的戦闘を十七日未明まで激烈に展開した。わが同盟の指導のもとに綿密な作戦計画を練り訓練を積み重ね、もってこの日、緒戦で早くも総崩れとなり潰走したブクロ＝中核派などを遙かに凌駕するかたちで、武装闘争形態を駆使した闘いを不屈にくりひろげたのだ。

そして翌日の十一月十七日早朝には、国鉄動力車労働組合青年部が、わが同盟・国鉄委員会の組織的とりくみに支えられて、二〇〇〇名の白ヘルメット部隊をもって決起し、労働組合としては唯一、羽田空港に向けたデモを敢行した。

この日、日本社会党ならびに代々木共産党は、自民党政府がちらつかせていた十二月総選挙に向けての〝党勢回復〟に浮き足だち、総評も翌七〇年六月二十二日（日米安保条約の固定期限切れの前日）に「ゼネスト」をうつことを口実として、「佐藤訪米実力阻止」の闘いに反対し現地闘争を完全に放棄した。彼ら既成左翼が「訪米抗議」を掲げてアリバイ的に開催した六九年十一月十六日の反安保全国実行委員会主催の「中央集会」も、これを戦闘的に牽引したのは、社共両党の闘争歪曲・放棄を弾劾する動力車労組をはじめとした公労協・公務員共闘の各単産・単組内部でたたかうわが革命的・戦闘的労働者だったのである。

他方、反代々木行動左翼諸雑派は、「羽田決戦」などと喚きながらも、散発的な「ゲリラ戦」の真似ごとを演じることしかできなかった。そもそも、〝革マル憎し〟の一点で「全国全共闘連合」という名の八派連合を結成（一九六九年九月）したのも束の間に、「十―十一月決戦」の方針をめぐって「武装蜂起」妄想派（ブクロ＝中核派、第二次ブント、ML派）と「山猫スト」願望派（社青同解放派と、共労党・統社同・共学同・民学同の構造改革派四派）とに分裂した彼らは、「蜂起」への突破口として位置づけた10・21闘争においてすでに惨めきわまりない破産を遂げ、組織崩壊の危機に陥っていたのである。

まさに七〇年安保＝沖縄闘争の最大の白熱点において、右のような腐敗と破産をさらけだした社・共既成左翼ならびに反代々木諸雑派による闘いの歪曲を明確にのりこえるかたちで、われわれは、佐藤訪米阻止闘争の爆発を切り開いたのだ。これこそ、わが同盟の底力と革命性を鮮やかに浮き彫りにした傑出した闘いにほかならない。

しかしながら、わが革命的左翼の勇猛な闘いを国家権力の全体重をかけた弾圧によって辛うじて凌《しの》ぎ、佐藤は羽田から飛び立ち、日米首脳会談が開かれた。ここにおいて、沖縄施政権の日本国家への「核基地つき・自由使用」というかたちでの返還と日米安保条約の自動延長とを合意した日米共同声明が発表された。これを結節点として、日本労働者階級・人民の七〇年安保＝沖縄闘争は総体として決定的な敗北を喫したといわなければならない。

だがしかしわれわれは、この敗北の根拠を、社・共既成左翼および反代々木行動左翼諸派を解体し真のプロレタリア前衛党を創出すべきわれわれの闘いがなお不十分であったこととして主体的に受けとめ、マルクスの言う〈敗北のなかの前進〉を着実かつ大胆に切り開くために奮闘してきたのである。

一九七二年五月十五日の沖縄施政権返還を目前にして、労働戦線から二つの画歴史的な闘いの炎が噴き上げられた。本土では、「72春闘勝利・鉄労解体・ベトナム戦争阻止！」のスローガンを大書した列車を走らせ強力無期限順法闘争を二十五日間にわたって打ち抜いた動労の闘い。これと固く連帯しつつ沖縄の地において、「間接雇用制度への移行にともなう首切り・賃金切り下げ反対！」を掲げ、実に三十五日間におよぶ無期限ストを貫徹した全軍労の闘い。日米両帝国主義の権力者・支配階級を心底から震撼せしめたこの二つの突出した闘いこそは、雪崩れうって進展する労働戦線の帝国主義的再編を根底から突き破る真のプロレタリア階級の力の成長を鮮やかに示すと同時に、七〇年安保＝沖縄闘争の敗北をのりこえ日本階級闘争の進むべき道を切り開く一大烽火となったのである。このような画歴史的闘いを組織化し指導したのが、両労働組合の深部に根を張るわが同盟にほかならない。

このように、わが同盟を中核とする革命的左翼は、七〇年安保＝沖縄闘争をつうじて、反プロレタリア的腐敗を満天下にさらけだした社・共既成左翼ならびに小ブルジョア急進主義諸派を運動上でのりこえるのみならず、これらの諸党・諸派の犯罪性を根幹から暴きだし組織的解体をかちとるためのイデオロギー的＝組織的闘いを成功裡におしすすめ、スターリン主義を根本的に超克しうる唯一かつ真のプロレタリア階級の前衛＝〈革命のヒドラ〉としての力と地歩を大きく築きあげてきたのである。このようなものとして、われわれの七〇年安保＝沖縄闘争は日本階級闘争史に刻みこまれ燦然と輝いているのである。

Ⅱ　七〇年安保期への突入から白熱点へ

わが革命的左翼はいかにして七〇年安保＝沖縄闘争の革命的地平を切り開いたか。本稿では、一九六七年11・12佐藤訪米阻止闘争から、七〇年闘争の区切りをなす六九年11・16―17闘争までの闘いにかんして総括しておく。

ベトナム戦争激化のもとでの日本帝国主義の対米協力・加担

〔一〕　一九六七年十一月十二日の佐藤訪米―日米首脳会談を区切りとして、日本階級闘争は転機を迎えた。それというのも、アメリカ大統領ジョンソンと日本首相・佐藤とのこの会談において、沖縄施政権の

〝核基地つき〟のままでの日本への「両三年以内」の返還と、一九七〇年六月二十三日に固定期限切れとなる日米安保条約の「自動延長」とが大枠として合意されたのだからである。アメリカ帝国主義のベトナム侵略戦争のさなかで発表された日米共同声明は、米・日両権力者が沖縄の施政権の日本への返還（＝沖縄問題のブルジョア的解決）を区切りとして、〝核基地の島〟沖縄に安保条約を適用するとともに本土の米軍基地を〝沖縄なみ〟に強化することを、すなわち日米軍事同盟を核軍事同盟として強化することを合意したものにほかならない。まさにこのゆえに、沖縄施政権返還問題と安保問題＝日米軍事同盟の強化とが〈メダルの裏と表の関係〉として一挙同時に浮上したのであり、反戦・反安保闘争と沖縄闘争とを直接的に結びつけてたたかうことこそが日本階級闘争の焦眉の課題となったわけなのである。

わが同盟とこれに牽引された全学連は、11・12闘争を、10・8佐藤ベトナム訪問阻止闘争に引き続いて、国家権力の弾圧に抗して激烈な攻防戦をくりひろげつつ羽田現地で果敢にたたかいぬいた。ここにわれわれは、一九七〇年安保＝沖縄闘争の火蓋を切って落としたのだ。

日米首脳会談を区切りとして米・日両権力者は、ベトナム侵略戦争への日本国家の協力＝加担というかたちで日米軍事同盟の実質的強化にのりだした。ベトナム戦争におけるアメリカ帝国主義の敗北が進行するただなかにおいて。

北ベトナム政府の全面的バックアップを受けた南ベトナム解放民族戦線（通称ベトコン）の一九六八年初頭以降のテト（旧正月）攻勢のまえに、米侵略軍および〝アメリカ傀儡〟のグエン・バン・チュー大統領、グエン・カオ・キ副大統領の南ベトナム政府軍は決定的な敗北を喫した。この窮地をのりきるためにアメリカ帝国主義は、一九六五年以来の対北ベトナム空爆を部分的に停止することと引き換えに「和平」

会談を申しでる「ジョンソン声明」を発表した（一九六八年三月三十一日）。これは、中・ソの国家的対立＝分裂に楔を打ちこみつつアジアにおける反共軍事体制を強化することを狙ってアメリカ帝国主義が強行したベトナム侵略戦争、その全面的破綻を自己確認せざるをえなくなったことの表白として意義をもつ。しかも、この軍事的敗北は、ベトナム戦費の加速度的膨張を決定的要因とした〈ドル支配体制〉の崩壊的危機を物質的基礎としているのであって、まさに帝国主義アメリカの没落の必然性の現実化をも意味するのである。――一九六七年十一月の英ポンド切り下げに端を発したゴールド・ラッシュ（アメリカからの金の流出）にたまりかねたアメリカ権力者は、このドル体制の危機を当面のりきるための方策として「金の二重価格制」導入に踏みきった（一九六八年三月十七日）。

このように敗北と破産にあえぐ〈ドル・核〉帝国主義が当座ののりきり策として提唱した「パリ和平会談」にたいして、クレムリン官僚ならびに北京官僚をはじめとした全世界のスターリニスト党官僚どもは基本的に歓迎する姿勢をとった。彼らのすべてが、ベトナム侵略戦争に反対する闘いを国際的に組織化し推進することを完全に放棄し、一九五四年の時と同様のベトナム戦争の「ジュネーブ協定的な解決」を願望していたにすぎないのだ。

フルシチョフを追放しながらも、戦略上・路線上はフルシチョフ式「平和共存」戦略とこれにもとづく対帝国主義の二面政策を踏襲しているクレムリン官僚ブレジネフ指導部。「反米総路線」の破産（一九六五年のインドネシア〝9・30クーデタ〟の破産など）に焦りつつ、「プロレタリア文化大革命」の名のもとに、「資本主義の道を歩む一握りの実権派」と烙印した劉少奇＝鄧小平一派にたいする党内権力闘争を〝大衆動員〟という形態をとって推進することに狂奔していた北京官僚・毛沢東＝林彪指導部。しかも、この中

・ソ両党の路線的対立の国家的分裂への〝発展〟のもとで、おしなべて政治的動揺と路線上の混乱に見舞われ、そののりきりを「自主独立」の名による民族主義・平和主義の濃化に求める傾向を強めている各国スターリニスト党（〝ユーロ・コミュニズム〟を標榜するイタリア共産党、代々木共産党など）。

およそこのように七花八裂を呈している国際スターリニスト戦線の腐敗に乗じて、パリ「和平」会談を煙幕としながら軍事的敗勢の巻き返し策にうってでたのが、西側陣営の盟主たるアメリカ帝国主義なのだ。その策の中心環をなすものこそ、アジアにおける対ソ連圏軍事体制の再編強化を狙っての同盟諸国（日本、韓国、フィリピンなど）への軍事的・経済的負担の「肩代わり」強要にほかならない。

そして、日本帝国主義国家権力も、沖縄施政権返還の約束と引き換えに、アメリカ権力者の要請に積極的に応じ、反共軍事同盟体制の中核として日米軍事同盟を強化する道に踏みだしたのだ。とりわけ軍事的・経済的負担の「肩代わり」推進（米軍戦費の負担のみならず韓国・南ベトナムなどの東南アジア諸国への経済援助を含む）は、他面では同時に、日本独占資本家階級の利害を体しての、韓国ならびに東南アジア諸国にたいする日本帝国主義の新植民地主義的な経済侵略の開始をも意味するのである。

こうして日本帝国主義の協力＝加担のもとで、一九六八年初めから米原子力空母エンタープライズの佐世保寄港（一月）、米原子力潜水艦の横須賀・佐世保へのあいつぐ寄港、東京・王子の米軍野戦病院設置（二月〜四月）、米軍タンク車の国鉄路線を使っての横浜港から米軍立川基地への輸送（春以降）などが続々と強行された。これらは、核兵器を搭載したB52戦略爆撃機の出撃をはじめとしてベトナム侵略戦争の最前線基地としてフルに稼働させられている沖縄米軍基地と同様に、本土の米軍基地・施設が――日本政府の協力のもとで――利用されはじめたことを如実に示すものであり、まさに〈本土の沖縄化〉を意味するのだ。

社・共既成左翼の闘争放棄と反代々木諸派の盲動

〔二〕 ベトナム戦争を焦点とした国際・国内情勢の新たな激動のただなかで七〇年安保期を迎えた日本階級闘争は、大きな試練を課せられた。だが、このときに社・共既成左翼ならびに反代々木行動左翼諸派は度しがたい腐敗をさらけだし、しかもその腐敗を深めていったのだ。

まず代々木共産党は、一九六七年十月八日の佐藤のベトナム訪問当日に「赤旗まつり」などというカンパニアにうつつをぬかし大衆闘争の組織化を放棄したのを手始めとして、それ以降、反安保の闘いの大衆運動としての創造をすべて投げ捨て、「安保条約終了を通告する民主連合政府の樹立」構想を掲げての政策宣伝＝票田開拓運動に解消した。それのみならずこの党は、わが革命的左翼および反代々木諸派の闘いにたいして「トロツキストの暴力」などという悪罵を投げつけ、政府・警察権力に「トロツキスト」への弾圧強化を要請してまわる反革命的策動に血道をあげたのだ。

他方、日本社会党は、「護憲・非武装中立・安保廃棄」の旗を掲げながら、種々の選挙における議席数後退（一九六八年の参院選で惨敗）の挽回に躍起となり、これまた大衆闘争の組織化を放棄しつづけた。そもそも、政府・独占ブルジョアジーが民社党系の「同盟」とＩＭＦ・ＪＣ（国際金属労連日本協議会）に加盟した鉄鋼労連の労働貴族どもを先兵として強力におしすすめている労働戦線の右翼的＝帝国主義的再編のもとで、総評は外（同盟）と内（ＪＣ系）からの傘下組合切り崩し工作に抗しえず、その組織的力の急激な低下に見舞われてきた。この総評にその時どきの政治闘争や選挙戦への大衆動員を全的に依存してきたにすぎない社会党は、まさにそれゆえに力を喪失し没落の危機に陥ったのである。

こうして闘いを議会主義的に歪曲し腐敗を深める社・共既成左翼にたいして、「七〇年安保階級決戦」を謳った実力闘争を単純に対置し、街頭行動の戦闘的展開を自己目的的に追求しはじめたのが、反代々木行動左翼諸派である。一九六七年10・8羽田闘争において無計画的に惹き起こした〝武闘〟が一定の社会的センセーションを呼び起こしたことに味をしめた彼らは、ブクロ＝中核派と第二次ブントを先頭として、諸闘争において「武装闘争」形態のエスカレートを競いあい、そうすることによって革命妄想主義を全面開花していった。おりしも生起したアメリカでの黒人解放運動の急進化（ブラック・パンサーの武装闘争）や、フランスでの大学占拠から労働者階級の自然発生的な工場占拠・ゼネストへと燃えひろがった階級闘争（一九六八年五月）――既成左翼の羈絆《きはん》を突き破ったこれらの闘い（だが真の前衛党の不在のゆえに挫折したそれ）や、中南米でのゲバラ主義の勃興や、果ては中国での「文化大革命」などなどに煽られ、「暴力革命」への憧憬を膨らませつつ、である。

こうしてまず中核派が、六七年10・8闘争を契機とした「革命前夜情勢への突入」を叫びつつ、「七〇年安保階級決戦」に向けて大衆闘争を直接に「革命闘争」としてたたかうという「路線」をうちだし定式化しはじめた（「戦闘的労働運動の防衛」を旗印とした「三全総路線」からの転換）。ついで第二次ブント（一九六六年九月に結成）も、その第七回大会（六八年三月）において関西ブントの主導のもとに、「革命への過渡的戦術」を唱えていたマル戦派を暴力的に叩きだし、一切の闘いを国家権力打倒のための「陣地戦」と「機動戦」とを結合した革命闘争としてたたかうという路線をうちだした。

革命妄想主義を満開した中核派・第二次ブントおよびそれに引きずられた社青同解放派（青解派）など

の諸雑派は、諸闘争のたびにチャチな〝武闘〟の真似ごとを演じ、国家権力の弾圧のまえに総崩れとなって潰走するという茶番劇をくりかえしたにすぎない。とはいえ、それはきわめて反プロレタリア的な所業なのである。それこそ、日本階級闘争の根深い危機、とりわけ労働戦線の帝国主義的再編の進行下での労働運動の右翼的変質を根底から覆していくために、この事態を招いている社・共既成左翼の議会主義的堕落を弾劾しのりこえるかたちで闘いをおしすすめ、もってプロレタリアートのへゲモニーを確立していくという決定的に重要で困難な闘いを放棄し・かつ阻害する以外のなにものでもないのだからである。

この反代々木諸派の盲動の犯罪性を社・共既成左翼の議会主義的腐敗とともに、わが革命的左翼は断固として暴きだし、それらをのりこえるかたちで、佐藤訪米阻止、エンタープライズ佐世保寄港阻止、王子野戦病院設置反対、米軍事物資輸送阻止などの諸闘争を労学両戦線から創造し果敢にたたかいぬいた。一九六七年秋から六八年秋までのこれらの闘いをつうじて、闘いごとに大衆的動員数を倍増しつつ、七〇年安保＝沖縄闘争の主流部隊としての地位を築いてきたのだ。その特質は、以下の諸点に端的に示されている。

（1） 日米首脳会談で大枠合意された沖縄の「核基地つき・自由使用」返還が、実は日米軍事同盟の強化＝核軍事同盟化と表裏一体の関係をなすことを明らかにし、これにふまえて、〈「核基地つき沖縄返還」策動粉砕〉を〝結び目のスローガン〟として反戦・反安保闘争と沖縄闘争とを結合してたたかうという闘争＝組織戦術を解明し提起したこと。――ここにいう〈沖縄闘争〉とは、沖縄の地において人民党（日共系）など既成左翼の「祖国復帰」運動をのりこえつつ「沖縄人民解放」をめざしてたたかわれている闘いと呼応して、本土において沖縄問題のプロレタリア的解決をめざしてたたかわれるべき闘いをさす。わが革命的左翼は、〈社共の「返還要求」運動をのりこえ、サンフランシスコ条約第三条の破棄を通じて、沖縄人民の解放をめざしてたたかおう！〉というスローガンに集約される闘争＝組織戦術にもとづいて、一九六七年さらに六八年の4・28沖縄デーを焦点として沖縄闘争を創造してきたのである。

(2)　反安保＝沖縄闘争の大衆的かつ戦闘的高揚をかちとるために、またブクロ＝ブント連合を追いつめるためにも、学生戦線においてはわが全学連と構改諸派（フロント＝統社同など）系学生組織との統一行動（一九六八年4・26闘争、四〇〇〇名を結集）を、また全学連と社青同解放派系学生組織（反帝学評）との統一行動（六八年6・15総評青年協集会に向けてのそれ）を実現してきたこと。

(3)　労働戦線においては、反戦青年委員会――総評・社会党・社青同（協会派）が事務局を構成し、青年労働者・学生が「反戦」の課題をめぐって統一行動を推進するための大衆団体として創出された――、その地区的組織化をば、中核派・ブント・青解派などによるセクト主義的分断＝党派的囲いこみの策動を弾劾し打ち破りつつ、おしすすめてきたこと。

〈安保破棄〉を掲げたわが革命的左翼の闘いの爆発

〔三〕　一九六八年の10・21国際反戦デーにおいて、わが同盟は〈七〇年安保粉砕・自民党政府打倒〉を直接公然と掲げる闘争＝組織戦術を解明し提起した。わが革命的左翼（および反代々木行動左翼諸派）が波状的にくりひろげてきた闘いをつうじて、また全国各大学で〈教育の帝国主義的再編粉砕〉を掲げた教育学園闘争がバリケード封鎖などの闘争形態をとって燃え広がっていることとも相乗しながら、広範な労働者・学生の内に安保粉砕の気運が高まっていた。これにふまえてわが同盟は、いまや現下の反戦・反安保・沖縄闘争を〈安保条約破棄・自民党政府打倒〉の闘いへとおしあげていく組織的決意を打ち固め、〈安保破棄〉（日本革命への過渡的要求）を直接的な闘争課題とする闘いにうってでたのである。

この10・21闘争においてわが革命的左翼は、学生戦線では構改諸派との統一行動をバリケード封鎖決行中の東大安田講堂前での集会（八〇〇〇名結集）と国会への一大デモとして実現し、さらに夜には新宿での米軍タンク車輸送阻止の闘いを一定の武装闘争形態をとって激烈にたたかったのであった。――この新宿での闘いの大爆発に恐怖し階級的憎悪を募らせた国家権力は、わが全学連（およびブクロ派・ML派など）の学生に騒乱罪を適用した大弾圧にうってでたのだ。

この闘争を号砲としてまさに白熱段階に突入した七〇年安保＝沖縄闘争において、わが革命的左翼はこの闘い総体を領導する前衛部隊としての勇姿をいよいよ鮮明にした。

第一に、全国教育学園闘争の総集約として開かれた一九六八年11・22東大安田講堂前集会（二万余が結集）を、全学連は四〇〇〇余の白ヘル部隊をもって牽引し、まさに左翼主流派としての地位を誰の眼にも鮮烈に灼《や》きつけた。

第二に、沖縄と本土を結ぶかたちでますます高揚する沖縄闘争、これを領導する前衛としての不動の地位の確立。一九六九年二月四日には沖縄の地で「B52撤去！」を掲げた全島ゼネストが決行された。琉球政府主席・屋良朝苗と県民共闘指導部（人民党および社会大衆党）の土壇場でのスト回避＝圧殺策動を、沖縄マルクス主義者同盟とこれに指導された戦闘的労働者・学生たちは断固として打ち破り、全島ゼネストの大爆発をかちとったのである。

この時、本土においては、社・共既成左翼は屋良・県民共闘指導部のゼネスト圧殺策動を尻押しするありさまであった。また反代々木諸派も、「東大安田決戦」での〝玉砕〟にうつつをぬかしたがゆえに、2・4ゼネスト支援に決起する組織的力も気力もなく沖縄闘争から召還しさった。こうした〝新旧左翼〟の腐敗を弾劾しつつ、われわれは唯一、2・4沖縄ゼネスト支援に決起し、前日の二月三日には全学連戦士のアメリカ大使館突入の闘いをも決行したのである。

このようなわが革命的左翼の闘いをまえにして、己れの存在じたいがかき消されてしまうことへの焦燥に駆られたのが、反代々木諸派であった。彼らは、「東大安田決戦」なるものが――彼らの期待以上に――社会的センセーションを巻き起こし各大学でノンセクト・ラジカルズと称される徒輩が泡沫《うたかた》のごとく簇生《そうせい》したことに延命のよすがを見いだし、「安田砦から逃亡した革マル」などというデマをデッチあげつつわが革命的左翼への敵対に汲々となったのだ。

だが、「大学を安保粉砕・日帝打倒の砦に」などというシンボルを掲げた六九年1・18―19「安田決戦」なるものは、革命妄想主義の惨めな破産とわが同盟の追撃に脅えたブクロ＝中核派・第二次ブント・ML派などの徒輩が、かの安保ブントの逸話たる「ブントは死んで名を残す」式の心境で仕組んだ〝玉砕戦法〟のカリカチュアでしかないのである。そもそも、わがマル学同が文学部自治会ならびに教養学部を拠点として基本的にヘゲモニーを握り主導していた東大闘争にたいして、六九年初めから政府・文部省および東大加藤当局が官憲を導入してのバリケード封鎖解除の策動にのりだし、しかもその尻馬に乗っかって日共が地区民青ゲバルト部隊を送りこみ反革命性をむきだしにした敵対にうってでていた。〔さらに、わが同盟との党派闘争に敗れ早稲田大学から追放された青解派が東大教養学部の片隅に立て籠り暴力的敵対にうってでたのにたいして、われわれは断固たる追撃戦をくりひろげていた――一九六八年十二月。〕

この局面に乗じて中核派・ブント・ML派の連中は、「大学解体」「安田砦死守」を叫ぶ東大全共闘内の一部NR(ノンセクト・ラジカルズ)を盾に自派の〝捨て石部隊〟を東大に送りこみ、警察機動隊との攻防戦を演じただけなのである。

「安田決戦」が社会的耳目を集めたことに味をしめた中核派や第二次ブントは、六八年春からの右旋回(「マージャン学生やゲタばき学生をまきこんだデモ」の提起――中核派)をお蔵入りにして、またしても革命妄想主義を満開し、〝武闘〟のエスカレートを自己目的化する「武装蜂起」盲動主義としてその路線を純化するにいたった。「首都制圧・首相官邸占拠」(中核派)とか「中央権力闘争(機動戦)とマッセン・スト(陣地戦)の結合」(ブント)とかの実に空虚な方針を叫びたてつつ「蜂起」の真似ごと=盲動をくりかえしたのだ――六九年4・28、10・21、11・16～17闘争の破産。

もちろん、結果は惨たんたるものであった(たかだか無人交番への火炎ビンによる焼き打ち襲撃といった茶番)。そのあげく、組織そのものの崩壊的危機を招いたのだ。第二次ブントなどは、4・28闘争の総括をめぐって、この窮地の突破を武闘のより一層のエスカレート(爆弾や銃火器の使用)に求める真性パラノイア分子=塩見の「赤軍派」をも生みだし、組織分裂を惹き起こしたほどである(一九六九年七月)。

こうした破産と組織的危機をのりきり、かつわが同盟のイデオロギー的=組織的闘いから逃れるためにブクロ=ブント連合が弄した策略が、「安田決戦」を機に〝一周遅れのトップランナー〟よろしく口先だけの革命妄想(主義)に陥った構改派四派および青解派・四トロとの野合、すなわち「全国全共闘連合」=八派連合の結成であった(一九六九年九月五日)。だが、それも束の間に、佐藤訪米阻止に向けた「十一月決戦」の方針をめぐって、あくまでも「武装蜂起」に固執する中核派・ブント・ML派と、労働運動を軸とした職場での拠点政治スト＝「山猫スト」をハミダシ主義よろしく願望する構改派四派・青解派とに、八派連合は分解してしまったのだ。

しかも、「十―十一月決戦」は、これまでにも増して喜劇的な頓挫に終わった。10・21闘争においては、中核派は「新宿占拠」を叫びたてたものの、敵権力の重包囲のもとで盲動の余地すら殆んど与えられずパンク。ブントにいたっては、打撃対象を首相官邸にするか新宿にするかで激論をかわした末に、いざ神田（中大・明大）から出陣した途端に弾圧をくらって雲散霧消。「マッセン・スト」なるものも、大阪中央電報電話局に「戦略拠点」を構えたものの、脱落者が続出し、たった三人の門前での座りこみに終わったのだ。他方、「山猫スト」派の方も、青解派を中心に「東京スト実」をデッチあげたものの、実際には日和見分子が相つぎ、何ひとつ拠点ストなど実現できず〝虚点スト〟と化したのだ。こうした惨状のゆえに八派は、肝心要の11・16―17佐藤訪米阻止闘争においては、もはや大衆的動員すらかなわず決定的な破産を遂げたのである。

まさに破産へと一路突き進んだ反代々木諸雑派の屍《しかばね》を踏み越えて、わが革命的左翼は――第Ⅰ章で記したように――11・16―17闘争を唯一大衆的に組織化し・かつ武装闘争形態をも駆使して戦闘的にたたかいぬいたのである。この画歴史的闘いは、社・共既成左翼による闘いの議会主義的歪曲をのりこえ、かつ同時に反代々木諸雑派の盲動の反プロレタリア性を暴きだす党派的闘いを不断におしすすめてきたわが革命的左翼の営為、その精華にほかならない。すなわち、わが同盟の指導のもとに、国家権力の強権的弾圧・大量逮捕攻撃（とくに一九六九年5・31愛知外相訪米阻止闘争では三五五名もの逮捕）を打ち破りつつ大衆的かつ戦闘的にたたかわれた全学連の諸闘争（4・28、5・31、10・21、11・13）。動力車労組の5・30機関助士廃止反対反合理化ストライキと、動労・国労による10・31〜11・1助士廃止反対十七時間ストライキとを反安保＝沖縄闘争と結びつけつつ爆発させたわが革命的・戦闘的労働者の闘い。そして、この両闘争への全学連の支援の闘い。さらに総評青年協・反戦青年委の戦闘的労働者と全学連の連帯した闘い（4・20「沖縄闘争勝利・七〇年安保粉砕」全国青年労働者総決起集会、10・2国鉄労働者総決起集会、10・10「新左翼大統一行動」）。これらをつうじて切り開いてきた闘いの大前進を基礎として、われわれは七〇年安保＝沖縄闘争の最大の白熱点たる11・16—17闘争の大爆発をかちとったのである。

〈敗北のなかの前進〉を切り開く闘いへ

〔四〕　たしかに、佐藤訪米を阻止しえず、日米首脳会談における沖縄の「核基地つき・自由使用」返還と日米軍事同盟の新たな次元での強化の一挙的合意を許してしまったという意味において、われわれは決定的な敗北を喫した。これは厳然たる事実である。だがわれわれはこの敗北を、社・共既成左翼および反代々木諸雑派による日本階級闘争の歪曲をのりこえ・かつそれをつうじてこれらの腐敗しきった徒輩の組織的解体をおしすすめるべきわが闘いのいま一歩の不十分さゆえのそれとして主体的に総括し、「敗北のなかの前進」（マルクス『共産党宣言』）を切り開くかたちで反安保＝沖縄闘争を再構築していくことに着手したのである。

現にわれわれは、一九六九年11・16—17闘争までの闘いをつうじて労学両戦線の内に確固として築きあげてきたわが同盟の組織的力を基礎としつつ、〈日米共同声明粉砕〉〈アメリカの極東軍事戦略に従属した沖縄施政権返還反対〉を基本スローガンとする指針にのっとって、反安保＝沖縄闘争の再構築に組織的に取り組んできた（一九七〇年6・23反安保闘争、七一年の沖縄返還協定調印・批准阻止闘争、七二年5・15沖縄闘争など）。社・共既成左翼は議会主義的腐敗をますます深め、小ブルジョア諸雑派は被抑圧民族迎合主義に転落し、いずれもが反安保＝沖縄闘争から完全に召還＝逃亡しさった。こうした破産せる新旧左翼の腐敗をのりこえ、日本階級闘争において文字通り唯一、反安保＝沖縄闘争をベトナム反戦闘争と結びつけるかたちで組織化し創造してきたのである。まさにその成果と精華こそ、本稿第Ⅰ章に記したところの、米・日両帝国主義を根底から震撼せしめた労働戦線における二つの画歴史的闘いの爆発にほかならない。

Ⅲ　〈革命のヒドラ〉としての成長をかちとったわが革命的左翼

七〇年安保＝沖縄闘争においてわが革命的左翼がかちとった革命的地平は、代々木スターリニスト党の議会主義的腐敗ならびに反代々木行動左翼諸派の革命妄想主義の反プロレタリア性を、それらの路線的＝イデオロギー的根拠ならびに組織的根拠（彼らの党組織づくりの官僚主義的疎外＝腐敗）にまで掘りさげつつ暴きだし、もって彼らの組織そのものの革命的解体をかちとるための党派的なイデオロギー的＝組織的闘いを大胆におしすすめることをつうじて現実的に切り開かれたのである。

A　社民化した日共との対決

わが革命的左翼は、七〇年安保＝沖縄闘争において日共スターリニスト党が果たした犯罪的役割を暴きだすイデオロギー的＝組織的闘いを断固として推進し、もってこの党をのりこえていくための拠点を日本階級闘争に確固として築いてきた。なかんずく日共＝人民党・民青によるわが同志町田宗秀の虐殺（一九七一年六月十九日）という、まさに「国民の味方」づらをしたこの党がスターリン主義者の本性をむきだしにして犯した反革命的犯罪を、われわれは心底からの怒りをもって糾弾しつつ、この党の組織的解体をかちとるための闘いをおしすすめてきたのである。

そもそも代々木共産党は、安保＝沖縄闘争の大衆的組織化を一貫して放棄したのみならず、わが革命的左翼が領導する闘いの戦闘的高揚への焦りに駆られ敵愾心を増幅させつつ「反トロツキスト」宣伝に明け暮れ、敵権力に弾圧を懇願さえしてきた。これらの犯罪は、まさに代々木共産党が現存ブルジョア国家のもとでの社会秩序の安寧を乞い願う〝秩序補完党〟に転落したことの如実な露頭いがいのなにものでもない。

大衆闘争の組織化の放棄——この日共の腐敗の根拠は、直接的には、「安保条約の終了を通告する」民主連合政府の樹立のために国政選挙での議席増大を果たす、という代々木官僚・宮顕指導部の方針にある。安保条約の条文（第十条）の解釈に依拠して「安保終了通告」＝「安保廃棄」を適法的に実現するという合法主義・平和主義、その終了通告をおこなう「民主連合政府」（社会党を「連合」の相手とする）を樹立するために議会での多数派獲得をめざすという議会主義――これの誤謬につらぬかれたこの方針にもとづいて、各種選挙に向けての票田開拓を自己目的化し、一切の大衆運動を票田開拓のための政策宣伝・カンパニアに歪曲し解消したのが日共なのである。

この「反安保」闘争方針は、沖縄での「祖国復帰」運動と本土での「返還要求」運動とを「即時・無条件・全面返還」を旗印として展開するという沖縄闘争方針と合体された。すなわち、アメリカ帝国主義による「沖縄の全面占領」と「本土の半占領」のもとにある日本の〝現実〟＝「サンフランシスコ体制」を打破する闘い（＝「日本の真の独立」のための闘い）の一環として、沖縄の「祖国復帰」をかちとる、という方針がうちだされた。これは、従来の沖縄における「祖国復帰」運動の自己完結的で反米民族主義的な歪みを、従来の「反帝＝反米」に「反独占」の視点・路線を接ぎ木することによって弥縫したものにすぎない。

だが、「安保終了通告」の「適法的」実現も、それを実現する「民主連合政府」の樹立も、また沖縄の「即時・無条件・全面返還」もすべて、彼我の諸条件からして現実的にも実現不可能な小ブルジョア的願望でしかない。そのようなものへの幻想を労働者・学生・人民に吹きこみ煽るという意味で犯罪的なのだ。いや、それにとどまらない。沖縄米軍基地や日米安保同盟についての「サンフランシスコ体制」などという誤った把握（サンフランシスコ講和条約にもとづく日本国家の法的＝政治的独立を曖昧にしたそれ）、ならびに闘争戦術における議会主義・平和主義・反米民族主義のゆえに、アメリカ帝国主義の対ソ連圏軍事戦略にもとづく米軍基地権力支配下の沖縄基地や米日両国家の帝国主義的軍事同盟、その階級的本質についての自覚をうながしつつ労働者・人民の階級的組織化をおしすすめていくことを完全に彼岸化してしまうという意味において、この日共の方針は本質的に反プロレタリア的な代物なのである。

こうした代々木官僚の七〇年安保・沖縄闘争方針の反階級性は、この方針に適用されているところの、「民主連合政府樹立をつうじての反帝・反独占人民民主主義革命への適法的・平和的移行」という基本路線（一九六七年『赤旗』4・29論文でうちだされたそれ）に根本的に決定されているのだ。宮顕の指令のもとに上田・不破兄弟が定式化したこの路線は、一言でいうならば、第八回党大会でうちだされた一九六一年綱領の二段階戦略（「反帝・反独占の人民民主主義革命の段階を経ての社会主義革命」）を基本的に護持しながら、当面の「人民民主主義革命」の闘争形態・闘争戦術にかんして中共式「反米武力闘争」路線の否定をタテとしつつフルシチョフ式議会改良主義を導入したものにほかならない。中・ソ両共産党の世界革命戦略をめぐる論争の国家的対立への発展、中共＝毛沢東式「反米総路線」の現実的破産――こうした情勢のもとで政治的嗅覚を働かせた宮顕指導部の「自主独立」を煙幕とした基本路線のなしくずし的な転換（一九六六年『赤旗』2・4論文）、これにもとづいてその路線の理論的基礎づけ＝具体化を明示したのがこの4・29論文であり、それこそ日共スターリニスト党の右翼スターリン主義への転回＝社民化を意味する以外のなにものでもない。

わが同盟は、この腐敗しきった党を解体するための党派闘争をも不退転の決意をもって敢然と展開し彼らを追いつめてきた。われわれのこの闘いの成果は、大衆運動を票田開拓のためのカンパニアに解消する党中央にたいする反発分子が「安保破棄実行委員会」などの日共系大衆運動諸団体から続出し、宮顕指導部がこれを「新日和見主義」などという政治主義まるだしのレッテルを貼って官僚主義的に圧殺することに汲々となった事態として示されたのである。

B　革命妄想主義の葬送＝中核派・ブント連合の解体

他方でわれわれは、反代々木行動左翼諸雑派を日本階級闘争場裡から放逐し根絶するために、革命妄想主義にもとづく彼らの盲動の反プロレタリア性を徹底的に暴きだすのみならず、彼らの「反革マル」策動や武装的敵対を断固として粉砕する党派的闘いをもおしすすめてきた（一九六九年12・14日比谷野音での糟谷君人民葬におけるブクロ＝中核派・青解派による全学連排除策動と暴力的敵対を粉砕した闘いや、反革命殺人者集団に転落した中核派にたいする党派闘争など）。もって八派連合を分解離散に追いこみ、第二次ブントを分裂＝雲散霧消に、そして中核派を組織崩壊の寸前にまで叩きこんできたのである。

そもそも、革命妄想主義を満開させた中核派ならびに第二次ブントの「武装蜂起」を空叫びしての盲動は、スターリン主義の根本的超克＝真のプロレタリア前衛党の建設を本質的に彼岸化し、プロレタリアの階級的組織化を阻害する以外のなにものでもない。この意味において徹頭徹尾反プロレタリア的なものでしかないのである。

彼らの革命妄想主義への転落は、直接的には「たたかわない」社・共既成左翼への肉体派的反発を契機としているのであるが、この反発の〝質〟は実は左翼スターリン主義的な思想的地金にもとづくものでしかない。一方では、学生部隊およびルンプロ部隊（〝石投げ〟反戦）を「軍団」化し、防衛庁や軍事基地や警察施設・機動隊にたいする〝武装闘争〟をしかけ、もって社会的耳目を集め労働者・人民大衆の決起を呼び起こすという発想に、他方では、そのような闘争形態をとることによって大衆闘争を直接に「革命闘争」に発展転化させることができるという妄想に、その思想的地金が露呈している。前者はいわゆる六〇年安保ブントの「学生先駆性」論を、後者は同じく安保ブントの「大衆闘争から革命闘争への連続的発展」観を、それぞれベースとした・その極端化＝亜種にすぎないのであって、まさに左翼スターリン主義の露呈以外のなにものでもない。

そもそも、「学生先駆性」論や「大衆闘争から革命闘争への連続的発展」観などは、かの安保ブントの破産を決定した問題として、わが同盟が暴きつくし歴史の屑箱に叩きこんできた代物なのである。――たとえ、社・共既成左翼の闘争放棄に抗して学生部隊が大衆運動を激烈に展開し、そのもとに多くの勤労大衆を一定程度結集することができたとしても、さらにそれによって革命闘争への前提的条件（あらゆる生産点や地区におけるストライキ委員会の結成を基礎としたプロレタリアートの階級的組織化とそのヘゲモニーの確立）が形成された場合でさえも、これが直接的に革命闘争に発展転化するわけではない。これが革命闘争に質的に転化し発展していくためには、国家権力の巨大な暴力装置との闘いに打ち勝つことのできるプロレタリアートの階級的組織化＝「統一戦線の最高形態」としてのソビエトの形成とその武装力が絶対的な条件となるからなのである。しかも他方で、プロレタリア階級および被支配階級人民の内部には彼らの利害を代表すると称するスターリニスト党および社会民主主義党が今なお現存しているのであって、これらの党を革命的に解体し真の前衛党を創造するための組織的闘いを同時に推進することなしには、プロレタリアートのヘゲモニーを真に確立することは決してできないのである。およそこのような基本的問題、なかんずくスターリン主義をのりこえる真のプロレタリア前衛党の建設という核心問題を毫も理解しえず無視抹殺したのが、安保ブント式の「連続的発展」観なのだ。

ところが、みずからの安保ブント式「連続的発展」観＝大衆運動主義を何ら反省せず、むしろわが同盟へのコンプレックスと表裏一体の反発にもとづいて、〝フランスの五月〟やゲバラ主義や果ては毛沢東主義にとびつくことにより、大衆運動の直接的延長線上で、大衆闘争を直接に「革命闘争」としてたたかうなどという「路線」をうちだすにいたったのが、ブクロ官僚どもであり第二次ブントなのである。両者の革命妄想主義への転落は、それぞれの「理論」的基礎づけ＝粉飾における多少の相違はあれ、以下のような革命理論上の誤謬に規定されており、しかもその点で基本的同一性があるのだ。

（1）　組織戦術の欠落をよりいっそう徹底化させた政治方針主義。

ブクロ＝中核派も第二次ブントも「七〇年安保階級決戦」＝「日帝打倒」のための「蜂起」という戦術（政治方針）をうちだした点で基本的に同一性をもつのであり、ただ、その〝有効性〟を基礎づける道具立てとしての「情勢分析」にかんして若干の相違があるにすぎない。そもそも、〝客観情勢の成熟〟（ベトナム戦争でのアメリカ帝国主義の敗勢やドル体制崩壊の危機）ということをもって直ちに革命への条件の成熟＝「前革命情勢」と見なし、しかもこの「情勢」を促進するものとして戦術をうちだす、という発想において、すなわち安保ブント式の政治方針主義という点において両者は本質的に同一なのである。たとえ〝客観情勢〟の分析に〝主体の成熟〟というようなことが接ぎ木されてはいても、それじたいは〝人民の蜂起〟を呼び起こすというみずからの願望を情勢に投射し実在化したものにすぎない。国際階級闘争ならびに日本階級闘争のスターリン主義的疎外と、それゆえにその疎外を根底から覆し変革しうる革命主体の形成とそのための真の前衛党の創出が決定的にたちおくれているという問題とを、まったく無視抹殺しているのである。

右のことは、そもそも組織戦術の欠如のいっそうの徹底化を逆証するものにほかならない。不断の大衆運動づくりのただなかで・かつそれをつうじて、社共両党の解体をおしすすめ真の前衛党を創造していくための党の組織活動および組織づくりそのものにかんする指針＝組織戦術、これを完全に没却しているのだ。とりわけ、中核派もブントも、政府・独占ブルジョアジーによる労働戦線の帝国主義的再編を策す一大攻撃のもとで危機に陥っている労働運動をば、その内側から既成指導部の腐敗を突き破りつつ戦闘的＝左翼的にのりこえる闘いを創造していくことを彼岸化し、労働戦線の内部にしっかりと根をおろす組織的闘いを放棄して、単純な〝はみだし〟をなけなしの労働者同盟員に強制していることに、組織戦術の欠如という問題が如実にさらけだされているのである。

(2) 右のことと不可分の革命戦略上の根本的誤謬。

中核派の場合は、「安保粉砕・日帝打倒」を空叫びし――それじたい戦術を戦略の現実的適用によってうちだすこととは無縁な最大限綱領主義――、そうすることによって革共同の〈反帝・反スターリン主義〉世界革命戦略の「反帝」イズムへの歪曲という誤りを全面化しているのだ。もともとポンタ（本多延嘉）らブクロ官僚どもは、「帝国主義陣営においては反帝、ソ連圏においては反スタ」といった機械的＝地理的分離とその総和としてしか〈反帝・反スタ〉戦略を理解できなかったのであったが、それはスターリン主義を「帝国主義の補助的支柱」としてのみ捉える決定的な誤謬（一九六六年、ブクロ派第三回大会）にもとづく。たとえ「反帝・反スタの綱領的立場」なるものを空語的に強調し「反スタ」の〝鼻輪〟をぶらさげてみせたとしても、国際階級闘争ならびに日本階級闘争のスターリン主義的歪曲をいかに打ち破っていくのかという問題を抜きにして「日帝打倒」を空叫びする誤謬を全面化するにいたったのは、まさに

「反帝」イズムの戯画的露頭以外のなにものでもないのである。

他方、第二次ブントは関西ブントの主導のもとに「世界同時革命」＝「世界革命戦争」の推進という戦略を叫びたてたのであるが、これは「三ブロック間階級闘争」の発展＝「結合」論によって基礎づけられた。後進国では社会主義革命を「内包」した民族解放闘争の武力的実現を、先進資本主義国では帝国主義軍隊を解体する「反帝」闘争の武力的実現を、ソ連圏では「労働者国家」の内部における「スターリニスト党官僚打倒」を、時間的に同時に実現する「世界同時革命」が革命戦略となるのであり、とくに「帝国主義の侵略戦争」を本国での「内乱」＝階級間戦争へではなく「三ブロック間階級闘争」の結合による「世界革命戦争」に転化することこそが急務であって（レーニンの主張はもう「古い」?!）、日本での「日帝打倒」をこの「世界革命戦争」への「前段階的蜂起」として実現する、というわけだ。

あきれはてるほどのウルトラ観念妄想でしかないことはさておくとしても、こうした妄想がソ連圏のスターリニスト官僚専制諸国家をなおも「労働者国家」とみなす決定的な誤謬のゆえに生みだされていることは絶対に看過できない。せいぜい、「世界革命根拠地国家」は現在はキューバだけであり、文化大革命の渦中の中国はそれへと「経験主義的に半転化」しつつあるが、その他のソ連圏諸国では「労働者国家内部の修正主義」＝スターリン主義が「世界革命根拠地国家にむけてのプロレタリアート独裁」を放棄していると非難することだけが従来とは異なっているにすぎないのだ。この非難は毛沢東主義の密輸入をしかも意味しないではないか。まさにプロ・スターリン主義でしかないことの露頭！（こうした「労働者国家」への醒めやらぬ幻想は、壊滅した赤軍派の残党が「よど号」をハイジャックしたあげく選んだ逃亡先が北朝鮮スターリニスト国家であったという喜劇にも如実に示されている。）

(3) 中核派ならびに第二次ブントの右のような革命戦略上の誤謬は、前衛党建設にかんするそれぞれの理念の根本的誤りと、それゆえの党組織づくり自体の歪み=官僚主義的腐敗と密接不可分に結びついている。一言でいうならばそれは、いまなお「前衛党」を自称するスターリニスト党をいかに解体止揚し真のプロレタリア前衛党を創造していくのかという根本問題を、両者いずれもが無視抹殺しているということにほかならない。

たとえ「前衛党建設」を口先で唱えはしても、その内実は「党としての闘争」の名のもとに大衆運動の前面でその〝武闘〟的展開を導くことに党の役割を解消し、そのうえで「党のための闘争」の名のもとに対権力闘争(およびわが同盟との党派闘争)で動揺する下部同盟員に官僚主義的にタガをはめることを接ぎ木しているにすぎないのが、ブクロ官僚なのである。また、暴力革命主義にふさわしく毛沢東式の「党=軍」思想を直輸入したのが、第二次ブントのボスどもなのである。つまるところ、〝大衆運動を直接に「革命闘争」に導くための党〟という前衛党についての機能主義的捉え方を、裏を返せば「大衆運動をつうじて党をつくる」という安保ブント式の発想そのものを、彼らは何ひとつ克服していないのである。

しかも、スターリニスト党の官僚主義的疎外を止揚する理念も思想的根拠も何らもちあわせていないブクロ官僚は、党組織づくりにおける腐敗を一段と深めた。「革命の現実性」だの「内乱的死闘」だの、あげくの果てには「K=K連合」だのといった空疎な・また反革命性をむきだしにしたシンボルをおしだしての政治技術主義的な下部同盟員操作術と官僚主義的タガハメの横行。∧反スターリン主義∨の前衛党建設とはまったく無縁の、いやそれを否定し破壊したブクロ官僚どものこうした〝組織づくり〟のゆえに、国家権力の弾圧・逮捕攻撃のまえにやすやすと屈服した転向分子が続出するのみならず、果てはスパイになりさがる分子が、官僚・手配師どもを先頭に大量に生みだされたのだ。これこそ、わが同盟との党派闘争における完敗を機に、中核派が世界の革命運動史上でも稀有な国家権力の走狗＝スパイ集団へと反革命的変態を遂げる温床となったのである。

スターリン主義の反革命的本質をむきだしにした代々木共産党との、また革命妄想主義を開花し腐敗をきわめた中核派・ブントなどの反代々木行動左翼とのイデオロギー的＝組織的対決をつうじて、わが同盟は、大衆運動上の大きな前進のみならず革命理論上の深化を、そして何よりもわが同盟の革命的前衛組織にふさわしい強化と拡大をなしとげてきたのである。

その成果は、たとえば、革命妄想主義にたいするマルクス主義の国家＝革命理論ならびに組織現実論を武器とした批判を媒介として、われわれは、不断に展開される階級闘争を反政府闘争さらに国家権力打倒の革命闘争へと高めていく主体的推進構造を解明したことに示されている。われわれが既成反対運動と対決し・これをのりこえ革命的あるいは左翼的に大衆運動を組織化しつつ、そのただなかで・かつそれを媒介として党組織づくりをおしすすめ、この党組織づくりおよびプロレタリアの階級的組織化の進展にふまえて、一定の条件のもとで、この不断の大衆運動を、過渡的要求（安保破棄など）を掲げて、反政府闘争さらに反権力の革命闘争をめざして連続的に高め発展させていく――というように。この〈のりこえ・高め（おしあげ）・めざす〉の論理は、われわれの組織現実論を〈階級闘争を革命闘争に高めていく主体的推進構造〉の解明に具体的に適用して明らかにしたものにほかならない。同志黒田の指導のもとに組織内思想闘争を精力的にくりひろげることをつうじて、「大衆闘争から革命闘争への連続的発展」観を根本的に否定するものとして、この論理を究明してきたのである。

このように、われわれは組織現実論を磨きあげ具体化しつつ、これを武器として運動づくり・組織づくりをおしすすめ、とりわけ労働戦線において国鉄をはじめとしたあらゆる産別にわが反スターリン主義労働者組織を確固として築き拡大強化してきたのだ。こうして七〇年安保=沖縄闘争をつうじて労働戦線の内に着実かつ大きく根を張り蓄えてきたわが同盟の力を、一九七五年十一月二十六日から十二月三日にわたる実に二〇〇時間ものスト権奪還ストライキをうちぬいた動労・国労をはじめとした公労協の画歴史的な闘いとして、わが同盟に結集する革命的・戦闘的労働者は大爆発させたのである。このような金字塔を日本階級闘争に打ちたて〈革命のヒドラ〉の巨大な成長を示したものとして、わが革命的左翼の七〇年安保=沖縄闘争は歴史に刻みこまれているのである。

岩菅　洋一

国鉄戦線における七〇年安保＝沖縄闘争

はじめに

一九七〇年安保＝沖縄闘争は「壮大なゼロ」といわれた一九六〇年安保闘争を、国鉄戦線における闘いを軸に大きくのりこえた闘いとして実現された。

一九六〇年代後半、日本労働運動の中心を担っていたのは内実はともあれ総評だった。その総評を含め「労働戦線の統一」の名のもとに日本労働運動を「右翼的＝帝国主義的」に再編成する策動が、六〇年代後半より顕在化してきていた。端的には、一九六六年の鉄鋼労連のＩＭＦ・ＪＣ（国際金属労連日本協議会）加盟、一九六八年に全逓宝樹のイニシアチブのもとに発足した労働問題研究会（労問研）に示される。この右再編の動きは、国鉄内の革命的・戦闘的労働者の奮闘による反合理化闘争の戦闘的実現によって、いったんは頓挫させた。

だが、七〇年安保＝沖縄闘争を目前にした六九年頃から再び労働戦線の帝国主義的再編成が画策された。その端的な現れが、一九七〇年一月の総評・同盟・中立労連を網羅した全国（主要）民間労組委員長懇話会（全民懇）の発足であった。

総評指導部が民間大単産を中心としたいわゆる右再編の流れにゆさぶられていたがゆえに、総評の七〇年安保条約「自動延長」反対の「政治闘争」はことごとく、実質的に放棄されていった。

他方で、ベトナム戦争のエスカレート＝泥沼化の過程で一定の高揚を示した反戦青年委員会の運動も、一部は小ブル諸雑派によって党派的に分断され、闘争形態のエスカレートを自己目的化する〝小ブル急進主義〟的なものに変質した。一九六九年には、総評（青対部）・社会党（青少年局）・社青同によって「反戦青年委員会凍結」方針が打ちだされた。

このような階級情勢のなかで、国鉄戦線の革命的・戦闘的労働者は、変質した一部の小ブル急進主義者どものハミダシ運動（「機動隊国家」などという主観的分析にもとづく、街頭における機動隊との肉弾戦の自己目的化や山猫ストなど）とは異なる地平において、労働組合を強化し、強化した労組を主体として生産点における七〇年反安保政治闘争をたたかったのである。

1　一九六九年11・16〜17佐藤訪米阻止羽田現地闘争

一九七〇年六月二十三日の安保条約の固定期限切れ＝自動延長を機に、日本帝国主義ブルジョアジー・佐藤自民党政権は、安保条約＝日米軍事同盟の飛躍的強化を目論んでいた。

ベトナム反戦闘争の一定の高揚、特にベトナム戦争の出撃拠点となっていた沖縄の米軍基地撤去・沖縄の施政権返還要求の高まりという状況のなかで、政府・権力者は沖縄の米軍基地を「核基地付き・自由使用」返還することによって、沖縄施政権問題を解決すると同時に、安保条約を核安保として実質的に改定

・強化しようとしたのである。一九六九年十一月の佐藤訪米は、まさしくその目的を実現する日米首脳会談に臨むために強行されたのだ。

佐藤訪米の前日、十一月十六日、反安保全国実行委員会主催の「安保条約廃棄・沖縄即時無条件全面返還・佐藤訪米抗議中央集会」が代々木公園で開催された。この集会に動労青年部は、全国から二〇〇〇名が結集、白ヘル（青線入り）ナッパ服で初登場し、結集した七万人の労働者の注目を浴びたのである。

そして、公労協部隊の最先頭に動労青年部二〇〇〇の白ヘルと親組合四五〇の部隊が立って「安保粉砕！　訪米阻止！」のシュプレヒコールをあげつつ、デモを牽引した。さらに、同日昼間のデモの余韻もさめぬ夕刻、十八時から芝公園において、動労青年部の独自集会が開催され、翌日の佐藤訪米を阻止する闘いへの意思結集がかちとられた。

この独自集会後、デモに出発した動労青年部にたいし、東京都公安委員会は強引にデモコースを変更した――首相官邸を通るコースをはずす――ばかりか、唯一決起した動労青年部に機動隊が殴る、蹴るの暴力的弾圧をほしいままにし、あまつさえ青年部員を一人不当逮捕したのである。「七〇年安保粉砕」を掲げて登場した強固なヘルメットの組織労働者の部隊にたいする階級的恐怖と憎悪にかられた権力によるこの狂気じみた弾圧に抗して、六本木―青山四丁目―明治公園までのデモを貫徹したのである。

二〇〇〇名の部隊のなかには、初めて首都でのデモに参加した地方の青年部員も数多くいた。その参加者のなかに、一番思い出に残っていることとして、「機動隊の弾圧も恐かったけれど、解散地点の明治公園で、ヘルメットに汲んできて飲んだ水道水のうまかったことが忘れられない」という声が数多くあったそうである。

翌十七日、前日の天気とはうってかわって、朝から雨が降っていた。早朝六時、川崎・富士見公園に再結集した動労青年部二〇〇〇名と、連帯してたたかう反戦青年委員会四〇〇名の白ヘル部隊は、多摩川沿いに果敢なデモを貫徹した。羽田に最も近い大師橋の手前に阻止線をはった機動隊に三度、四度とデモ隊は激しくぶつかる。阻止線を破られまいとする機動隊と対峙し、座り込み。部隊の後方からは、青年部員の身体から立ち上る水蒸気で前方が見えない。佐藤の訪米を阻止するという意志を固めている最中、十時ほんの少しすぎに飛行機の爆音が聞こえた。後から分かったことだが、この時、佐藤は米国にむかって飛び立ったのだった。

激しい雨と風に鉄輪旗・反戦旗をなびかせ多摩川土手を上流に向かって進み、解散地点の川崎駅前にさしかかった時、機動隊はいきなりデモ隊に襲いかかり、デモの総指揮をとっていた本部青年部長を何としても逮捕しようと三十〜四十名の私服が飛びかかった。身体の大きい青年部長をなかなか私服は逮捕できず、デモ隊も激しい弾圧に抗しながらたたかったが、遂に青年部長と他一人の青年部員が逮捕された。しかし動労青年部二〇〇〇名の部隊は最後まで戦闘的にデモを貫徹したのである。

この二日間の動力車青年部のデモで三名の逮捕者と六十数名の負傷者を出すという権力の異常な弾圧。それは十七日の佐藤の訪米当日、労働組合として組織された闘いは唯一動労青年部のみであったという、日本労働運動の悲惨な現実を浮き彫りにするものであった。

この組織的な闘いとの対比において、暴露しておかなければならないのは、千葉地本青年部はこの動労青年部の全国結集から逃亡し、一部のものが蒲田駅周辺での革命妄想主義に陥った小ブル急進主義者（ブクロ＝中核派）らの〝機動隊とのぶつかり合い〟に参加し逮捕されたということである。これが後に「千葉＝駄馬問題」として動労から駄馬が放逐される契機になったのである。

2　一九七〇年6・23反安保立川拠点スト

一九七〇年六月二十三日、安保条約の自動延長の当日、動労は全国七ヵ所、帯広（北海道）、大湊（東北）、立川・木更津（関東）、伊那松島（中部）、津山（関西）、志布志（九州）を拠点指定し、地上勤務者中心に一時間のストを反安保ストとしてたたかった。首都圏においては立川支部が拠点として指定され、反安保政治ストが実現されたのである。

6・23反安保の闘いは、総評の「ゼネスト」方針から、直前の臨時大会での「ストを含む統一行動」への戦術ダウンを受け、それを口実にした動労本部右派による戦術ダウンを余儀なくされたなかでの闘いであった。「地上勤務者を中心にした始業時からの一時間スト」という「戦術」は実質的には「音＝実害」が出ないストということである。

しかし、立川拠点では佐藤訪米阻止闘争における動労青年部二〇〇〇名の闘いを目の当たりにした権力は、前日から異常な弾圧体制をしいていた。立川駅・機関区の随所に鉄条網をはり、職制・鉄道公安・私服など二五〇名が待機していた。

十六時からの青年部三〇〇名による決起集会を皮切りに、その後結集した七百余名の組合員を含め一〇〇〇名の参加者による二十二時からの決起集会、その後構内デモ。この構内デモの最中、立川拠点における「反安保政治スト」を破壊せんとする国家権力の意を受けた鉄道公安は動労関東地評議長を不当逮捕し闘争破壊に打って出た。国家権力、国鉄当局による闘争破壊を弾劾し、立川拠点における「反安保政治スト」の貫徹、関東地評議長の不当逮捕にたいする怒りに燃え、闘争支援に駆けつけた全学連・反戦青年委員会の部隊は構内デモ・座り込みを貫徹。動労東京地本も二十三日午前四時三十分にスト突入集会、五時からストに突入し（スト突入時間の繰り上げ）半日ストを貫徹したのである。全学連・反戦青年委の闘いとスト突入時間の繰り上げ＝戦術の拡大で「音＝実害」の出ないスト戦術をのりこえ、十七本の列車をストップさせ、七〇年反安保闘争の中で唯一、労働組合として「政治ストライキ」を実現したのである。

立川拠点における動労の闘いに危機感をもった国家権力、国鉄当局は、スト直後から異常な報復弾圧にうってでた。国鉄当局は、闘争責任者とみなした関東地評議長、東京地本執行委員、拠点支部委員長を解雇すると同時に、闘争参加者一〇〇〇名（立川拠点に結集した組合員で一七一名の現認を含む全員）を「威力業務妨害・公務執行妨害・鉄道営業法違反・暴力行為・傷害」罪で告訴した。告訴を受けた権力は、四名を九月に入って逮捕。さらに七名に任意出頭をかけ不当逮捕しようとしてきた。これは「反安保政治スト」にたいする報復弾圧にとどまらず、日本労働運動の右翼的再編成に抗してたたかい抜いた動労の組合組織そのものを破壊することを狙って、あらかじめ準備されていたものといえる。

こうした弾圧の本質的な意図をおさえ、動労東京は反処分―反弾圧の闘いを明確に労組破壊粉砕の闘いとして粘り強くたたかった。その結果、最終的には逮捕された四名のうち一人しか起訴できなかったのである。

この闘いに比して、一九六九年十一月の佐藤訪米阻止闘争、一九七〇年立川の政治ストにたいして「往復デモ」「合法スト」と悪罵を投げかけていた、千葉地本内の一部小ブル急進主義者＝駄馬どもはどうであったのか。十一月の佐藤訪米阻止闘争についてはすでに述べたとおりである。6・23反安保ストにおいては、千葉地本は木更津支部が拠点として指定されたがスト決起集会は当局・鉄道公安によって破壊され、逆ピケによって構内にすら立ち入れないという惨めな姿をさらけだしたのである。

3　闘いの可能根拠

一九六九年〜七〇年の反安保＝沖縄闘争に示された動力車労組の闘いは、一朝一夕に可能になったわけではない。一九六二年の運転保安闘争以来、先達によって地道に、かつ実践的に追求されてきた「運動づくり、組織づくり」の苦闘の結果である。

「……現実の労働運動にソムクものとしての運動の創造の闘いであった。……われわれは、動力車闘争を構える中で、中核形成のためのあらゆる闘争に最大の力点を置き、いまその成果を、組織的に刈りとるための継続的な活動を展開している」（『前進』第一一七号、倉川篤論文）。これは一九六二年運転保安闘争当時、ブクロ官僚の野島三郎に代表される二段階戦術（「はじめは処女のごとく、あとはヘッグのごとく」と揶揄された）を批判・弾劾した論文である。

ここで述べられていることは、闘いの足を引っぱり、形骸化しようとする民同右派（当時の動労内の圧倒的多数派）と断固対決し、闘争を実現するために左翼的・良心的部分（動労内少数派・本部三役）と「統一戦線」を組んで、わが革命的・戦闘的労働者はたたかったということ（われわれの組織戦術の貫徹）。そして、ストライキは中止を余儀なくされたとはいえ、この闘いがあったからこそ、わが革命的・戦闘的労働者は、のちに動力車労組の強化をかちとるための実体的基礎をなす組合内左翼フラクションを左翼的良心的部分を結集するかたちで、ガッチリとつくりだしえたのだ、ということである。これが、わが黒田が「運動=組織論」(一九六三年)、「大衆闘争論」(一九六五~六六年)として理論的に解明した先達の実践そのものである。

このような苦闘をつうじて強化拡大されたわが同盟・国鉄委員会のもとに、革命的・戦闘的労働者は、その後、一九六三年尾久―田端の基地統廃合反対闘争、一九六七年門司港機関区における弾圧・処分反対闘争、一九六七~六九年助士廃止反対の反合理化闘争を「運動=組織論」「大衆闘争論」を適用し、既成の労働運動をその内部からのりこえるかたちで、強化した労働組合(動労)を主体としてたたかってきたのである。

こうした闘いをつうじて、国鉄戦線における革命的労働者組織を強化拡大すると同時に組合内左翼フラクションを基礎として組合組織の戦闘的強化をなしとげてきたことによってはじめて、一九六九年~七〇年反安保=沖縄闘争は可能になったのである。この闘いの質が、その後のマル生粉砕・鉄労解体の闘い、一九七五年スト権奪還ストライキの爆発へと継承されたことはいうまでもないことである。

こうした、国鉄戦線におけるわが革命的・戦闘的労働者の闘いによって、労働戦線の右翼的再編成の策動は、再び三度、挫折したのである。

現段階におけるわが同盟組織建設のための核心問題

——革共同第三回大会 議長報告

一九七〇年八月十二日

黒田寛一

I 当面する組織的課題

A 現段階における左翼戦線の一般的特徴

安保＝沖縄闘争の最終局面であると同時に一九七〇年代階級闘争の発端をなす時点における、わが同盟とこれを中核としそれに指導された戦闘的労働者および全学連の闘いは、——日米共同声明の発表にしめされるところの、当面の安保＝沖縄闘争の総体としての敗北を喫したとはいえ、——日本階級闘争の未来を決定する拠点を確固としてうちたてた。とりわけ、一九六九年秋と七〇年六月の両時点における闘いをつうじて、そのことは現実に立証された。総評および社共両党の完全な闘争放棄、反代々木ハミダシ左翼の惨めな破産、これらと対照的な、わが同盟を中心とした労学の大衆的で戦闘的な闘いの推進。——日本階級闘争の現時点における特徴が、ここに鮮明にしめされている。

すっぽり「体制内化」し安保＝沖縄闘争の大衆的推進をかなぐりすてた既成左翼に抗して「階級決戦」を呼号しつつ、一九六九年十—十一月闘争を武装蜂起主義的にあるいはサンディカリズム的にたたかい、それによって同時にまた組織的破産を現実にあらわにし空中分解の危機におとしいれられたのが、一切の反代々木行動左翼集団であった。こうした小ブルジョア急進主義者どものハミダシ運動をば、執拗なイデオロギー闘争を展開し組織戦術を巧みに駆使しながら、まさに左翼的＝革命的にのりこえ、日本階級闘争の新しい質を創造し、七〇年代の闘いの真実の拠点をきずき、さらに前進せんとしているのが、革共同・革マル派を中心とした反スターリニズム革命的左翼にほかならない。しかも、現時点におけるわれわれは、敗北した六〇年安保闘争の直後とは異なる厳しい階級情勢のもとにおかれている。

たとえ一九六〇年代のなかばに不況にみまわれたとしても、過去約十年にわたる高度経済成長をつうじて帝国主義的雄飛の政治経済的基礎を確立したわが支配階級は、着実に強化してきたその国家暴力装置を動員しつつ、さまざまの形態で、われわれの反安保・沖縄・反戦＝反基地の闘いをおしつぶし、七〇年代の日米両帝国主義者の針路を基本的に確定した「共同声明」の発表にまがりなりにもこぎつけ、基地沖縄の施政権返還問題をブルジョア的に解決すると同時に日米安保同盟の実質的強化をかちとった。これを背景としながら彼らは、さらに、一九六九年暮の衆議院選挙において、過去二十五年間にはみられなかったような「勝利」をおさめ、自信にみちあふれながら七〇年代の帝国主義的日本の対内的強化と対外進出にのりだした。日米繊維交渉においてしめされた日本権力者の高姿勢と、ベトナム戦争のカンボジアへの拡大に対処するために参集した「ベトナム参戦国」会議への愛知外相の参加とは、そのことの露頭にほかならない。

その再編強化が現実に公然と開始された日米軍事同盟、これを基礎とし背景とした日本帝国主義は、とりわけスターリニスト中国にたいする経済上および政治上の諸政策にかんするわが支配階級の内部対立をますますあらわにしながらも、ベトナム戦争のインドシナ半島への拡大を利用しつつ、東南アジアへの新植民地主義的進出をおしすすめ、またアメリカ市場からのしめだしをカバーするためのＥＥＣにおける市場開拓をねらっている。

それだけではない。沖縄問題のブルジョア的解決に一応成功したわが権力者は、「北方領土」問題の解決を具体的に日程にのぼせ、ブルジョア・ナショナリズムを補強するために日本ナショナリズムをあおりたてると同時に、「第四次防」の具体化や憲法改正をめざして、その支配体制をも着々と強化しつつある。

わが帝国主義ブルジョアジーのこうした自信にみちた諸政策の被支配階級におけるあらわれが、ほかでもない、いまドラスティックに進行しつつある労働戦線の右翼的再編である。みずからが育成したにもかかわらず、自己の思惑と組織的ワクをこえた突出的な闘いをくりひろげはじめた反戦青年委員会、これに驚きあわてて自党の組織および労働組合などから反戦の闘いをすすめている戦闘的労働者たちを組織的に排除することを一九六九年八月に決定した日本社会党が、同年暮の衆議院選挙で自己暴露した著しい後退と党組織それ自体の崩壊的危機とによって、それはますます拍車をかけられた。そして、政治的領域においてこれまで日本社会党がはたしてきた役割と地位をひきうけるかのように、従来の綱領を構造的改革路線で解釈しなおすという無理無体を平然とやってのけつつある代々木共産党が、衆議院における議席を倍増した。

いまや右翼的分裂が必至となっている「闘わざる総評」、没落と分解の歩をはやめている社会党、そしてますます議会主義的変質を現実に立証しつつある代々木共産党。——これらのすべては、日本労働運動が帝国主義的秩序に編みこまれつつあることの現時点における組織的表現にほかならない。かの日米共同声明の発表は、ただたんにわが支配階級にとって一つの結節点的な意味をもっているだけではなく、同時に日本階級闘争がまたもや新しい転機にたたされたことをしめすものなのである。しかも、いわゆる「体制内化」した既成左翼に絶望し、激しい武装闘争を連続的かつ多発的にくりひろげることを念願してたたかった小ブルジョア急進主義的諸集団、いわゆる八派連合は、六九年秋の「階級決戦」をつうじて本質上組織的に壊滅し、第一次ブントの轍をふみつつある。行動左翼集団の一部は、たとえ形骸化した「反戦青年委員会」とか「全共連」〔全国全共闘連合〕とかによってなお余命をたもっているとはいえ、安保＝沖縄闘争の最終局面において完全に小ブルジョア的運動のなかに没し去った。

ひとりわが同盟・革マル派を中軸とした革命的左翼だけが、一九六〇年安保闘争をつうじて破産し分解した第一次ブントを他山の石としながら着実におしすすめてきた運動＝組織活動を基礎として、とりわけ一九六七年春の沖縄闘争以後三年半のあいだ反代々木系の戦闘的な闘いを終始一貫してみちびいてきた。既成左翼ばかりでなく、ただもっぱら武装闘争形態を緻密化しつつ革命主義を純化してきた行動左翼諸集団のハミダシ運動をものりこえつつ、わが革命的左翼はたたかってきた。労働戦線でも学生戦線でも、既成諸組織の内部において、また反代々木行動左翼との種々の形態での統一行動を追求したり、彼らと袂をわかった独自的な運動を組織化し推進したりしながら、われわれは真に左翼的で戦闘的な闘いを、しかも大衆的な規模でつくりだしてきた。一九七〇年六月二十三日に唯一うちぬかれた動力車労働者の政治的ストライキと、これにたいするわが全学連ならびに反戦青年委員会の支援闘争とが、一九六〇年6・4ストを質的に上回るかたちで実現されたことのなかに、その一端はしめされた。

B　党派闘争の断固たる推進

今や日本階級闘争は一つの大きな転回点にたたされている。

労働戦線の帝国主義的再編の隠微なかたちでの進行、社会民主主義党の没落と代々木共産党の議会主義的純化、そして左翼小児病的諸党派の驚くべき細分化と延命をはかるための離合集散の動き。――「新左翼」を装ってはいるが火炎ビン時代の〔日本共産党〕所感派の路線を猿マネしているにすぎない反代々木系行動左翼諸集団をもふくめた一切の党派は、安保＝沖縄闘争の最終局面において、もはや一九七〇年代の階級闘争を担いうる部隊ではないことを現実に立証した。もちろんこのような事態は、帝国主義ブルジョアジーの思惑どおりに再編されつつある労働運動のただなかで、またこれら諸党の内と外において、イデオロギー的および組織的活動を執拗にくりひろげてきたわれわれの闘いをつうじて、またこれを媒介としてのみ、現実化されたのであって、自然発生的に現出したわけでは決してない。

とりわけ労働戦線においては労働運動のなだれをうつ右傾化に抗し、かつ既成左翼による闘争放棄や組織暴露を弾劾しながら、反合理化闘争や賃金闘争を種々の形態で左翼的に推進し、またこうした闘いをつうじて同時に種々の戦闘的な労働者組織を創出し、これを実体的基礎としながら職場闘争ばかりでなく、反戦の闘いをも、産別的および地区的に、しかも公然・半公然・非公然、さらに合法・非合法などの諸形態をもって、着実にかつ大胆にくりひろげてきたのは、ただわが革共同・革マル派だけであった。

現情勢のもとでは極めて困難な職場闘争の地道な展開を放棄し、ただもっぱら「七〇年危機」とか「内乱的死闘の時代」とかをわめきたてながら、自党派のもとに系列化した一握りの「反戦派労働者」なるものに棍棒と火炎ビンを持たせて街頭武闘を強要し、しかも権力のエジキに供することが、「革命党」の任務であるなどと呼号しかつ実行し、そうすることによって左翼主義的観念性を自己暴露し崩壊の危機におとしいれられたのが、ブクロ＝中核派であった。他方、ブントやブクロ派の武装蜂起主義への純化にあおられながら、これまでの構造改革路線を表面的になげうって「左」転化した共労党は、西ヨーロッパやアメリカで頻発した山猫ストやフランスの「五月革命」を模倣して「拠点スト」方針をうちだしたのではあったが、所詮、労働者組織をもたない彼らの悲哀と観念性を自己暴露しつつ、「三層分岐」という名の空中分解につきおとされた。――反代々木群小党派は、こうした二つのパターンのいずれかを実践しつつ、「階級決戦」という大言壮語とともに本質上消え去った。

とはいえ、破産を現出したこうした諸党派はなお、さまざまな陰謀をめぐらせて延命しようとたくらんでいる。七〇年代の内乱的死闘はいまやっと始まったばかりだ、と称しながら。たとえ運動上で完全に破産し組織的分解の危機におとしいれられているとはいえ、延命をたくらんでいる反代々木の行動左翼主義的群小党派を最後的に解体するための闘いは、わが同盟に課せられている焦眉の現実的任務なのであって、われわれが安保＝沖縄闘争をつうじて強化しまた創造した拠点およびかちとった成果を基礎として、われわれは断固とした党派闘争をイデオロギー的にも組織的にも貫徹しなければならない。

とりわけ「革命パラノイア集団」ブクロ＝中核派は、自己組織の解体的危機をのりきるために、口先では「内乱的死闘の時代」とわめきたてながらも現実にはカンパニア主義的に六月闘争にとりくんだのであったが、所詮みずからの運動を維持し大衆的基盤を創出することも、いわんや自己組織の恢復をかちとることもできなかった。凋落した彼らは、こうして「革マル殺せ！」という彼らの信念を直接に実現することをつうじて延命をはかるという挙にでたのである。自己保身のためのブクロ＝中核派の「党派闘争」なるものは、いまや殺人という形態にまでエスカレートさせられた。一九三〇年代と同様の内外情勢のもとにある今日のわが国において、党派闘争の犠牲がでるのは当然のことだ、などとうそぶきながら。革命パラノイアならぬフリムン［痴れ者］のような言動を臆面もなく開始し、わが革命的共産主義運動に明白に敵対してきたこのブクロ＝中核派にたいして、われわれは断固として鉄槌をくださなければならない。

わが革命を実現するために、われわれは一般に党派闘争を決して避けて通るわけにはいかない。だが、それは政治主義的なもの・セクト主義的なもの・無原則的なものであってはならない。あくまでもそれは、マルクス・レーニン主義の原則にのっとり、具体的な理論的解明に裏づけられつつ実現されなければならない。自党派の政治的利害を基準としたたんなる報復とか私怨をはらすとかのために行使される暴力は、党派闘争を貫徹するための一手段としてのそれ、階級的および党的原則を貫くために不可欠なそれとは異質なものである。ブルジョア国家権力にたいしてではなく、それを打倒するためにたたかっている党派ないし分派にたいして暴力を行使するばあいには、常に、階級的および党的基準が厳守されなければならない。反階級的あるいは反党的な分子にたいしてのみ、暴力は行使されるべきである。

だが注意すべきことは、「反階級的」とか「反党的」とかの名において、反階級的でも反党的でもないようなものを断罪するといったケースが皆無であるわけではない、ということだ。それゆえにこそわれわれが他党派またはそれの構成実体にたいして暴力を行使するようなばあい、これは民主集中制の原則にもとづき、同盟組織そのものの責任において、かつ各級指導機関の統括のもとになされるべきであって、無原則的になされるべきではない。わが革共同・革マル派に敵対した今回のブクロ=中核派の残虐行為［同志海老原虐殺］にたいしては、それに相当する組織的反撃をもって、われわれはこたえなければならない。

現段階において、わが同盟が遂行すべき党派闘争の核心は、まず第一に、安保=沖縄闘争の最終局面において現実的に破産し分解の危機におとしいれられた行動左翼諸集団、とりわけわが反スターリニズム運動からの脱落分子=ブクロ派の現状と本質を根底的にあばきだすためのイデオロギー闘争を、あらゆる形態で全戦線にわたって展開すべき点にある。そして第二に、こうしたイデオロギー闘争を物質化するための組織戦術の諸形態を緻密化しつつ、赤軍派なき第二次ブント（これはそれ自体さらに三分解した）その他の諸集団を全体として組織的に解体し、さらに道徳的に腐敗し官僚主義的のりきりを策している悪質なブクロ=中核派の組織それ自体を最後的に解体し、反代々木左翼戦線の革命的再編とわが同盟組織の強化のためにたたかう点にある。

こうしたイデオロギー的=組織的闘いを飛躍的に前進させていくためには、もちろん、今後くりひろげられるべき諸闘争——反戦=反基地・反安保・沖縄闘争を主軸とした種々の政治的および経済的闘い——を、わが同盟に指導された反戦青年委員会および全学連を中心部隊として組織化する過程そのものにおいて、党派的な理論的=組織的闘いが断固として貫徹されなければならない。

破産し分解の瀬戸際にたたされている左翼急進主義的諸集団を革命的に解体し止揚することが、わが同盟の当面する組織的任務の重要な一つをなすのであるが、この組織的任務を着実におしすすめていくためには、一方ではこれら諸党派の破産の必然性を理論的にあばきだすためのイデオロギー闘争を主とした闘いを、他方ではこうしたイデオロギー闘争および組織活動に支えられた全学連の運動および反戦青年委員会の運動を大衆的な規模で戦闘的に展開する闘いを、――各地方・各地区の諸党派との力関係の具体的分析にふまえながら、――われわれは組織化しなければならない。今後推転していく階級情勢ならびに党派的力関係の特殊性、そしてわが同盟を中核とした革命的左翼それ自体の力量、この両者の明確な認識にふまえつつ、破産した行動左翼諸集団を解体するための右の二つの方途を結合するだけでなく、さらにこれらの諸党派を解体するための特殊的な組織戦術をも現実的にねりあげることが必要である。

分解し崩壊寸前にある群小諸党派を解体するための党派闘争を、これらの諸党派の直接的な暴力的根絶に矮小化してはならない。たしかに、それは最後的な解体のための一手段であり、また他党派との暴力的対決は現時点における諸党派の動向からしても不可避であり、そのための備えは恒常的になされていなければならない。たとえそうであったとしても、他党派を運動上でもイデオロギー上でものりこえるための闘い、これを実体的に保証するための不断の組織活動の展開、および他党派を解体するための特殊的な組織戦術の具体的適用などを、われわれは有機的に結合しつつ推進すべきである。不断の大衆運動の組織化、政治主義的ないしセクト主義的ではない理論的＝組織的活動の日常的展開の彼岸において、直接に諸党派の暴力的解体をめざすのは、こうした直接的解体を意図するものそれ自身の腐敗を意味するだけではなく、それによっては党派闘争の有効的実現も諸党派の組織的解体も決してなしとげられないのである。

分解しかかっている行動左翼諸集団にたいする狂った政治的判断とか誤った評価とかにもとづいた、あるいは焦燥感にかられた直接的な暴力的対決は、党派闘争のイロハを没却したことからうみだされるのである。こうした誤謬からまぬかれるためには、解体すべき諸党派の組織的現状およびそれを規定しているエセ理論を具体的に分析し研究し、これにふまえてイデオロギー的＝組織的闘い（特殊的な組織戦術をふくむ）を具体化し、さらに統一行動の呼びかけとか、交流会議・討論集会のようなものを設定した柔軟な働きかけとかを、各地方・各地区の特殊性にみあったかたちでうちだしていくべきであろう。

C　わが同盟の組織的強化

一九七〇年代階級闘争の序幕に位置しているわれわれは、これまでの安保＝沖縄闘争をつうじて破産し分解した諸党派を解体するためのイデオロギー闘争および組織戦術を緻密化しつつ、物質化していかなければならないのであるが、しかしこの党派闘争は、わが同盟の各級機関および基本組織それ自体の質的強化と量的拡大とを前提するのであり、またそれを結果するものとして実現されなければならない。

とりわけ過去約三年にわたる安保＝沖縄闘争や反合理化・賃金闘争などを左翼的あるいは革命的に推進することをつうじて、労働戦線においても学生戦線においても、わが同盟の大衆的基盤は著しく拡大してきた。とくに反戦青年委員会の形式面を最大限に活用しつつ、基幹産業の戦闘的労働者たちを種々の形態の反戦闘争や反安保＝沖縄闘争に組織的に動員し戦闘的デモンストレーションをくりひろげ、かつその成果を各職場にもちかえり定着化するための、またこれを基礎とした地区的ないし産別的な闘いをさらに拡大し強化するための、種々の理論的＝組織的活動を、わが同盟（員）はくりひろげてきた。こうすることによって、わが同盟とそのまわりに結集した数多くの革命的労働者たちを中心として、反戦青年委員会が地区的および産別的に創出された。

もちろん、この闘いと組織化は、反代々木行動左翼諸集団の街頭行動主義的・武闘主義的あるいはサンディカリズム的な諸偏向とこれにもとづいた種々の運動形態および闘争形態の観念性をあばきだし、のりこえていく闘いを着実に、上と下からおしすすめることをつうじて、なしとげられたのであった。反代々木諸党派のばあいには、労働組合運動とは別個に、それからはみだすという形でしか、いいかえれば学生活動家ＯＢというべきものを直接に街頭化させるという形でしか、反戦青年委員会とその運動をつくりだすことができなかったのである。が、これにたいしてわれわれは、われわれの闘いをつうじて創造した種々の労働者組織形態を実体的基礎として、組合青年部を全体として動かしたり、組合諸機関の承認をとりつけたりするという形態において、反戦青年委員会の運動を独自的に創りだしてきた。こうして労働戦線におけるわが同盟組織は、各地において、産別的にも地区的にも、かなり著しく大衆的基盤を拡大し各種のフラクションを強化することに成功した。だが、それにもかかわらず、労働者細胞は全国的にみて必ずしも拡大しているわけではない。あまりにも拡大したわが同盟の大衆的基盤に比しての、労働者細胞の弱体性、——ここに、わが同盟組織建設が現にいま直面させられている問題、だができるだけすみやかに実践的に解決されなければならない問題が集約的にしめされている。

たしかに、労働戦線におけるわが同盟組織の闘いは、全体として、既成左翼の運動ばかりでなく反代々木行動左翼のハミダシ運動をのりこえるかたちで推進され、またそのためのイデオロギー的および組織的活動をも、当然のことながらそれなりにくりひろげてきたといえる。けれども、各産別・各地区の労働者細胞を中心とした理論的＝組織的活動は十分になしとげられてきたとは必ずしもいいえない。一部の労働者細胞の理論活動の停滞、同盟員の質的横ばいないし低下といったような事態の現出、また組合関係の文書とか内部文書とかを執筆しても、わが同盟の質的強化をうながし、かつそれに寄与するような創造的諸文書を執筆することにおける消極性、さらにフラクションの拡大に相対的にも絶対的にもたちおくれた各労働者細胞、――このような現実がそのことを雄弁に物語っている。

各産別・各地区の労働者細胞建設にみられるこうした停滞は、ところで何に起因するのであろうか？　いうまでもなく、細胞の指導的メンバーや各級指導機関の担い手たちそれ自体の、わが同盟組織建設にかんする構えかた・態度・活動のマンネリ化、とうぜん発揮されるべき創意性の枯渇ないし怠慢、若々しい情熱の消失、緊張した革命的精神の弛緩ないし衰弱、その時々の政治的諸問題への埋没とその習性化、指導部としての自己形成の忘却ないしその彼岸化その他にあるといえる。労働者細胞建設の停滞は、まさに一部の指導的メンバーが無自覚的にはまりこんでいるこの危機的な事態、極言すれば彼らのそれとして意識されていない腐敗に根因があるのだ。これを革命的に突破するための内部闘争を新たに組織化し、わが同盟組織を生き生きしたものとしてよみがえらせること――ここに、わが同盟建設の当面する最深にして最大の組織的課題がある。

ところで他方、学生戦線においても、わが同盟に指導されたマル学同は、反戦・反安保・沖縄といった闘争課題をめぐって、激烈な党派闘争をくりひろげ、これに媒介されつつ種々の形態の統一行動を組織化したり独自に全学連の革命的な闘いを推進したりしてきた。わが全学連に敵対するかたちで、数年前から「三派連合」［中核派・ブント・社青同解放派］が、昨年からは「八派連合」が、反代々木系の学生運動を分断し、しかもこの分断を固定化するために「全共連」なるものをデッチあげたのであったが、わが同盟およびマル学同に指導された全学連は、そうしたセクト主義を弾劾し、かつ「全共連」をあやつっている「八派連合」の野合的本質を、「反革マル」という一点でからくもむすびついているにすぎないその腐敗を、理論的に徹底的にあばきだし、これをつうじて全学連運動を拡大し強化してきただけでなく、また同時に「八派連合」の解体および「全共連」の革命的再編をめざした独自の闘いをも推進してきた。これは、すこぶる紆余曲折にみちた苦難な闘いではあったが、まさにこのゆえにわが同盟およびマル学同は理論的にも組織的にも鍛えあげられたといえる。

けれども、党派闘争をかちぬくためのイデオロギー闘争や組織活動は満足のいくかたちで展開されてきたわけでは必ずしもない。とりわけ全学連運動の次元において、「階級決戦主義」「武装蜂起主義」「革命主義」をますますあらわにしてきた反代々木左翼諸集団のこの傾向に対決すると称して、いわば党建設主義的な方針がうみだされたということ――これは、七〇年安保闘争という時点において学生大衆運動が必然的に濃厚に刻印されざるをえない反政府的な性格が、あるいは例えば反安保闘争の反政府闘争への、さらに反権力闘争への高揚にかかわる諸問題が明確に理論的に反省できなかったことに起因するわけである。

一九六五年以来つづけられてきた闘争論論争が、一九六七年の沖縄闘争いご再度追求しなおされ、さらに反安保闘争の一定の高揚段階においては、学生大衆運動と党組織づくりとの関係、また前者の反政府闘争への高揚と発展、またプロレタリア階級闘争の革命闘争への転換などについての理論的ほりさげが新たに試みられてきた。けれども、こうした論議はマル学同および学生細胞、また労働者細胞において十分になされてきたとは必ずしもいえない。内部理論闘争の継続は、激化した党派闘争とそれへの政治的対応のゆえに、しばしばさまたげられ中断されたといえる。だが同時にこうした党派闘争は、われわれにたいして種々の現実問題の理論的解明を、すなわちたとえば沖縄人民解放のための闘いと展望・統一行動の組織化のしかたの緻密化・「全共連」を革命的に解体するための運動＝組織活動のしかた・「ポツダム自治会の終焉」論にもとづいたエセ・ソビエト運動・統一行動と党派闘争との結合などにかんする理論的ほりさげを、せまった。これらの追求を媒介としながら、マル学同組織および学生細胞の強化をかちとるとともに、小ブルジョア急進主義諸集団をきりくずすための組織的闘いも一定程度なされてきた。

けれども、一九六九年十―十一月闘争以後の理論的＝組織的闘いは、やはり脆弱なものであったといわなければならない。「八派連合」の「破産――→あがき――→のりきり」といった特徴づけ以上の理論的追究がなされなければならなかったにもかかわらず、こうした諸問題のほりさげが全体としては、はかばかしくいかなかったわけである。

現時点においては、破産した行動左翼を革命的に解体することをつうじて、わが全学連を名実ともに「左翼主流派」たらしめるために、マル学同および学生細胞は全力を傾注しなければならない。そして今後激化するであろう党派闘争を断固としておしすすめるためにも、マル学同の組織的強化・拡大と学生細胞の質的強化を真剣にかちとることが必要である。それは、個別的にも全体的にも、理論的に再武装しつつ組織的実践を主体的に反省し総括することをとおして実現されなければならない。

現段階におけるわが同盟組織建設の中心環は、安保＝沖縄闘争をたたかうことをつうじてわが同盟の周囲に結集してきた数多くの戦闘的労働者および学生を、来るべき闘いに耐えうる主体へと高め、かつわが同盟に彼らを獲得するための組織活動を計画的かつ系統的に実現すべき点にある。そのためには、まずもってわが同盟員が決意を新たにし、同盟諸組織の理論的再武装とこれに媒介されたその質的強化をかちとることが必要である。わが同盟組織そのもののかかる強化なしには、すでにフラクション・メンバーとなっている仲間たちを、わが同盟員に止揚するための理論的＝組織的闘いは成功裡にはなしとげることができないし、また種々の学習会に所属するメンバーとか未組織の仲間たちをわれわれの側に獲得することも、さらに他党派およびそのシンパ層をきりくずしていく闘いも、有効的になしえないであろう。わが同盟細胞および各級指導機関の実体的および形態的な強化と拡大――これがわれわれの直面している中心的な組織的任務である。

ブクロ官僚は十―十一月闘争をつうじて完全に解体した組織をたてなおすと称して、若い学生活動家をなんら教育することなく直接に各地区の常任ないし半常任にしたてあげ、そして消耗している労働者への恫喝オルグを彼らにやらせているのであるが、こうした無原則的なやりかたは彼らの組織それ自体の危機を深化させる促進剤となるにちがいない。いまなおブクロ官僚に蒙蔽《モンピー》されている戦闘的労働者たちを、わが反スターリニズム運動の担い手へと脱皮させるための組織活動をも精力的になしとげるべきことを、そうした事態はわれわれに教えているのである。

Ⅱ　指導部建設にかんする諸教訓

わが同盟組織を現時点において質的に強化し量的に拡大していくための中心環は、指導部建設にある。

過去約七年半にわたる同盟組織建設は、各級指導部を実体的にも形態的にも創造し確立するための闘いに集中されてきた、といっても決していいすぎではないほどである。労働運動ないし大衆運動の前提となり、かつそれをつうじて強化・拡大されるわが同盟組織、これの組織的確立にかんする一般的理論は、すでに一応は解明されている。にもかかわらず、現実にはわが同盟組織建設ははかばかしく前進しているわけではない。この悲しむべき、いや痛苦な組織的現状を打破しつつ、わが同盟組織を質的に高め強化し量的に拡大していくために絶対に必要な、理論以前的な諸問題を簡単に整理することが、次の課題である。

A　指導部建設のための闘争

ブクロ官僚どもとの内部闘争の限界露呈において、彼らから組織的に分裂して創出されたのが、わが革共同・革マル派なのであるが、この新しい前衛組織をつくりだす闘いは、まずもって中央および各地方の指導部建設としてあらわれた。

まずもって、学生細胞出身者から労働者諸組織の直接的担当者をつくりだし、わが革マル派の中央指導部をSB〔書記局〕として確立するための内部理論闘争が、一九六三年二月から開始された。官僚化した旧指導部を追放するといったかたちで内部闘争と分派闘争がすすめられたのであったが、新指導部を創出する闘いは極めて困難であり遅々としたものであった。

しかしとにかく、翌六四年春に開かれた五全代〔革共同第五回全国代表者会議〕の時点において、過去約一年の闘いにふまえて、ようやくSBという形態での中央指導部建設とならんで、さらに全国的な指導体制を本質的につつみこんだ形態のＰＢ〔政治局〕を創出するための闘いもまたすすめられた。――この五全代（一九六四年五月）において、そこでは討論されなかったのであるが、「指導部建設」にかんする文書がだされた。しかしこの文書の根底には、大衆運動と前衛党組織との関係および組織建設そのものにかんする誤った考えかたが横たわっていた。簡単にいうならば、立脚点主義的な組織づくりと大衆運動への政治技術主義的対応との折衷的統一のような「組織論」が、それである。

ところで、この五全代において提起され決定され現実に実践されはじめた指導部建設にかんする重要なことがらは、①ＰＢ（準）を定期的に（ほぼ三ヵ月に一回）もち、中央および各地方の諸組織がかかえている諸問題を追求しほりさげることであり、②Ｄ地方の組織建設のために不可欠な常任メンバーを六五年初めまでに組織的につくりあげることであった。――第一、二回のＰＢ（準）〔六四年七月、九月〕では、おもにＢ地方の組織建設、とりわけ○□産別委員会系のフラクションづくりにかんする運動＝組織論的追求が、第三回のそれおよび六全代〔六四年十一月〕では運動＝組織論と方針提起論との無差別的混同を克服するという問題をめぐっての論議が、それぞれなされた。

一九六三年二月ごろから六五年二月〔三ＰＢ（準）〕ごろまでが、わが同盟建設を指導部づくりという観点からみた場合の第一段階であるといえる。そして、これにつづく第二段階〔一九六五年～六六年十二月〕は、指導部建設にとってはまさに困難な時期であった。

すなわち、六五年五月〔五ＰＢ（準）―二労総〔第二回全国労働者細胞代表者会議〕〕前後から活溌に開始された内部理論闘争――賃金闘争論・ベトナム反戦闘争論にかかわる混乱、依然尾をひいていた運動＝組織論と方針提起論との未分化、あるいはフラクション活動のとらえかたにかんする混迷などをめぐっての内部闘争――これは、一定の前進をしめしながらも、同時に理論的混乱や追求の放棄をもうみだした。さらに六五年秋の反合理化闘争の推進過程においては中央□○産別委員会それ自体の内部に一定の混乱がうみだされ、そしてこの混乱が組織的に解決されることなく、むしろ技術主義的な対処策がそれにたいしてとられたことからして、わが同盟結成以来の大きな問題がうみだされたのであった。

うみだされたこの組織的混乱の根源が要するに次の点にある、ということが、回復された内部論争と同志的交通をつうじて組織的に明らかにされ、かつ現実的に克服される方向に転じたのであった。――①中央□○産別委員会の会議における理論闘争が運動＝組織論および闘争論にわたって内容的に十分なされず、ただ「構えかた」の問題をめぐっての抽象的な論議しかなされなかったにすぎず、しかもこうした論議の不毛性をいわばカバーするためにその当時の常任メンバーにより〈組織づくりにおけるカチカチ山路線〉が適用されたこと。②中央WOB〔労働者組織委員会〕会議が、時間の都合その他で定期的かつ長時間にわたってもてないということからして、それを放棄し、いわゆるWOB－SB会議〈WOB常任メンバーだけの会議〉にそれがすりかえられ、こうすることによってWOB常任メンバーの意識が産別主義的に固定化され、各メンバーが自己の担当ではない他の産別委員会の組織的現状にたいしてやや無関心〈ここから、発生した問題への政治技術主義的対応が不可避となったのであるが、これは官僚主義の一つの温床である〉となりはじめるとともに、常任メンバー相互間の不断の点検がないがしろにされたこと。

明るみにだされた右の二点を組織的に克服するための内部闘争が、八POB〈準〉〔第八回拡大政治組織局会議〕〔一九六六年二月上旬〕直後から積極的に開始され、九POB〈準〉〔六六年六月〕において一応の解決らしいものがみいだされたのであった。――「一応の解決」というわけは、五PB―二労総前後から混乱の度合を倍加した内部論争が、特に「自覚させるための賃金闘争論」および運動＝組織論と方針提起論との二重うつしにかんする誤謬などを克服するための論議が、六ＰＢ（準）〔一九六五年七月――なおこの会議でＰＢ（準）はＰＯＢ（準）と改称された〕などで解決されたかにみえたけれども、しかし実際にはそうではなかった（このゆえに一九六五年秋以後の組織的混乱が現出したのである）がゆえに、そもそも明るみに出された諸問題を根底的に解決するための理論的武器が欠如していたということからなのである。簡単にいうならば、論争問題は――主観的にはともかく客観的には――常に〝なしくずし的〟にしか解決されてこなかったがゆえに、九ＰＯＢ（準）の論議もまた、そうした性格のものとならざるをえなかったわけなのである。闘争論および運動＝組織論にかかわる追求をある者は放棄し、他の者は自己の哲学的立脚点の反省に横すべりさせた、というこの過去（とくに一九六五年五月～六六年七月）からの根底的決裂は、しかし、さらに、ハンガリア革命一〇周年を記念するためのイデオロギー闘争において、反スターリニズムの基本的立脚点にかかわることがら、その革命論がわが同盟指導部の内部でもなお主体化されていないことが現実に暴露されたことを契機として開始されたのである。

こうして一九六七年の初めから、わが同盟中央指導部を実質的に再建するためのイデオロギー闘争が、新しい形態の組織会議（つまりＳＢとＳＯＢ〔中央学生組織委員会〕との合同会議）をもつうじてなされはじめた。ハンガリア問題、闘争論および運動＝組織論などの反省と深化にかんする問題などを中心として。また同時に、同盟組織を実体的にも形態的にも確立していくための組織論が、これまで論議されてきた闘争論や運動＝組織論との関係において追求されはじめ、そしてこの問題は、マル学同第八回大会（一九六七年三月）での論議の一中心課題として提起され、「ＺＦ〔全学連フラクション〕としての学生運動」の克服の問題とともに新たに追求されはじめた。この時期以後が指導部建設の第三段階をなす。

そして、一九六四年秋の六全代いご開くべくして開かれていなかった全代が、六七年五月にもたれ、ここで正式にPOBのPOBとしての確立が組織的に確認されるとともに、これまでのわが同盟組織建設を全面的に総括していくためのほんの第一歩が築かれた。だがそれは、ほんの第一歩でしかなかった。というわけは、七全代においても、中央および各地方組織がかかえている運動＝組織活動上の諸問題を理論的に切開し実践的に克服していくための指針が依然として積極的に提起されなかったからである。そして事実、一九六七年にはいってOML〔沖縄マルクス主義者同盟〕の結成〔一月十日〕にこぎつけるという成果をわれわれは獲得できたとはいえ、同時に□地方や□地方ではこの時期に指導部建設の停滞がうみだされたのであった。

わが同盟組織建設の再出発の時点にたったわれわれは、しかし、10・8闘争へのとりくみとそれ以後の安保＝沖縄闘争の左翼的＝革命的推進に、とりわけ反戦青年委員会の組織化のために全力を傾けなければならなかった。その場合、産別的職場闘争と反戦青年委員会の運動との結合を理論的に明らかにすることなく、むしろ政治技術主義的に、つまり他党派と対抗するという政治的＝党派的観点および意識から、各産別労働者を街頭闘争に動員することを追求するといった誤りもごく一部ではあれうみだされた。

一九六八年四月以後、同盟中央指導部の実体的再編をなしとげ、新しい指導体制のもとで、反代々木左翼戦線から孤立化されたわが同盟とこれに指導された全学連の闘いや反戦青年委員会の独自的組織化と運動を展開するための闘いにとりくみはじめた。

一九六八年十月闘争の前後および六九年十―十一月闘争のまっただなかで二度にわたって、反代々木戦線において孤立化されていたわが同盟がいかなる戦術をとり他党派にたいしていかなる闘いをなすべきか、ということをめぐっての意見のくいちがいが、同盟中央指導部内にうみだされたのであった。ところで、このくいちがいの一方の極をかたちづくったのは、要するに、闘争論および運動＝組織論を彼岸化して、だからわれわれの組織戦術の貫徹の問題をほかして、もっぱら、運動および他党派へ政治技術的に対応するという観点にもとづいたたんなる政治的判断、これに依拠しつつ当面の具体的方針を考えるという傾向であった。こうした超理論的な政治判断がなされるばあいには、当然のことながら、しばしば枝葉末節的なことがらに拘泥することによって、革共同・革マル派として貫きとおすべき原則的なことがらが曖昧化されるのを常とする。とりわけ「労働運動の左翼的展開」ということが空語的に理解されるばあいには、一九六九年10・21闘争という時点の前後においては、わが同盟もまた、反戦青年委員会の運動を――行動左翼主義的諸党派とは本質的に異なる形態においてであるとはいえ――独自的に創出すべきである、とするSOB系の同志たちの主張にたいして、ただ否定的ないし消極的な態度をとることしかできないことにもなるのである。だが、もちろん、こうした組織方針は、それを提起した者たちにおいても、その当時の段階では、〈「八派連合」系の反戦青年委員会に直対応したかたちで、革マル派系のそれを独自的に組織化すべきだ〉という程度のものであって、十分に理論的に考えぬき基礎づけつつ提起されたわけではない。それは当然のことである。

　そして問題は、こうした提起それ自体を理論的にほりさげつつわれわれの闘争＝組織方針を具体的にねりあげていくのではなく、反戦青年委員会の闘いのこれまでの組織化路線を政治的判断の基準としていながら新たな提起にたいしてネガティヴな態度をとることしかできなかった、ということの非創造性が何を根拠としているかを明らかにすべき点にこそある。この問題は今後の労働運動のすすめかたとの、およびわが同盟組織の地区的強化との関係において、全同盟的に追求されなければならない。また、学生戦線における今後の党派闘争を有効的にたたかいぬき、わが全学連を名実ともに「左翼主流派」たらしめるために十分にほりさげられ物質化されなければならない。

たしかに過去七年半にわたる組織建設をつうじて、わが同盟はそれなりの前進をとげてきた。だが、各級指導機関の実体的および形態的確立に、われわれは成功しているわけでは決してない。指導部建設は極めて困難な課題である。各地方・各地区・各産別の指導部を指導部として真に確立するために、われわれは奮闘しなければならない。それなしには、わが同盟労働者細胞および学生細胞の強化と拡大をたたかいとることはできない。もちろん労働者細胞および学生細胞の指導的メンバーたちは、みずからを各級指導部の担い手に高め、古い指導部にとってかわるという気魄をもって、今後の組織建設をおしすすめていくべきである。革共同・革マル派結成の時点における、あの若々しい息吹きを、わが同盟組織全体によみがえらせ、みなぎらせなければならない。内部理論闘争を不断に推進することが前衛党組織に活力をあたえるものであることを再確認し、かつ実践すべきである。そのために、指導部建設にかんする教訓を簡潔に反省することが必要なのである。

B　教訓化されるべき諸問題

(一) 誤った組織建設論

すでに『日本の反スターリン主義運動 2』で展開されているように、過去の同盟組織建設をみちびいてきた「理論」は、せんじつめれば次のようなものであった。――すなわち、同盟組織づくりを、㋑「政治的＝組織的形成」と㋺「理論的＝組織的形成」との二側面からなるものとしてとらえる「理論」が、それである。

ここでは明らかに、その時々の大衆運動への政治技術的対応の側面㋑と、主体形成主義的または立脚点主義的な組織づくり(あるいは、わが同盟の支柱となっている「理論」ないし「戦略」を主体化させることがすなわち組織づくりであるとみなしていること)の側面㋺との機械的結合として、組織づくりが考えられている。

前者の側面にかんしては、組織活動ないし組織戦術の貫徹にかかわる諸問題がぬけおちて、基本的に大衆運動にかんする政治的経験をつむことをつうじて政治的感覚や政治的判断をみがきあげ、これを基礎として運動にかかわることに、大衆運動の組織化の問題が矮小化されていくことになる。大衆運動への組織的かかわりにかんする側面が、このようなものとしてしかとらえられていないかぎり、運動の組織化と組織の組織化との二重構造も、既成の運動の左翼的・革命的のりこえも、さらに運動＝組織方針の提起と運動＝組織活動の展開との関係も、なんら追求されるべき課題として向自化されえないのである。「闘争論とか運動＝組織論とかは十分追求していないので……」といった口実をつくることそれ自体、またそうした口実のもとに闘争論的および運動＝組織論的アプローチを棚上げにして、ただもっぱら自己の政治的経験にもとづいた政治的判断に依拠しつつ、組織会議や組織指導をのりきること、これらはそのことの現実的あらわれであるといわなければならない。

他方、後者の側面㋺にかんしては、大衆運動へのかかわりにおける政治的感覚とか政治的判断とかが狂ったものにならないようにするための「理論」ないし「戦略」の体得に、あるいはそれらを主体化させることに、組織の組織的確立にかかわる問題が歪めちぢめられている。大衆運動や労働運動への政治的対応の的確度を高めるための「理論」の体得、といった考えかたは、前衛党組織を「運動の単位」であると同時に「組織の単位」でもある、とみなす機械論から必然的にうみだされるものであるが、これは次の二つを前提とし、かつ結果する。その第一は前衛組織を無自覚的に、大衆運動の裏指導部のようなものとしてとらえること、その第二は、組織の実体的および形態的確立にかんする問題をば組織の個々の担い手が自己の立脚点ないし主体性を哲学的に確立するという問題に横すべりさせること、である。組織の組織的確立にかかわる問題をいわゆる「理論的＝組織的形成」としてとらえるかぎり、組織およびそれを構成する諸実体のあいだの弁証法的構造やそれらの組織性および思想性の問題、したがって組織実体の確立に媒介された組織の形態的確立や後者にふまえた前者（組織実体）の強化にかかわる問題、さらに党組織の内的構成にかかわる諸問題などのすべてが欠落せざるをえないのである。

われわれにとってすでに周知となっている右のことがらを、あらためて剔出し再反省したのは、一九六八年秋および六九年秋の二度にわたって、五全代で提起された誤った組織づくり観の残りかすが顔をだしてしまったという、この痛苦な現実をかみしめ克服するための一手段としてであるにすぎない。

（二）　組織的強化がかちとれない一般的根拠

わが同盟組織の基本形態である細胞であろうと、また各級指導機関であろうと、とにかく組織が形態的にも実体的にも確固として形成されえないようなばあい、その根拠としては、一般に、およそ次のような諸点をあげることができよう。

①　その時々の運動方針上の一致を表面的にかちとるためのものに、組織会議がおとしめられていること。――このばあいは、単位組織が大衆運動の裏指導部のようなものに実質上すりかえられているだけではなく、中央機関紙その他によって提起されている方針や指針を解釈し理解するだけのものに組織討論の内容が歪められているのである。いいかえれば、たとえば中央指導部から提起された方針が、何を根拠に、どのような政治的＝理論的基礎づけをもってうちだされているか、ということまでをも概念的に把握することが常に必ずなされなければならない（または、それがめざされるべきである）、にもかかわらず、そうした媒介的なとらえかえしが組織会議でなされないがゆえに、当面の方針をめぐる表面的な一致しかかちとれないことになるわけなのである。（一般に「結果」を覚えこんで、それがうみだされる「過程」を省察しないならば、いいかえれば前者を後者との統一においてとらえないならば、「結果」を基礎とした前進ないし創造は絶対的に不可能なのである。）そうすることによっては組織諸成員が高まることも、組織それ自体が全体として質的に強化されることも、決してありえないのである。ところで、右のような欠陥・誤謬は、第二のそれと不可分にむすびついている。

②　内部論争の系統的かつ組織的な追求の欠如、あるいは組織諸成員による理論的＝思想的自己形成の

弱さ。――その時々の闘争課題をめぐっての闘争論的および運動＝組織論的解明（具体的な闘争＝組織方針の解明）にはらまれている諸欠陥や誤謬を意識的につきだすことをつうじて、これまでのわれわれは同時に、闘争論とか運動＝組織論とかの一般的理論そのものをも深め発展させてきたのである。この両者（具体的な闘争＝組織方針の解明と、それを媒介とした闘争論および運動＝組織論の一般化）を統一的に把握し、かつたえず追体験する構えをもっていさえするならば、当面の闘争方針をめぐる論議を革命理論的にほりさげていくことが不可欠かつ不可避となるだけではなく、内部論争となった種々の理論問題を系統的・計画的に学習しなおすために努力することが必然的となるのである。こうして組織会議とは別に、単位組織のメンバーからなる特殊的学習会を設定し、内部論争問題、反スターリニズムの基礎理論、さらに批判対象とされている諸党派の文書などを組織的に検討すべきだということも、当然必要となるのである。

③ 組織諸成員のあいだでのそれぞれの運動＝組織活動の相互点検および相互の同志的交通の欠如ないし希薄化。――当面の運動方針上の表面的一致だけが追求され、内部闘争が理論的になされず、したがって組織的に学習会が計画的かつ持続的にもたれていないばあいには、必然的に同時に、組織諸成員のあいだの人間的＝同志的交通が不断に醸成されないことになるだけではなく、相互に他の同志の運動＝組織活動を点検し反省しつつ、欠陥や失敗や誤謬を単位組織全体のものとして教訓化することができなくなる。こうして、たとえばある同志が、いつ、どのように恋愛をはじめたかも、あるいは理論以前的な諸問題について悩んでいるかといったことも、事態が進行しないと判明しないということにもなるのである。いわゆる「プライバシーの侵害」ということは、私人と公人とへ分裂しているブルジョア的個人を前提として

いるのであるが、われわれは、そうした自己分裂を止揚したプロレタリア的個人であり、コムニスト的主体性を確立することをめざして日々苦闘している存在である。それゆえに全（組織）と個（組織成員）とを統一するかたちで、あるいは組織性に貫かれたわれわれの個的主体性を確立するかたちで、同志間の実存的交通が確立されなければならない。また、そのために、それをめざして組織諸成員のあいだの、すべての問題にわたる相互点検が不断になされなければならないのだ。

④　組織会議の誤った指導のしかた、その内容の貧しさ。――㋑組織会議を、組織諸成員が展開した運動＝組織活動の欠陥や誤謬をチェックする場として位置づけているようなばあいが、しばしばみうけられる。いわゆるチェック型指導なるものは、指導者が指導者にふさわしい理論を体得していないときに必然的にうみだされる。とりわけ闘争論とか運動＝組織論とかの系統的追求と主体化がなされていないときには必然的に、運動＝組織づくりの諸活動にかんする表面的な政治技術を教えこむという結果になる。これは組織づくりにおける技術主義的のりきりの一形態である。

ところで、組織会議のもちかたには、さらに次のようなものがあるといえる。――㋺おしゃべり型、㋩ギョロギョロ型（会議中、目だけ動かして同志を観察し、発言を活溌にしない型）、㋥うちあわせ型、㋭つつき型（いわゆる「だせだせ路線」――これは指導者の無内容に起因するのであって、官僚主義の一つのあらわれである）、㋬ベッタリ型（指導を放棄して、仲良しクラブ的に会議をもつ型）、㋣サモサモ型（実際には運動＝組織活動を精力的にやっていないにもかかわらず、あたかもやっているかのごとくに報告する「同志」を点検できない型）、㋠道徳的説教型（指導するものが無内容・無理論のばあいに、指導が道徳的説教ないし恫喝となる型）、㋷学習会主義型（運動＝組織活動の指導ができないので、もっぱら組織会議を学習会の場にきりかえてしまう型）、㋦ メモ魔型（論議していることがらの断片だけをメモし、かつこのメモを中心に論議することが組織会議であるなどと錯覚している型）、その他。

⑤ 組織強化のための一手段としての自己総括の誤ったしかた。——これまで列挙してきたような諸欠陥は、組織総括や自己総括のしかたにおける次のような誤りとして結果し、それに集約されるといえる。すなわち、㋑ 道徳主義的な反省と総括（これは無理論のゆえに不可避となるものであって、こうした反省・総括のしかたでは前進と飛躍のための拠点は決してうちかためられない）、㋺「批判されたこと」を基準化したエセ総括（「批判されたこと」の内容・意味をほりさげて追求することなく、ただそれをオウム返し的にくりかえす没主体的で没理論的な反省）、㋩ ベッタリ的反省・総括（運動＝組織論や闘争論をまともに総括することなく、それらの自己流の解釈とか政治的判断とかで、恣意的に、無理に「自己反省」をやり、自分にいいきかせ、デタラメに納得させてしまう、といった腐敗したもの）。

（三） 組織指導のできない常任メンバーのパターン

労働者細胞・学生細胞や各級指導機関が組織的に強化されえない一般的根拠として列挙した諸事態を、組織指導者の側からとらえるばあい、それは、およそ次のような常任（半常任）メンバーの活動スタイルとして表現されるといえるであろう。

① 職業革命家としてみずからを不断に形成していくべきその人が、ちょっとばかり組合運動やフラクション会議にかかわっていることに安住する型。——これは、もっとも腐敗しきった常任の型であって、論外である。

②　無計画的で怠慢な感触主義。――組織会議・学習会・自己形成のための独習・論文執筆などについてのスケジュールをたて、これを計画的に実現していくべきである、にもかかわらずそれを放棄し、ただ漫然と風のまにまに行動する型。このばあいは自己の頭脳が無内容・空疎となるがゆえに、たとえば他党派の幹部などと接触することは彼のハラのうちをさぐったり〝感触〟をえたりする、といった程度のものとならざるをえない。

③　犬の小便型オルグ。――革マル派の機関紙誌や全学連の中央委員会議案などを、各地にばらまいて歩くことが、すなわちオルグ活動であるとしている型。明らかにこれは、おのれの無内容・没理論のオルグ活動における対象的表現である。

④　口コミ＝ギプスはめ型オルグ。――内部文書や論文を執筆することなく、ただもっぱら政治的判断にもたれかかりながら覚えこんだことがらを音声だけで対象化しつつ、あわてふためきながら組織づくりにおけるホコロビや失敗や欠陥やらを、組織会議とか個別オルグとかでチェックして歩く型。

⑤　おしゃべりチェック型。

⑥　雑巾主義。――おのれの組織活動の不可欠的な一部として、自己の思想形成のための時間を意識的につくりだすべきである、にもかかわらずこれを諦め、不安をいだきながら種々の組織指導に埋没している型。自己の無内容化・没理論化をもってしては、しかし前衛組織づくりはできないのである。

⑦　組合運動自足主義。――組合運動に埋没し、みずからを常任に高めるための内的苦闘を軽視する傾向。

一九六九年九～十月のアンケートその他とそれ以後の常任（半常任）メンバーの言動を総括するばあい、

およそ右に列挙したようなパターンがうかびあがってくるのであるが、これ以外のパターンも現実には存在しているかもしれない。

右のような諸傾向全体に貫かれている共通の特徴は、だいたい次の諸点にあるといえる。――

（a）労働者へのかかわりそれ自体の自己目的化（個別オルグ主義、ベッタリ主義、おしゃべり主義、道徳的説教主義、といった現実形態をとってあらわれる）。――種々の組織会議に丹念に出席したり労働者の個別オルグを頻繁におこなったりすることはもちろんそれ自体大切なことであるが、しかし問題は、会議の内容、討議の質、オルグ内容にこそある。けれども、そうした傾向におちこんでいる同志たちのばあいには、計画的で系統的な自己の思想形成が目的意識的に遂行されていないのであって、自己が体得しているさまざまの理論が質的にも量的にも貧しいことについて無自覚であるがゆえに、さもなければそれについてなお深刻に省察していないがゆえに、あるいは半ば諦めているがゆえに、たとえば個別オルグをピストン方式で展開しないわけにはいかなくなるのだ、ということが徹底的に反省されなければならない。

（b）政治技術主義的なチェック指導。――おのれ自身が理論的に無内容ないし貧弱であるにもかかわらず、それにもかかわらず組織指導をしなければならないという使命感にかられて指導するようなばあいには、闘争論的または運動＝組織論的にほりさげるべき諸問題をただたんに政治技術的にチェックし、のりきっていく、というスタイルがうみだされる。無内容であるにもかかわらずカッコウをつけた指導といわれるものが、それである。このばあいには――すでに指摘したように――、中央指導部がその時々に提起した種々の方針を表面的に・中途半端に〝消化〟することに安住し、そして覚えこんだものを下部同盟員たちに〝流しこむ〟という官僚主義的指導として現象する。ところで、こうした「指導」におちこむのは、指導するもの自身が――無意識的にせよ意識的にせよ――下部主義的な意識（上級指導部へ形式主義的に追従する意識、おのれをあらかじめ指導されるものとして枠づけする裏返しの官僚主義的意識）におかされていること、いいかえれば革命的マルクス主義者としての創意性・創造性が欠落したり、それらの発揮を禁欲したりしていること、に起因する。

　だが、一般に党細胞とはそれ自体自己運動する基本的組織形態であると同時に、党組織という有機的全体の一構成部分をなす、という論理をつかみとっていさえするならば、下部主義におちこむはずはない。たとえば、中央指導部にとっては下部機関の一つである地方委員会を構成する一同盟員は同時に、この指導機関のもとに所属する諸細胞にたいしてはそれらの指導者であるがゆえに、彼は同盟組織の地方的特殊性の分析にふまえた創造性・創意性を不断に発揮しつつ組織活動を展開しなければならない。そのために、たえず、内部論争問題の自主的で自力的な追思惟および組織的な論議とか、基礎学習や専門研究とか、をつみかさねていくことを彼は怠ってはならないのである。

　（c）　時間を有効的に消費するための努力が欠けていること。――おのれを不断に革命家として形成していくための努力が放棄ないし軽視されているばあいには、無計画的な生活態度、怠惰、創意性の枯渇、革命的情熱のしだいしだいの消失、革命的精神のほのかな弛緩に端を発したその衰弱、雑巾主義的な組織づくりのゆえにもたらされる精神的＝肉体的消耗、さらには日常性への還帰そして埋没、といった由々しい事態を現出させることになりかねないのだ。これは革命的マルクス主義者にあってはならない傾向である。（もちろん、弓のツルも年がら年中張りっぱなしではダメになるのと同様に、いやそれ以上に人間一般はリラックスする時がなければならない。これをしも影光［黒田議長の当時の組織ネーム］は否定しているわけではない。念のため。しかし、やはり、否定したい誘惑にかられないわけではない。――けれども、このことと、右にあげた腐敗とは無縁である。）

ところで、右のような傾向の裏返しというべきものが、かの雑巾主義である。雑巾主義的な組織活動に必死になって、夜もオチオチ眠らずに没頭することこそが革命家たるもののあるべき姿である、などとしてそれは理想化されるべきではない。そうした活動スタイルは、おのれの無内容・没理論を補完するための形態であるようなばあいがしばしばあるのであって、無計画的な生活態度の裏返しの誤りなのである。いずれも断固として克服されなければならない。

（d）　諸文書や論文の執筆活動を組織活動の重要な一環として位置づけつつ実践しないこと。――組織会議のための討論メモ・内部論争問題にかんするマトメ・オルグ内容の記録および報告書の作成・ビラ・内部文書・政治論文・学術論文などを執筆することは、それ自体、組織活動の一環としての理論活動なのである（したがって諸文書や論文の執筆を口実として組織活動を軽視したり放棄したりすることは許されないし、また、いわゆる〝カカエコミ・スタイル〟は非組織的な執筆活動の一形態であって組織的に克服されなければならないのだ）。だから、諸組織会議の指導などとともに、それは自己の短期的および長期的な活動計画のなかに有機的にはめこみ実現していくべきである。とりわけ、初歩的なマトメ・記録・報告などを、ただたんに口頭でするだけでなく、たえず文章化するクセをつけることが大切である。なぜなら、そうした文章化を基礎とすることによって、論議の重複とか悪循環とかが切断されるのだから。個別オルグ主義とか口コミ＝ギプスはめ型オルグとかの傾向を打破するためには、革命家たらんとしているおのれを同時に理論家たらしめるための苦闘を自分自身に課すべきである。――もっとも「メモ魔」は無用の長物であるが。

（e）　組織的任務の不履行、事務能力の弱さないし欠如。――スターリンのマネをするわけではないのであるが、職業革命家として欠くことのできない資質の一つに、事務能力をもっていることが挙げられなければならないと考える。通信・連絡・報告・諸文書の発送などをテキパキと遂行し、組織的諸任務を必ず的確かつ迅速になしとげることは、職業革命家としての最低の義務であると同時に、そうした能力を不断に体得し向上させていくことを心掛けるべきである（たとえば、六キログラム以上のバカデカイ『スパルタクス』の書籍小包をつくって郵便局に運び、しかもこれを速達で発送しようとしたマル学同・中央書記局員が一年前に出現したのであるが、こういうのは非常識というより〝無常識〟というのだ）。とりわけ、惰性で生きているかのようにしかみえない「同志」などというものは、金輪際オメオメと同盟員にとどめておくわけにはいかない、というように決議すべきではなかろうか？

（f）　精神的弛緩・理論的低水準のゆえの、反映能力の一面性。――長時間の組織会議や自己にとって難解な書物の学習などに耐えることができず、いま討論した内容や学習したことがらなどを一面的にしか（あるいは歪めてしか）とらえることができないこと、だから会議の内容とか討論した内容とかを単純再生産することさえもができないこと、これは直接的には、精神的緊張度・集中力の弱さに、本質的には理論的水準の低さとか思考力のなさ＝断片性などに、もとづくものだといえる。だが、それは意志いかんによって克服できるのである。革命的マルクス主義者たるものは、右の二つの欠陥を克服するべく執拗に努力し追求しなければならない。権力による暴行に耐えうる精神的＝肉体的力をそなえている以上、それは必ずできる、やらねばならない。――たとえば、とりわけ討論した内容のつかみとりかたを的確にし高めていくためには、すぐその場で、それを口頭で再生産するとか、その内容を事後的に文章化してまとめるとかという方法が有効であるから、組織会議および学習会について右のことを必ず実行すべきである。

いま簡単に述べたような諸欠陥ないし誤謬を摘出し根本的に克服することなしには、わが同盟組織を革命的前衛党へと発展させていくことは不可能に近いといわなければならない。わが同盟の大衆的基盤が著しく拡大しながらも種々の労働者細胞がすこぶる弱体である、というこの厳しい現実を克服していくためには、まずもってわが同盟組織の指導的メンバーたちの自己点検および相互点検から再出発する必要がある。はたして運動＝組織づくりの活動をこれまで惰性的に展開してはこなかったと自己診断できるかどうか、あるいは雑巾主義に陥没していなかったと自己確認できるかどうか、あるいは内部論争問題の計画的で系統的な追究をないがしろにしてこなかったと自信をもって断定できるかどうか。――わが同盟組織の組織的強化と拡大をかちとるためには、ほかでもない指導的メンバーたちの生活態度・組織活動それ自体の相互点検と相互批判を媒介とした主体的反省を真剣になしとげていくことこそが、当面の絶対的基礎とされなければならない。

C　指導部建設の停滞

（一）　地方指導部建設上の問題（略*）

(二) 各産別労働者委員会を確立するための闘い (略*)

＊(一)と(二)は原文そのもので省略されている。

(三) 中央指導部建設の教訓

中央指導部(在京POB、中央WOB、中央SOBを包括して、このように呼称する——中央産別委をいまのばあいのぞく)建設の、その時々の停滞を突破してきた苦難な闘いをつうじて帰結しうることがらは、およそ次の諸点にあるといえる。——

① われわれの運動＝組織づくりのための諸活動の発展に対応して、それを理論化することをわれわれは不断に追求してきた。運動＝組織論・闘争論・同盟建設論などの組織現実論が、その核心をかたちづくっている。これらは新しい理論分野であるがゆえに、不可避的に誤った解明に、われわれはしばしばおちこんだ。これは事実である。だが、理論的創造において欠陥をうみだしたり誤謬をおかしたりすることそれ自体が問題なのではない。欠陥を訂正し誤謬を克服するための内部理論闘争がおこなわれたにもかかわらず、この内部闘争が徹底的に遂行されず非貫徹のままに残され、またそれが持続されてこなかったことこそが、問題なのである。もちろん、内部理論闘争が挫折したり中断したりしながらも、新たに提起された理論的諸問題を、組織的にも個別的にも、計画的かつ系統的に追思惟したり、ほりさげたりする努力がつみかさねられてこなかったなどとはいえない。けれども、そうした追求の質および量、その持続の度合などには、指導的メンバーたちのあいだで、大きな凸凹があるのが現実なのである。こうした事態を可能

なかぎり急速に除去しつつ、理論的同一性を実践的・組織的につくりだし、理論的水準を全体として高めていくことが、われわれの急務である。いまなお部分的にみられないわけではない道徳的反省、政治的のりきり、判断停止と追究すべき課題の未来へのおしやりなどは、もっとも唾棄すべき態度である。

② ところで、内部論争問題の系統的な追跡＝追体験とか、自分がおちこんだ欠陥やおかした誤謬を反省し克服することとかが、持続的になされてこなかったことの一つの根拠は、その時々の政治的闘争課題との対決（これはそれ自体としては極めて重要なことだ）に重点ないし比重を——意識的または無意識的に——移動させた同志たちが存在した、という点に求めることができよう。だが、理論創造にとって、政治的のりきりは最大の悪である。

たとえ現実あるいは運動が発展したとしても、これに対応して理論が直接的に変化し発展するわけではない。創りだされた理論にはらまれている問題点を的確につかみとり、それを徹底的にかつ継続的に追求することをつうじて、新たな理論を体得し、さらに体得したそれを具体的実践に適用していくことが、大切なのであり、またこれによってこの理論それ自体を訂正したり発展させたりすることも可能となる。また、そうすることによって、個別的な諸問題を理論的に一般化する能力が体得されうるのである。それは理論を不断に創造していくための主体的根拠の一つとなる。

具体的にいえば、次のような例があげられよう。

すなわち、まず、ある同志はたとえば労働組合運動の歴史と既成の労働組合論などについての豊富な知識をもっているが、自己の分析悟性主義的な思考法とか慣習化している単元学習方式とかのゆえに、闘争論や運動＝組織論の反省およびそれらの再主体化をも、そのような形態においてしかなしえていない。こうして、運動＝組織論や闘争論それ自体の反省・再把握と、当面の現実的諸問題の理論的解明とがむすびつけられず、この両者が水と油の関係のようなものとなり、後者を政治的感覚・政治的経験を基礎とした機能論的技術論（いわゆる〝やり方論〟）のようなものたらしめ、いつまでたっても前者が体得されえない、という結果がうみだされている。

また、他の同志たちのばあいには、そもそも闘争論や運動＝組織論などの追求を軽視して、ツマミ食い式に・断片的にそれらを理解するにとどまったり、あるいは現実に提起されてくる運動＝組織づくり上の諸問題を積極的に解明しようと意図しながらも、この解明をとおして同時に闘争論や運動＝組織論の把握の一面化（つまりそれらの機能論化）を自己確認しないわけにはいかなくなっている。

だが、もっとも悪いのは、これらの理論にかんする追究を自己の課題として設定しておきながらも、新たな誤りをおかすことを恐れて、あるいは組織活動の多忙さにかまけて、それを彼岸化しているとしかいいようのない「職革生活」を享受（？）している傾向である。

労働者同志のばあいには、時間の絶対的限界・肉体的および精神的疲労をのりこえて理論的追究をなしていく種々の方法と形態を、まさに組織的につくりだすべきである（たとえば勝手に年休をとって勉強するといったスタイルはまずい）。

いま列挙した諸傾向に該当しないと自己判断できるような革命的マルクス主義者を全同盟的に創造することこそが、われわれの急務である。

③　たとえ中途で挫折するようなことがあったとしても、内部理論闘争を系統的かつ持続的におしすすめていくことは、すべての組織諸成員のあいだの思想的＝理論的同一性を不断につくりだしていくだけで

なく、それを高度化していくことにほかならない。けれども、こうした点の自覚の弱さとこれにもとづく論争の不徹底化ないし回避の傾向が皆無であったとは必ずしもいいえない。内部論争の弱さを現実に克服し、かつこの闘争を持続していくことが、中央指導部建設にとっての急務である。

理論的＝思想的同一性をつくりだすことは、しかし根本的には思考法それ自体を弁証法的なものに変革することなしには不可能なのであるが、これは、すこぶる困難な課題である。にもかかわらず、この困難は組織的に突破されなければならない。――そのばあい、それぞれの同志が執筆した諸論文などをめぐって組織的論議とか、他党派の機関紙・誌の組織的検討とかを、恒常的になしとげていくならば、一定の問題点の理解・把握のしかたとか、その評価のしかたとかのズレを確認することを基礎として、考え方の相違、判断や推論のくいちがいをしだいに除去しつつ同一化することが、やや容易となるにちがいない。自己の誤った思考法（特に分析悟性主義、裏返しのヘーゲル主義）を克服することは、革命的マルクス主義者・職業革命家たらんとするものにとって不可欠な知識をひろげることによっては決してできない。むしろその逆である。

④　運動＝組織論・闘争論・反戦青年委員会の組織化論などの組織的検討にふまえつつ、さらにそれらについて自力で整理していくためには、マルクス主義にかんする基礎理論や反スタ革命理論の体得が前提とされなければならない。不可欠な基礎理論を主体化し、組織活動と密着した・あるいはそれから相対的に独立した・理論的研究をも一歩一歩つみかさねていくことを彼岸化したのでは、われわれの理論を日々新たに創造していくことは不可能である。

⑤　論文執筆の専門的細分化および固定化という傾向を打破することは、今後の指導部建設にとっての

一つの課題である。

もちろん、特定の産別組織それ自体に密着した諸問題の解明は、他の産別の労働者同志には不可能に近い。問題なのはむしろ、各産別における運動＝組織づくりにかかわる当面の諸問題の解明に跼蹐して、闘争論・運動＝組織論・革命論・労働組合論・経済学などの諸分野についての不断の追究が、労働者同志ならびに常任メンバーにおいて、ないがしろにされていることにある。もちろん得意・不得意の領域がそれぞれの同志にあるのは当然のことなのであるが、たとえば学生戦線の諸問題の闘争論的解明は××、その運動＝組織論的ほりさげは○○、情勢分析については△△、スターリニスト革命論批判については□○……、といったぐあいの執筆者・追究者の固定化は打破されなければならないということである。

理論的探究において、自己の専門領域を設定し、それを持続的になしていくことは大切なことであるが、しかし指導者にふさわしい視野の広さ、理論的領域の拡大を同時に不断に心掛けることが大切である。それゆえに、論文執筆の分野・領域も、これまでのように個別的に固定化されることなく、相互に他の諸領域についての追究と論文執筆が、意図され実現されなければならない。

沖縄問題の理論的ほりさげは××に、学生運動論のそれは○○に、他党派の革命論の批判はＳＯＢメンバーなどに、それぞれゆだねる、といったぐあいの固定化は打破されなければならない。ＳＢ、ＷＯＢのメンバー、各産別委員会を構成する労働者同志たちは、学生戦線で論議されていることがらの理論化された諸問題にもたえず注意をはらいつつ、革命理論の基礎的研究を怠るべきではない。このことは、労働戦線に固有な理論的諸問題――労働組合運動・賃金闘争・反合闘争などにかかわるそれ――の追究と並行的になされるべきである。

⑥　論文執筆の細分的固定化は、しかし、指導的メンバーたちに無自覚的にかたちづくられているのではないかと思われる傾向、七全代前後に意識的に提起され、その克服が開始されたはずのかの欠陥、すなわち指導内容と意識における産別主義的なかたよりが、なお根底的に克服されていないことと不可分の関係にあるといえよう。指導部を構成するメンバーである以上、自己が所属していない他産別・他地区・各地方のそれぞれにおける組織問題や理論問題について、これらを自己自身のものとしてうけとめつつ、たえず注意をはらい、それらを全同盟的なものとして普遍化し、そうすることによってそれぞれが所属する組織における諸活動を発展させていかなければならない。

⑦　中央指導部、とりわけＷＯＢおよび各産別労働者委員会の担い手となっている労働者同志のばあいは、基本的に疎外労働のゆえの時間的被制約性のために、また労働者細胞に属する仲間たちとほぼ同様の種々の職場闘争やオルグ活動を展開しなければならないことのゆえに、ともすれば自己の思想的＝理論的形成がおろそかになる傾きがあったわけであるが、これは意識的に克服されなければならない。

そもそも、一般に労働者同志は常任メンバーの活用のしかたが下手である。彼らは後者の指導をうけるのではなく、まさに後者をしぼりとるという攻撃的・積極的な姿勢を確立すべきである。職場で資本家に経済的に搾取されている自己のこの現実にふまえて、組織会議や学習会などでは常任メンバーの精神活動の密度を高めさせつつ彼らがもっているもの（もっていないばあいもあるが）をすべてしぼりとるべきである。こうした積極的な態度で常任メンバーと対決していないフシがあるがゆえに、無能といっては言いすぎであるが内容に乏しい常任指導者なるものを組織内に温存することになってしまうのである。たとえば内部論争問題について系統的にまとめてきて組織会議で報告せよ、といった要求を、自己組織の担当常任につきつけ、彼にそれを実行させ、その成果をしぼりとる、といったことを労働者同志は計画的になすべきである。これは独習を効果的にするための一条件ともなり、また組織的強化をかちとるための一手段ともなる。

また、労働者同志たちは、常任メンバーが常に必ず誤った指導をしないし、正しい理論を付与してくれるなどと盲信していてはならない。あくまでも自分が納得のいくかたちで、ドン百姓精神でもって、常任メンバーと対決すべきである。一九六五年秋〜六六年一月問題が発生した根拠の一つには、常任盲従主義というべき倒錯した意識があったことを、にがにがしく想起することも必要である。

そして、各級指導機関を担っている労働者同志は、やがては職業革命家として組織活動をしなければならないという自覚をかため、そのための不断の努力を可能なかぎりつみかさねていくべきである。わが同盟の各級指導機関がやや老衰化現象をしめしはじめていることの根拠の一つは、それらを担っている労働者同志の積極性・創意性の発揮がにぶりはじめたことにあるのではないかと思われる。

一九六六年一月問題の再現を未然に防止するためにも、わが同盟組織は、今こそ内部理論闘争を活潑化し、生き生きとしたものとして不断に創造されていかなければならない。わが同盟の生死は、いつにかかって労働者同志の創意性の発揮・内部闘争の推進にある。

註　中央指導部建設について、これまで述べてきたことがらは、なお現象論的特徴づけより以上のものではない。だが科学は現象論的分類からはじまる。

一般に過去数年間にわたって、各級指導機関の建設についていかなる論議がなされてきたかの具体的反省と再点検・再調査をする時間の余裕がなかったので、もっぱら記憶をたよりに記さざるをえなかった。したがってなお、重要なことがらや諸問題がぬけおちているかもしれない。その点は討論をつうじて補足あるいは訂正していきたい。

Ⅲ　指導部建設のための当面の環

A　中央・地方指導部の確立のために

過去七年間にわたるわが同盟建設にかんして、われわれは次のことを確認しなければならないと考える。
（a）　わが革共同・革マル派の飛躍的前進をかちとるためには、とりわけわが同盟の拡大された大衆的基盤に比しての労働者細胞および学生細胞の相対的弱体性を可及的すみやかに打破し克服するためには、まずもって、各級指導機関を担ってきた同志たち自身の自己反省・相互再点検が、またこれを踏み台として新たな決意をかため新しい組織体制をきずきあげるための内部闘争がくりひろげられなければならない。このことは、殺人問題をキッカケとして、組織の崩壊的危機を火炎ビン闘争の再現によってのりきろうと策しているブクロ官僚どもを組織的にたたきつぶすために不可欠な条件であるだけではなく、ほかでもないわが同盟を革命党として鍛えあげていくための絶対的基礎なのだ。
苦渋にみちた指導部建設のための闘いが、それにもかかわらずうみださなければならなかった諸欠陥を抜本的に剔出し、粉々にうちくだくために、全同盟とりわけ指導的メンバーは新たな出発点におのれ自身をたたせなければならない。そのばあい、厳しく拒否されなければならないのは、おのれの組織活動にかんする無内容な甘っちょろい道徳主義的な反省であり、またもや策されるかもしれない政治技術主義的のりきりであり、そして最後に克服すべき諸問題との対決の時間的ひきのばしである。指導者にふさわしくない無計画的な怠惰、指導者にあるまじき政治的感触主義、指導者失格を物語る口コミ・チェック主義、指導部としての自己形成を彼岸化した雑巾主義、革命的情熱の消失と革命精神の弛緩、――職革としての資質にもかかわるこうした諸欠点とそうした傾向をもつ常任メンバーなるものを、全同盟から駆逐し完全に払拭するための真剣な内部闘争が、まずもって指導的諸機関において開始されなければならない。

そして、(b)断片的かつ系統的に(?!)列挙してきた種々の欠陥・誤謬を、わが同盟から、とりわけ各級指導機関から一掃するための闘いは、同時に、わが同盟を実体的＝形態的に確立するための思想＝理論闘争として、思想的＝組織的同一性をより高次の次元において創造するための内部闘争として実現されなければならない。自己反省と相互再点検はそれ自体として自立化されるべきではない。それは同盟組織それ自体を質的に強化し量的に拡大するための思想＝理論闘争として果敢に遂行されなければならない。

そのために、まず第一にこれまで執拗になされてきた内部論争問題を、まずもって自力で、そして組織的に整理しなおすこと、これを踏み台として今後の理論闘争の質的飛躍をかちとること、闘争論・運動＝組織論・党建設論などにかんしてつくりだされた諸成果を追体験し主体化し自己脱皮をかちとること、――これがまずもってなされるべきである。

こうした追究と結合して第二には、次のことが実践されなければならない。――①反スターリニズム革命理論およびマルクス・レーニン主義の基礎理論の再主体化（反戦青年委員会や全学連のもとに結集しつつある、なお弱い活動家たちを育成するための入門講座とか特殊な大規模学習会とかで、内容のある講義を、革命理論・経済学・労働組合運動論などの諸分野にわたってなしうるようにするためのそれ）、②わが同盟および他党派の機関紙・誌を個別的ならびに組織的に検討することを恒常的に実現すること（そのばあい論議がまきおこらないとするならば、それらを検討している個々の同盟員や各級機関・細胞の全体としての質が低いことの証左であることが自覚されなければならず、したがって①の追究それ自体が真剣に再検討されなければならないことになる、他党派批判のための特効薬などというものはないのだから）、そして、これらの系統的な追究を、中央および各地方の理論活動の強化、種々の論文や報告その他の、とりわけ労働者同志による組織的創出として結実させること。

そして第三に、指導的メンバーたちの組織活動それ自体の相互点検・反省が、各級指導機関において、その一員たる労働者同志のイニシアティブのもとに徹底的になされなければならず、かつそれを普遍化することにより全同盟の教訓たらしめられなければならない。数年前から問題となってきた産別的に狭隘な視野、地方的局部性を打破することとも、それはむすびついている。

労働戦線における運動＝組織づくりの諸活動や労働運動の左翼的推進などについての理論的追究と解明が停滞気味であるということは、各級指導機関における運動＝組織づくりの点検の弱さ（ないし末節的なことがらへの拘泥）、それを理論的に一般化するための苦闘の衰弱ないし放棄、に起因するといえる。（もちろん後者のような一般化をなしうる理論的能力の不断の形成ということにも、それはつながっている。）

（ｃ）　とくに過去三年間にあらわれた傾向なのであるが、中央指導部と各地方指導部とのあいだの相互交通の緊密化の弱さを打破することもまた一つの重要な課題である。

中央と地方の指導機関の相互交通が緊密にたもたれないフシがあったということは、ところで、一方では中央指導部の理論的および政治的指導性の弱さ・機動性および柔軟性のなさ・内部文書の的確にして急速な作成と送付にかんする諸欠陥、などに関係する。と同時に、それは他方では、各地方指導部の指導部としての闘いの弱さ、ないしマンネリ化、――したがって停滞と混迷の持続、そして中央指導部への依存（主義）的傾向を打破するための闘いの弱さ、ないし地方的局限性への安住（つまりモズ・スタイル）、また各地方指導部の創意性・理論的創造性の脆弱さ、さらに党派闘争における政治的感覚の衰弱、あるいは精神的緊張のゆるみ＝組織活動の惰性化、クチブーチャならぬ口コミ・オルグの慣習化（内部文書の執筆放棄にもとづく、組織活動の悪循環的多忙化、ピストン式オルグの常態化）など――に起因する。

とりわけ地方指導部を地方指導部として確立するための闘いは、――中央のＯＢ［組織局］の強化をテコとして――フリムン的熱情をこめて、いまただちに実現されなければならない。「自己の能力」ということを最後の切り札とするような日和見主義、ないし中央依存主義とか下部主義とかといえる傾向を、全同盟から一掃しなければならない。革命への献身とは何か、ということが、いまさら問われなければならない同志が存在することは、反スターリニズム運動の恥辱ではないか。

各地方指導部は、およそ次のようなことがらを、不断に・より的確に・より迅速に・より多量に・より精力的に遂行し、全国的に普遍化すべきであろう。

①　あらゆる戦線における個別的諸闘争のレポート・総括的報告などの作成。

② 個別的諸闘争課題の実現をめぐる運動＝組織活動の理論的解明とその文章化。

③ 地方的・地区的な特殊な諸運動（われわれが直接タッチしていないばあいをもふくむ）の紹介・通信。

④ 各地方・各地区の組織報告の定期的なまとめ（これは中央ＯＢへ集中されなければならない）。——組織建設上の組織問題ばかりでなく、未解決・保留・不明・発見した誤謬などにかんする理論上の諸問題をも、簡潔にまとめて定期的に中央へ報告し、かつこれに中央指導部はこたえなければならない。

⑤ 各地方指導機関を構成するメンバーたちの、当面および長期的な理論的追究課題を設定し（計画化）、かつこれを目的意識的に実現すること。——しかもその時々の一応の成果は常に必ず文章化し論文化し、中央および各地方機関紙・誌にのせ、全同盟的な討論と質的強化・前進のための一助たらしめられなければならない。

⑥ こうすることは必然的に、各地方指導部の機関紙・誌活動の強化とむすびついている。さしあたり右に述べた諸点は、当面各地方指導部が早急に遂行すべき義務であるとしなければならないであろう。これらの諸活動が活潑であるか否かということは、各地方組織の現状を直接に反映するものである、という自覚にたち、わが同盟を飛躍的に前進させるために、新たな内部理論＝思想闘争が、まずもって各級指導機関においてなされるべきである。それなしには、わが同盟労働者細胞の質的強化と拡大をかちとることは決してできないからである。

B　産別委員会および地区委員会を確立するための闘い

各地において反戦青年委員会を、従来の形式的側面をかなぐりすてて直接的に党派的に系列化するという形態においてではなく、地区的および産別的に創出し強化しつつあるわれわれは、労働戦線の不可避の右翼的再編という現状のもとで、綿密な情勢分析にもとづきつつ、今後も反戦青年委員会の組織化とこれをつうじてのわが同盟組織の地区的確立のための闘いを推進していくべきである。

わが同盟組織の組織構成は、――これまでも、またこれからも――中央・各地方・各地区の指導機関および細胞からなる一般的組織構成と、産別的特殊性に規定された労働者細胞とその地方指導部とからなる産別的＝特殊的構成との二つからなるのであるが、この独自な組織構成を基礎として、労働戦線の進行しつつある再編成のもとでの労働運動の左翼的展開とこれをつうじての種々の組織づくりを、われわれは効果的にくりひろげてきた。そればかりでなく、この両者を基礎としながら、あるばあいにはその前提として、他のばあいにはそうした活動に規定されつつ、反戦青年委員会の運動を、――地区的または産別的に、しかも公然・半公然・非公然の、さらに合法・非合法の諸形態を駆使しながら――わが同盟はつくりだしてきた。こうすることによって、各地区の労働者細胞および戦闘的労働者たちの横の結びつき・交流・相互媒介的高まりが獲得され、各地区の諸労働者細胞を地区的に統括し指導する機関としての地区委員会を創造するための前提的基礎が、各地区において種々の度合でつくりだされた。こうして、これまでは、各地区細胞代表者会議ないしフラクション代表者会議という形態をつうじて、各地区の反戦青年委員会の組織化のための指導がなされてきたことを基礎として、さらに特定の地区においては、わが同盟の地区的指導部を創出すべき段階に突入しつつある。

これまでは、次のような指導系列のもとに反戦青年委員会とその運動へのかかわり、その組織化がなされてきた。

中央および各地方指導部およびそのもとに設置された反戦青年委員会問題にかんする直接的担当者の特殊な会議（反戦青年委員会指導部会議）の指導のもとに、地区反戦および産別反戦の組織化がおしすすめられてきた。

産別反戦のばあいには、各産別労働者委員会とこれに所属する諸労働者細胞を基礎として反戦運動が職場において公然・半公然・非公然の諸形態をとって組織化されてきた。しかも同時にまた、特定の地区（ないし地方全体）の集会や街頭闘争に、この地区に所属する種々の産別反戦や、種々の労働者細胞およびフラクションを中心とした戦闘的労働者たちを動員し結集する、というかたちでおしすすめられてきた。

このような地区的規模での反戦青年委員会の運動を組織化するためには、まず第一に中央・地方指導部ないし反戦青年委員会指導部会議の統括と指導のもとに、直接的には、特定の地区に所属する種々の産別労働者細胞や経営細胞や独立細胞（しばしば地区細胞とよばれる）や学生細胞などの代表者からなる地区細胞代表者会議を、各種の細胞が未確立のばあいには特定の細胞の代表者や種々のフラクションのそれから構成される拡大細胞代表者会議ないしフラクション代表者会議を、それぞれもち、ここで、その時々の闘争課題をめぐる運動＝組織方針や他党派とのイデオロギー的＝組織的闘いについての指針が討議され、ねりあげられてきた。

そして第二に、これを基礎として、各地区の反戦青年委員会運営委員会をわが同盟員あるいはフラクション・メンバーが開き、それぞれの地区に所属する職場・経営でたたかっている労働者や未組織労働者たちによる、地区的な種々の反戦運動のための方針を討議し決定し、そして決定されたこの方針にもとづいて当該地区の反戦青年委員会の運動（ビラマキ・集会・街頭闘争など）をくりひろげてきた。

ところで第三に、こうした反戦運動の地区的な推進の前提として、またそれを媒介として、地区反戦運営委員会の担い手をつくりだしたり、また地区の反戦運動に参集するのだけれどもわが同盟の側（とくに産別労働者細胞・経営細胞・独立細胞およびそれらのもとにある種々の形態のフラクション）になお組織化されていない戦闘的労働者たちを、反スターリニズム運動の担い手へ高めたりするためのフラクション活動が、各地区細胞あるいは各地区の細胞代表者会議の指導のもとになされてきた。すなわち、各地区の反戦運動の中心的担い手たらしめるための地区的フラクションとか、理論的および組織的能力および経験のなお浅い戦闘的労働者たちを教育し育成するための地区的な種々の学習会組織（「社問研」とよばれるもの）とかが組織化されてきた。そして、この両者に結集する戦闘的労働者たちに、自己の職場での経済闘争とか政治闘争とかを推進するための諸能力を体得させるために、地区的なフラクション会議や学習会への出席をうながすだけではなく、さらに進んで、それぞれの地区に所属する種々の産業別労働者（細胞の代表者）との交流会議（いわゆる労懇）をもち、これをつうじての教育もなされてきた。こうすることにより、地区の反戦運動をつうじて結集してきた戦闘的労働者たちのなかから、地区反戦運動の強固な担い手を、したがって未形成の地区細胞や当該地区に所属する産別労働者細胞の担い手をつくりだすためにたたかってきた。とりわけ、地区の反戦運動をつうじて結集してきた特定の産別労働者は、一方では①すでにわが同盟の特殊的構成として実存している特定産別のそれであるばあいには、当該産別のフラクションに組織化しなければならないし、他方では②わが同盟にとっての未組織産別のそれであるばあいには、新たにつくりだされるべき産別委の担い手へ高められなければならない。

さらに第四に、わが同盟員により指導されている各地区の学習会組織に所属するメンバーたちが、公然と各地の反戦運動にたちあらわれるばあいには、各地区の特殊性をいかした種々の名称（たとえば××労働者反戦会議というような）をもった行動機関をつくりだして、そこに新たな戦闘的労働者を結集することが実践された。学習会は本来的には闘争委員会として現象するわけではないのであるが、各地区の「社問研」に属するメンバー（多くは職場闘争ができないか、あるいは自己の職場に労組さえない）が地区反戦運動において公然とあらわれ、かつ未組織労働者をそのもとに結集するために、「××労働者反戦会議」のような行動団体（組織形態ではない、運動体というべきもの）を、われわれは創出したのであった。これは、各地区のフラクション会議やフラクションのメンバーを拡大するための一手段として機能させられている。

第五に、地区的な反戦運動の組織化、これをつうじて地区的フラクションないし種々の労働者細胞の創出と強化・拡大、さらに同盟の地区的指導部の創出をめざした闘い、――これらを、われわれは一方でおしすすめるとともに、同時に他方では、労働組合をつくりだしていないがそれが可能な労働者のばあいには新しい労働組合づくりのための闘いを、また合同労働組合を結成するための闘いを、追求してきた。さらに地区労において反代々木系勢力との行動上および組織上の種々の提携を追求しつつ、その地区の種々の運動を創出するとともに、これを媒介として、わが同盟にとっての未組織産別にわれわれの闘いを拡大したり、そこでの種々の組織活動の展開を新たに追求することも、なされてきた。

いま述べたような反戦青年委員会の地区的および産別的な組織化の闘いを、われわれはおしすすめてきたのであったが、このような闘いの過程において、われわれは次のような諸問題をめぐっての論争を展開し深めてきた。――①いわゆる〝ハミダシ反戦〟とそれをみちびいている「八派連合」とにたいする革命的批判にかんする種々の疎外（たとえば「労働運動の左翼的展開」の単純対置、「統一行動」を基準とし、これを破壊するというかたちでの八派批判その他）、②この〝ハミダシ反戦〟にたいしてわが同盟系の地区反戦青年委員会をつくりだす闘いにおける形態主義的な偏向（〝ハミダシ〟にたいして別個に独自的に反戦青年委員会を形態的につくりだすという安直な方式）、③労働組合運動の推進と地区反戦運動の組織化との関係にかんする一面的な理論化など。

こうした闘いをつうじて、今やわれわれは、一方では地区的反戦運動とこれをつうじての戦闘的労働者の種々の形態での地区的組織化、これらを基礎とした特定の地区における同盟の地区的指導部を創造するという闘いに現実に突入している。それとともに他方では、地区反戦の闘いを各職場に逆流させ定着化させるための闘いと職場闘争そのものとを結合させることをつうじて、労働戦線の不可抗的な再編に抗してたたかう拠点を、それぞれの職場に組織的につくりだす闘いをも精力的に推進しなければならない。とりわけこの後者の闘いを有効的に実現するためには、既存の各産別労働者細胞と各地方・中央の各産別労働者委員会とを全国的に強化し確立していくための闘いが目的意識的に実現されなければならない。

現段階における労働戦線の厳しい状況のもとで、右のような諸闘争をどのように推進すべきか、ということにかんする闘争論的および運動＝組織論的解明、さらに労働組合のしかけられてくるであろう分裂にたいしてわが革命的左翼はいかにたたかうべきかの労働組合運動および組織にかんする理論的追究は、本報告のワクをこえでるものであって、別になされるであろう。

C　組織局の強化と教育・学習活動の組織化

わが同盟が現にいま直面させられている組織問題、とりわけ各級指導部を名実ともに指導部として確立するためにPOB直属のOBは、ただたんに同盟組織の点検・新しい同盟員の承認といった問題を処理する機関にとどまることなく、わが同盟組織の質的強化をたたかいとるための組織上および理論上のすべての問題を統括し指導し実現する機関として強化されなければならない。

OBの当面する重要な任務は、およそ次のような諸点にあると考える。

① 各地方組織（およびフラクション・学習会）全体の組織的現状、各地の運動＝組織活動の欠陥をふくめた具体的状況の全面的な再点検と、これにもとづいた全面的掌握。

② 各産別委員会の全国的な横の連絡とこれにもとづいた当該産別の諸細胞を強化し拡大していくための新しい組織方針の創出。――とくにN〔国鉄委員会〕・P〔全逓委員会〕・T〔教育労働者委員会〕・J〔自治体労働者委員会〕を全国的に強化していくための、全国的な規模の独自の産別委会議の定期化をはかるための準備。

③ 各級指導機関（中央・地方委員会・地方産別委員会・地区委員会など）およびその諸実体を形成し確立するための闘争を指導すること。――そのためには、これらの諸機関およびその構成実体の、文書および会議をつうじての点検、地方的水準の凸凹の確定と、それを打破するための具体的方針のねりあげ。

④　労働戦線および学生戦線の指導的メンバーの計画的かつ系統的な教育活動の恒常的推進。——中央指導部への報告の定期的提出や理論活動の成果の報告などを媒介とした、たえざる指導。学生戦線におけると同様に、常任メンバー、労働者同盟員、同候補員などの学習を助け教育するための「革マル学校」の定期的開催。各地における労働者・学生同盟員・同候補員・フラクション員などを系統的に教育するための特殊的学習会——労大、弁研、VN〔ヴィタ・ノーヴァ、若いメンバーの教育のための学習会〕など——の現状把握、これにふまえて各地でなされるべき合宿へ講師を派遣し、地方指導部を横から援助し、各地方の諸機関の担い手を意識的に創出するための活動の全国的組織化。

⑤　各地方指導部を将来的に担うであろう学生細胞員を、それにふさわしく育成するための「内地留学」制度の立案と実施。——とくに労働戦線における組織活動・組織指導とは何か、その内容その形態はいかなるものか、組織会議のもちかたはいかにあるべきか、それなしには常任メンバーたりえないところの最低の理論水準を獲得するための系統的学習はいかになされるべきか、といったことがらを、中央指導部の同志とともに学ぶ特定の同盟員を設定し、こうした教育を計画的に実現することが必要である。(だがもちろん、「××に帰ったならば勉強できないので、いまトロツキーなどを読んでおく……」とうそぶいて、おのれが獲得すべきところのもの——とりわけ組織指導のしかた、革命的労働運動主義におちいらないための組織論的反省、組織会議での討論のしかたなど——を、具体的実践をつうじて体得することを放棄するなどということになったのでは、「内地留学」もムダとなってしまうのだが。)

⑥　新しい常任メンバーを創出するための一環としての学生細胞の強化。(略)

全国の同志諸君！

わが同盟が、いまや、すばらしい組織的飛躍をかちとることができる前夜にあるか否かは、ほかでもない同志諸君の一人ひとりの決意と、これを実体的基礎とした組織的団結にかかっている。

われわれの組織建設とりわけ指導部建設は、たしかにジグザグしたものであった。だが、それは不可避なことである。肝要なことは、過去の誤り・失敗・欠陥などを教訓的に主体化しつつ、新たな決意のもとに前進することにある。革マル派結成時点における、あの若々しい熱情と革命的精神を、全同盟のすみずみにまでよみがえらせ、わが同盟組織そのものを生き生きしたものたらしめなければならない。そのためには、内部思想＝理論闘争を、いまこそ新しい次元において目的意識的に実現しなければならない。わが反スターリニズム運動の輝かしい未来をきりひらくために、全同志諸君、奮闘しようではないか。われわれのまえには、予想もできない苦難がたちはだかっている。だが、それをしものりこえて、われわれは一致団結し、わが革命のために邁進せよ。

全同志諸君！　百尺竿頭一歩をすすめよ。〔百尺竿頭須レ進レ歩〕

共産主義者としての資質について

——革共同第四回大会　議長報告

一九七一年五月二日

黒田寛一

いまわれわれは、わが同盟組織建設の新たな地平を切りひらき、わが反スターリン主義運動の新しい拠点を確固としてうちかためつつある。
だが、われわれは、新たな出発点にたっているにすぎない。営々としてきずきあげてきたわが革命的共産主義運動のより一層の前進、国家権力によるあらゆる組織破壊攻撃からの防衛とスターリン主義者ならびにブクロ官僚どもによる組織暴露にたいする闘いにも最深の注意をはらいつつ、巧みに組織戦術を駆使し、あらゆる運動の先頭にたってたたかってきた革共同・革マル派の組織的強化と拡大をかちとるためには、解決されなければならない多くの諸問題を、われわれはなおかかえているのだということが忘れられてはならない。

決定的に重要な問題は、わが同盟員のすべてが、部分的にではあれ、あらわとなった思想上の混迷や革命家としての腐敗をば再度しっかりと確認しつつ、各級指導機関および基本組織の徹底的な点検・相互点検にふまえて、それらのすべてをあらゆる意味で武装しなおし再確立していくために、わが同盟が全体として全力を傾注すべき点にこそある。すでに第三回大会［一九七〇年八月］において、その基本方向が提示されているところの、わが同盟組織建設の当面の路線を再主体化しながら、革共同・革マル派建設の、いわば《第二段階》にむかって、われわれは新たな決意のもとに邁進しなければならない。

とりわけ、「わが同盟員であること」それ自体に安住し、無自覚的にではあれ組織物神化傾向とか権威主義とかにおちこみ、同盟員にふさわしい自己形成と内部闘争を不断に追求してこなかったり、あるいは試行錯誤をかさねてきた中央指導部への盲従というよりはむしろそれに依存しがちであったりした一部の同志たち、またそうしたメンバーをかかえた中央ならびに各地方の諸組織は、とくに一九六五年以降はげしく展開されてきた組織内理論＝思想闘争と真っ向から対決することをつうじて、おのれ自身と同盟組織とを根本的に再武装し再確立するための闘いに敢然とたちあがるのでなければならない。この内部闘争を、わが同盟そのものを組織的に強化するために、それをめざして断固として推進していかなければならない。

そのために、これまでも現実には追求されてきたのだとはいえ、それ自体として理論的にほりさげてきたとは必ずしもいいえない「同盟員としての資質」にかかわる諸問題を、一定程度明らかにし、これをわが同盟組織建設のために生かし物質化していく必要があるであろう。

すでに第三回大会の議案の一部で、わが同盟組織建設がはかばかしく進捗していない一般的根拠や「組織指導のできない常任メンバーの型」について論じられているのであるが、にもかかわらず、その後の組織建設をつうじて、それらの一部が教訓として主体化され、組織づくり上の諸欠陥が目的意識的に克服されはじめたとは必ずしもいいえない。

わが同盟組織を飛躍的に発展させていくためには、これまでの組織建設上の桎梏となっていた一切の問題を、いまこそ大胆にかつ徹底的にえぐりだすことなしには不可能である、という確固とした決意のもとに、中央指導部（ＰＯＢ〔政治組織局〕、中央ＷＯＢ〔労働者組織委員会〕、各産別労働者委員会などをふくめたそれ）は、その内部における思想闘争を、組織的点検・相互点検をつうじて、これまで以上に意識的にくりひろげてきた。

一九六七年10・8闘争いご、わが同盟は、ますます激化した党派闘争をかちぬきつつ、安保・沖縄闘争を大衆的かつ戦闘的に推進することに、当然のことながら重点をおいてきた。そして直接的には第三回大会いご、この三年有余にわたる闘いをつうじて拡大されてきた組織的基盤をうちかためるために全力を傾注しはじめたわが同盟中央は、しかし種々の困難に直面させられなければならなかった。

すなわち、まず第一に、その時々の闘争課題についての闘争論的解明をめぐっての論議、「全共闘の革命的再編」のための全学連の運動＝組織方針にかんする稔り豊かであったとはいえない論争、反戦青年委員会のわれわれによる組織化の構造、しかも八派系「反戦」や八派とくにブクロ官僚派による「全国反戦」の私物化にたいするイデオロギー的＝組織的闘いをつうじてそれをなしとげていく構造の理論的解明および（ボス交をもふくめた）現実の闘いをめぐる内部闘争、さらに党派闘争の理論的解明ならびに同志海老原虐殺を契機として精力的におしすすめられた現実の闘いそのものにかかわる論議、これらを、われわれは一定程度その時々に組織化し推進してきたのであったが、にもかかわらずそうした諸論争が必ずしもはかばかしく深化されてこなかったということの根拠は、せんじつめれば組織現実論の全領域にわたる基本的なことがらの主体化がきわめて浅薄であり脆弱であるという点にあること、これが組織的点検をつうじて再確認されたのである。そして第二に、安保・沖縄闘争のまっただなかにおける、諸党派との対決をつうじての大衆運動の組織化に追われてしまい、しかも組織内討論の不徹底および持続性の欠如のゆえに、わが同盟の主要な産別諸組織において、未解決の組織問題が山積みしてしまったこと、これが、現時点における組織建設にとって大きな桎梏となっている、ということである。

ところで、各級指導機関ならびに労働者細胞のこれまでの組織的点検をつうじて、これまでに明らかとなり、かつ抜本的に解決されなければならない根本問題について、まずもって、中間的総括のかたちにおいてであるとはいえ整理しておく必要がある。それは、わが同盟員としての、とりわけ組織指導者としての資質にかかわる根本的なことがらにかんしてである。

一　指導者意識を打破すべきこと

まず第一に、——これは普遍的な傾向ではなく部分的で特殊的な傾向としてあらわれているにすぎないのであるが、——わが同盟の各級指導機関に所属する一部のメンバー（とくに、中央および各地方のSOB〔学生組織委員会〕担当者をもふくめた常任メンバー）が、下部同盟員やフラクション・メンバーにたいして、また特定の同盟員がフラクション・メンバーにたいして、組織会議とか個別オルグとかでの組織指導をおこなうさいに、〈指導者意識〉をちらつかせるばあいがないわけではない、という事実があげられる。

ここにいう〈指導者意識〉とは、もちろん、自己自身を指導部の一員へと高めていくべきことを自覚しつつ苦闘している同志たちの意識をさしているのではない。そうではなく、下部同盟員にたいしてであれ、フラクション・メンバーにたいしてであれ、とにかく「自分は指導者である」ということを鼻にかけたり、ひけらかしたりする、官僚的または官僚主義的意識、さらに潜在的に官僚主義的な意識のことである。こうした〈指導者意識〉のもちぬしは、そもそも同盟員たるの意識に欠けているといわなければならない。

(1)　下部同盟員やフラクション・メンバーなどのまえで、いわゆる「カッコウをつける」傾向、――すなわち、運動＝組織づくりにかんする自己の指導内容の貧困さや自己の理論的無内容のゆえに、あるいはそれを隠蔽するために、被指導者にたいして恫喝したり、あるいは理論的に指導すべきところを、それができないがゆえに道徳的な説教にすりかえたりする傾向、――これは〈指導者意識〉あるいは官僚（主義）的意識の端的なあらわれである。

こうした傾向がうみだされるのは、いうまでもなく、さまざまな運動や具体的実践・種々の組織会議・学習会・独習・研究などをつうじての、同盟員としての、とりわけ同盟各級指導部の一員としての、たえざる自己形成、不断の思想的および組織的な自己変革をないがしろにしたり軽視したりするようなばあいである。その結果、たとえば組織会議を指導する内容は、つまるところ、その時々の闘争課題にむけて一定の運動方針を一方的に流し込むというスタイルにならざるをえない。しかも、この運動方針たるや、運動を展開すべきそれぞれの場の特殊性の具体的分析にふまえることなく、中央機関紙・誌や内部通達などで提起されているところのもののひきうつしに堕してしまうばあいが、しばしばみられる。一般に、中央機関紙その他で提起されていることがらを組織討論にかけて十分に検討し、しかも各地方・各地区における特殊な階級情勢の分析（とくに階級的実体関係の具体的分析）をつうじて、当面の運動＝組織戦術は具体的にねりあげられなければならない。それだけではなく、そうした方針は、その背後にある革命理論やそれの根拠をなしている組織現実論などとの統一において主体化されるべきである。いいかえれば、闘争スローガンにかんする表面上の一致を追いもとめるだけでなく、それがうちだされる過程的構造さえもが明らかにされなければならないのであって、こうした手続きをつうじてのみ、組織会議に出席しているメンバーたちの理解の一致が確保されうるのである。

けれども、そうした闘争＝組織戦術を具体的に提起することだけが、組織指導者（細胞キャップやフラクションを指導する同盟員をもふくむ）の任務なのではない。組織諸成員が展開してきた戦術をめぐるイデオロギー闘争や組織活動そのものを、その具体的報告にもとづいて点検する（被指導部のばあいにこの具体的報告それ自体さえもができないばあいがあることに注意せよ）とともに理論的に切開し、かつそれらをつうじて同時に、闘争論や運動＝組織論や革命理論一般などの体得ないし再把握をうながし、それらの個人的および組織的な学習・研究の深化の意欲を創出することもまた、組織指導内容の重要な構成部分をなすのである。だがもちろん、体得されている諸理論の高低・幅のあるなし、運動上・政治上の諸経験や組織活動・組織指導の質および長短、これらすべての立体的な相互滲透関係によって形づくられている指導的メンバーたちそのものの質的な差異のゆえに、たとえ職場闘争や種々の組織活動（特にフラクション活動）の点検がなされたとしても、それらにおける問題点が発見されないばあいもあるし、またそれらにおいて露呈している諸欠陥を克服するための指針や示唆が、指導するもののがわから具体的に提示されることになるとは必ずしもいえないのである。

たとえば技術的チェックといわれる指導のしかた〈そのスタイルとしての固定化〉は、一方では指導者のがわの質的低さのあらわれであるとともに、他方では被指導者のがわの理論的および組織的な成長がおくらされるという結果をもともなうのである。実際、いわゆるチェック指導なるものを克服するための内部闘争がつづけられているにもかかわらず、この欠陥をなかなか打開できないような指導的メンバーのばあいには、同盟組織諸成員やフラクション・メンバーたちの個別的な性格・理論水準・政治的および組織的経験・さらに同盟生活や日常生活そのものなどの全体にわたっての認識ないし掌握がきわめて浅いか、さもなければ無関心であるといえるのである。こういう傾向も、〈指導者意識〉のひとつの対象的表現なのであり〈つくりだされている諸組織形態の上にあぐらをかき、〝お座敷〟がかからないと動きださない、といった官僚的スタイルは、そうした傾向の醜悪な一帰結である〉、組織指導における官僚主義のあらわれが、いわゆるチェック指導であり、またいわゆる「出せ出せ」路線なのである。

要するに、その時々の闘争課題にむけた運動＝組織方針の一致をつくりだすことに蹰躇したりチェック指導に終始したりする組織指導のスタイルは、同盟員やフラクション・メンバーたちを、組織会議などでの討論や相互批判・自己批判をつうじて革命的人間へと脱皮させ、たえざる成長をうながしていくことを放棄した〈指導者意識〉あるいは官僚主義のあらわれなのだということを自覚し、これを断固として実際に克服するための闘いが、指導的メンバーにおいても、また被指導者のがわでも、積極的に追求されなければならない。

（2）ところで、一部の同盟員の内部にひそんでいる〈指導者意識〉は、彼らが組織建設に失敗したり組織活動の破綻をつきだされたりしたばあいに、赤裸々に露呈するのをつねとする。

たとえば、自己の組織指導上の欠陥または破綻がつきだされているまさにその時に、「指導」「指導」という言葉を乱発するだけで、指導した現実的内容（一般に、どのような理論闘争を展開したのか、また運動＝組織づくりのための諸活動そのものをどのように点検し切開したのか、それともしなかったのか、生活・財政・恋愛問題その他についての組織的点検や討論をしたのかどうか、といったことがら）を具体的に提示することも、また反省しほりさげることも、なかなかすすまないか、あるいは少しもできない、といった「指導者」なるものも存在したわけなのである。

明るみに出された自己の組織指導上の失敗・欠陥・誤謬・破綻などを、そのようなものとしてうけとめ現実的に克服すべきことが組織的に決定されたにもかかわらず、それを意識的または無意識的に回避し、組織活動や組織会議の指導にかんする現実問題の切開および自己反省をば理論上の諸問題に横すべりさせたり、あるいは自己の現実的諸任務に肉体派よろしく没頭することにより自己反省を未来におしやったり、また任務放棄と結びついた思考停止・判断停止におちいりながらも下部同盟員やフラクション・メンバーたちにたいして恫喝を依然つづけたりするのは、「指導者」としての自己意識の固定化のあらわれだといわざるをえない。こうした同志たちに要請されていることは、まずもって、無自覚的に潜在しているおのれ自身の〈指導者意識〉や自己過信そのものをみずからうち砕くことであり、「おのれを知る」ことであり、そしてこれを拠点とした再生である。この再生のためには、肉体労働者になりきるという「廻り道」を通過しなければならないであろうし、また同盟内における特定の場での自己変革を軸とした被指導者としての闘いに媒介されなければならないであろうし、さらに活動分野・任務の転換も必要となるであろう。

（3）　さらにつけ加えるならば、次のようなばあいもまた、〈指導者意識〉のひとつのあらわれであるといえよう。すなわち、組織活動上ないし組織指導上の失敗とか誤りとかが同志たちによる点検をつうじてあばきだされたようなときに、これを組織内討論や自己反省を媒介としながら理論的にも実践的にも克服していくための努力がなされるべきである、にもかかわらず内容空虚な清算主義的自己批判とか坊主ザンゲのようなことを、同盟員やフラク・メンバーなどのまえでやってのけるというスタイル。これは一見すると誠実のようではあるが実はそうではないのである。それは、いわば裏がえしの官僚主義だといえる。なぜなら、そうした自己批判なるものは、まさに自己保身の一つの形態だからである。なされるべき自己変革がなおなされていないにもかかわらず、そうした坊主ザンゲをすることによって、その場その場を〈意識的あるいは無意識的に〉のりきっていくことは、同盟組織建設への政治技術主義のもちこみであり、同志たちをあざむくことを意味するのである。

同志たちからうけている種々の批判をそもそも了解することも内的に理解することもできないとか、それを主体的にうけとめる姿勢がそもそも欠けているとか、といったばあいにも、しばしば清算主義的な自己批判や道徳主義的とも政治主義的ともいえる自己暴露がなされる。このばあいは、しかし、〈指導者意識〉とも無縁である。批判されていることがらを感覚できる能力がないとか、それを主体的に理解する理論的武器が弱いとか、あるいは組織会議における批判・自己批判・相互批判が組織建設にとっていかなる意義と役割をもっているかについての自覚が欠如しているとか、といったことがらを組織内討論をつうじてつきだし確認し、さらにそうした諸欠陥を克服していく方向での思想闘争が追求され続行されなければならない。いわゆる「つつき型」の組織会議のもちかたを打破し、運動＝組織づくりにかんする誤謬をおかしたり欠陥をもっている同志たちの思想的＝組織的な自己形成をうながすかたちでの討論や学習会に媒介されることが、このばあいには不可欠なのである。

とはいえ、次のようなばあいには、同盟員にふさわしい自己としてのおのれ自身を形成していく不断の努力を怠ってきたことについての無自覚、組織内闘争における思考停止とか判断停止とかの体質化（これは、のりきりの一形態である）についての無反省、あるいは無意識的な自己保身のあらわれであるといえる。すなわち、組織会議での長い長い沈黙、〝同志たちに言われていることはわかるが、しかしスッキリしない〟という言辞の悪無限的な連発、〝理論的には理解できるが、どうも疑心暗鬼だ〟といった即自性から脱却するための内的苦闘の放棄（たとえば腕組みして考えこむポーズをとりながら思考停止・判断停止におちいる、といった対象的形態としてそれはあらわれる）。――このような態度を、指導的メンバーがあえてとるばあい、これは、官僚的居直りであるか、さもなければ、自己の感性的直感をたえず思想化し理論化していく訓練と努力を放棄した精神的怠惰の、ないしは同盟員としての感性および思弁力の欠如の自己表明であるか、そのいずれかなのである。そうしたかたちでの内部理論＝思想闘争の実質上の拒否は、さきに指摘した清算主義的な自己批判とは対極をなす態度なのであるが、このいずれもが、わが同盟組織建設には決してもちこまれてはならないのである。

これまであげてきたような三つのばあいにあらわれている〈指導者意識〉、それが固定化されるならば、わが同盟組織に官僚主義が醸成されないとは決していいえない。わが同盟組織の実体的および形態的構成そのものが、そして組織建設のしかたそのものが、官僚主義体制を未然に防止できるようなかたちになっていることは厳然たる事実なのであるが、しかし、さらに指導部・被指導部を問わず、同盟員個々人の意識の底にひそんでいるところの、また内部闘争のしかたそのもののなかに無自覚的にあらわれているところの〈指導者意識〉、潜在的な官僚（主義）意識そのものをも、われわれは不断にうちくだき克服していくべきことに留意しかつ実践するのでなければならない。

二　被指導者意識・下部主義を克服すべきこと

わが同盟組織は――いうまでもなく――基本的にはそれを担い創造しつつある個々の同盟員からなる基本組織形態（労働者細胞など）とこれを実体的基礎としかつそれらを統括する各級指導部とから構成されているのであるからして、上部諸機関の問題は同時に下部諸組織のそれとして、また後者は同時に前者として、それぞれうけとめられ追求され、民主主義的中央集権制の原則にもとづいた不断の内部闘争をつうじて、これらの諸問題は意識的・積極的に解決されてきたのであり、また今後もそうである。わが同盟組織建設のこのような生動性・運動＝組織づくりのための内部的な理論的＝組織的闘いの――上から下への、また下から上への、さらに産別的に横断的なかたちでの――不断の推進に裏づけられ保証された、この有機体的性格のゆえに、組織内部に官僚主義が発生する根拠および構造が完全に断ち切られている。これは、革共同の第三次分裂をつうじてわれわれが教訓としてつかみとったところのものを組織的に実現してきた、この苦闘の成果なのである。

だがそれにもかかわらず、すでにのべたように、組織指導における潜在的な官僚（主義）意識の、あるいは〈指導者意識〉の種々の現実的あらわれから、わが同盟員たちが完全に解きはなたれているわけではないのと同様に、わが同盟の内部に多かれ少なかれ下部主義が、または被指導者意識（下部主義的意識）が残存しているといえる。——ここにいう下部主義（的意識）とは、ただたんに下部諸組織に所属する同志たちにみられる傾向だけをさしているのではなく、各級指導部を担っている同志たち相互間において、また一級上の指導機関にたいする彼ら指導的メンバーの態度においてあらわれている消極性、つまりは最高指導部への依存として、したがってあるばあいにはそれへの反撥としても現象するところの被指導者意識および態度一般をさしている。

わが同盟組織はプロレタリア的前衛党の創造をめざしてたたかっている革命的組織として、たしかに形態的および構成的には、労働者細胞（および学生細胞）を実体的基礎とした各級指導機関が存在し、またそれをそのようなものとして不断に確立していくための内部闘争をつづけている。このことは、特定の時点において下部組織に所属するその一成員として組織活動をくりひろげている同志たち、彼らをもふくめたすべての同盟員たちに、次のことを課しているのである。すなわち、組織会議や種々の文書をつうじての内部闘争・系統的で計画的な学習活動・研究活動などにとりくむことによって彼ら同盟員たちが自己自身を現在的、または近い将来に指導部の担い手として不断に形成し創造していくために努力していかなければならない、ということを。

すべての同盟員が「わが同盟員であること」それ自体に安住することなく、わが反スターリン主義運動の輝かしい前衛部隊としてのわが同盟を実体的にも形態的にも確固としてきずきあげてゆくための内部闘争、この思想的＝組織的闘いをつうじての自己変革――怠惰・だらしなさ・忘れっぽさ・任務や義務の不履行ないしは不誠実で魂の入っていないインチキな実行などを断固としてうちやぶり、同盟員にふさわしい資質・品性・外貌・服装を獲得していくための不断の努力、自己研鑽をふくんだ、トータルな自己変革――これを目的意識的に遂行していくことなしには、わが同盟組織およびその構成員全体の質的高度化ならびに組織的拡大は決してかちとられえないのである。そのためには〈指導者意識〉を粉砕し、また被指導者意識あるいは下部主義を打破することが不可欠の条件なのである。

下部主義ないし被指導者意識は、直接的・具体的には、たとえば労働者主義、中央指導部や常任メンバーへの依存主義、さらに組織形態主義ないし組織物神化意識、といったかたちで現象している。

（1）　まず第一に、労働者主義ないし、そのような意識についていえば、これは一方ではわが同盟組織建設そのものの側面からするならば、われわれが反スターリン主義運動の創成期からその克服をめざして現実にたたかってきたところの、前衛党を「職業革命家集団」とみなすレーニン主義的な考えかたが無自覚的になお存在していることを根拠としてうみだされる下部主義の一形態であるといえる。このようなものとしてそれは、他方ではわが同盟組織づくりの運動面からするならば、生産点主義とか職場主義とかいわれる傾向として現象する。すなわち労働運動の左翼的展開ないし戦闘的な職場闘争の展開とこのような闘いの推進母胎としてのフラクションづくりなどを、わが同盟員および細胞の中心的な任務と考え、またとくにフラクション・メンバーたちに、運動づくり上の諸問題を的確に解決し、運動＝組織づくりを有効に実現するための理論的内容を付与し獲得させるために自分自身にとって必要な手段のようなものとして、諸組織会議を位置づけ、それに参加する、といった構えかたより以上の姿勢をとりえない傾向、つまりは労働組合運動の左翼的展開に同盟組織づくりの観点を接ぎ木したにすぎないような非主体的で誤っている姿勢――これは労働者主義の一つのあらわれであるといえる。

右のような構えかたを無意識的にとっている労働者同志のばあいには、一方では、わが同盟組織の種々の運動への組織的とりくみ、したがってそのようなとりくみの一環として遂行されるべきわが同盟員としての種々の組織活動の展開の構造が一面化されたり、歪められたりするばかりでなく、同時に他方ではわが同盟組織そのものを形態的および実体的に強化し確立していくための内部闘争に主体的にとりくむことが無視されたり回避されたり忘却されたりすることにもなるのである。けれども、わが同盟を名実ともに、つまり本質的にも実体的にも、革命的労働者党としてつくりあげていくためには、そのような現象をとってあらわれる労働者主義（意識）をば組織建設における一つの疎外された態度としての下部主義としてとらえかえしつつ、それから断固として訣別し、みずからを指導部を構成する一員へ高めていくための努力と苦闘を、労働者同盟員たちのすべてが目的意識的になすのでなければならない。――とはいえ、そのばあい、労働運動の経験・政治的感覚・理論的蓄積・内面的苦闘の厳しさがあるかないか・性格・個性・その他、といったことに規定されて、労働者同志のあいだにも質的なちがいが当然にも存在する、ということが内部闘争や相互点検などをつうじて明らかとなるであろう。そうした「ちがい」についてたえず注意をはらい、かつ的確な相互理解ならびに自己認識を不断に獲得しあい高めあいながら、たがいに自己の短所を克服し長所をのばしていくかたちでの同志的な討論がつみかさねられていかなければならない。

ところで注意しなければならないことは、マル学同同盟員や全学連フラクションに所属していたメンバーたちが労働戦線で活動をはじめ、そしてわが労働者同盟員として再組織されるばあいに発生する諸問題を、自覚的に除去すべきだということについてである。

このことは、ただたんに、革命的学生運動を組織化するばあいの構造とかスタイルとかを労働組合運動をおしすすめるばあいにも直接あてはめ的にもちこんで失敗し破産するといった、しばしばみられる具体例をさしていっているだけではない。労働戦線における運動＝組織づくり上のそのような破産が不可避的にうみだされる根拠そのもの、すなわち組織現実論の把握が一知半解だということもさることながら、そうした組織論以前の、労働者が労働者としてもっている感性・体質への同化が意識的に追求されていないことそのことこそが、運動＝組織づくり上の目にみえない大きな桎梏とさえなるということである。

たとえば、マル学同出身ないし〝学卒〟の同志たちだけからなる特定産別組織とそうでない別の産別組織とのそれぞれに属している同盟員たちのあいだではもちろんのこと、特定の基幹産業の労働者同志たちのばあいでさえも、マル学同出身の古い同盟員たちとそうでない生粋の労働者同志たちとのあいだには、理論的には表現しがたい、それ以前的なちがいが、感覚における・体質における・性格における・気迫における・ねばりにおける・熱情における・微妙なちがいが、厳として存在していることは否みがたい事実なのである。「労働者同志である」というこの共通性のゆえに、そうした差異はしばしば無自覚のまま残されてきている傾きがある。けれども、いまやそうした理論以前的な諸問題をも根底的にえぐりだしつつ、〝学卒〟あるいはマル学同出身の労働者同盟員たちに無自覚的にあるいは潜在意識的にこびりついている非労働者的モメント、ないしは小ブルジョア的のこりかすをさえ克服していくための闘いをも追求する必要がある。このことはしかし、生粋の肉体労働者がそなえている荒々しく粗野な感覚それ自体を絶対視し、それを模倣すべきだなどということを意味しない。マルクス主義の体得に媒介されつつ洗練された革命的労働者の感覚を、わが同盟員たるものは獲得しなければならない、ということだ。生粋の労働者同志たちは、しばしば「オレとはハダアイがあわネェ」とつぶやいたり、また〃学卒〃ないしはマル学同出身の労働者同志たちとの思想闘争をあきらめたり放棄したりすべきではない。一方では彼らの小ブルジョア的な感覚をきたえなおしたり、他方では彼らが一定程度体得しているが自分には欠けている理論的なものを彼らから貪欲にしぼりとったりするというかたちでの内部思想闘争を、生粋の労働者同志たちは意識的に追求すべきである。そうすることをつうじて、すべての同盟員が労働者党の真の担い手たりうる同一性を、理論的・組織的なそれにとどまることなく感覚的・人間的なそれまでをもつくりだし、もって同志的な結合をよりいっそう高め強めていくこと——これは、わが同盟組織の全体としての体質改善への現時点における出発点であるとさえいわなければならない。

さらにつけ加えておくならば、内部思想闘争を重視するという、わが同盟の伝統となった組織建設のしかたを曲解して、たとえば組織的処分の重みについて無感覚ともいえる傾向が醸成されていることを、われわれは断固としてうちやぶるべきである。また、この無感覚と関連して組織内闘争もただたんに理論的追求の平面にとどまって、没感性的なもの、同志的連帯感の創造を彼岸化し、人間性を喪失したひからびたものに堕してしまっている例がないわけではない。同盟組織づくりにおける〃感性なき理論闘争主義〃とでもいうべきこの偏向——ここから同志のあいだで恋情の表現さえもができなくなったり、また恋情を「個別的関係を形成したい」などと味も素っ気もない言葉でしかあらわせなくなったりするかもしれない

――を打破することもまた、われわれは意識化すべきである。こうした問題については、別にほりさげられなければならない。

（2）　下部主義の一形態としての労働者主義（意識）という歪みの、わが同盟組織建設そのものにおける具体的あらわれは、各級指導部や常任メンバーへの依存主義（ないし依存傾向）である。みずからをあくまでも指導されるものとしてしか位置づけることができず、したがって、自己自身を指導部の一員へと不断に形成し高めていくための内的苦闘が軽視されたり忘れ去られたりするということ、――これらは他面からするならば、指導するものへの依存としてあらわれ、また、この指導するものが、個別的にまたは指導機関として、ある種の失敗をえんじたり重大な誤りをおかしたりしたばあいには、それにたいする感性的反撥とか漠然たる不満とか不信感とかの表明としても露呈する。この後者の傾向は、前者つまり指導するものへの依存主義の裏返しいがいのなにものでもない。各級指導機関や直接的指導者にたいする、このような依存と反撥とは、しばしば交代的に、また相互滲透のかたちでうみだされるのであるが、その根もとは一つ、下部主義（的意識）なのである。それは、わが同盟組織建設における客観主義の一形態であり、組織安住感覚の固定化にもとづく非主体的な態度表明でしかないのである。あるいは、生産点主義ないし職場闘争主義という観点から指導部建設を客体化し、指導するものをその外がわから眺めわたし印象批評を加えるにすぎない、同盟員には決してあってはならない没主体的な態度の端的なあらわれでしかないのである。

特定の担当常任メンバーや各級指導機関などにたいして、このように依存や反撥を交互的にしめすような非主体的な態度は、しかし、下部諸組織に所属する同盟員よりは、むしろ各級指導機関を真剣に担っているとはいいがたい指導的メンバーに、しばしばみられる。だが、こうした態度をとることは、同盟員としては、しかも指導的メンバーの一員としては、決してあってはならない怠惰を自己表明するものでしかないか、さもなければ内部思想闘争における日和見主義・事なかれ主義・エセ主体的な構えの端的な表現でしかないのである。

実際、このような同志たちに共通にみられる傾向としては、次のようなことがあげられうるであろう。——革命的精神の弛緩、同盟生活のルーズさ・無計画性、組織決定事項の不履行、事務遂行能力の弱さないし欠如、組織諸成員のたえざる点検・相互点検を媒介として組織的現状を掌握するという問題意識そのものの欠如、ないしそうした掌握の一面性、したがって上部諸機関による点検の回避（沈黙という形態をとったそれ）、種々の報告の一面化・歪み・欺瞞性（自己の理論的能力の低さについての無自覚から不可避となる、無意識的な歪みをふくむ）、不断の真摯な自己反省に裏づけられた、革命家としての自己形成のための苦闘の弱さないし放棄、いわゆる雑巾主義への無意識的安住、組合運動への意識的または無意識的な埋没、組織会議のマンダン会へのすりかえ、その他。

とりわけ、組織的点検や内部思想闘争において、あばきだされた諸問題をただオウム返しにするにすぎず、少しも自己反省することもできず理論的にほりさげ追求していくこともできなかったり、あるいは、自分が抱いている感覚的なものに依拠するだけで、それをたえず理論化しおのれ自身の思想たらしめてゆこうとする内面的苦闘を停止したり放棄したりしていながらも、にもかかわらず「革命をめざしている」おのれ自身の根性そのものや燃えあがってはいない熱情がいまだなお「確かなもの」としてあり失われていないことに〝一条の光明〟をみいだして居直ったり、あるいは自己の活動分野を横すべりさせたり任務放棄をあえてしたりする傾向をもっている「同志」たちとの闘争は、すこぶる至難である。こうした特殊な傾向からなお脱却していない「同志」にたいしては、もちろん自己反省のために不可欠の武器となるべき組織現実論とか革命理論の系統的な再主体化をうながすことが必要であり、またそのための時間を独自的な形式でつくりだすことも必要である。けれども、内部闘争において一定の限界状況が露呈したようなばあいには、一定期間の活動停止その他の厳しい処分をもふくめた独自な闘争が、そうした「同志」にたいしてはなされなければならない。あるいは、実質上の、また形式上および実質上の〝フラクション・メンバーへの格下げ〟にもとづく組織的闘いの新たな継続、適材適所方式の適用にもとづいた同盟員としての活動分野の転換、さらに常任メンバーとして不適格な同志のばあいには就職の追求、――これらのことがらも、わが中央指導部の適切な指導・統括のもとに、いまや意識的に追求されなければならないといえよう。それは、わが同盟組織建設の現段階を突破していくためには避けることができない。

(3)　下部主義・被指導者意識の第三のあらわれは、わが同盟・革マル派を（意識的または無意識的に）物神化した、組織主義ないし組織形式主義という傾向である。――これは、いうまでもなく、スターリン主義者にみられる党物神崇拝の傾向とは明白に異なり、それとは異質のものである。スターリン主義党を革命的に解体することをつうじて、プロレタリア革命を真に達成できる前衛党として、わが革共同を創造していく闘い、しかも「反スターリン主義運動の新しい段階」の名において、われわれが独力できずきあげてきたわれわれの基本路線を歪め放棄するという挙にでたブクロ官僚一派、彼らとの分派闘争をたたたかいぬくことをつうじて創出された革共同・革マル派の過去八年にわたる苦難な闘い、ふたたび官僚主義的に決して疎外されないような前衛組織としてわが同盟を建設しようとしてきたこの闘いのなかに、にもかかわらず——部分的にではあれ——かもしだされている組織安住主義とでもいうべき傾向、すなわち、反スターリン主義運動の中核部隊としてのわが同盟の一員であると自任することそれ自体の固定化、「わが同盟員であること」を形式主義的にとらえ、誇りとする意識、それもまた下部主義の一つのあらわれだということである。

一般に、前衛党組織は、その担い手たち自身のたえざる自己変革と自己形成を基礎とすることなしには、またそのための、民主集中制にもとづいた全組織的な内部闘争を不断に貫徹していくことなしには、自己の革命性・機動性・戦闘性・道義性を確保し実現することは決してできない。上部諸機関と下部諸組織とのあいだの実体的および本質的な交通関係、すなわち一方では、この後者〔下部諸組織〕の担い手たちの拡大および強化を基礎とし、彼らのなかの先進的な部分が前者〔各級指導部〕の担い手へ——同志的信頼に裏づけられ、組織的人間としての同一性をより高度化してゆく闘いとしての意義を同時にもっているところの、理論的＝組織的闘いをつうじて——不断に自己止揚をなしとげていくとともに、他方では前者の担い手としてのイデオロギー上・組織上・実践上・事務遂行などの諸能力、革命家としての資質、政治上・運動上の感覚および判断などにわたって、組織にたいしてある種の障害をもたらしかねない一面性・欠陥とか不適格とかの側面が、内部闘争の積みかさねによって明るみにだされたばあい、そのような同志たちは、より下級の諸組織の担い手へと自己自身を主体的に転進させていく、といった相互関係、官僚主義的固定化を排除したこのような組織内の流動性がつくりだされる必要がある。またそれによって、前衛党組織そのものを拡大強化していくための主体的根拠がうち固められることになるのである。このような前衛党づくりの革命的流動性を確保し実現していくためには、――官僚主義およびその体制とは無縁な精神において、またそうした構成と形態において、組織建設が着実におしすすめられているばあいでさえも、――すでにのべたような潜在的な官僚意識としての〈指導者意識〉ばかりでなく、同時に被指導者意識の固定化や下部主義の傾向もまた断固としてうちくだかれなければならない。各級指導機関や細胞指導者などへ依存する非自立的な意識とか、その裏返しとしての感性的な反撥や根拠薄弱な不満を披瀝するにすぎない、没主体的で前衛組織成員以前的な意識とかもまた、当然打破されなければならない。

いま簡単にのべたようなことがらが明白に自覚できさえするならば、革共同・革マル派の一成員であることそれ自体のなかに、自己の革命性と、その保証を発見し、かつ安住することもできなければ、また、同盟員にふさわしい自己変革の積みかさねを怠ったり、組織成員としての思想性および組織性を高め強めていく苦闘を等閑に付したり、さらに大衆運動や労働運動の推進に埋没して同盟建設を彼岸化しつつ、各級指導機関にたいして客観主義的批評をなげつけたりすることもできなくなるはずなのである。

わが同盟員としての組織性とは、わが同盟の規約を守り実現したり組織規律に違反しないようにしたり、またその時々の時期や段階における自己の組織的地位を固定化し、固執したりすることのなかにしめされるのでは決してない。それは組織性の形式主義的な理解に起因するものであって、同盟組織建設を形骸化し空洞化する根拠の一つともなるのである。わが同盟そのものの、またその諸成員のイデオロギー性・組織性・人間性を不断に高め強化していく闘いからきりはなされた組織形式主義、組織安住主義、指導部建設を彼岸化した下部主義、これらとはまったく無縁なものとして、わが同盟組織は創造されていかねばならない。

三　自己過信にもとづく〝のりきりスタイル〟を粉砕すべきこと

スターリン主義党や社民党ばかりでなく、離合集散つねなき反代々木行動左翼主義集団のすべてを解体する組織的闘いにも媒介されながら推進されつつある日本革命的共産主義運動、その中核部隊としてのわが革共同（革マル派）の一成員としての誇りと自信にみなぎって、われわれは日々の運動＝組織づくりのための諸活動を、さまざまな場面と分野でくりひろげている。この誇り、この自信は、もしもそれが同盟員として不可欠な自己研鑽、イデオロギー上・組織上・実践上の諸能力をたえず向上させていくための内面的苦闘から切断されるならば、たちどころに空洞化されて〈指導者意識〉へと転化され、そうすることにより官僚主義や官僚主義的意識の温床となってしまう。もちろんのことながら、われわれは、たえざる自己変革と自己形成に媒介され、それに貫かれていく革命家としての自信と誇りを決して失ってはならない。けれども、空洞化された自信や形骸化された誇りを固持するといった愚かさにおちこんでは決してならない。革命家として、わが同盟員として、まさにふさわしい資質、感覚や諸能力を形成し創造してゆく不断の努力と組織的闘いをつうじて、革命的実践家としての自信も誇りも、おのずから湧き出てくるのである。

イデオロギー上・組織上・実践上の諸能力や自分が体得している諸内容とは無関係な空洞化された自信

なるもの、あるいは、同盟員としての「おのれを知る」ことができずに「あるべき自己」なるものをただ観念的に設定しつつそれに猪突猛進するような自信過剰ないし自己過信は、わが同盟員にとっては無用の長物でしかない。とはいえ、おのれ自身が自己過信に陥っているとか、内実の伴わない自信家だとかいうことは、同志たちの批判をうけた時でも、なかなか納得できなかったり、また克服できなかったりするばあいがある。「生命を賭して」わが反スターリン主義運動のためにたたかっているという信念と、指摘された自己過信との違いが自覚されえないようなばあいが決してないわけではない。そうした事態がなぜうみだされるのか、ということは極めて回答に困難な問題である。

おそらく、わが同盟員となる以前の青少年期や幼年期における、一定の社会的・家庭的な諸関係のもとでの人格形成とも、それは深くつながっているといえるからである。けれども、そうしたことがらを、われわれは自立化すべきではない。問題なのは、わが同盟員としては当然もつべき自信や誇りを越え出たもの、あるいは著しくはみだしたもの、そういうものが内部思想闘争や相互点検などをつうじて浮かびあったようなばあいに、そうしたモメントを意識的に・同志的に除去するために闘争すべきだ、という点にこそある。同盟員にふさわしくない自信の自立化、他の同志にたいする、あからさまではない蔑視とか軽視とかという形でも露呈するところの自信過剰ないし自己過信、あるいは小ブルジョア的な倫理と似たようなふるまい、たとえば（他の同志を政治的に蹴落としたりしようとする感情を抱くようなものがたとえ一部の同志の中に仮にうみだされたとしても、彼らは、わが同盟組織の構成ならびに組織建設方式そのものによって粉砕される必然性におかれるのであるが）、他の同志がある種の失敗や誤謬を犯したのを一つの契機として、無意識的にではあれ自分自身に〝空気〟を入れたかと思えば、こんどは運動＝組織づくり上の失敗とか論文執筆上のジグザグや破綻に自分自身が直面して消耗する、という形であらわれる斑気《むらぎ》、――革命家として不適格なこのような性格上の欠陥を、何らかのかたちでもっている同志たちは、その時々の点検および思想闘争をつうじて着実に除去し主体的に克服していくために努力することが必要である。

それはともかくとして、運動＝組織づくりについての経験の蓄積、政治的感覚のみがき上げ、理論的追求と一定の蓄積、種々の形態の内部闘争・相互点検・批判・自己批判・相互批判などを基礎とした、組織指導の仕方の質的向上と強化、――これらをつうじて、革命家としての自信が、わが同盟の指導的な担い手としての自信が、次第に形づくられるのであるが、しかし、ある一定程度の自信がついた同志たちがしばしばおちいる傾向としては、次のようなものがあげられるであろう。

たとえば、論文執筆過程におけるゆきづまりの現状・原因・根拠などを、それとして同志たちに明らかにすることなく隠蔽し、論文執筆の締切をますます遅らせるというばあい。――これは、〝かかえこみスタイル〟と呼ばれる悪しき傾向である。一見するとそれは、論文作成における自力更生という良い面をもっているかのようであるが、しかし本質的には、理論的に無内容な（または貧困な）自己への過信にもとづくものである。だから、一定の論文づくりにおいて自己破産が決定的に明るみに出される段階において、そうした同志たちは、自己自身に絶望を感じたり無用の消耗感にひたったり、さては任務放棄の挙に出たりすることになるか、さもなければ、論文執筆以外の諸活動に没頭すること（たとえば大衆運動の指導、種々の事務・現実的諸任務へ埋没すること）によって自己破産をみずからおしかくし、のりきろうとするスタイルを実践するか、そのいずれかになるのである。

同盟員としての責務にかりたてられた技術的のりきり（組織づくりにおける政治技術主義と道徳主義との折衷）にせよ、消耗感にひたった任務放棄という形態にせよ、いずれも、論文執筆における自己過信のゆえにもたらされた自己破綻の結果であることが、明白に自覚されなければならない。そして、論文執筆過程で自分自身が気づいたり、また直接討論に参加した同志たちにより指摘されたりした、理論上・組織実践上の諸問題をきちんと整理し、現在の自分自身に何が欠けているのかをつきだし、これをただ充填するだけでなく、自己自身の全体としての能力を高めていくための、系統的で計画的な学習・研究や現実の組織活動・組織指導そのものの総括などに、意識的にとりくんでいくことが必要である。そうしたことがらを、そのつどそのつど確認し、しっかりと積みかさねていくかたちで実行することを怠るばあい（つまり、意識的または無意識的なのりきり）には、同一のテーマのもとでの論文執筆さえもが二度三度パンクする、といった悲喜劇的な事態がうみだされることにもなるであろう。しばしばうみだされているこうした傾向を、わが同盟から完全に駆逐するためには、すべての同盟員が自己自身の理論活動および組織活動そのものを根本的に反省しなおすことからはじめなければならないであろう。

次に、たとえば、大衆運動や他党派への対応における政治判断に一定の自信をもっているような同志のばあいには、一応は組織決定を認めながらも、実際にはこの決定を勝手にふみにじった個人プレイをやってのけたり、またこの運動づくり上の「自信」に逃げ場を発見して、革命家にふさわしい理論上・組織づくり上の諸能力の体得をおろそかにしたりするような同盟員が存在しないわけでは決してない。自己の政治的感覚の鋭さや政治判断の一定の的確さに自己満足して、理論家としてまた組織者として自己を不断に形成していくための努力を怠ったり軽視したりするかぎり、やがては政治的感覚や判断そのものが狂いはじめることになり自信喪失におちこむことになるのは必然のなりゆきである。政治的なものへの自信に自己存在の基盤をおいたり、またそれが政治上・運動上の失敗のゆえにぐらついて消耗したりするのは、わが同盟の指導部の一員としての自己変革をないがしろにしたり彼岸化したりしている雑巾スタイルの活動を前提としたその必然的な帰結である。それだけではなく、そのような同志は、しばしば内部思想闘争の無意識的な技術的のりきりを実践しないわけにはいかなくなるのである。だが、そうした活動家スタイルを根本的に反省しなおし、それから訣別することなしには、自己自身を革命家たらしめることは決してできないことを肝に銘じなければならないであろう。

革命的マルクス主義者としての自信喪失・自己崩壊から脱却するためには、おのれ自身の同盟員としての過去の歩みを全面的に総括しつつ根本的に反省しなおし、新たな出発のための拠点をきずきあげるための最後的な苦闘にたちあがるべきである。政治技術主義的のりきりは決して許されない。

運動＝組織づくりにおいて、また組織指導において、さらに論文執筆において、しばしば無意識的にあらわれる〝のりきりスタイル〟、——これは要するに、強弱の差があるとはいえ、一定の自己過信のあらわれであるか、さもなければ自己の欠点や弱点を同志たちにむきだしにすることなくカッコウをつけるという〈指導者意識〉のあらわれであるといえよう。だが、そうしたスタイルはわが同盟の内部から徹底的に駆逐されなければならない。真摯にして誠実な人間的交通、同志的結合にもとづいた理論的＝組織的闘いをつうじて、わが同盟組織建設は一歩一歩おしすすめられなければならない。

四　基本組織担当主義を克服すべきこと

日本反スターリン主義運動とわが同盟建設の一定の前進にともなって、これまでは組織構成上ならびに組織機能上からすれば未分化であり未発展であったところのものが、意識的に分化されると同時に集中化されなければならない、という新しい段階にわが同盟組織づくりは突入している。わが同盟の組織体制そのものをよりいっそう構造化し、これにより運動＝組織づくりのための、また党派闘争をたたかいぬくための機動性および的確性を高度化することが、さしせまった組織的課題としてわれわれに課せられている。とりわけ中央指導部そのものの強化、そして、わが同盟による大衆運動・労働運動の組織化のための、また同盟組織づくりのための実践的指針を提起するとともに、各地方・各産別・各地区におけるわれわれの種々の闘いの報告・総括を集約し、これを全同盟の教訓たらしめていくために欠くことのできない機関紙・誌、これを充実させ拡大し強化していくために絶対的に必要な新たな組織体制の創出、すなわち編集局および事務局そのものの強化と機動性の確保・向上、これが現時点におけるわが同盟組織建設の一つの環をなしているといわなければならない。

わが革共同の創建いらいの根本理念、わが同盟組織を実体的にも本質的にも労働者党として創造していくということの理念を実現するための内部闘争をつうじて、いまやわれわれは、この根本理念を組織的に物質化していくための拠点を構築し、新しい第一歩をふみだしつつある。中央ＰＯＢそのものを実体的に再編成することによりそれを本質的に強化する出発点をきずくとともに、中央諸機関をも過去八年間の組織建設の経験と教訓にふまえて着々と再編し強化するための諸措置を立案しかつ実現するために、いまわれわれは全力を傾注しつつある。

このような闘いは、しかし、もちろん組織体制上・組織構成上の再編に局限されるわけでは決してない。これまでの諸指導機関の担い手たちの徹底した相互点検ならびに八年間の同盟建設のための内部闘争の総括にふまえ、指導部を構成するメンバーにふさわしい組織づくりのための諸能力・理論的蓄積およびその能力・運動上および政治上の諸能力などを体得し、革命家としての強靭な精神をきたえあげ革命的情熱を燃やしつづけているかどうかを基準としながら展開されてきた、指導部内の思想闘争を基礎として、そうした組織的な再編・強化はたたかいとられつつあるのだ。

ところで、中央指導部を再編し強化するこの闘いにおいて明るみに出されたことがらとしては、〈指導者意識〉や自己過信のようなものが、これまで中央指導部を担ってきた常任メンバーの一部に無意識的にではあれ潜在していたということがあげられるのであるが、さらに、いわば「基本組織担当主義」といった傾向が根強く残存していることもまた、あげられなければならない。

「基本組織担当主義」とは、一般に、中央および各地方の常任メンバーの一部にみられるところの、組織づくりの形式主義的な理解、これにもとづく基本組織への肉体派的な密着傾向のことである。こうした傾向は、おそらく、いわゆる「探究派」いらいのわれわれの独自性をなす革命的組織づくり路線を一面的に理解し、そして一定の基本組織（特定の労働者細胞あるいは産別労働者委員会など）に密着していさえするならば、――組織づくりの実際の内容が、たとえどのように混乱し破綻をかさね惨めなものであったとしても――常任メンバーとしての責任および任務を遂行しているのだ、といった錯覚にとらわれていることからうみだされているといえる。

現実には運動＝組織づくりを内容的になんら指導できず、ただその場その場で、同盟員たちが展開した諸活動や運動方針などにかかわる欠陥ないし誤りとして直観したところのものを、没理論的に・経験主義的に・政治技術主義的にチェックしたり、またそうしたチェックさえもができずに沈黙したり、あるいは論点や追求すべき問題点を移動させて空中戦に等しい論議に終始したりする、といった組織会議ならぬ組織会議に「自足」せざるをえなくなっている一部の腐敗した常任メンバー、あるいは、上部機関や同志たちによる点検をつうじて批判されつづけていても所詮そういう組織会議の「指導」より以上のことをなしうる能力を体得できず、また体得しようとする努力をかさねていない常任メンバーのばあい、彼らは、一定の基本組織建設を担当し、それに密着していさえするならば、自己の革命家としての組織性・革命性が確保され実現されるのだと錯覚しているのではないか、といわざるをえない。

組織づくりおよび運動＝組織論にかかわる問題、特定の闘争課題にかんする大衆闘争論的解明にかかわる問題、わが同盟組織建設の総括にかんする問題、――それらのなかのある一定のことがらをめぐって、特定の常任メンバーとの思想闘争を、われわれは、ここ数年のあいだ何回となく論議しつづけてきている。にもかかわらず、この特定メンバーは、同一のテーマについて少しも自己反省ができず、理論的ほりさげもできず、また決定された自己総括の文章化のための努力をさえ常に中途で放棄し、しかも、一定時点においては完全な思考停止・判断停止におちいりながらも、なおかつ自己が担当している特定の組織の会議に参加し「指導」することだけは惰性的にやってのけているわけなのである。ごく少数であるとはいえ、こうしたメンバーが、わが同盟内に存在するということがなお許されているということは、わが同盟の恥辱ではないか。もちろんそれは、これらの特定の常任メンバーを根本的に変革することも、また彼らに代わるべき指導者を創造することもできないわが同盟指導部の無能性のあらわれである。その意味では、われわれは厳しく自己批判しなければならない。けれども他面からするならば、執拗に続けられてきた思想闘争にもかかわらず何ら自己変革がかちとられず、運動＝組織づくりの旧態依然たるスタイルやそれにかんする指導内容の空疎性が根本的に打開されえないということそれ自体は、そのような同盟員たちがそもそも指導者となりうる資質を備えていないことを、客観的にしめしているといわなければならない。だから、そうした常任メンバーは、自己の形骸化された〈指導者意識〉をうち砕き、自己が担当する特定組織への肉体派的な密着主義が反組織的でさえあることを自覚し、一同盟員から再出発する必要が絶対にあるといえる。それとともにそのような常任メンバーとの思想闘争を断固として貫徹する力を持たず、また実際にそれをなしとげることができなかった被指導者としての同盟員たちが、みずからを指導部の一員へと高めていくための闘いが同時的に開始されなければならない。

革命的マルクス主義者としてのおのれの空洞化を政治技術（主義）的にのりきることは、もはや許されないだけでなく、そのようなのりきり方式をわが同盟の内部から最後的に放逐するために、われわれは決意を新たにして内部闘争をヨリ真剣に推進すべきである。

すべての同盟員は「同盟員であること」それ自体に安住することなく、労働運動・大衆運動や他党派などへの対応における鋭い政治的反応感覚をみがきあげ、柔軟にして的確な判断力をきたえあげていくと同時に、その前提ともなるところの、革命的マルクス主義者としての、わが同盟員としてのイデオロギー的＝組織的な自己形成をなしとげるための内部闘争および理論活動に真剣にとりくむのでなければならない。今なお残存していないとはいえない組織会議のもち方のホンワカホンワカ・スタイル――すなわち、労働者同志たちの鋭い直観や即自的な提起そのものの平面にとどまることなく、それにふまえながらも、さらにそれらを理論的に整序し立体的に構造化し、また未分化な点や発展させられるべき種々のモメントをひきだし、ふくらませつつ再構成していく、というぐあいに組織会議での討論を進めていくことができず、ただムード的に運動方針上の一致を結果的に求めるにすぎないスタイル――、あるいはチェック主義的な組織指導なるもの、さらに組織会議をば、おしゃべり・打ち合わせの場におとしめたり学習会主義的にもったりする傾向、これらが根本的に打破されなければならない。

ところが、中央指導部の内外にも、過去八年にわたる内部思想闘争にもかかわらず、またこれに真剣にかかわってこなかったわけでは必ずしもないにもかかわらず、あるいは主体的にとりくんできたにもかかわらず、今なお自己変革がかちとれず、政治的感覚がにぶく、運動＝組織づくり上の諸問題についての具体的な点検や切開、そこにはらまれている諸欠陥や誤りを除去し克服するための指針が提出できなかったり、さらに組織現実論の一知半解、その歪んだ理解を根本的に打破することができずに低迷している同志たちが存在していないわけではない。

しかもなお悪いことには、わが同盟の筋骨系統ではなく、主に循環器系統を担っている一部の同志たちの中には、機関紙・誌の発行にかかわる諸任務（論文の作成過程における直接的執筆者との討論、編集・

発行事務、機関紙の発送事務、紙・誌代の請求および納入にかかわる諸事務、財政その他）、ならびに、その時々の大衆運動や党派闘争などにかんする連絡・報告・伝達などの、的確で迅速な履行を軽視したり、ルーズさのゆえにそれらの確実な遂行を遅らせたり忘却したりする傾向が残っていないわけではない。一言でいえば、事務遂行能力に欠けていたり、無意識的な〈指導者意識〉とか「基本組織への肉体派的密着主義」とかのゆえに種々の事務・責務の遂行を軽んじたりする同志たちがいないわけではない。

こうした事態を抜本的に改革するためには、まず第一に、中央指導部の内外で常任的に活動している同盟員たちが、これまでの内部思想闘争の過程をふりかえり「おのれを知る」ことを出発点とすべきであろう。そのばあい、すでに指摘した〈指導者意識〉の打破、自己過信にもとづく「のりきりスタイル」の粉砕、そして「基本組織担当主義」の克服などが真剣に追求されなければならない。とりわけ再反省され追求しなおされなければならないことは、次の点にある。――運動＝組織づくりにかかわる現実的諸問題の点検および切開ができないとか、組織現実論の諸領域の歪んだ理解がなかなか克服できないとか、さらに、政治的感覚が鈍く、他の同志から言われたことを少しも理解できないとか、これとは逆に、オルグ対象の思想および思考法を分析し、これにふまえるべきであるにもかかわらず、そうした手続きをふまずに主観主義的に判断をくだしたり、また恣意的に推測・加工したりするクセを直すことができないとか、というような自己自身の欠陥は、「これからやれば克服できる」といった性質のものなのか、自己の性格上の欠点や長所とむすびついていないかどうか、それとも、革命的組織づくりのための指導者としての資質にそもそも欠ける側面をもっているがゆえに不可避となっているものなのかどうか、というようなことまでもが問いなおされなければならない、ということである。

それとともに第二に、わが同盟組織建設にとっては、組織の神経系統（指導部と民主集中制の原則）にうらづけられつつ強化され拡大されていくその筋骨系統（同盟組織の一般的・産別的な構成および地区組織）、ならびに、これと同時的に活発化され強化されなければならない循環器系統（編集局を軸とした機関紙・誌活動）が絶対不可欠であるだけでなく、この両者は同時的に発展・強化されなければならない。とりわけ心臓部（中央編集局）は脳髄（中央ＰＯＢ）とともに生物有機体（党組織）の生命を決定する中枢的な機関であるからして、脳髄とともに心臓部をば、運動（労働運動・大衆運動）をつうじて不断に鍛錬していく必要がある。運動による鍛錬をつうじて、骨太（一般的・特殊的な組織構成の強化）になり筋肉がついてくる（地区組織の確立）のであるが、そのばあい、弁膜（編集局員）ならびに心筋（事務局員）に支障や故障が発生したとするならば、筋肉にハレモノができたばあい（運動＝組織活動のパンク、地区組織の部分的腐敗）とは異なり、有機体そのものにガタがくるのである。したがって、この心臓部をそれ自体として強化することは、筋骨系の強化・拡大とともに並行的になされなければならない。現時点におけるわが同盟の中央編集局ならびに事務局を体制的に確立しなければならないゆえんは、その点にある。

これをいいかえれば、わが同盟組織建設の発展に対応して、これまでは中央指導部に未分化的に集中されていた諸機能を形態的に分化させると同時に新たな集中の形式をも創造すべきだということにほかならない。あるいは、資本制生産の発展にともなって、協業的労働過程に作業場内分業が導入され「分業にもとづく協業」という生産方式がとられたのと同様に、わが同盟組織建設においても、任務分担にもとづく協同的な組織建設が、とりわけ指導機関の内部構成の細分化＝集中化にもとづいた、指導部を指導部として確立していくための闘いが、意識的に遂行されなければならない。

いまあげた二つの点を統一していえば、次のようになる。——個々の同盟員や指導的メンバーたちがもっている、革命家としての個性・運動＝組織づくり上および理論上の諸能力・政治上および運動上の諸経験・事務遂行能力・技術的および技能的な諸能力（編集・校正技術、ガリ版・タイプ印刷の技術、自動車の運転、複式簿記が記帳できたり、ソロバンが上手であったり、さらにイラストレーションやマンガが上手であったりすること、また医師とかケース・ワーカーの資格をもっていること、その他）などにふさわしいかたちでの同盟内の組織的配置・任務分担が意識的に追求され、これによって組織づくりの質および効率を高度化していくべきだ、ということである。いわゆる適材適所方式が、同盟員としての基本的諸権利および義務を基礎とし、内部思想闘争に裏づけられ保証されながら、わが同盟組織づくりにも適用されるべきだということである。

実際、特定の労働者細胞づくりの責任ある指導者が、個々の同盟員の運動＝組織づくりのための諸活動を点検することも切開することも総括することもできず、ただ混迷をつづけているばあい、しかも執拗につづけられてきた思想闘争が一定の限界状況にのりあげたばあい、そのようなばあいには、この「指導者」に、つまり内部闘争をつうじて指導者としての器ではないことが確認された彼に、配置転換とか〝格下げ〟とか就職とかをふくむ、活動分野の転換ないし再出発の機会があたえられるべきである。このような処置は、明らかにスターリン主義官僚がしばしば行使する行政的処分ないし機能主義的な処置とは異質のものである。と同時にそれは、これまでのわれわれの内部にあった思想闘争主義的で温情主義的な組織づくりの方式についての自己批判、そうした欠陥から訣別した新しい次元における組織的闘いの開始をしめすものにほかならない。

たとえば、自己の組織指導が現実に破産し、しかもそのことが理論的かつ思想的につきだされているにもかかわらず、自己のかかる事態について無感覚であり無自覚ではあるけれども、しかし一定の技術的または事務的な諸能力をそなえ、かつそれに熱情をもちつづけている同志たちのばあいには、彼らに〈指導者意識〉の粉砕、自己過信からの脱却をうながすとともに、「基本組織担当主義」ないし組織づくりへの肉体派的密着主義の誤りを自覚させ克服させつつ、彼ら自身がもっている諸能力を十全に発揮することのできるような活動分野に彼らを転換させる必要がある。このことは、もちろん、運動＝組織づくり上・組織指導上の自己破綻にかんする自己総括をないがしろにすることを、なんら意味しない。そうした総括をつうじての自己反省は、新たな所属細胞または諸機関においても続行されなければならない。組織指導上の決定的な破産に無自覚のまま、一定の組織づくりに肉体派的に密着しようと固執するような組織づくり主義、組織づくりのできないこの組織づくり主義という誤り、「基本組織担当主義」の偏見を打破しつつ、同盟員としてのおのれを知ることを出発点としないかぎり、そうした自己反省はもちろん深化されはしないであろう。

とにかく、過去八年のあいだ、われわれは組織づくりにおける一切の機能主義を断固として退け、誠実にして忍耐強い思想＝理論闘争をおしすすめてきたのであったが、しかし現段階においてわが同盟組織建設を飛躍的に発展させるためには、組織づくりにおける機能主義とは異質な次元において、適材適所方式を――内部思想闘争を基礎としながら――適用し、新たな組織体制を確固としてきずきあげる決意をかため実践するのでなければならない。すべての同盟員がみずからを指導部の担い手として不断に高めていくためにに苦闘すべきなのであるが、しかし同盟員のすべてが必ずしも真の指導者となりうるわけではない、ということの矛盾を解決するための組織形態および組織配置・任務分担を創意的につくりだしつつ、わが同盟組織を全体として質的に高め強化し拡充していくこと、これが解決されなければならない緊急にして緊要な組織問題なのである。

五　革命的警戒心を高め組織規律を確立するために

わが同盟員としての資質にかかわることがらのなかで、現段階において、とくに問題とされなければならないことは、わが同盟(員)は公然・半公然・非公然の種々の組織活動を意識的にくりひろげているにもかかわらず、これらのすべての活動が形式上は合法下で展開されているということとも関係して、組織規律がおろそかにされているフシがあるということだ。

たとえば、種々の組織決定の不履行または中途半端でおざなりな遂行のしかた(一定期間内での自己総括の文書化についてのサボタージュなどもこれにふくまれる)、部分的な任務放棄、組織づくりや大衆運動にかんする報告や連絡・伝達などの遅延や、注意力の欠如ないし精神的緊張度のゆるみのゆえの忘却、種々の報告の成果主義的欺瞞性の隠蔽、あらゆることがら(運動＝組織づくりとか論文執筆過程とか)におけるサモサモ型、組織会議の開始の定刻を無視するルーズさ、夜と昼を逆立ちさせた生活態度、組織的に決定されている基礎学習や理論的研究のなしくずし的放棄ないしのりきり的彼岸化(このばあい、組織活動の多忙さがつねに必ず口実としてもちだされるのであるが、しかし基本的には自己の同盟生活の無計画性や革命的熱情のうすらぎなどがその根拠をなしている)、内部理論闘争にかんする諸問題の系統的で計画的な追体験および総括的な文書化への意欲喪失、組織会議などでつきだされた、運動＝組織づくり上の諸問題・反戦青年委員会の組織化にかんする理論上の諸問題・同盟組織づくり上の現実的および理論的諸問題などについての総括や自己総括のなしくずし的放棄、機関紙・誌代や同盟費その他の上納のおくれ・停滞、――これらのすべては同盟員としての組織規律がなんらかのかたちで弛緩していることからうみだされている諸問題であるといえる。

これらの、小さいとはいえ、しかし大きな問題を惹き起こしかねないところの規律違反ないし、規律弛緩は、もちろん、その時その場でチェックがなされたり、批判・自己批判・相互批判がなされたりしながら、現実的には克服されてきてはいる。けれども、特定の同志のばあい、――彼の性格上の弱さ・欠陥とも重なりあって――二度三度同じような規律違反を重ねる例がないわけではない。そうした同志にたいしては、こんご性格上の問題をもふくめた徹底的な切開・批判をいっそう強め、自己の組織成員としての欠点の徹底的な克服をきびしく強制する必要があるであろう。

ここでは、ただ次の三点について簡単にふれるにとどめる。

その第一は組織会議の時間のとりかたについてである。

一般に組織会議の質は、その時々にもたれる会議の時間の長さとか会議の頻度とかによって決定されるのではない。とくに労働者組織のばあいには、会議の時間の長さおよび頻度にあらかじめ限界があるのだからして、問題は、いつにかかって討議内容の密度および質を高めるための諸措置がとられなければならない点にある。たとえば、一定の組織会議にむけて、討論すべきことがらについての種々の準備が、指導的メンバー（これは常任だけにかぎられない各級指導機関に属する労働者同志や細胞キャップをふくむ）のあいだで、あらかじめなされていること、討論をテキパキと進行させ、会議がデレデレと長びかないように留意すること、次の組織会議で討論するであろうことがらがはっきりしているばあいには、組織諸成員もまた復習および予習しておくこと、などが必要である。（いまのばあい、有能な指導者に欠けている地方諸組織にしばしばみられる、相反した二つの傾向――すなわち、①組織会議での討論内容が焦点ボケになり討論がますます拡散してしまうことから、会議の時間があまりにも長くなる傾向、②論議する内容があまりにも貧困であり、またそれを豊富化するための努力さえもがなされていない結果、きわめて短時間おざなりの組織会議をもつにすぎない傾向、――これについては度外視する。）とくに注意すべきことは、労働者同志のばあいには翌日の勤務・肉体労働があるのであるから、そして指導的メンバーたちには○○代の後半から○○代のはじめにさしかかっているものがふえてきたことからして、組織会議の徹夜方式は可能なかぎり回避し、基本的に××時以前に会議をうちきり、次回に討論をもちこす、という習慣をつくるべきである。――もちろん緊急事態の発生とか、やむをえないばあいは、例外を認めざるをえないのであるが。――一部の常任メンバーのなかには、自己のだらしのない生活態度にあわせてフラクションを会議（特殊的には都自代〔東京都自治会代表者会議〕）をさえ夜中までつづける無常識な者がいるし、また真夜中にデレデレ電話オルグをする同志たちもいるのであるが、こうした無常識は物理的に是正されるべきである。

その第二は、――右のことと関連して――とくに常任メンバーの生活態度を根本的に変える必要がある、ということについてである。

とくに改革を急ぐべきことは、一部とはいえ夜と昼を逆立ちさせたような生活を送っている常任メンバーのこの生活態度である。こうした生活態度が組織会議のもちかたにも持ちこまれるからこそ、徹夜の会議が平然ともたれたり（肉体的疲労の度合が倍加すると、いくら長い時間討論をすすめても精神活動はにぶり停止するばかりである）、さらに午前二時〜四時に労働者同志に電話を大声で長々とかける、といった非常識な行為がなされたりすることにもなるのである。

たしかに、特定の論文の締切時間に間に合わなくなって、徹夜しながら執筆しなければならないようなばあいが、しばしば発生するのであるが、しかし、肉体的に疲労し精神的に消耗したままでは、思考活動がうまく展開せず、つまるところ満足な論文などは書けなくなるのであるからして、普段からそのような状態にならないように絶えず心掛けているべきである。論文執筆の段階に入ってからあせるのではなく、たえず日常的に追求すべき自己の課題を設定し、独習や組織討論の成果をまとめ、ノートをとりながら思索を深め整理しておくことが大切なのであって、こうした作業の集約として一定の論文は執筆されなければならない。

ところで、次のようなスタイルもまた打破されなければならない。――たとえば、薄暗く、また諸党派のメンバーが頻繁に出入りする特定の喫茶店での、おそらく密度の低い思索や読書をする習慣がぬけないで、いまなおそうしたスタイルを持続しているばあい。時と所をかまわず、長電話で討論らしいものを平然とやるスタイル（盗聴されていること、盗聴される危険についての警戒心を高める必要がある）。道路を歩きながら、また食堂などで、仲間たちと大声でワイワイ政治問題その他のおしゃべりに興ずるスタイル。アジトなどで、あまり勉強せずに討論を主目的として生活するスタイル（討論を主とし文章を書く習慣があまりない同志のばあいには、思考がすこぶる雑になっているだけではなく、問題意識がきわめて豊かであるかのような幻想にひっかかってしまう例もある）。ロクロク洗濯もしないで臭気ただよう下着を着て平然としているだけでなく、頭髪をボウボウにしている乞食スタイル、ないしルンペン・スタイル。さらに部屋の掃除や雑巾がけをせず、整理・整頓を怠り（たしかに時間がないのだが）、あたかもゴミの山のなかに生存しているようなスタイル。野菜・卵・天麩羅などをいれてインスタント・ラーメンを食べればよいのに、ただラーメンだけをモクモクと食べるにすぎない、ものぐさスタイル（栄養失調になるよ）。また、靴をはいて出かけるまえに、そのへんにころがっている靴下のなかで一番くさくないものをえらんで、これをはいて出かけるスタイル。デモ服と日常的に着用するものとをあまり区別しないで生活しているスタイル。（とくに常任メンバーのばあいは、一見して活動家とみられるような服装・スタイルは絶対にやめるべきである。）……

さらにわが同盟員やフラクション・メンバーが種々の破廉恥行為をもしもおかしたようなばあいには、このメンバーにたいしては徹底的な思想闘争をやったあとで、必ず厳しい処分（除名、権利停止、あるいは永久追放など）を加えるべきであり、それによってわれわれの組織の道徳的規律性を確保していくべきである。

その第三は、革命的警戒心をよりいっそう高めるべきことについてである。

われわれの革命的共産主義運動は形式上合法下において推進されていることからして、国家権力からのわれわれの組織の防衛問題についての配慮が欠けていたり警戒心が低下しているようなばあいが、しばしばみられる。

権力のガサ入れなどにさいして、革命運動を担っているものとしては非常識というほかないノートのつけかたが、いまなお残存していることがあらわとなっているだけではなく、重要な内部文書とか住所録・電話帳とかアジトのカギとかを、しばしば置き忘れるといった、革命家以前的な指導的メンバーたちも存在しているほどなのである。また、アジトの探しかた・設定のしかた・使いかたなどにかんしても、すこぶる呑気で無常識で警戒心の欠如している同志もいる。——このような傾向は、革命運動とは何か？という根本問題への反省をも、あらためてうながすことを媒介としながら、その時その場で教育しなおし、断固として粉砕していく必要がある。

ところで、物忘れが相対的にひどい同志のばあいには、彼にたいして、他の同志が気を配って、そのつどそのつど注意をうながす必要がある。また、たとえ物忘れがひどい同志といえども、自分自身の肉体をどこかに置き去りにするなどということはありえないのであるからして、たとえばアドレス帳（これには、当面必要な最低限のことがらより以上を記載すべきではなく、また種々の記載上の工夫がこらされるべきである）などにはヒモをつけて、成田山のオフダのように自分自身の首にしばりつけておくべきである。あるいは女子供がよくガマグチにつけているような鈴でもつけて自分の首にしばりつけておくべきである。とにかく、注意力の欠如は革命的警戒心の弱化ないし欠如とむすびついているのだ、ということを肝に銘じておく必要がある。

また、組織会議の名称およびその日付の連絡のしかたについても、よりいっそうの工夫と緻密化が必要であり、特定の場所におもむくばあいの道路のえらびかた、歩きかた、尾行についての注意、周囲への警戒のしかたなどについても工夫をこらす必要がある。

内部文書や組織ノートなどの保存・整理のしかたについて、またそれらの持ち歩きについて、さらに注意を注ぐ必要がある。また、一男性同盟員の彼女が非同盟員であったり、その逆であったりするばあいには、内部文書や組織ノートをのぞかれないように配慮することも、当然なされなければならない。

最後にノートのつけかたについて。——一定の闘争にむけての戦術、とりわけ闘争形態について論議するばあいには、それらについて基本的にノートには記載すべきではないこと、これは、いまでは一応確認され実行されているといってよいであろう。

けれども、諸組織会議の名称、その日付、その時間および場所などの記しかたにも配慮を加え、記号化したり記入しない、といった方法がとられるべきであろう。——組織ノートがパクラレたばあい、一定の会議にかんする法則性が探知されたり、一定の組織諸成員の動向が判明してしまったりしないようなかたちでノートの記載方法が工夫されなければならない。

また、理論上の論争問題はともかくとして、とくに組織問題にかんする論議の内容は、克明に記すべきではない。とくに党名とか各級指導機関の名称とかを記すばあいには、必ずそれらは記号にすべきである。純然たる理論的対立にかんする記録のばあいでも、主張者ないし発言者たちとその相互関係が明確に浮きあがるようなしかたは改められるべきである。(権力は理論上の対立を、人格的ないし組織的対立に直結し、組織内の実体構造をつかもうとしているのだから。)とにかく、もしもそれが権力の手中に入ったばあいでも、権力からわれわれの組織を防衛できるような内容より以上のことをノートには記入すべきではない、というのが原則である。

国家権力による弾圧・組織破壊から、わが同盟組織を防衛するためには、同盟員一人ひとりの革命的警戒心を高め、組織規律を強化することが、第一の決定的な主体的条件である。現段階においては、権力による組織破壊攻撃からわれわれの組織を防衛するために、非合法下の組織体制をとる必要はないとはいえ、わが同盟は大衆運動のための組織ではなく、革命の実現をめざした前衛組織であることを、あらためて自覚しなおしつつ、こんごの組織建設を着実におしすすめていくべきである。

わが同盟組織建設の新たな出発点にたっているわれわれは、過去八年にわたる現実の組織づくりおよび組織現実論にかんする内部闘争を、総括しなおしつつ、前進のための拠点をまずもってうちかためなければならない。そのために、わが同盟員にふさわしい資質をいかに獲得すべきか、そしていかなる自己反省と自己形成をつうじて自己自身を指導部の担い手へと高めていくべきか、さらに現段階における組織体制の再編・強化はいかに実現されるべきか、といった根本問題に若干たちいって論じてきた。このような諸問題への対決、それへ肉薄していくことなしには、例えば同盟建設論の主体化も理論主義的なものと堕し空洞化されないとはいえないからである。これらの諸問題の追求にふまえた、新しい次元における同盟組織建設論の構築は、なおわれわれの課題として残されている。けれども、現段階において、わが同盟組織づくりを現実におしすすめていくための武器の一つは、以上においてほぼ提示されていると考える。

(上)ベトナム侵略のための米軍砂川基地拡張阻止の現地闘争を牽引する全学連（67年5月28日、東京・立川市）

(中)米原子力空母エンタープライズの寄港阻止！　佐世保橋上で機動隊と激突する全学連（68年1月18日。この闘争ではじめてヘルメットを着用）

(下)沖縄三大学共闘は100名で米民政府に突入。警察権力は76名を大量逮捕（69年7月25日）

（上）68年4・26反戦・反安保・沖縄統一行動（東京・日比谷野音）
（右）68年10・21米軍タンク車輸送阻止闘争（新宿駅）。権力は騒乱罪を発動
（下）68年11・22東大安田講堂前大集会。演壇に向かって中央やや右側の白ヘル大部隊が全学連

B52撤去！ 沖縄2・4ゼネストと連帯し全学連戦士がアメリカ大使館に突入（69年2月3日）

佐藤訪米阻止羽田現地闘争に決起した動労青年部2000名の
白ヘル部隊と反戦・全学連（1969年11月17日、大師橋付近）

第三部　謀略粉砕闘争の勝利——一九七〇年代

概説

偉大な勝利とその根拠

「七十有余名にのぼる貴い犠牲者たちを、残念ながらわれわれの同志や見知らぬ仲間たちのなかからうみだしつつ、われわれは、党派闘争ならぬ党派闘争と謀略粉砕の闘いを組織的にたたかいぬいてきた。血みどろの苦難にみちみちた、このような闘いは、既成の労働運動・学生運動をその内がわからのりこえ前衛党組織を強化し拡大する、という組織実践と同時的に推進されてきた。それは、偉大な創意にもとづく決死的な闘いであった。勝利的なこの闘いに比するならば、あまりにも細《ささ》やかな理論的成果などというのは針の穴ほどの意味しかないと言うべきであろう。」（黒田寛一『宇野経済学方法論批判』増補新版あとがき・一九九二年十二月三十一日）

「けっして蜂起をもてあそんではならない」とはレーニンの言葉なのであるが、一九七〇年闘争においてまさに「蜂起をもてあそ」び、そうすることによって惨めな破産をとげたのが、擬似レーニン主義のマントをまとったブクロ＝中核派であった。いったい、前進社という公然拠点のどまんなかで官僚が額を寄せて非合法闘争の作戦を計画する「蜂起の指導者」が、どこにいるだろうか。みずからの機関紙で「首都武装制圧・首相官邸占拠」をデカデカと宣伝したり、日比谷公園や渋谷駅前での「暴動」を予告したりする「革命党」がどこにあるだろうか。そもそも権力が監視している大衆集会

（本多延嘉）（明治公園）のどまんなかで、連合赤軍の後塵を拝して「一発の爆弾が破裂すれば……」などとアジるバカがいるだろうか。

革共同第三次分裂のときから「地区党」を叫んできたブクロ官僚どもは、その後、いっさいの産別委員会を解体し、二十二～三歳の学生を「地区に骨を埋めろ」と言って地区担当者（いわゆる手配師）として送りこんできた。それだけではない。一九六七年10・8の佐藤首相のベトナム訪問阻止羽田現地闘争以降、ブクロ官僚は、「革命前夜情勢の到来」などという妄想にとりつかれ、「武装蜂起のための軍団」づくりに狂奔しだした。このブクロ官僚の指令のもとに、送りこまれた手配師どもは労働者にむかって「三人集まれば反戦（いわゆる「石投げ反戦」）をつくれ」と恫喝し、はては一九七〇年安保闘争が近づくにつれて「千人の労働者の棍棒部隊がいれば……」などと既成労働運動からのハミダシ＝街頭武闘への流出を強制してきたのであった。そして官僚どもは、労働者にも学生にも、「肉を弾にしてたたかえ」という「肉弾の思想」なるものを注入したのであった。（こうしたブクロ派中央に反発して、小野田襄二一派や関西の竹中明夫一派らの集団脱盟があいつぎ脱落者が続出した。）もしも彼らに、革命論などというものがあるとするならば、それは、まず「中核派軍団」を警察権力にぶつけ権力のエジキに供して（下部兵士の使い捨て）〝勇名〟をはせ、次にニコポン戦術で大衆を中核派に勧誘する、そしてこれを繰りかえし波状的に拡大することによって「機動隊国家」を壊す、というイメージのものでしかない。そして、前者を暴力主義者の清水丈夫に担わせ・後者を大衆迎合主義者の陶山健一に担わせ、地区の手配師の元締めは野島三郎に担わせる、というのが、本多の組織操縦術であった。彼らにとって党とは、様々のシンボル・スローガンを乱造して下部をロボットのように操り、武装蜂起（の真似ごと）に動員していく機関でしかない。これが、革共同第三次分裂から六年後のブクロ官僚一派のありのままの姿だったのだ。

そして七〇年闘争におけるこうしたみずからの革命妄想主義が破産したとき、ブクロ官僚どもはこの破産を糊塗するために、「革マル憎し」の怨念を下部に植えつけることに躍起となった。まさにこのゆえにひきおこされたのが、中核派軍団が池袋の街のなかで全学連戦士・海老原俊夫を拉致して法政大学に連れ込み凄惨きわまりないリンチによって虐殺した事件（一九七〇年八月）なのである。

ブクロ官僚どもは、だがしかし、この同志海老原虐殺にかんして――革命パラノイアのために東京拘置所に収監されていた本多延嘉の指示のもとに――外に向かっては沈黙を決めこみ、内に向かっては「内乱的死闘の時代に死は当然だ。このような時代の到来を喜ぶべきだ」などと居直った。このことによって、ブクロ派組織全体の思想的・組織的荒廃がますます昂進したのであった。

われわれは、かくも腐敗したブクロ派を解体するための党派闘争を断固として推進した。それは革共同の第三次分裂に最終的な決着をつける組織的闘いでもあった。このわれわれの闘いを前にして、脅えきった彼らブクロ官僚どもは、組織の雲散霧消を食いとめるために、「カクマルせん滅こそ日本革命への最短コースだ」「カクマルに赤色テロルの嵐を」などと言いだした。しかもやがて彼らは、一九七五年の初めから「無制限・無差別の産別戦争」なるものをがなりはじめ、労働者の殺戮を公言するにいたった。『前進』の紙面には、「カクマルの脳天を叩きわり、眼をえぐり、皮をはぎ、股をさき……」といった信じがたい言葉が乱舞した。ブクロ派の下部には、かつての「肉弾の思想」にかわって「カクマルせん滅の思想」や「一人一殺の思想」が注ぎこまれた。そして、『前進』が発表する〝戦局〟はさながら日本軍国主義の大本営発表のようになり、下部には「見ざる・聞かざる・言わざる」の三猿主義が徹底化された。こうして思考力を奪われた「ブクロ派戦士」は、夜な夜な「カクマルの脳天にバールを」とつぶやきながらバール磨きに精を出す有様となった。

わが全学連の特別行動隊は、わが同盟の特殊調査機関およびこれへの革命的戦闘的労働者・学生の協力のもとに、ブクロ派組織の官僚のほとんどすべてに鉄槌をくだした。それだけでなく、一九七四年の5・13と6・26の二度にわたって、彼らの「虚点」たる法政大において、中核派軍団を解体するための闘いを敢行し大勝利をかちとった。ブクロ派との党派闘争の勝者が誰であるかは、もはや誰の眼にも明らかであった。

まさにその時、当初は「革共同両派の共倒れ」を目論んでいた権力による「内ゲバ」を装った謀略がはじまったのであった。二度目の「法政大会戦」におけるわれわれの圧勝から四日後の六月三十日(日曜日)の夜、わが同盟機関紙『解放』を印刷していた東京都新宿区内藤町のホヲトク印刷をヘルメットも付けていない二人の男が〝襲撃〟した。襲撃とは言っても、二人は石ころをそれぞれ二個ずつ印刷所の窓ガラスに投げつけ、石ころとヘルメット二個と白い布でくるんだ鉄パイプとを道路にばらまき、そして逃げ去った。二人が逃げ込んだ先は、印刷所の斜め向かいの空家であった。その直後に一人の警官が駆けつけそしてその四十秒後に機動隊員を満載した装甲車・護送車・パトカー数台が勢揃いした。そのかん襲撃からわずか一分である。しかも指揮者は「犯人は四谷四丁目方向に逃走」とデタラメを言い、さらに路上に転がる白い布につつまれた鉄パイプをさして「爆弾だ」と叫び、道路を封鎖して本庁から爆弾処理班を呼んだのである。実はわれわれの調査部隊は、怪しげなこの空家の存在をつかんでいた。この空家の名義人はすでに死亡していたが、なぜかそこには数人の男がこそこそと裏から出入りしている。しかも男たちは、夕方五時にはひきあげていく。そしてこれは事件後に直ちに分かったことであるが、この空家に出入りしていたのは、第四機動隊河尻中隊と四谷署の公安デカだったのである。そして、警察が連れてきた警察犬が鼻を鳴らして入りこんだのも、この空家であった。

印刷所には「ホヲトク印刷」という大きな看板が掲げられている。ところが、事件から三日後に中核派が発表した「軍報」での印刷所の名は「報徳」であり、また当日事件現場で警察への抗議の先頭に立っていた同志若林を「撃沈」したというものであった。ブクロ派は現場も見ておらず、ただ権力から貰いうけた〝情報〟だけをもとに「軍報」を書きなぐっていることが、歴然としていた。これが、権力の放った謀略実行部隊が襲撃しこれをブクロ派が「自らの戦果」として追認するという、権力による「内ゲバ」を装った現代の謀略のはじまりだったのである。

われわれの闘いのその後は本書所収の「謀略粉砕＝走狗解体闘争の勝利」に詳しい。一体なぜ、ブクロ派は、わが革命的左翼への謀略部隊の襲撃を追認する国家権力の走狗にまで転落したのか？　その思想的・組織的根拠はどこにあるのか？

まず第一に、思想的には、「せん滅の思想」なるものを導入したことである。

①革命戦略の軍事戦略化と、学生軍団に「石投げ反戦」をくっつけたものを革命の主体とみなすという倒錯。②ブランキズムからテロリズムへの転落。③革命的左翼へのテロリズムの「正義の戦

争」の名による正当化。④殺戮の自己目的化。⑤「カクマルせん滅」のためには平気で権力の力をも借りる、ということに示される思想的・倫理的・人間的荒廃——これらがそのモメントをなす。

第二に、組織的には、ブクロ派組織の驚くべき変質である。

①内部思想闘争を投げすて、むろん党内フラクションも分派も禁止し、ブクロ派組織をば上意下達の組織に完全につくりかえたこと。②ブクロ派を政治的課題への政治主義的対応だけを目的とする組織にしたこと。③公然主義的組織が非合法闘争をおこなうことによるその必然的な破綻を「内乱内戦の時代の到来」などと居直ったこと。④民主なき「中央集権制」のグロテスクな完成——産別労働者委員会などはとうの昔に解体し組織を地区的に再編しただけでなく、「党制改革」と称して組織を限りなく細分化したこと。「カクマル」に捕捉されることを恐れるのあまり、「会議」は時おり手配師の車のなかでメモだけを見ながら一時間ほどおこなうのみとなった。しかもブクロ官僚の流すテーゼないしスローガンだけをとなえれば〝立派な戦士〟とみなされるから、権力やゴロツキが入りこんでも、あるいは「カクマル」が複数入りこんでも、まったく摘発できないこととなる。⑤理論の蔑視（「どんな理論もバール一本で壊せる」という彼らの言辞を見よ）とデマの乱造とシンボル操作。⑥これらによる組織の集団ヒステリー化。

第三に、わが革命的共産主義運動に源をもつブクロ派組織をこのような官僚主義的支配と統制の組織にまで変質させたのは、まさにエセ革命家・本多のペテン政治のゆえであること。

①小政治屋的世界への憧憬にもとづくマキャベリズム。②観念的なシンボルのでっちあげ。③大衆欺瞞の政治と鉄面皮な広報宣伝術。④ブルジョア処世術的人間操縦法（何か問題が起こるたび

に必ず誰かをけしかけて悪玉にしたてあげ、みずからはそれをおさえつつ全体を納得させて収拾をはかる、というやり方)。⑤不平・不満分子には周囲にあらかじめ根回しをしたうえで相手の欠陥をよってたかって集中攻撃するという造反鎮圧法。⑥こうした本多流ペテン政治の根底にある「人は十人十色。同一性の獲得などできはしない」という本多に特有の人間観と組織観。

まさにこうした彼らの驚くべき思想的・組織的変質こそが、世界の革命運動にも例を見ない権力の走狗＝反革命集団へと転落したその根拠なのである。

一九七五年三月十四日、われわれはこの「現代の黒百人組」の頭目である本多延嘉に階級的鉄槌を加えたのであった。

本多延嘉。——彼は、一九五一年二月に日本共産党に入党したが、いわゆる所感派への親近感のゆえに、日共早稲田大学細胞の佐久間元などによりブント結成(当時の反戦学生同盟の主流は国際派によって占められていた)からはじきだされた。早稲田大学新聞への投稿を依頼するために黒田宅を訪れて以降、弁証法研究会に出席するようになったが、遅刻の常習犯で『探究』に一本の論文も書かなかった。革共同第一次分裂後のあの困難な時期に、当時発刊されたばかりの『女性自身』にルポライターとして二ヵ月間も就職し、革共同・関東ビューローから実質上逃亡していたのが、本多であった。黒田が革共同第二次分裂を決意していたまさにその時に、西京司一派の「魔女狩り」的な政治的撹乱工作(たとえば「大川＝スパイ」説の流布)に踊らされ、本多は同じくブント結成からはじきとばされた北川登(小野田猛史)とのあいだで、「お前どうする?」「ん? お前は?」「俺は腹は決まった」「俺も決まった」「お前本当に決まったのか?」「俺はもう決まった」という果てしない腹の探りあいのはてに、「やっぱり〈反帝・反スタ〉の方が正しいだろう」（一九五九年六月のある日の会話）ということで、革共同に流れついたのであった。一九六二年の秋に、ある人がひょっこり聞いた。「武井（本多）さん、やっぱりブントへ行きたかったんだけど、はじき飛ばされたから行かなかったんでしょう？」。これにたいして曰く、「そうだ。でも、そういうことをあんまり言ってくれるな」……。しかし第二次分裂の後も、「今年一杯頑張って全国委員会が固まらなかったら、俺は漫画本屋でもやるか」とうそぶいていたのが、彼であった。活版化されたばかりの『共産主義者』の第四号（一九六一年九月）と第五号（六二年一月）の田宮（＝本多）論文のなかで「革命的共産主義運動の三つの源泉」なるものを論じてみたが、その内容は、〝日本革命的共産主義運動は、日本共産党内の国際派的限界を突破した地平から開始された。その決定的な力は、①日本プロレタリアートの戦闘性、②マルクス主義哲学の現代的再生のための闘争、③ハンガリア労働者階級を最前衛とする国際的な反帝・反スターリン主義の闘争とトロツキー的左翼反対派の闘争であった〟などという、一九五六年のハンガリー革命の勃発とこれへのわが黒田の主体的対決を没却した驚くべきものであった（このゆえに本多は批判の集中砲火にさらされ、続く第六号で「完結」する予定であったが執筆中断を余儀なくされた。そこで黒田が同じテーマのもとに論文を書き第六号に載せた。それが、『日本の反スターリン主義運動 1』の冒頭の「革共同──その理論と歴史」である）。

哲学なき政治動物。拭いがたくこびりついたブントへのコンプレックスと同志黒田への理論コンプレックス。池袋の駅のどまんなかでマル学同員二〜三人にイデオロギー闘争をふっかけられるや、「市民のみなさーん、暴漢です。暴漢でーす」と大声で叫ぶ小心者のくせに、レーニンの真似をして着てもいない〝チョッキのポケット〟に両手を突っ込んで演説する仕草をする名士気取りの本多。この男の行き着く先は、まさに国家権力の意を体して労働者・学生の殺しを煽動する〝殺戮のアジテーター〟であった。

そして、「千早城」（その所在地の名をとって彼らは前進社をこう呼んでいた）城主・本多が最後に口にしたのは、「人殺しー。助けてくれー」であった。また、彼がおそらく最後に書いたのは……机の上に山梨県・船山温泉の某旅館の割箸袋が置かれていた。これには武田節の歌詞が刷りこまれていた。その「人は石垣　人は城　情は味方　あだは敵」の最後のところに、朱のボールペンで大きく肉太に、一つの文字が書き入れてあった。その文字は「破」であった。……

「若き仲間たちの前進のために」は、一九七〇年三月三十日に同志黒田が、全国反戦高連を結成した若い仲間に寄せたメッセージである。このメッセージでは小ブル急進主義運動の最後的破産の根拠と一九七〇年代の闘いの基本的針路が明らかにされているので、冒頭に収録した。

「〈敗北のなかの前進〉を切り開く闘い」は、このたび同志沢森祐司が書きおろしたものである。この論文では、われわれが七〇年安保＝沖縄闘争の基本的敗北以降のベトナム反戦・反安保・沖縄闘争をいかに推し進めたかが、明らかにされている。

「謀略粉砕＝走狗解体闘争の勝利」は、同志鬼塚龍三が新たに執筆したものである。一九七〇年代、われわれは、反スターリン主義運動の前進をきりひらくために諸々の大衆運動を断固として推進するとともに、ブクロ派解体の党派闘争ならびに謀略粉砕＝走狗解体闘争をたたかいぬいた。この闘争の偉大な勝利がどのようにしてかちとられたかが、明らかにされている。

「**満身の怒りをこめて――中核派による同志海老原虐殺を弾劾する!**」は、一九七〇年八月三日、ブクロ＝中核派による同志海老原俊夫虐殺にたいするわが同盟の怒りにみちた弾劾声明である。国際反戦集会のための街頭情宣活動のまっ最中に、中核派による同志海老原虐殺の報を聞いたときの衝撃と怒りと悲しみを、われわれは今も忘れることはできない。同志海老原俊夫は、国家権力との闘いのなかで斃れたのでもなければ、また暴力的な衝突をともなった党派闘争の犠牲者となったわけでもない。一九六九年の安保＝沖縄闘争において階級決戦主義的に盲動することにより、あらゆる意味で破産し分解的危機におとしいれられたブクロ＝中核派が、みずからの延命をはかるためにとらざるをえなかった異常な反階級的で反人間的な行動のために惨殺されたのだ。われわれは、殺人狂集団にまで転落したブクロ派を解体する闘いを断固としておしすすめるとともに、この虐殺問題をまえにして、国家権力にたいしてたたかっているはずの諸党派のあいだの思想的・組織的な闘いの原則はなにか、さらに「革命と階級と党」の真のあり方はなんでありそれらの結びつきはいかにあるべきか、という問題をも追求したのであった。

「**安保＝沖縄闘争の教訓にふまえ人民党＝日共を組織的に解体せよ**」は、一九七一年六月十九日に沖縄の地でひきおこされた沖縄人民党（＝日共）・民青の武装部隊による琉球大学男子寮襲撃・同志町田宗秀虐殺をまえにして、同志黒田が、四日後の六月二十三日の全学連・反戦青年委員会主催の集会（東京・清水谷公園）にむけて発したメッセージである。〈のりこえられた前衛党〉によるわが反スターリン主義運動への凶暴な攻撃を弾劾するこのメッセージは集会で読みあげられた。全学連は事件当日、直ちに代々木の共産党本部にデモをかけ本部前で弾劾集会を実現したのであったが、同志黒田のメッセージが発せられたこの日も共産党本部にたいして怒りを叩きつけるデモと集会を実現したのであった。

「11・8事件の否定的教訓にふまえ革命的学生運動をさらに推進せよ」は、一九七二年の11・8事件にかんする声明である。この日、全学連が相模原補給廠からの戦車搬出を阻止する緊急闘争のために早大で決起集会をひらいていたさいに、中核派活動家・川口大三郎君のスパイ活動が摘発された。約二ヵ月前の同年九月四日には、相模原の現地で中核派軍団が全学連を待ち伏せ襲撃するという事件が起きていたのであるが、彼のスパイ活動を追及する過程で様々の偶然的条件にも決定されて、彼がショック症状を起こし死亡するという、予期せぬ事態が発生した。本書第Ⅱ部の「現段階におけるわが同盟組織建設のための核心問題」（これは中核派による同志海老原虐殺事件の九日後に書かれている）を読めば分かるように、われわれは、他党派解体の党派闘争においてイデオロギー的・組織的闘いのあくまでも補助的手段として暴力を行使することもあるが、その場合の倫理と論理をすでに明確にし組織的に論議していた（本書二五五〜五八頁）。それにもかかわらず、わが仲間の一部がひきおこしてしまったこの事件にかんして、わが同盟も全学連も、直ちに自己批判しこれを公表したのである。そして、みずからが手を染めた虐殺には完全に頬かむりしながら、この11・8事件を政治的に利用しようとした中核派ら腐敗集団の反革マル派策動を粉砕するために、われわれはたたかったのである。

「国鉄マル生攻撃粉砕闘争の勝利的実現」は、同志麓行人がこのたび新たに書きおろしたものである。また**「支配階級を震撼させた公労協スト権奪還スト」**も、同様に、このたび同志芦川半九郎が新たに書きおろしたものである。この二つの偉大な闘争は、まさにブルジョア支配階級とその政府を震撼させたのであった。とくに「スト権奪還」「三木・自民党政府打倒」のスローガンをかかげて動力車労組をはじめとする公労協の労働者たちが八日間のストライキを打ち抜いたことに、彼らは心底震えあがった。そしてこの権力者の意を体して「動労神話粉砕・産別カクマル総せん滅」などと叫びだしたのが、国家権力の走狗・ブクロ＝中核派であった。

「『テメエ』が新たな党を一から創らねばならない」は、ブクロ派による反革命的殺人襲撃により「高次脳機能障害」を負わされたにもかかわらず〝奇跡の復活〟をなしとげた同志吉川文夫が、二〇一三年12・8革共同政治集会に寄せたメッセージである。

末尾の**「同盟指導部建設の前進のために」**は、一九七九年五月の革共同第十二回大会における報告と論議にふまえて、同志黒田が執筆したものである。

一九七〇年代、われわれは労働戦線においても学生戦線においても、決死の覚悟で権力の謀略をうちくだく闘いを推進し、かつ日々命がけで職場や学園に出かけて種々の大衆運動を創造した。この壮烈な闘いに労学両戦線のすべての仲間が一致協力して奮闘し、組織的連帯感を高め同志的結びつきを強め、反権力の意志をいやがうえにも高めたのであった。そしてまた、この壮烈な闘いをつうじてわれわれは、われわれ一人ひとりの分析力・洞察力・予見力・想像力・創造力・決断力・実践的対応力などなどを鍛え磨きあげたのであった。いかなる困難に直面しようとも、われわれは、前衛党建設のための闘いを軽視したりはしなかったのである。

同志が虐殺されたという知らせが入るたびに、同志黒田は沈痛な声で言われた、「……お願いします。よろしくお願いします」と。しかしまた、「革マル主義者は泣くのは一度でよい」とも言われた。こうした同志黒田に叱咤激励されながら、われわれは打って一丸となって、わが反スターリン主義運動の前進のためにたたかいぬいたのだ。まさにこれこそが、偉大な勝利の根拠なのである。

われわれは、権力とその走狗どもの攻撃の犠牲となった八十数名の同志たちへの感謝の念を片時も忘れることなく、彼等の遺志を受けついで、真実の前衛党の建設に邁進するのでなければならない。

最後に、この一九七〇年代に論議され深められてきたことをまとめておく。

〔A〕　党派闘争論の深化

（1）　中核派による全学連戦士・海老原虐殺事件を契機とする「党派闘争の倫理と論理」の深化。

（2）　いわゆる単純ゲバルト主義に陥らないための党派闘争論の深化。――党派闘争論的立場にもとづいて推進される特定の敵対党派を解体するためのイデオロギー的＝組織的闘いを直接的党派闘争と規定した（一九七一年十二月の全学連第三十二回臨時大会）。――このゆえに「大衆闘争に従属した党派闘争」を、この直接的党派闘争との関係において媒介的党派闘争と規定した。そして「運動に従属した党派闘争」としての媒介的党派闘争が一定の特殊的条件のもとでは直接的党派闘争に転化すること。いいかえれば、党派間関係が異常な緊張をしめしている条件のもとでの党派闘争は直接的なそれを、そうでない場合のそれは媒介的なそれを、それぞれあらわすカテゴリーとして使用されること。さらに直接的党派闘争は大衆運動に従属した党派闘争にとっては特殊なものであるが、前者が支配的となると後者が特殊的なものとなること（この論理を理解するためには、絶対的剰余価値の生産の方法にたいして相対的剰余価値の生産の方法は「特殊的に資本主義的な生産様式」ではあるが、後者が社会的に普遍的なものとなる場合には前者が「特殊的に資本主義的な生産様式」となるという、マルクスの論述が想起されるべきこと）。

（3） 直接的党派闘争の本質規定と現実規定（α型とβ_1・β_2型）の区別――一定の党派を解体するための党派的なイデオロギー的＝組織的闘いを、いかなる手段（イデオロギー闘争または組織的闘い。暴力の行使はあくまでも補助的なものでしかない）を主要なものとするかによってα型とβ型が決定されるということ。特定党派の解体闘争を大衆的規模で推進するのがβ_2型であるが、この闘争の方針を大衆に明らかにするためには、われわれの実践的立場の規定性を転換し他党派解体の立場から大衆闘争論的立場に移行して、この方針を具体化するのであり、「β_2型の運動＝X」はその表返しとしての「Y型の運動」となること。

（4） このY型（「β_2＝X」の表返しとしての）の運動を基礎として、大衆運動の三形態を定式化する。そこ存在する運動（P_1）をのりこえていくための党派的なイデオロギー的＝組織的闘いは、主体としてのOと客体としてのP_1との交互作用として図式化することができる。これをQと記号化する。

① そこ存在する運動をのりこえていくための党派的なイデオロギー的＝組織的闘い（Q）一般、これをスモールyと記号化する。

② 党派性を濃化したイデオロギー的＝組織的闘いを「ゴリQ」と記号化するならば、この闘いは①＝yにたいしてはy'と記号化される。

そして、〈のりこえの論理〉の観点から、①＝yを「運動上ののりこえに従属した組織的のりこえ」と規定するならば、②＝y'は「組織的のりこえに重点をおいた運動上ののりこえ」として、③＝Yは「運動上ののりこえと組織上ののりこえの同時推進」と規定できるのである。

（５）「大衆闘争の党派闘争論的解明」なるものの発生（一九七二年二月）――直接的党派闘争をおしすすめるさいの党派的なイデオロギー的＝組織的闘いと、既成の運動をのりこえていくための党派的なイデオロギー的＝組織的闘い（Q）とを、「イデオロギー的＝組織的闘い」という共通項でとらえ、かつ〈のりこえの立場〉と〈他党派解体の立場〉についての哲学的反省がぬけおちていることからして、そうした誤った「理論」がうみおとされたのであった。

（６）「WAC（早大行動委員会という名の反全学連の悪質ノンセクト集団）解体」をば、自治会運動を組織するための、運動上の目的とならぶ組織上の目的として大衆に提起すること、これが弱い傾向の発生――マル学同の闘争＝組織戦術（E_2）を具体化して提起されるところの自治会運動の方針（E_{2a}）にも自治会組織強化の、したがってWACのようなものを組織的に解体してゆくための組織方針がふくまれるということ、つまり自治会執行部の提起するのは運動＝組織方針である、ということである。〔マル学同の闘争＝組織戦術は、マル学同員が学生運動を組織化し展開するための諸活動、なかんずくフラクション活動についての指針をあらわすのであるが、学生運動の主体としての自治会を全学連フラクション（ZF）を実体的基礎にしてどのように組織的に強化してゆくか、ということについての指針を積極的にふくむ場合もあるのであって、自治会執行部が提起する運動＝組織方針のなかの組織方針とMSの組織戦術との相違をおさえておく必要がある。〕

（７）動労千葉（通称ダバ）粉砕闘争にかんして国鉄委員会担当常任の一部が陥ったところの、情勢分析における没理論的実感主義、および方針解明における政治力学主義またはわれわれの組織戦術の解明の欠落（『政治判断と認識』所収の「政治判断にとっての認識と推論」を参照）。

（8）国家権力の走狗・ブクロ派の組織的現実の分析と批判における党派闘争論的立場に立脚しない解釈主義（『政治判断と認識』所収の「他党派批判の論理」参照）。

（9）謀略の分析・暴露における方法論的欠陥――ジャーナリストに謀略の事実を説明するという問題意識を謀略の分析の軸にすえることによって、「謎ときスタイル」に堕す偏向。情勢分析の方法の無視。

〔B〕その他の論議

（1）ベトナム侵略戦争における米帝の大敗北という情勢のもとであらわれたところの、「全世界的な米帝の叩きだしの一環として日本における反戦闘争をたたかう」などという反戦闘争におけるイメージ主義――創造されるべき運動または未来的現実（W_2）をまずもってイメージし、このイメージから現にあるところのもの（W_1）を見下ろし、そしてこのW_1をW_2に展開させる方針をうちだすことこそが、ダイナミックな情勢分析でありかつ革命的指針の提起である、という考え（「一九七〇―八〇年代反戦闘争論の〝レファシ〟」参照、『はばたけ！わが革命的左翼』上巻所収）。

（2）ロッキード反戦闘争の教訓（『現代帝国主義の腐朽』参照）。

（3）第一次石油危機と日本経済のインフレーションの昂進にかんする政治経済分析の深化、ならびに政治的経済闘争論の深化。――①革命闘争としての政治闘争と大衆闘争としての政治闘争との区別、②国家独占資本主義のもとでの経済闘争そのものの政治的性格、③「インフレ政策反対」などをスローガンとした政治的経済闘争、④「最低賃金制の確立」などの経済的諸要求をかかげてたたかわれる政治闘争、つまり経済的政治闘争、⑤個別的闘争方針と特殊的運動路線（B_1＝反戦闘争路線、B_2＝賃金闘争路線、B_3＝反合闘争路線、B_4＝政治的経済闘争路線、B_5＝新植民地主義的侵略反対闘争路線）との関係。〔なお、特殊的運動路線についてはいろいろな整理の仕方がある。〕

（4）「朝鮮侵略戦争の勃発」「帝国主義戦争勃発の前夜」などという現実離れしたブクロ派のいわゆる「戦争テーゼ」への壊滅的批判を強化しつつ、「帝国主義戦争の必然性の貫徹形態の変化」についての理論的解明を深めたこと（一九七六～七七年ころの『共産主義者』掲載の諸論文を参照）。

（5）一九七八年十二月から翌七九年二月にかけてインドシナ半島で勃発した二つの「社会主義国家」間戦争（ならびに一九七九年十二月のソ連軍によるアフガニスタンへの軍事侵略）――これらについての分析の深化。スターリン主義的ナショナリズムおよびその外に向かっての貫徹などにかんするそれ（これについては第四巻を参照）。

謀略粉砕＝走狗解体の激烈な闘いのさなかにも、われわれはこのような理論的追求を同時におこなってきたのである。

若き仲間たちの前進のために

一九七〇年三月三十日

黒田寛一

全国反戦高連の結成大会に結集した全国の高校生諸君！

いまや反戦高連〔反戦高校生連絡会議〕は、全国のたたかう高校生諸君の先頭に立って、かれらのすべてを導いていく革命的高校生運動の推進主体として公然と登場した。

全国反戦高連は、ただたんにわが全学連の闘いの一翼を担うだけでなく、同時に革命的高校生運動を推進していくための中心的な担い手として創造されていかなければならない。とりわけ昨一九六九年の安保＝沖縄闘争の過程において諸君たちは、武装蜂起主義的な傾向におちこんだり武闘主義的な傾向を純化しはじめたりした種々の党派のイデオロギー的・組織的腐敗をあばきだし、のりこえつつ独自的に運動をつくりだしただけでなく、わが全学連の闘いの一翼を担うとともに、直接的には労働戦線の深部でたたかっている反戦青年委員会の先輩たちと結合しつつ、しかも二〇〇〇名にわたる動力車労働者の独自デモと呼応しつつ、既成左翼の内と外側において果敢な闘いを遂行してきた。この一年間にわたる反戦高連の独自的な闘いを教訓化しつつ、今後の反戦高連の全国的な闘いの推進と組織強化のために、この大会は、その第一歩を踏みだしたものとして、諸君の肝に銘じられなければならないであろう。

破産した新旧両左翼をのりこえるために

いまや日本階級闘争は、一つの大きな転換点に立っている。

とりわけ一九六九年4・28闘争以後十—十一月闘争をわれわれはたたかいぬいてきたのであるが、しかしこの闘いにもかかわらずわれわれは敗北した。日米共同声明の発表は、この敗北の一つのしるしであるといわなければならない。

だが、安保=沖縄闘争を完全に放棄してきた社共両党は、十二月の衆議院選挙に臨むことを通じて、同時にかれらがまたもやわが日本プロレタリアートの真の先頭部隊でないことを如実に示したのであった。それだけではない。十—十一月闘争を尻目に訪米した佐藤は、かれらの支配階級としての地位を堅持し持続していきうるための体制を確固としてうちたて、自信にみなぎりつつ七〇年代の帝国主義的日本の雄飛をいま夢みているのである。

一方におけるわが支配階級の現時点での確固たる基盤の確立。他方における既成左翼諸党派の腐敗と、労働組合の驚くべき腐蝕、とりわけ総評の大分裂を予想させるようなかたちで進行しつつある労働戦線の腐敗の深化。しかも、社会党・総評のかかる腐敗とうらはらに、議会闘争の平面において一定の伸長を遂げた代々木共産党、すでに周知のその議会主義的堕落の現実的な公然化。——このような事態に、今日のわれわれはおかれているのである。

それだけではない。4・28闘争において、「首相官邸占拠・首都制圧」のスローガンを呼号したにもかかわらず何事をも実現しえなかった反代々木の行動左翼諸集団、かれらは、この潰えた夢をもう一度というわけで、労働戦線の深部における闘いとはまったく別個に、ただただ街頭武装闘争を自己目的化するかたちで、佐藤訪米を前にした十―十一月闘争にとりくんだのであったが、しかし所詮かれらはみずからを〝肉弾〟としてたたかうことにより権力のエジキになったにすぎなかった。

とりわけマンガ的なのは、武装蜂起を意図し少数軍団によって首相官邸を占拠しようと企んだ赤軍派の場合であった。十月闘争の直前に〝武装蜂起の訓練〟と称して赤軍派の活動家たちが大菩薩峠に集まったところを、直接的に権力に探知されて全員逮捕される、そういう事態が生みだされたのであった。

そして、この武装蜂起を自己目的化した赤軍派にあおられながら八月の下旬に急きょ、革命パラノイアのために東京拘置所に入院中の本多こと武井健人に恫喝されて武装蜂起主義的な闘いを推進すべきことへと踏みきったブクロ＝中核派の無思想な徒輩は、その少数軍団を〝肉弾〟としつつ敵権力のなかに飛びこんだのであった。いわゆる〝中核メンチボール〟というやつである。このように、自己の肉体を弾として権力と直接ぶちあたることをもってしては、日本帝国主義の打倒などは決してできないのである。にもかかわらず、今日の階級情勢のもとではまさに突出した闘いをつくることそれ自体が大切だ、と妄想したかれらは、〝メンチボール〟を機動隊や自衛隊のなかにぶちこむことを左翼たるもののしるしであるなどと考えたのであった。

それだけではない。赤軍派や中核派のような武装蜂起主義者どもに反撥した反代々木の行動左翼諸集団、たとえば共労党や社青同解放派やブント、かれらもまた本質的には中核派などと誤謬を共有しているのである。「武装蜂起」という言葉を乱発するかわりに、「山猫スト」「拠点スト」などということを、そしてまた「生産点ストライキ」などというようなことを、かれらは叫びたてている。とりわけブントの輩は「マッセン・スト」たるや、たったの三、四人ぐらいの、乞食同然のすわりこみでしかなかったのである。「マッセン・ストライキ」と称するかぎり、それは巨万の労働者階級が一挙にたちあがるというような事態を想定してのことであったはずである。にもかかわらず、今日の反代々木行動左翼主義の徒輩のいう「マッセン・ストライキ」とは、十人以下の連中が職場で乞食同然のすわりこみをする程度のものでしかないのである。

ブントの場合にはとにかく四、五人がすわりこみを敢行したのであるけれども、もっと珍奇なのは共労党のモモンガー一派であった。「拠点スト」「山猫スト」を今日の時点において敢行することが、日本労働者階級の闘いにとって決定的に重要であると、かれらは呼号した。だがこれらは、労働戦線の内部において既成諸組織の内にあると同時に外にある革命的労働者を不断につくりだし組織化する闘いをなんら実現していない。それゆえに、かれらの呼号した「拠点スト」なるものは所詮「虚ろな点」としての「虚点」ストでしかなかったのである。空砲以下的なことしか、かれらはやれなかった。にもかかわらず、共労党内モモンガー一派は、鉄面皮にもこう言い放っているのである――「われわれが拠点スト・山猫ストを呼号したのはたんなる仮説でしかなかったのだ」と。いやしくも「革命的前衛党の創造」という看板（たとえその内実がデタラメなものであったとしても）をかかげている以上、みずからが提起した方針に責任を負うことなく「仮説だ」などと平然とうそぶくことは、道義上からしても許されるべきではない。

われわれの実現すべき階級闘争・社会的実践はその担い手たる人間を通じて実現されるのであるが、この人間は決して〝モルモット〟ではない。モルモットであるならば〝実験〟も可能であるけれども、階級闘争に〝実験〟があってはならないのである。われわれは、可能なかぎり正しい階級闘争の方針を具体的な情勢分析にもとづいて提起すべきであって、まったく仮説にひとしいことがらを方針として提起すべきでは決してないのである。仮説にすぎない方針をかかげるなどということは、まさに、革命的実践への、プロレタリア階級闘争へのプラグマチズムのもちこみ以外のなにものでもない。

いうまでもないことであるが、プロレタリア階級闘争あるいはわれわれの革命的実践は試行錯誤的になされるべきものでは決してない。スターリンでさえも言っているではないか――「実践なき理論は空虚であり、理論なき実践は盲目である」と。スターリンでさえも、左右のジグザグをくりかえしながらもこうした「反省」をしているわけであるが、このようなスターリンをただたんに足蹴にしているにすぎないスターリン主義者＝モモンガー一派の連中は、革命的実践と理論にかんするスターリンの見解にさえも追いつけないような自己の低水準を誇りとしているほどなのである。左翼失格者たるかれらは、ただもっぱら「七〇年代の危機」という客観情勢を主観主義的にあげつらい、そしてこの危機にたいして対応しなければならないとする小ブルジョア的焦燥感にかられつつ、今日の日本労働者階級の現状においてこれを突破していくためにふさわしい闘争＝組織方針を提起し物質化するのではなく、労働戦線の外部にあってかれら労働者に自己の主観的願望を〝仮説〟というかたちでおしつけているにすぎないのである。

だが、われわれは、問題を唯物論的にたてなければならない。七〇年代の日本資本主義の政治的および経済的動向、それがどのような方向に進みつつあるかということについての具体的分析だけでなく、ほかならぬ現代革命の主体としての日本労働者階級とその前衛党がいかなる状態にあるかということにかんする具体的認識にふまえつつ、われわれの闘いは推進されていかなければならない。にもかかわらず、かれらモモンガー一派は、われわれの革命的実践ないし階級闘争を〝実験〟と考えつつ日本労働者階級をモルモット扱いしているのである。いわゆる「革命の思想とその実験」などという反ヒューマニズム的な考え方を具体的実践に移そうとしているところに、かれらの反ヒューマニズムが端的に示されているといわなければならない。あるいは次のようにいいかえてもよい――共労党内モモンガー一派の連中は、みずからの組織的闘いを不断に遂行していくだけの意欲や能力を、いわんや理論をもってはいない、かれらは外国での闘いの模倣主義者である、というようにいってもよいであろう。

たとえば、一九六八年五月のフランスにおける階級闘争、そして一九六九年十月の直前に、八月から九月上旬にかけて、西ドイツやフランスやイタリアの一部においてまきおこった「山猫ストライキ」、このようなヨーロッパやアメリカで頻発している山猫ストライキをば、日本労働者階級もまた――それが呼びかけられさえすれば――実現するであろう、というようにモモンガー一派は妄想しているにすぎないのである。西ヨーロッパやアメリカにおいて、何を根拠にして、なぜ山猫ストライキが頻発するのか、ということについてかれらは一顧だにあたえない。ただ「山猫ストを実現せよ」「拠点ストライキを闘いとれ」「マッセン・ストライキを敢行せよ」というように、労働者階級の外部からかれらにたたかうべきことを呼びかけさえするならば、眠れる労働者階級はめざめ起ちあがるであろう、などと願望しているにすぎないのが、一九六九年五月に「左」旋回を臆面もなくやってのけたモモンガー一派なのである。

だがわれわれは、唯物論者らしく分析しなければならない。西ヨーロッパやアメリカと日本とにおける労働者階級の闘いの伝統のちがい、それを支えている思想や理論の相違、これらを具体的に分析しなければならない。一般的にいうならば、西ヨーロッパにおける労働者階級は、十九世紀後半いごのプロレタリア革命闘争・階級闘争の伝統を受けついでいるだけでなく、とりわけサンディカリズムという思想の流れをも部分的に受けついでいる。けれども、この両者を、わが日本労働者階級はこれまで経験したことがない。日本においてはサンディカリズムの伝統はほとんどないといってよいであろう。大正年代にはそうした傾向が若干めばえたけれども、日本軍国主義の真っ只中においては、それは完全に崩壊してしまったといってよいであろう。そしてまた今日、そのような思想は、わが労働戦線内部に根づいているわけでもない。

さらに、西ヨーロッパやアメリカにおける労働組合組織それ自体の形態についても、われわれは想起する必要がある。ヨーロッパやアメリカにみられる産業別労働組合というかたちでの組合の組織は、今日の日本では支配的な形態ではないのである。いうまでもなく日本における労働組合は、産業別組合ではなくして基本的には企業別組合であり、そしてこの企業別組合の、産業別の、横の形式的な連絡が保たれているにすぎないのである。したがって、ある一定の企業ないし経営において政治的または経済的ストライキを敢行した場合、もしもそれがストライキ権の確立なしに非合法的に強行されたならば、あるいはそれが組合員一般の支持を獲得する闘いを放棄して突出的になされたならば、いいかえればヨーロッパに頻発した山猫ストライキをマンガ的に模倣した闘いをやることしかできないならば、そうした非合法的な突出した闘いを敢行した組合員たちは、ただちに当局や資本の側から弾圧されるだけでなく、自己の所属する企業別組合から除名処分に付されるというようなことになり、さらに職場を離れなければならないことにもなるのである。産業別組合に所属しそれに保証されながら職場をかえ闘いをさらに続行していく、というわけにはいかないのである。こうして、民社系あるいは民同の支配のもとにおかれている今日の日本労働組合、いわゆる「体制内化」しているそれを、その内部での執拗な闘いを通じて変革し、もって労働者階級の階級的主体性と指導性を確立する、という避けてとおるわけにはいかないこの闘いは水泡に帰してしまうのである。現段階における反代々木左翼が今日の労働戦線の内部でしめている微々たる地位と力量について若干自覚しているある党派は、それゆえに、職場闘争を完全にかなぐりすてて街頭武闘を戦闘的労働者たちに強要しているわけなのだ。

ところで誤解をさけるために一言しておこう。右のように言ったからといって、戦闘的ないし革命的労働者は左翼組合主義にとどまるべきだなどと、われわれは主張しているのではない。労働戦線におけるわが革命的左翼と既成左翼との、創出された新たな力関係のもとで、しかも特定の諸条件や一定の時点において、労働組合の左翼的分裂を賭した闘いをなしとげることを、われわれは無視しているわけでは決してない。われわれが拒否しているのは、階級情勢や労働戦線の内部での革命的左翼とその周辺の力量などについての主観的判断にもとづいた左翼小児病的な戦術であり、そうした主観主義的なはね上がり運動である。少数精鋭主義的な軍団による〝職場占拠〟とか〝街頭武闘〟の連続的多発なるものによっては、プロレタリア階級の自己解放のための真の拠点は決してうちたてられないのだ。

とにかく、労働者階級の組織化の日本的形態を無視して、ただもっぱら西ヨーロッパにおける山猫ストを模倣しようとするところに、モモンガー一派の観念性が如実にあらわれている、ということである。

要するに、武装蜂起を宣伝しつつ、かつみずからを腐ったメンチボールにしつつ権力のエジキになったブクロ＝中核派も、また「虚点スト」を叫びつつなにごとも実現することなく十―十一月闘争で壊滅しさったモモンガー一派をはじめとする反代々木行動左翼諸集団も、いずれも七〇年代階級闘争を担いうる部隊ではないことを現実に立証したのであって、これが十―十一月闘争をたたかったわれわれの決定的教訓でなければならない。

反戦高連の諸君は、まさにこのような反代々木行動左翼諸集団や武装蜂起諸集団と敢然と訣別しつつ、しかも労働戦線の内部でたたかっている反戦青年委員会の先輩たちと直接的に堅く結合して闘いをくりひろげ、まったくたたかわずして議会主義的に問題をずらしていった社共両党のこの腐敗をも弾劾しつつ、独自の運動を創りだしてきたのであった。この闘いの教訓を理論的にもう一度反省しなおすことが必要であり、それは今後の闘いの糧とされなければならないであろう。

八派連合の破産の根拠

では一体、なぜ反代々木の行動左翼主義者や武装蜂起主義者のような輩が、今日この時点において発生するのであろうか？

これまでわれわれが指摘してきたように、かれらは現代革命そのものについてまったく無知である。このことについては、これ以上くりかえす必要はない。また、プロレタリア階級闘争あるいは革命的実践にかんする、スターリン以下的な考えしかかれらがもっていないということについても、くりかえす必要はないであろう。

反代々木の行動左翼主義者どもはただもっぱら、既存の労働組合はもちろんのこと既成左翼のすべてが支配階級のもとに編みこまれてしまっているというこの現実の事実に直接的に反撥し、ただただ突出した闘いをつくりだし、これをつみ重ねていきさえするならば、やがてまた日本におけるプロレタリア階級の解放がかちとられうるのだ、と錯覚している。この観念性は一体どこから生みだされるのであろうか。

いうまでもなく、安保条約を自動延長することによって、その内実を変える、いわゆる安保条約の実質的な改定が、一九七〇年六月二十三日を期して実施されるであろう、ということを予想し、またこのゆえにそうした実質的な改定を基礎とし背景としながら、七〇年代のアジアにおける、そして世界における日本帝国主義の地位を築こうとしている支配階級を打倒しなければならない、といった主観的願望を、情勢分析の場面にも、また階級闘争の場面にも、そのまま直接に投影するという主観主義に、かれらの観念性は根ざしているのである。たしかに今日の世界情勢ならびに日本の階級情勢は危機的な様相を呈している。この危機への直接的な反応をもってしては、しかし根底的な変革、日本帝国主義の打倒を実現することは決してできない。にもかかわらず、小ブルジョア的な焦燥感のゆえに七〇年代の「危機」をがなりたて、そして少数の小ブルジョア学生、あるいはほんの一握りの「反戦労働者」と称する者たちに棍棒を持たせビンを持たせて権力と直接的に対決しさえするならば日本革命が実現する、などと錯覚しているのが、破産し分解の危機におちこんでいる反代々木諸集団なのである。だが、われわれは唯物論者らしく、今日のわれわれのおかれている状況を明確に認識しなければならない。

わが支配階級は十二月衆議院選挙を通じて、七〇年代をのりきり労働者階級の闘いを押さえつけていけるという自信にみなぎっているかにみえる。かれら支配階級は、かれらの手先＝民社党ばかりでなく社会党の右翼さえも公然と利用しながら、労働戦線の懐柔策ばかりでなく分裂工作をもいま着々とおしすすめつつあるのである。労務管理政策によって、すべての労働者を物質的にも精神的にも骨ぬきにしていくだけでなく、さらに労働者階級の利害を代表すると称する社共両党をもだきこむという工作を公然あるいは隠然とおこなっている。それだけではなく、十─十一月闘争において突出した闘いを強制された一部の労働者諸君の闘い、また新旧両左翼とは異質の国鉄労働者の戦闘的闘いの展開を一つの区切りとして、かれら戦闘的労働者たちを基幹産業から排除するための全面的な攻撃すらもがいまかけられている。日本プロレタリアートの根底的な解放をめざしてたたかいながらも、直接的な権力との衝突を強制され逮捕されたかれらの一部は、いまやルンペン・プロレタリアへと突き落とされようとしているし、また転向者をもブクロ派は続出させている。

われわれがわれわれの自己解放をたたかいとろうとする過程においては、そのような事態が生みだされる場合もあるであろう。だが現時点における問題は、まちがった方針のもとに、まちがった道をあゆまされているかれら戦闘的プロレタリアたちを、真実の階級闘争の戦列にくわわらせ、わが革命的共産主義運動の担い手へ高めていくための闘い、これをわれわれが実現しなければならないという点にこそある。

反代々木左翼のイカレポンチどもがおもい描いているように、今日の世界および日本の階級闘争の現実は、あまいものではないのである。労働者階級の先頭部隊でありかれらの利害を代表すると称する社会党ばかりでなくスターリニスト党が現存しているということの事態について、われわれは明確に認識する必要がある。

われわれは、十―十一月闘争を通じて自己破産を現出した行動左翼主義者たちをただあざわらうのではなく、なぜかれらが破産しなければならなかったか、ということを理論的にほりさげつつ、かれらを根底的にくつがえし変革するために、みずからを思想的・理論的に武装していかなければならない。かれらは所詮、いわゆる「体制内化」に安住することなくかかる現実からハミだしとびだしつつ武装闘争を敢行することが革命闘争につながるのだ、権力打倒の闘いにつながるのだ、と確信しているわけなのであるが、しかしこれは錯覚でしかない。この錯覚が現実的には何によってもたらされ、また理論的にはなぜもたらされているのかということを、われわれは明確につきだしていかなければならない。

一九六九年の4・28闘争の直前から、急速に武装蜂起主義へと純化した一部の行動左翼からわれわれは訣別したのだ、というこの事実を誇り、われわれは急進主義者とは異質なのだという確信に安住することなく、反代々木のいわゆる八派連合の輩の雑炊的なイデオロギーのまやかしを公然と暴露しつつ、かれらにだまされている傷ついた戦闘的労働者や学生たちを、そして諸君の周辺に少しばかりうごめいている高校生たちを、われわれの側に結集させるための闘いを不断に遂行していかなければならない。ただたんに「かれらはイカレポンチである」、「かれらは間抜けである」というようなことだけを言い、そしてかれらを嘲笑することによっては、われわれの運動の推進も、われわれの運動の担い手の強化も、できないのである。とりわけ去年の安保＝沖縄闘争の過程においてわれわれが経験させられたことがらを主体的にかみしめつつ、現実に自己破産した八派連合の理論とイデオロギーの幻想性を暴露し、小ブル急進主義的八派の解体をおしすすめ、われわれの戦列と運動を、この春の闘いのなかで拡大し強化していかなければならない。

日米共同声明以後の闘い

われわれはいま、きわめて厳しい階級情勢のもとにおかれており、われわれの全戦線にわたる闘いはきわめて苦難なものとして浮かびあがってきている。

一昨年［一九六八年］からわれわれがくりひろげてきた安保＝沖縄闘争の一つの結節点ともいえる昨六九年十一十一月の闘いを、われわれはあらゆる戦線で果敢にたたかいながらも、しかしすでにわれわれは実質上敗北している。そのしるしが日米共同声明の発表であった。この日米共同声明の発表を、われわれの安保＝沖縄闘争における一つの結節点をなすものとして、われわれは認識しなければならない。ある人は言うであろう――あの共同声明はただたんに紙っぺらにすぎない、一九七二年にはじめて沖縄の施政権が日本国家権力に返されるのであって、まだあと二年間時間がある、したがってこの二年のあいだに日本帝国主義国家権力を打倒するための革命闘争を執拗に不断に遂行するならば、日本階級闘争は巨大な高揚をかちとり日本革命はアジア革命の突破口となりうるのだ、と。だが、これは、労働戦線の闘いから切断された小ブルジョア急進主義者の、十一十一月闘争における自己破産をなんら自覚していない寝言以外のなにものでもないのである。

たしかにわれわれは、われわれの自己解放をかちとる時点にいたるまで、いやそれだけでなく共産主義社会の実現までたえざる自己変革と革命的な闘いを推進していかなければならない。だが、とりわけ直接的には昨年十―十一月闘争における反代々木左翼の闘いの自己破産を教訓化することを執拗に追求するとともに、十一月の日米共同声明発表というこの敗北のしるしをかみしめつつ、この敗北のなかでのわれわれの闘いの前進はいかにあるべきかということを考究しなければならない。敗北を勝利といいくるめることは、革命的左翼たるもののなすべきことではない。かつて六〇年安保闘争の真っ只中で完全に自己破産をとげた第一次ブントは、安保条約の自然発効という現実がつくりだされているにもかかわらず「勝利だ」と謳いあげた。それとまったく同様に、第一次ブントの破産を少しも教訓化していない今日のブクロ派や第二次ブントおよびモモンガー一派その他の群小の行動左翼主義諸集団は、第一次ブントの真似をして十―十一月闘争を「勝利」といいくるめたり、あるいは他党派との関連においてそれを公然といえないみずからの恥ずかしさを隠蔽しながら、明確なかたちではなく隠然と方向転換をなしつつあるわけである。

だがわれわれは、今日のわれわれのおかれている事態を明確に厳密に認識することを出発点としなければならない。過去三年間にわたって安保＝沖縄闘争を、また反戦闘争を、われわれが果敢にたたかいぬいてきたのは、一九七〇年という時点において、そして七〇年代において、日本労働者階級のおかれている厳しい現実の彼岸において直接的にプロレタリア革命を実現する、ということを妄想しながらではなかった。もちろん、われわれの究極目的は世界プロレタリア革命の一環として日本労働者階級の自己解放をたたかいとることにあるのであるが、それへの過程にある現時点において、われわれは直接的に革命を実現するわけにはいかない。安保＝沖縄闘争を種々の形態で果敢に遂行し、またこの闘いを反政府の闘いへ不断に高めることを通じて、わが革命の主体を場所的に形成しつつ、プロレタリア階級を階級的に組織化するために、われわれはたたかってきたのである。この革命主体の不断の場所的な形成と安保＝沖縄闘争との統一的把握なしには、これまでのわれわれの闘いはなかったし、そして今後の闘いもありえないであろう。それゆえに、十一月の日米共同声明の発表によってわれわれの階級闘争が現時点における敗北を喫したということの認識にふまえつつ、われわれは、われわれの戦列をたてなおし、新しい闘いへと出発しなければならない。

日米共同声明はたんなる声明でしかなく紙っぺらでしかない、というような評価のしかたは誤りである。日米共同声明は、今後の日米の支配階級、それらの権力者がどのような内外政策を実施するか、ということにかんする基本的な理念が示されている。この声明においては、たしかに一九七二年までに沖縄の施政権をアメリカ政府が日本国家権力に返還するということがとりきめられている。だがこのとりきめは、同時に、今後のベトナム戦争のなりゆきにかんする、また対ソ連圏の軍事戦略にもとづいたアメリカ帝国主義の諸利害と、これに基本的に屈従しながらも経済的・政治的に部分的対立を示しているところの日本帝国主義のそれとの合意を端的に示しているものにほかならない。だからわれわれは「アメリカ極東軍事戦略に従属した沖縄の施政権返還反対」というスローガンを掲げて闘いをおしすすめているのである。

たしかに日米共同声明は法的な強制力とか効力とかをもってはいない。とはいえ、それが今後の日米権力者が実施するであろう諸政策・言動を規定する理念的なものであることを、われわれは見落としてはならない。まさしくこのゆえにわれわれは、日本階級闘争における一つの区切り、われわれの一つの敗北としてとらえかえさなければならない。

たしかに安保条約は、きたる六月二十三日を区切りとして自動延長されるであろう。そのためのとりきめがなされている。また、われわれがそのためにたたかってきた「サンフランシスコ条約第三条の破棄」

ということにかんしても、日米両権力者は、かれらの利害に合致したかたちで「第三条」を破棄するであろうことを、一九七二年という時点を具体的に提示して約束した。この二つのとりきめを通じて、すなわち現行安保条約の条文をすこしも変更することなく、しかも〝核基地沖縄〟の施政権を日本政府に返還することにより「本土の沖縄化」をはかる（これは「日本の核武装化」を意味する）という形態において、日米軍事同盟が現実に強化される道が公然と開かれたのである。――沖縄の施政権返還問題と安保条約の実質的改定問題とを同時的に解決するための政策が「核基地沖縄返還」に集約されるゆえんを理論的にあばきだしつつ展開されてきたのが、われわれの安保＝沖縄闘争であった。

とにかく日米共同声明においては、安保条約問題および沖縄の施政権返還問題にかんする日米の国家意志が基本的に合致したことが示されている。日米権力者のあいだで、たとえ思惑のちがいとかニュアンスの相違とかがあったとしても、そうである。「声明」の公表によって、現行安保条約のなかの事前協議条項は実質上ホゴとされた。また〝核基地沖縄〟がアメリカ帝国主義を中心とした種々の軍事同盟の結び目をなしているがゆえに、日本政府への沖縄施政権の返還は同時に共同防衛地域の全アジアへの拡大となるのであるが、これにわが権力者は合意したわけなのである。ベトナム戦争の今後のなりゆきいかんによって、日本国が「戦争加担」ではなく直接参戦国となる必然性におかれたのだといわなければならない。

沖縄の施政権返還問題についていうならば、たしかになお「返還」は国際法的に確認されてはいない、そのための準備会議が開かれ、そこで法文が練られていくわけである。このことは、サンフランシスコ条約第三条が、現時点においてもすでに本質上ブルジョア的に処理されたことを意味するのである。したがって、このブルジョア的処理に抗して、「サンフランシスコ条約第三条のプロレタリア的破棄」というスローガンをかかげて、残されたあと二年のあいだ果敢に闘争を推進すべきだ、という方針をたてるわけにはいかない。沖縄返還問題ならびに安保条約問題にかんする日米権力者の合意を対象化したものとしての「共同声明」、そこにもられている内容をじっさいに実施するための具体的な事態そのものにたいして、われわれは抗議してたたかい、これを通じて同時に、われわれの敗北のしるしとしての日米共同声明の本質を再確認し、さらに日米軍事同盟を基礎とした、日本帝国主義の東南アジアへの新植民地主義的進出に反対し、アメリカ帝国主義との経済的また政治的な諸対立を新たにうみだしつつ再編強化されていく日本帝国主義そのものと対決する闘いをおしすすめていくべきなのである。

われわれは、敗北した現時点においてわれわれの闘いの指針をつくりださなければならない。すなわち、たとえば、日本権力者はいま、沖縄の復帰準備委員会を開いて、〝核基地沖縄〟の施政権を日本国家権力に返還するさいに起こってくる種々の政治的・軍事的・経済的諸問題をめぐって協議しているのであるけれども、このような復帰準備委員会にたいして議会主義的に対応したり、あるいは粉砕主義的に対応したりすることが、われわれの課題なのではない。

たとえば、代々木共産党はどうか。かれらは沖縄問題を解決するための闘いを「祖国復帰」路線にもとづいてこれまで推進してきたのであった。沖縄を日本国憲法の適用範囲内にもっていくこと、つまり「祖国復帰」を目標としてたたかってきた。だがしかし、いまや日米権力者のあいだで沖縄を核基地がついたまま日本国家権力に返還するという合意が成立した現段階においては、「真の返還協定」をつくるようなかたちにもっていく、つまり日米権力者による協定の内容への尻おし、という路線を提起している。これは明らかに、基本的にはブルジョア議会政党とまったく同じ方針であるといわなければならない。かれらの「祖国復帰」路線が完全に破産したことを隠蔽するために、ほかならぬ代々木共産党それ自体をブルジョア議会党のようなものにおとしめ、ブルジョア支配階級に「お願い」することを通じて「真の返還協定」をつくらせる、というところにまで代々木共産党は堕落しているのである。このような事態にたいしては、もはや「堕落」という表現を用いることができないかもしれない。

　ところで、こうした代々木官僚の裏返し的誤謬に陥没しているのが、いまや空気がはいらなくなって混迷しているブクロ＝中核派にほかならない。かれらは今日もなお依然として「沖縄奪還」などと称している。なぜならば、一九七二年にはじめてサンフランシスコ条約第三条のブルジョア的破棄の条文ができるのであるからして、まだ日本国家に沖縄は「奪還」されていない、だから「沖縄奪還」の立場にたって断乎たたかうべきである、と強弁しているのである。このブクロ＝中核派どもの言う「沖縄奪還」とは〝ものとり主義〟の延長線上に位置づけられているものでしかないのであるが、そしてまた沖縄を日米権力者は決して返還しないのだ、などというような時代錯誤的な言辞を弄していたことを、今日においてもなおかつ反省することなく延長していることをそれは端的に示すものなのであるが、このようなケルン・パーの輩——沖縄の方言ではシンヌガー［腰抜け］のフリムン［痴れ者］ども——は、安保条約にかんしても、また沖縄闘争にかんしても従来とまったく同じように考え、自己破産と自己の敗北について無自覚のまま四―六月闘争にのぞもうとしている。しかもコッケイなことには、権力によって完全に壊滅させられてしまったかれらの運動と組織のわずかばかりの残りを、ふたたびこの四―六月の武装闘争に投入し奈落の道を歩もうとしているわけなのである。だが、自己崩壊したかれらのみじめさを隠蔽するためのラッパでしかそれはないのだ。

要するに、われわれが推進してきた安保＝沖縄闘争の過程においてつきだしてきた諸問題をふたたび反省しつつ、われわれは、敗北した現時点におけるもっとも革命的な闘いはなんであるか、ということを、——闘争放棄にあけくれ議会主義に転落している社共両党や、武装闘争主義的にあるいは山猫スト呼号主義的にたたかった反代々木の行動左翼諸集団などの破産を暴露しつつ——うちだしていかなければならない。「真の返還協定」を結ばせるといったブルジョア支配階級にたいする尻おしを提起した代々木共産党。あるいは、いまなお「沖縄奪還」の旗をかかげつつ、一九七二年までできもしない武装蜂起を不断に連続的にたたかうという〝決意〟だけをヒレキしているにすぎないケルン・パー。さらに、破産し分解しなにごともなしえなくなったその他の群小反代々木小ブルジョア急進主義者ども。——かれらがなにゆえにかかる事態につきおとされなければならなかったか、という事態の解明にふまえつつ、われわれの具体的な闘争方針と闘争形態は明確に提起されなければならない。

敗北のなかでの前進のために

日米共同声明の発表は、七〇年代階級闘争を決定する一つの結節点である。それによって、わが支配階級の今後の諸政策の根幹が決定されるだけでなく、われわれの闘いもまたそれに規定されるのである。くりかえしていうならば、アメリカ極東軍事戦略に従属したかたちでの、したがって日米軍事同盟（帝国主義的同盟）を強化するかたちでの沖縄の施政権の日本国家権力への返還にかんする合意が、「声明」

として発表された。まさにこのゆえに、沖縄の核基地はそのまま温存され、そしてそれが日本国家の範囲内に編みこまれることを通じて、日本の核武装化への道がひらかれる。「有事核もちこみ」、B52などの自由出動さえもが約束されている。

それだけではない。現時点においては、ベトナム戦争はインドシナ半島全域にわたってひろがろうとしている。「第二、第三のベトナムをつくりだす」ということはゲバラの言葉であるけれども、裏返しのかたちにおいてではあるが、それをまずもって実現しているのはアメリカ帝国主義にほかならないということの現実を、われわれは明確に認識しなければならない。ベトナム戦争を終結させる、そのためのいわゆる「ベトナム化」（つまりベトナム人とベトナム人とを戦わせること）という方針をとったアメリカ帝国主義は、一方ではパリにおいて平和会談を続行しつつあると同時に、他方ではラオス、カンボジアにおいて戦闘をあらたに拡大しくりひろげているのである。その場合にタイの兵隊をもアメリカ帝国主義は動員し利用している。このようなインドシナ半島の現在的危機は、ほかならぬ日米共同声明においてその対象的形態をつくりだした日米権力者のハラ構えを現実的に示したものとして、われわれはとらえかえす必要がある。

ベトナム反戦闘争をこれまでたたかってきたわれわれは、さらにこのベトナム戦争の南ベトナムからラオスへの、さらにはカンボジアへの拡大を、つまりはインドシナ半島全体の戦争への拡大を阻止するための闘いを果敢な反戦闘争としてくりひろげなければならない。

ベトナム戦争のインドシナ半島全域への拡大に反対するこの反戦闘争は、いうまでもなく、ベトナムに向かって日々出撃しているB52を、毒ガスを、そして核兵器をかかえている基地沖縄における、B52撤去・毒ガス撤去・核兵器撤去の闘い、軍事基地そのものの撤去をめざした反戦の大衆的な闘いとして同時に高揚させていかなければならない。

それだけではない。基地沖縄のブルジョア的返還が確定された今日においては、日本本土への核の持ちこみは自由におこなわれ、そして日本が核武装化されていくのであるからして、このような基地撤去をめざした反戦の闘いを、沖縄ばかりでなく本土においても、われわれは断乎として推進していかなければならない。そしてこのような事態にわれわれが直面させられていることの根拠が、日米安保条約を条文上改定することなく軍事同盟そのものを強化した日本帝国主義者のこの欺瞞的なやり方にあることを、われわれは暴露しなければならない。そして安保条約の破棄そのものをめざした闘いを不断に組織していくことと、ベトナム反戦闘争は結合して実現されなければならない。ベトナム戦争の拡大に反対する反戦闘争、沖縄と本土における基地撤去をめざした闘い、そして安保条約の破棄をめざした闘いは、当面の敗北を教訓化しながら不断に場所的に結合され推進されなければならない。

沖縄のいわゆる「祖国復帰」を念願して、四月二十八日を〝沖縄デー〟とよび、毎年毎年沖縄闘争が「祖国復帰」路線にもとづいてくりひろげられてきたのであったが、一九六七年以後わが全学連は、この沖縄闘争を革命的にたたかうためのスローガン、「既成の祖国復帰運動をのりこえ、サンフランシスコ条約第三条の破棄を通じて、沖縄人民の解放をめざしてたたかおう！」という革命的スローガンのもとに大衆的に沖縄闘争を推進してきた。われわれのこの闘いの進展に対応して、昨六九年4・28闘争の段階において、ブクロ派を除くすべての党派は「沖縄の奪還」とか「祖国復帰」とかのスローガンをとりさげ、われわれと同様に「沖縄解放」というスローガンをかかげたのであった。もちろん、これはわれわれのスローガンと形式的な同一性をもっているとはいえ、その内実はまったく異なるのであるが。

このような過去の闘いにふまえつつ、われわれは今年の４・28闘争を革命的に遂行することを四月の闘いの発端としなければならない。六月二十三日にむけてくりひろげられるであろうところの安保＝沖縄闘争における、われわれの闘いの一つの高揚をつくりだすために、４・28闘争は組織化されなければならない。この４・28統一行動を組織化する過程において、いまなお革共同・革マル派以外の反代々木小ブル急進主義集団にだまされている高校生諸君を反戦高連のもとに結集するためのイデオロギー闘争と組織活動を、諸君は地道に着実におしすすめていかなければならない。この４・28闘争の組織化の過程において、反戦高連を名実ともに全国的な組織としてつくりだしていくために、諸君は奮闘しなければならない。

その場合、すでにのべたように、過去数年間にわたる反戦高連の闘いの教訓にふまえつつ、とりわけ昨年の十―十一月闘争を通じてつかみとったところのものを教訓化し物質化するかたちで、諸君は闘いをおしすすめていくべきである。もちろんのことながら、自己破産し解体しかかっている諸党派系の闘いをただ嘲笑したり、それにたいして単純にゲバ的に絶滅したりするのではなく、かれらをイデオロギー闘争を通じてわれわれのもとに獲得しなければならない。ただたんに運動上ではりあうことが問題なのではない。高校生の運動を独自的につくりだしてきたこれまでの闘いそれ自体を通じて諸君自身がすでに自覚しているように、運動を通じてその担い手を高め育てていくことこそが問題なのであり、しかも今日のわれわれは七〇年代階級闘争の発端に位置しているのである。

諸君は七〇年代階級闘争の、そして七〇年代の学生運動の担い手としてみずからを鍛えあげていかなければならない。なぜならば、諸君は可能的な技能労働者であり、可能的な労働力商品であり、あるいはまた革命家たらんと決意している活動家であるからだ。七〇年代階級闘争を担いうるものとしてみずからを鍛えあげていくことを不断に追求することなく、当面の諸党派間の末節的なことがらに拘泥するなどというのは、まったく愚かなことである。日本革命を担いうる主体に——思想的にも理論的にもそして組織的にも——みずからを鍛えあげていくことを諸君はたえず追求していかなければならない。この問題について今日は時間の余裕がないので論じるわけにはいかない。がとにかく、全国反戦高連を結成した現時点において高校生運動の新しい飛躍をかちとるために、この大会に結集した諸君自身が、新たな決意のもとに、安保=沖縄両闘争をたたかいぬいていくことを願ってやまない。

今日の諸君の闘いは、さまざまな党派によって分断されているがゆえに種々のイデオロギー闘争を果敢に遂行することを避けてとおるわけにはいかない状態におかれている。とはいえ、このような狭い党派闘争のワクに跼蹐することなく、われわれの自己解放をめざした闘いの担い手にみずからを鍛えあげていくことを一瞬たりとも忘れることなく、諸君の闘いを断乎としておしすすめていくべきである。

沖縄闘争、安保闘争、反戦闘争を不断にくりひろげることを通じて、反戦高連の全国的な組織を強化しつつ、わが全学連の闘いの一翼としてそれを鍛えあげていくべきである。現時点における諸君の闘いは、諸君自身の未来の解放につながっていることを自覚しつつ断乎として現在的な闘いを推進していかれんことを！

［一九七〇年3・30全国反戦高連結成大会における特別講演より。なお冒頭の挨拶の部分のみ一部割愛した。］

〈敗北のなかの前進〉を切り開く闘い

一　日米共同声明とその物質化の策動

一九六九年十一月二十一日の日米首脳会談における「日米共同声明」の発表を結節点として、日本階級闘争は一敗地にまみれた。わが同盟を中核とする革命的左翼は、一方における社・共既成左翼の議会主義的腐敗にもとづく闘いの歪曲・放棄を、他方における反代々木行動左翼諸派の革命妄想主義にもとづく盲動を、断固として打ち破りつつ、七〇年反安保＝沖縄闘争を革命的・戦闘的に創造したたかいぬいてきた。とはいえわれわれは、根本的にはなおわが力の弱さのゆえに敗北を喫したのである。そうであるからこそ、この敗北を根底からのりこえる質において闘いを再構築していくべきことを、われわれはみずからに課したのである。

発表された日米共同声明では、沖縄施政権の日本への返還（一九七二年五月十五日予定）が「米国の国際的義務の効果的遂行の妨げとなるものではない」と謳われ、また「韓国・台湾の安全が日本の安全にとって緊要であり重要な要素である」と強調された。ここにおいて、われわれがそれに反対してたたかってきたところの、「沖縄問題」のブルジョア的解決（サンフランシスコ講和条約第三条の権力者的廃棄）と・これと抱き合わせでの日米安保条約の条文改定なき実質的改定＝日米軍事同盟の新たな次元での強化（安保条約の沖縄への適用による日米軍事同盟の核軍事同盟への転換）との結節点が画された、といわねばならない。しかも、米・日両権力者は日米軍事同盟にもとづく日米共同作戦体制を沖縄を扇の要として東アジア全域に拡大することをも合意したのだ。このことは、沖縄の「核基地つき・自由使用」返還が、ニクソン政権（一九六九年一月発足）の「グアム・ドクトリン」（一九六九年七月）として公表されたアメリカ帝国主義の新たな世界支配戦略・極東軍事戦略にもとづき、それに従属するものとして合意されたことを意味する。

「アジアへのオーバーコミットメントの削減」の名のもとに「同盟国の役割分担」の強化と「ベトナム戦争のベトナム化」とを策すニクソン新戦略、これにもとづく諸策動は、だが、ことごとく破綻した。アメリカ傀儡の南ベトナム政権を何とか延命させるかたちでの「和平」にもちこむ策略（「ベトナム戦争のベトナム化」）は、北ベトナムおよび南ベトナム解放民族戦線（通称ベトコン）の大攻勢によって破綻し、さらに解放民族戦線への補給路を断つ軍事作戦として強行したカンボジアとラオスへの侵略も、ポル・ポトのクメール・ルージュ軍とパテト・ラオ軍の反撃のまえに破綻した。こうしてアメリカ帝国主義は、北ベトナム軍および南ベトナム民族解放戦線の最後的大攻勢のまえに全面的に敗北し、ついにインドシナ半島から叩きだされたのだ。

しかも、ベトナム侵略戦争が敗北の一途をたどりつつあったことを要因として、マルク・ラッシュに如実に示されたドル危機がますます深刻化した。まさにこの局面において、追いつめられ憔悴しきったアメリカ帝国主義は、一九七一年七月十五日に「ニクソン訪中声明」を、さらに一ヵ月後の八月十五日には

「金・ドル兌換停止」を一方的に宣言する新経済政策を発表したのだ（いわゆるニクソン・ショック）。これらにおける対ソ連圏戦略の大転換（ソ連との「平和共存」の維持を前提としての、従来の〝中国封じめ〟から中国との瞞着へ）とＩＭＦ体制の自身の手による解体こそは、ベトナム戦争の敗北によって進退きわまった没落帝国主義アメリカの〝死の苦悶〟の如実な露呈以外のなにものでもない。

ところが、こうしたアメリカ帝国主義の新たな策略にたいして、北京官僚は首相・周恩来の主導のもとに、「文化大革命」による政治的・社会経済的大混乱＝スターリニスト官僚専制支配体制の動揺をのりきるために、アメリカとの相互瞞着に踏みきった（一九七二年二月にニクソン訪中の受け入れ）。この北京官僚への反発を昂じさせた北ベトナム・ハノイ官僚を、クレムリン官僚は彼らへの軍事援助強化をテコとして自身の翼下にとりこむ術策をめぐらしつつ、「民族和解政府」樹立の工作に腐心した。中・ソ両党のいずれもが、そして世界各国のスターリニスト党も、「民族和解政府」樹立をタテにして、アメリカ帝国主義によるインドシナ全域への戦争拡大に反対する反戦闘争の国際的組織化を放棄したのである。

こうした国際情勢の新たな激動のもとで、日本帝国主義・佐藤政権はベトナム・インドシナ侵略戦争への協力・加担をますます強化するとともに、一九七二年五月十五日の沖縄返還に向けての「復帰準備作業」に拍車をかけた。アメリカ政府とのあいだで策定した沖縄返還協定（一九七一年六月十七日調印）を法的テコとして、米軍基地の再編強化とそのための土地強制収用、七二年の自衛隊の沖縄配備に備えての沖縄出身自衛官の大量帰郷と沖縄人民にたいする〝宣撫工作〟などがおしすすめられた。これらは、日米共同声明にもとづき、それを現実的に物質化する攻撃にほかならない。

二　社・共の腐敗の深まりと小ブル雑派の反安保＝沖縄闘争からの遁走

こうした日米共同声明にもとづく日・米両権力者の新たな攻撃を粉砕することこそが問われていたにもかかわらず、日本階級闘争は総体として危機を一段と深めた。

一九六九年暮の総選挙に惨敗し腰が抜けた社会党は、票田欲しさのあまり「生活・国民闘争の重視」の名のもとに公害・都市環境・物価問題への取り組みに比重を移し、反戦・反安保・沖縄闘争から基本的に召還してしまった。代々木共産党は、沖縄施政権返還にかんして「県民不在の協定」に反対し「真の返還」＝「核も毒ガスもない返還」を求めるという方針をうちだし、もって破産した「祖国復帰」要求運動の弥縫を図りながら、一切の闘いを「民主連合政府」樹立のための票田開拓を狙った政策宣伝に歪曲し解消した。

それだけではない。日共はついに許しがたい反革命的蛮行におよんだ。一九七一年六月十九日、沖縄人民党＝日共は琉球大学男子寮を武装襲撃し、沖縄人民解放のためにたたかってきたわが同志町田宗秀を虐殺しさったのだ。これこそ、わが革命的左翼の闘いに追いつめられたあげく、「トロツキストは殺せ」というスターリニストの本性をむきだしにした反階級的犯罪にほかならない。

他方、反代々木諸派もまた、反安保＝沖縄闘争から召還した。第二次ブントは、一九六九年「蜂起」の破産の総括をめぐって内部対立を激化したあげく戦旗派・叛旗派・情況派に三分解し（一九七〇年六月）、さらにその戦旗派も「党建設という観点から革マルに敗北した」と〝正直な〟（！）総括を唱える日向一派と関西派と神奈川「左派」とに細分裂した。また、「抑圧民族という自己の立場を自覚せよ」という華青闘（華僑青年闘争委員会）の糾弾（一九七〇年七月七日）に屈服し被抑圧民族迎合主義に転落したブクロ＝中核派を先頭に、小ブルジョア八派連合は佐藤政権の入管法再上程策動——在日アジア人にたいする民族排外主義的政策——に反対する闘いに埋没し、反安保＝沖縄闘争の主戦場から遁走したのである。

あまつさえ、わが同盟の断固たる追撃に脅えたブクロ＝中核派は、一九七〇年八月三日に全学連の闘士・海老原俊夫（東京教育大生）をむごたらしい集団的リンチによって虐殺し、さらに一九七一年十月二十日には横浜国立大学富士見寮を襲撃し闘士・水山敏美（水道端美術学院生）を惨殺する挙におよんだ。まさに「革マル憎し」の怨念に駆られた反革命殺人集団への転落！　しかも、この罪業を隠蔽し・かつわが同盟の追撃から逃れるために、ブクロ官僚どもは「K（警察）＝K（革マル）連合」などという笑止千万にして実に許しがたい虚構をデッチあげ、これへの反攻と称して「渋谷暴動」などという反左翼的シンボルを掲げての〝武闘〟の演出による逃げ切りを図ったほどなのである（一九七一年十一月）。

もはや左翼とは無縁な反革命テロリスト集団に変質したこのブクロ派をはじめとした小ブルジョア諸雑派は、延命のために日本階級闘争の「周辺地」に〝棲息圏〟を求めて蠢いた。被抑圧民族迎合主義・被差別人民迎合主義へのイデオロギー的変質を全面化しての、入管闘争や狭山差別裁判弾劾闘争への潜りこみ。成田空港建設を「軍港建設」と恣意的に見たてての三里塚闘争への埋没。はたまた、文化人・知識人やべ平連（ベトナムに平和を！市民連合）にすがりついての右翼的＝市民主義的カンパニア。——「周辺地革命」論のごときものを密輸入し醜怪な厚化粧をも凝らした諸雑派のこれらの「闘い」、その反ないし非プロレタリア的本質を隈なく暴きだしつつ、わが革命的左翼が成田空港建設反対闘争や狭山裁判弾劾闘争に取り組んだのはいうまでもない。

三　日米共同声明粉砕・沖縄返還協定反対の闘いの構築

右のような日本階級闘争の危機の深まりのただなかで、社・共既成左翼の腐敗と反代々木諸雑派の召還を弾劾しながら、わが革命的左翼は唯一、〈日米共同声明粉砕〉〈アメリカの極東軍事戦略に従属した沖縄施政権返還反対〉を基本スローガンとして反安保＝沖縄闘争を再構築し戦闘的に推進してきたのである。

第一に、全学連・反戦高連の学生ならびに反戦青年委員会の革命的・戦闘的労働者は、沖縄の「核基地つき・自由使用」返還に反対する闘いをベトナム戦争のインドシナ全域への拡大に反対する反戦闘争と結びつけるかたちで、日米安保条約の自動延長＝日米軍事同盟強化反対の闘い（一九七〇年6・22～23の三波の闘い）、沖縄返還協定調印阻止闘争（一九七一年5・19、6・15～17）、沖縄返還協定国会批准阻止闘争（一九七一年10・21国会へのデモ、11・19総評青年協全国動員集会に向けての11・18～19労学共闘）などの闘争をたたかいぬいてきた。圧倒的規模での大衆的組織化（常時四〇〇〇～六〇〇〇名）をかちとりつつ。さらに一九七一年十月二十一日には全学連戦士の国会突入闘争をも敢行したのだ。

第二に、沖縄の地での闘いと、これと呼応しての本土における闘い。――沖縄では、既成指導部のスト収拾策動を粉砕しつつ、全軍労の米軍基地再編・労働者大量解雇反対の波状ストライキ（一九七〇年1・8～9、1・19～23）や、この全軍労を中核部隊とした県労協ストライキ（一九七一年4・14～15）、さらに全島ゼネスト（一九七一年5・19）が決行された。〈反帝・反スターリン主義〉の旗幟を鮮やかに翻らせた沖縄マルクス主義者同盟とその指導のもとにたたかう労働者・学生が明確に領導したこれらの闘いと呼応して、わが革命的左翼は本土において唯一、支援の闘いを組織化した。

第三に、労働戦線におけるわが革命的左翼の闘いの巨大な前進。一九七〇年六月二十三日＝安保条約「自動延長」のこの日、総評指導部の闘争放棄に抗して動力車労組は〈反安保〉を掲げた政治ストを半日間にわたってうちぬいた。これに連帯して全学連は、同日早朝に南武線西国立駅での鉄道実力封鎖闘争に決起し、その後、立川駅頭での動労部隊との大合流をかちとった。

さらに一九七一年五月には、〈マル生粉砕・春闘勝利〉を掲げた国鉄労働者のストライキが、延べ二十数時間にわたって波状的に決行された（5・18～20）。この闘いは、史上初めてかちとられた国労と動労の青年労働者たちによる自主的な交流・共闘を基礎として、賃上げ闘争を反合理化闘争ならびに「生産性向上運動研究会」（通称〝マル生〟）による労組破壊攻撃にたいする断固たる反撃と結びつけて実現されただけではなく、同時に反安保＝沖縄闘争と結合するかたちで沖縄全島ゼネストと呼応して展開されたのである。そして、この国鉄労働者の闘いと連携して全学連は、東京の田町電車区・品川駅でマル生分子運転＝スト破りの列車を阻止する実力闘争をくりひろげ、労学連帯の絆をいっそう深めたのだ。――全学連は、同年10・20には、国鉄本社突入闘争をも敢行した。

およそ右のような三つの特質をもった闘いをつうじて、とりわけ労働戦線において蓄積し強化してきたわが革命的左翼の組織的力を一挙に爆発させたものこそ、一九七二年五月十五日の沖縄施政権返還を目前にしてうちぬかれた全軍労の無期限ストと、動労の強力無期限順法闘争だったのである（本書二一五頁、四六三～六七頁参照）。これらこそ、日本階級闘争の危機を根底から突き破り〈敗北のなかの前進〉を切り開いてきたわが革命的左翼の苦難にみちた闘いの総集約＝精華にほかならない。

われわれは、ベトナム戦争の激化を焦点とした国際・国内情勢の新たな激動のただなかで、あくまでもベトナム反戦闘争と結合するかたちにおいて反安保＝沖縄闘争の再構築をおしすすめてきた。一九七二年五月十五日の沖縄施政権返還以降も、社・共既成左翼の口先だけの「ベトナム人民支援」運動への闘いの歪曲をのりこえ、小ブルジョア諸雑派の「ベトナム革命勝利」などというプロ・スターリン主義的な観念妄想を吹き飛ばしながら、この日本の地において日米軍事同盟強化反対＝〈反安保〉の方向をさし示しつつベトナム反戦闘争を組織化し戦闘的高揚をかちとってきた。

「ベトナム戦争のベトナム化」を策しつつベトナム侵略戦争のインドシナ全域への拡大に狂奔するアメリカ帝国主義とこれへの日本帝国主義の協力・加担、それにたいしてスターリン主義ソ連邦のバックアップのもとに軍事攻勢を強めつつ「民族和解政府樹立」を策す北ベトナム・ハノイ官僚。こうした帝国主義とスターリン主義との相互対抗・相互瞞着を暴きだし、反米・反チュー「〝アメリカ傀儡〟南ベトナム政権の大統領グエン・バン・チュー」の闘いをくりひろげるベトナム人民と連帯し彼らに「民族和解政府樹立方式に抗しベトナム人民解放をめざす」ことを呼びかけつつ、われわれはベトナム反戦闘争の国際的波及を追求してきたのである。プロレタリア国際主義に立脚したわが革命的左翼のこのような闘いは、国際階級闘争のスターリン主義的歪曲＝疎外を根底から超克する橋頭堡を築く革命的意義をもつのであり、このようなものとして国際プロレタリア階級闘争史に刻みこまれ燦然と輝いているのである。

沢森　祐司

謀略粉砕＝走狗解体闘争の勝利

一九七〇年から一九八〇年にかけて、わが革共同・革マル派とこれに導かれた戦闘的労働者・学生たちは、ブクロ＝中核派や社青同解放派（青解派）を組織的に解体するための党派闘争、および国家権力による謀略襲撃をうち砕き権力の走狗と化した中核派・青解派を解体する闘争を、敢然とおしすすめた。

この十年の最初の五ヵ年、われわれは、七〇年安保＝沖縄闘争におけるみずからの破産を糊塗するために「革マル憎し」の心情にかられてわが同盟に暴力的に敵対してきた中核派と青解派を組織的に解体する巨大な闘いに決起した。また一九七四年以後は、われわれは中核派と青解派を追認集団として従えた権力内謀略グループによる謀略攻撃の嵐に抗して、国家権力への憎悪と怒りをたぎらせ〈謀略粉砕・走狗一掃〉の闘いを断固として推進した。そしてわれわれは、国家権力の走狗集団に転落した中核派や青解派に虐殺された戦闘的・革命的学生たち、および「内ゲバ」を装った権力の謀略襲撃で殺された戦闘的労働者・学生たち、彼らの遺志を受け継いでたたかいぬき、ついにこの闘争に完全に勝利したのである。

いうまでもなくわが革マル派は、不断の大衆運動の組織化と同時的におしすすめたこの熾烈な組織的闘いをつうじて、今日の革マル派建設の強固な礎を構築した。革マル派結成以後五十年のわが党組織建設の前進は、ほかでもないこの一九七〇〜八〇年の苦闘の歴史のうえに築かれているのである。

この一九七〇年代の党派闘争を、ここでは第一に、一九七〇年から一九七四年にかけてわが革共同・革マル派が断固として推進した向自的党派闘争、党派闘争としての党派闘争の展開を中心に、第二には、一九七四年以降の国家権力内謀略グループの殺人襲撃や鉄道謀略などを断固としてはねかえすとともに、この謀略攻撃を追認することを政治的目的としてきた中核派や青解派などの、国家権力の走狗集団を革命的に解体・一掃することをめざした組織的闘いを中心に、論じようと思う。

一　党派闘争の完全勝利——一九七〇年代前半の組織的闘い

(一)　ブクロ＝中核派による全学連の戦士・海老原虐殺

一九七〇年四月二十九日、アメリカ軍・南ベトナム軍のカンボジア侵略、同年五月一日、アメリカ軍による北爆の再開——こうしたなかでわが全学連はベトナム反戦闘争を断固として大衆的に組織したたかいぬいた。国鉄動力車労組の戦闘的労働者たちは、六月二十三日に東京・立川機関区をはじめとする全国七拠点において日米安保条約の自動延長を弾劾する半日ストライキをたたかったのである。このことにも象徴されているように、一九七〇年代初頭における日本階級闘争は、わが同盟の労学両戦線における獅子奮迅の闘いを抜きに語ることはできない。

われわれがその先頭にたってたたかってきたところの七〇年安保＝沖縄闘争、しかしこの闘争において日本労働者階級は一敗地にまみれた。だがそれにもかかわらず、わが同盟はこの闘いをつうじてひとまわりもふたまわりも大きくなり、かつ強化された。安保＝沖縄闘争の真っ只中において、われわれは諸党派とのイデオロギー的および組織的な闘いをおしすすめ、それを強力におしあげてきた。これは周知の事実である。他方、「七〇年安保・沖縄闘争」を直接的に革命闘争としてたたかうなどと妄想し、武装蜂起主義的な闘いを展開して惨めな破産をとげたのがブクロ＝中核派であり、青解派の徒輩であった。われわれは武装蜂起パラノイア症に感染したこれら小ブル諸雑派にたいする断固たるイデオロギー的＝組織的闘いを推進し、彼らの党組織を基本的に崩壊させた。

こうしたなかで、安保＝沖縄闘争の真っ只中で思想的にも組織的にも、そして運動上でも完全に破産をつきつけられたブクロ＝中核派は、まさにそれゆえにこの自己組織の崩壊と思想的・道徳的な荒廃を隠蔽するために、一九七〇年八月三日にわが全学連の戦士・海老原俊夫（東京教育大生）を虐殺した。さらに翌一九七一年十月二十日には、全学連の戦士・水山敏美（水道端美術学院生）を虐殺した。また一九七二年四月二十八日には、全学連の戦士・木下正人（京都外語大生）が社青同解放派によって殺された。さらに一九七一年六月十九日には、スターリンの末裔である代々木共産党中央の指導のもとに沖縄人民党・民青によって全学連の戦士・町田宗秀（琉球大生）虐殺がひきおこされた。一九七〇年から七二年にかけて、わが全学連の学生活動家たち四名もの貴い命が次々に奪われたのである。中核派や青解派、そして代々木スターリニストどもによるわが党およびわが革命的左翼への組織的敵対という、この反プロレタリア的＝反階級的な殺人行為にたいして、われわれは断固とした党派闘争をもってこたえたのであった。

（二）　イデオロギー的＝組織的闘いを基礎とした中核派解体闘争の推進

全学連の戦士・海老原を池袋駅前で拉致し、法政大学の学生会館に連れ込み陰惨極まりないリンチを加えて殺害した中核派。彼らは〝東拘病院（東京拘置所）〟に入院中の本多延嘉の指示のもとで、組織内部では「内乱的死闘の時代に人がどんどん死ぬのが正常なのだ」などとうそぶきつつ、戦士・海老原の殺害を正当化した。他方、下部活動家に「大衆から（海老原殺害について）質問された場合には黙秘権を行使せよ」と官僚主義的タガハメと統制をおこない、組織の外に向かっては〝沈黙〟をもってのりきるという許しがたい「方針」を徹底化させた。こうして中核派官僚どもは、わが全学連のイデオロギー的＝組織的追撃から逃れることに躍起となったのである。だがわれわれは、中核派官僚どもによる戦士・海老原虐殺を、彼らの反プロレタリア的本質のひとつの露呈とみなし、腐敗した中核派を革命的に解体する党派闘争を果敢に展開した。

それだけではない。戦士・海老原を惨殺されたわが全学連による一九七〇年八月十四日の法政大学における組織的反撃の闘いを「内ゲバ」とみなし、「党派闘争の論理からの逸脱」であり「報復の論理」であるとして、もっぱらわが革マル派と全学連に非難の矛先を向けた梅本克己ら一部の文化人との思想闘争をも、われわれは断固貫徹した。われわれは、中核派を解体するための組織的闘いに日夜奮闘しつつ、同時に党派闘争のおしすすめ方・その論理と倫理についても理論化してきた。戦士・海老原を虐殺されて以降開始した中核派を解体するためのわが同盟の組織的闘いを、われわれは〈党派闘争としての党派闘争〉、〈向自的な党派闘争〉という新しいカテゴリーをもって規定し、自己組織の思想的・道徳的荒廃を深める中核派を解体するための組織的闘いを新たな決意のもとに推進した。

戦士・海老原を殺害し、これを沈黙をもってのりきるという腐敗の極点に達したブクロ＝中核派という特定の党派を、われわれは、イデオロギー的＝組織的闘いをつうじて解体するという直接的党派闘争をくりひろげるとともに、その主体的推進構造を理論的にも解明した。すなわち、このわれわれが、わが同盟に敵対する特定の党派を革命的に解体するために、われわれが立脚する立場（党派闘争論的立場）にたって、いかなるイデオロギー的＝組織的闘いを推進すべきか、ということについての理論的追求。この追求は、――われわれが大衆運動を組織化するために大衆闘争論的立場にたって、いかなるイデオロギー的＝組織的闘いを推進すべきかということについての理論的追求の成果にふまえて――〈党派闘争論〉についての新たな地平を切り開いたものといってよい。

さらにわが同盟は、こうした党派的なイデオロギー的＝組織的闘いの推進構造の理論的解明にふまえて、「いま問題なのは、海老原問題ではなく入管闘争で被抑圧民族の立場にたつことができるか否かである」と叫びたてつつ、下部活動家の目を海老原殺害からそらし組織の分散化を防ぐことだけに懸命になっていた中核派を革命的に解体するための闘争を、断固としておしあげたのである。戦士・海老原を殺害した中核派を弾劾するための法政大構内での大衆的集会の実現（一九七〇年八月十四日）と、虐殺の下手人どもにたいして革命的鉄槌を下す組織的闘いの同時的推進。労働戦線、学生戦線をはじめとしたあらゆる戦線での殺人者集団＝中核派を糾弾する闘いの果敢な展開。池袋の「前進社」にタムロしていたブクロ＝中核派の官僚どもが戦士・海老原の虐殺というみずからの行為を「内乱的死闘の時代に死者が出るのはやむをえない」と開き直るなかで、われわれは彼らの反人民性と欺瞞性を労働者・学生・知識人の前に暴きだしつつ、同時に党派闘争において行使する特殊な暴力についての論理と倫理をも明らかにしてたたかいぬいたのである。

一九七一年十月二十日、中核派による全学連戦士・水山敏美の虐殺。――この戦士・水山殺害についても戦士・海老原虐殺と同様に〝沈黙〟によるのりきりをはかりつつ、その反面で「秋期決戦」などと空叫びし、「渋谷暴動」「日比谷暴動」などの予告つきの〝暴動闘争〟なるものをでっちあげ、またしても排外主義的のりきりをはかったのが、わが同盟の組織的反撃をおそれた中核派官僚どもであった。われわれは、全国の学園・職場でこの官僚どものヤブレカブレの悪あがきを大衆的に暴露してたたかった。と同時に関西大学での学園闘争に決起することをも呼びかけるために、わが全学連の部隊は同年十二月四日、関西大キャンパスに公然と登場し、姑息な敵対を試みた中核派の学生部隊を木っ端微塵に粉砕したのである。

このように、戦士・海老原虐殺事件以後わが同盟がくりひろげてきた中核派解体の組織的闘いを、荒廃しきった中核派による戦士・水山虐殺への反撃の闘いをもって、われわれは一段と強化しおしあげたのである。中核派のわが革命的学生運動への敵対にたいする全学連ならびに全学連特別行動隊の戦士による主な反撃は、一九七三年四月二日に早稲田大学への姑息な〝登場〟を願望した中核派学生団子を地下鉄高田馬場駅で粉砕した闘いを出発点に、法政大学での中核派軍団一〇〇名の粉砕（5・26）、前進社周辺の三拠点粉砕（7・4）、鶯谷駅近くでの中核派軍団二〇〇名粉砕（9・17）、そして東京・横浜・関西で彼らの殺人部隊の出撃拠点十三ヵ所を一挙に粉砕した闘い（一九七三年10・20）等々として実現された。

また同時に、一九七二年四月二十八日に全学連戦士・木下正人を虐殺した青解派にたいしても、わが全学連の部隊は次々に彼らに革命的鉄槌を下した。東大教養キャンパスに武装してたちあらわれた青解派軍団四〇名粉砕（一九七三年10・24）、青解派軍団一〇名粉砕（七四年3・6）、同学生軍団二十数名粉砕（4

・7)、革労協中央指導部の会議で滝口・浜口ら約一〇名を粉砕した闘い（4・30）等々。
わが同盟やわが全学連にたいする中核派と青解派の敵対と攻撃にたいして、われわれは、こうした徒輩を最後的に解体するための闘いを、「防衛のための反撃」を軸としつつさまざまな形態で果敢に展開した。こうした直接的な党派闘争を、われわれは、その時々の大衆闘争の闘争課題をめぐる革命的学生運動や労働運動の左翼的・戦闘的推進と同時におしすすめてきたのである。

一九七〇年代、われわれは変質し腐敗したブクロ派や青解派、そしてスターリニスト党の腐敗を暴き、組織的に対決しつつ、とりわけ反代々木の小ブル諸雑派とのイデオロギー的＝組織的闘いを果敢に遂行しつつ、同時にわれわれ自身を思想的・理論的に鍛えあげてきた。われわれはその時々の大衆闘争を左翼的にあるいは革命的に推進するだけでなく、この闘争を、そして党派闘争を推進する前提をなすとともに・不断の大衆運動あるいは党派闘争を媒介として強化され拡大されていく革命的プロレタリアの前衛組織として、プロレタリア的人間の論理と倫理にのっとった革命組織としてわが同盟組織を場所的に創造してきた。まさにこのゆえに「反代々木」と称される諸雑派は、わが同盟にたいして運動上・組織上さまざまなかたちで敵対し、また反階級的策動をくりひろげてきたのである。

ところで直接的な党派闘争であれ、運動の組織化に従属した党派的な理論的＝組織的闘いであれ、われわれが推進するこの党派闘争は、つねにわが同盟組織およびその担い手のありかたや質そのものを厳しくみつめ点検しつつ、マルクス主義の原則・プロレタリア的階級性と相即した組織的全体性・わが同盟の戦略および組織規律にのっとって合目的的に推進されなければならない。たとえわれわれが特定の党派にたいして一定の暴力を行使するのだとしても、これは右の観点に裏づけられているのであり、またそうでなければならない。いいかえれば、暴力の行使にかんする倫理的な自覚をもって、われわれはそれを組織的に実践してきたのである。

だが、ブクロ＝中核派との党派闘争の断固たる推進の過程において、われわれは過誤や蹉跌から完全に自由であったわけではない。一九七二年十一月八日に、マル学同および全学連の一部の仲間が、早稲田大学でスパイ活動をしていた中核派の学生活動家・川口大三郎君を摘発し、イデオロギー的追及をおこなった。その過程で彼をショック死させるという事態をうみだしてしまった。党派闘争の倫理と論理を体得するために努力していながらも、それにもかかわらずわれわれがおかしてしまったこの過誤を、われわれはその責任をとって自己批判した。（本書所収「11・8事件の否定的教訓にふまえ革命的学生運動をさらに推進せよ」を参照。）

二　謀略攻撃粉砕・走狗一掃の闘いの勝利——一九七四年以後の組織的闘い

（一）　謀略攻撃の開始

一九七四年は、日本帝国主義権力者にとって〝激動〟の幕開けであった。一月七日から東南アジアへの歴訪の旅にたった日本帝国主義権力者・田中角栄は、タイのバンコクで、インドネシアのジャカルタで、巨大な反日デモに包囲された。それは全世界の権力者どもが石炭から石油へのエネルギー転換をはかりつつあるなかで、ベトナム戦争においてソ連・中国のスターリニスト国家を背後においたベトナム・スターリニスト党を中核とした「民族解放闘争」においつめられていたアメリカ帝国主義権力者が、〝エネルギー自立〟を求めて資源外交に突進しようとした角栄を頭目とした日本帝国主義の政治エリートどもにたいして、日本帝国主義を政治的・軍事的に日米軍事同盟のもとに縛りつけつつ、同時にエネルギー自立を阻止するために、民衆の反日感情の火に油を注いだものにほかならなかった。

こうしたなかで、わが革命的左翼は、「ベトナム人民支援運動」に闘いを解消してきたスターリニストの平和擁護運動をのりこえ、「アメリカ帝国主義のベトナム侵略反対！　中国核実験弾劾！　日米軍事同盟にもとづく日本帝国主義の協力・加担粉砕！　民族和解政府樹立方式に抗し、反米・反チューをたたかうベトナム人民と連帯してたたかおう！」――これらのスローガンのもとに、全世界の労働者人民と連帯してベトナム戦争反対の国際的反戦闘争を労学両戦線で戦闘的におしすすめた（本書「〈敗北のなかの前進〉を切り開く闘い」参照）。そして同時にわれわれは、「七〇年安保階級決戦」をがなりたて「武装蜂起」盲動主義的にたたかって破産したにもかかわらず、この破産を糊塗するためにわが同盟と革命的左翼に敵対してきた中核派および青解派の徒輩を組織的に解体するための党派闘争をも果敢にたたかいぬいた。

一九七四年六月三十日にひきおこされたかのホヲトク印刷襲撃事件――これは、ブクロ＝中核派などの反革命集団に（一九七五年十月八日からは青解派に）「対カクマル戦の偉大な戦果」などと叫ばせて追認役を担わせつつ、権力内謀略グループがわが革命的労働者・学生そして一般市民にたいして襲いかかるという謀略襲撃を開始したことを告げ知らせる出発点となった一大事件にほかならない。この事件に国家権力の暗躍を直観したわれわれは、組織の総力をあげた調査活動をくりひろげ、国家権力内謀略グループの存在を労働者・人民の眼前に、満天下に明らかにしたのである。

すなわち、この襲撃事件から三日後の七月三日夕方になって、「六・三〇にカクマルの印刷所襲撃の第二弾。解放編集局若林撃沈」などという白を黒と言いくるめる「軍報」を中核派がおずおずと発した。この「軍報」は、彼らが「戦果」と称する戦闘の報告などではまったくなく、むしろ中核派がこのホヲトク印刷事件のたんなる追認者でしかないことを白日のもとに暴露するものとなった。この事件が警視庁四谷署の公安デカと警視庁第四機動隊河尻中隊を実行部隊とした日本国家権力の暴力装置による謀略襲撃であることについての実証的調査、その物証とその分析にふまえて、国家権力が反革命集団中核派に追認の任務を担わせ、前代未聞の謀略襲撃をかけてきた構造を、わが同盟は果敢に暴露したのである。それだけではない。権力内謀略グループの襲撃を中核派が追認し、「カクマルの謀略論」などと称して権力に代わって謀略の隠蔽をはかってきたことのゆえに、彼らの組織の中枢を先頭に組織全体がスパイ集団に転落しさったことをも、われわれは完膚なきまでに突きだしたのであった。（玉川信明編著『内ゲバにみる警備公安警察の犯罪』上・下巻参照。）

中核派をはじめとした小ブル諸雑派が、七〇年安保＝沖縄闘争において革命妄想主義へみずからころげおちることによって総破産をとげたなかで、われわれはわが同盟を広汎な大衆的基盤をもった前衛党として構築した。そして創出され強化されてきたわが同盟を中核とした革命的左翼の組織を基礎にして、一九七〇年代における中核派および青解派との党派闘争を、そして権力内謀略グループによる戦闘的労働者ならびに学生への謀略襲撃が開始された以後はこれをはねかえす血みどろの闘い——党派闘争ならぬ党派闘争――を推進したのである。

一九七四年六月のホヲトク印刷襲撃事件は、いうまでもなく中核派にたいするわが同盟のイデオロギー的＝組織的闘いの圧倒的前進とその勝利、「二重対峙・対カクマル戦」を空叫びしつつわが全学連の戦士を、そして一般学生を「カクマル」とみたてて闇討ち襲撃をくりかえしてきた中核派の凄絶な破産、――これらにたいする階級的危機意識をつのらせた国家権力内謀略グループが、ドス黒い意図をもってわが同盟・革マル派の組織を謀略的手段をも駆使して破壊することに手を染めはじめたことを告げ知らせるものとなった。それは同時に、エネルギー自立をもとめて強権的＝軍事的支配体制の強化をはかるためには、七〇年安保＝沖縄闘争を戦闘的にたたかいぬくことをとおして強化され拡大されたわが同盟に牽引されたわが日本革命的左翼の破壊が権力者どもにとって現実的課題となったことをしめすものでもあった。かつて太平洋戦争に突入した日本帝国主義は、治安維持法にもとづいて「合法的」に強権的＝軍事的支配体制を構築し天皇制ボナパルチズムを強化してきた。ところがアメリカン・デモクラシーの移植とその普遍化のゆえに治安維持法のような悪法を制定することがただちにできないなかで、日本帝国主義権力者が新たに踏みだした攻撃、それが、国家権力の走狗集団と化した中核派と青解派を追認集団として利用した一九七〇年代の謀略攻撃にほかならなかったのである。

一九七〇年代に着々とその基礎を築き、日本労働運動をその深部において支えてきたわが革命的左翼を、そして「ベトナム戦争反対」をはじめとした革命的反戦闘争を断固として推進してきたわが全学連を一気に破壊するために、日本帝国主義者どもは「内ゲバ」を装って謀略攻撃を開始したのである。実際、6・30ホヲトク印刷襲撃事件は、その後中曽根内閣の「行政改革」の先兵となった土光敏夫が経団連会長に就任した（五月二十四日）直後に、そしてわが全学連の戦士が中核派軍団を彼らが拠点とする法政大で連続的に粉砕するという画期的闘い（五月十三日と六月二十六日）を実現したその直後にひきおこされた。このことは、「内ゲバ」を装ってブクロ派に追認させた6・30謀略の本質を如実にしめすものにほかならない。

(二)〈謀略粉砕・走狗一掃〉の闘いの革命的意義

一九七四年六月以降、国家権力内謀略グループは、数々の謀略襲撃をわが戦闘的労働者や全学連の学生にたいして仕掛けてきた。教育労働者も自治体労働者も全逓労働者も、そして全学連の仲間たちも、「中核派」や「社青同解放派」を偽装した権力内特殊謀略部隊に襲撃され、虐殺され、あるいは傷つき、あるいは植物人間にされてしまったのである。わが同盟の党派闘争に敗北したブクロ＝中核派および青解派は、組織的延命を図るためにこの謀略襲撃をおのれの「戦果」として追認するという哀れな、しかし憎むべき国家権力の走狗集団になりさがった。権力者どもは、これらの謀略襲撃によって、わが同盟とそれに領導された革命的左翼の前進をなんとしても阻むことを狙ったのである。けれどもわれわれは、これに屈することなく、これまでうちかためてきたわが革命組織をまもりぬくために、虐殺された同志や仲間たちの無念・苦しみ・怒りをおのれ自身のものとし、こうした徒輩にたいして〈謀略粉砕・走狗一掃〉の闘いをもって応えたのである。

中核派や青解派を追認集団として仕立て上げつつおこなわれた権力内謀略グループによる謀略襲撃によって虐殺された仲間たちの悔しさ、無念さをかみしめてきたわれわれは、こうした謀略攻撃を断固としてはねかえすことのできる革命的前衛党を場所的に構築することを目的にして、新たな決意のもとに〈謀略粉砕・走狗一掃〉の闘いを、労学両戦線における諸大衆闘争の組織化とともに、わが同盟の最重要な組織的課題のひとつとして位置づけ、敢然とおしすすめた。一九七〇年以降の党派闘争論をめぐる理論的成果、および革マル派創成期におけるソコ存在する既成の大衆運動を左翼的あるいは革命的にのりこえていくという実践的立場にたっておしすすめる党派的イデオロギー闘争をめぐる内部思想闘争の諸教訓をも場所的にほりおこしながら。

権力内謀略グループによる一九七四年から一九八〇年にかけての数々の謀略襲撃——その特徴はおよそ以下のようなものである。

われわれが国家権力にたいする憎悪と怒りをもって明らかにしなければならないのは、まず**第一**に、謀略部隊が謀略殺人襲撃の対象を戦闘的学生から教育労働者、自治体労働者、全逓労働者に拡大し始めたことである。一九七四年九月二十六日、自治体労働者（笠掛正雄さん）が襲撃され実質上虐殺された。同年十月三日には全逓荏原支部書記長（山崎洋一さん）が貴い命を奪われた。労働運動を先頭にたってたたかっている労働者を虐殺する権力の謀略襲撃、その広報班として、「無制限・無差別産別戦争」をがなりたてながらたちあらわれたのがブクロ＝中核派であった。このような党派が、世界の階級闘争史上かつてあったであろうか。

そして**第二**に、憎むべき権力内謀略グループは、襲撃の形態を次々にエスカレートさせながら殺戮をくりかえしたのである。

① 全学連の学生や全逓労働者の住むアパートやマンションなどの住居を襲い就寝中の仲間を襲撃しは

じめたこと。――一九七四年九月二十三日に、前川健全学連委員長・荻窪英則書記局員が都内港区で、同年十二月一日に、同志松浦博が大阪市内で（堺市を含めて三ヵ所同時襲撃）、同年十二月十六日に、都内三ヵ所で。全国各地に根をはっているわが同盟・革マル派の組織を破壊するために強行された謀略襲撃の凶暴化、全国化。われわれは、その狙いを暴露してたたかったのである。

② 国家権力は、自衛隊謀略部隊（陸幕二部別室、別班といわれる非合法の極秘部隊）をも動員し、走行している自動車を挟み撃ちにし四同志を一挙に殺害したこと。――一九七七年四月十五日に、杜学（藤原隆義）・関口誠司・伊藤修・伊東亘の四同志が車でこだま印刷（埼玉県戸田市）を出て一キロほどのところで走行中に襲撃された。二台の車で挟み撃ちにした謀略部隊は、わが同志が乗った車のボディーの鉄板に穴をあけ、そこから強力な殺傷力と爆発性をもった特殊な液体を流し込み火を放って焼殺した。この追認を青解派がおこなった。謀略グループが自衛隊の謀略部隊まで動員して襲撃をしてきた最大の理由は、当時われわれがつくりだしてきた水本君謀殺・遺体すり替え事件弾劾の闘いの大高揚をおさえこむことであった。われわれはこうしたことをも暴露してたたかったのである。

③ 国家権力は一般市民をも「革マル派の一員」とみたてて襲撃しはじめた。――一九七六年十二月五日に、山口県防府市で一市民・福永哲郎氏が何者かに襲撃された。中核派が追認したこの事件に黒い影を直観したわれわれは、ただちに現地で調査を開始した。その結果、福永氏を襲ったのは現職警察官・吉野明らであることが判明した。われわれはこの事件の真相を、法廷の場をも活用して徹底的に暴露したのである。

④ 一九八〇年の日本型ネオ・ファシズム体制を構築する過程において強行されたのが大量殺人を狙っ

た謀略襲撃にほかならない。――一九八〇年十月三十日に、東京工業大学に向かう過程の路上で、東工大学友会委員長ら全学連の学生が謀略襲撃をうけ一挙に五人が虐殺された。これを中核派が追認した。

新たな強権的＝軍事的な政治支配体制の構築に踏みきった日本帝国主義の金融資本とその政治的代弁者どもによって仕組まれたのが、こうした謀略的大量殺人であった。また、この政治支配体制を構築するために気息奄々たる二つの走狗集団が新たに活用されはじめたということでもあった。わが同盟が暴露したこうした謀略襲撃の本質が全社会的に浸透することによって、二つの走狗集団は、それぞれの指導部内の対立を生みだし、また同時に組織分裂へとつきすすんだのである。

第三に、謀略殺人襲撃の追認を強制させられてきた二つの走狗集団は、わが同盟にその本質を暴露され組織的混乱の坩堝《るつぼ》にたたきこまれ、一つの謀略襲撃事件をば、二つの走狗集団が同時におのれの「戦果」として追認する（いわゆる二重追認）という事態さえもが生起した。一九七七年五月十三日に盛岡工業高校教諭の城英夫氏が何者かに襲撃され、翌十四日に、襲撃された現場から六キロも離れた空き地に駐車してあったホロトラックの荷台から彼の遺体が発見された。襲撃の手口・形態から殺しを目的とした職業的テロリストによる犯行であることが明らかとなった。だが、この事件を追認するビラが、「中核派」署名のもの（五月十九日に岩手大学構内におかれた）と、「社青同東北学生班協解放派」署名のもの（五月二十日に盛岡駅東側地下道で発見された）と、二つ出されるという前代未聞の事態がひきおこされたのである。こうした二重追認は、大阪総評オルグであり、労働戦線における水本事件弾劾の闘争の前進のために奮闘してきた革命的労働者・松井章さん襲撃事件（一九七八年二月十日）においてもうみだされた。これらの事態は、走狗集団を追認者とした国家権力内謀略グループの謀略を暴露したわが同盟の組織的闘いにおいつめられた二つの走狗集団が、それぞれその追認をめぐって内部対立を露呈しはじめたことから、権力が中核派および青解派のいずれかにその犯行を追認させるために、焦りにみちて動かざるをえなくなったことをしめすものであった。

国家権力内謀略グループによる謀略殺人襲撃は、一九九六年五月十四日の全学連の戦士・五十嵐修虐殺まで続いた。これらの殺人襲撃は、二〇〇時間もの公労協スト権奪還ストライキが打ちぬかれた一九七五年十一月からは鉄道謀略や謀略ゲリラとともにおこなわれた。

右にみてきたような特徴をもった謀略襲撃にたいしてわれわれは、わが党組織と革命的左翼の戦列を防衛し強化するための闘いを、つまり〈党派闘争ならぬ党派闘争〉、〈謀略粉砕・走狗一掃の闘い〉を、労学両戦線における諸大衆闘争と同時におしすすめてきたのである。かの〈6・30謀略〉以降、さまざまな形態でおこなわれた殺人襲撃にたいして、われわれは索敵活動を個別的・特殊的に遂行するとともに、わが同盟ならびにわが革命的左翼の組織を断固として防衛する闘いとして実現してきた。

一九七五年三月十四日、「現代日本の黒百人組」と化したブクロ＝中核派官僚の頭目である本多延嘉に、わが同盟は革命的プロレタリアートと反スターリン主義運動の名において、怒りの鉄槌をふりおろした。ここにわれわれは、一九七〇年八月三日の戦士・海老原虐殺以後五年の長きにわたって、それを解体するためにわれわれが日夜奮闘しつづけてきたところの中核派に最後の最後を告げ知らせた。それは同時に、革共同第三次分裂に最後的な決着をつけたことをも意味した。また一九七七年二月十一日、国家権力の直系スパイ分子に転落した社青同解放派の頭目・中原一にたいしても、われわれは革命的鉄槌を打ちおろした。青解派組織の要として君臨していた中原の打倒は、反革命集団を最後的に解体するためのわが同盟のイデオロギー的＝組織的闘いの巨大な前進に脅え、「職付革マル（職場をもった活動家）」をターゲットとした謀略襲撃の追認の是非をめぐって内部対立を激化させていた青解派の組織的瓦解を決定づけたのである。

国家権力の走狗集団と化した中核派と青解派の頭目のわが同盟による打倒は、同時に日本プロレタリアートの組織的闘いに敵対してきた彼らを頭目とする反革命スパイ集団の組織そのものの命脈が尽きたことを満天下に知らしめることとなった。二つの走狗集団が、その後もなおわが革命的労働者・学生にたいする謀略的殺人襲撃を追認しつづけてきたとはいえ、われわれによるその頭目の打倒によって彼らの組織の終焉は決定的に運命づけられたのである。

権力の走狗集団を解体するためのわが同盟のイデオロギー的＝組織的闘いは、当然にも、わが俗人どもがいう「目には目を、歯には歯を」といった「報復の論理」にのっとったものなのではまったくない。われわれは、「防衛のための防衛」を基礎として「防衛のための反撃」という組織実践として、それを貫徹した。たとえば一九七五年十月二十七日の中核派「求殺隊」四拠点の粉砕、一九七六年十一月十七日の九州における中核派「求殺隊」四拠点の粉砕、そして七六年六月二十七日の青解派の調査・出撃拠点三ヵ所粉砕、一九七九年十一月二十一日の青解派の軍事部門最高幹部の三拠点（八王子、藤沢、平塚）粉砕――こうした闘いとして、それは実現された。まさにこのわれわれの組織的闘いは、わが党組織を、毎日職場にゆく労働者の仲間たちの、そして革命的学生運動を日夜おしすすめている全学連の仲間たちの命を守りぬくための闘いである。と同時に、謀略の追認集団を解体し権力の謀略をうち砕くための闘いである。まさしくそれは、プロレタリア階級の階級的利害の貫徹という倫理と論理を基礎として、〈暴力の行使をもともなったイデオロギー的＝組織的闘い〉という形態の闘いとして実現されたのである。

もちろんわれわれは、この〈謀略粉砕・走狗一掃〉の闘いのただなかで同時に、われわれ自身の実践的諸能力を、つまり認識力や推理力や構想力や判断力などを、そして国家権力と断固として対決しその組織破壊攻撃を粉砕する組織実践への決断力を、不断にみがきあげていくための組織的闘いとしておしすすめた。こうしたわれわれの内部思想闘争を実現することなしには、われわれは、一九七〇年代における〈謀略粉砕・走狗一掃〉の組織的闘いの指針を的確に解明することもできなかったであろうし、またそれに勝利することもできなかったことはいうまでもない。

（三）「革命的暴力の行使をともなう党派闘争の一方的停止」宣言

ところで、一九七五年三月二十八日に、わが同盟は「革命的暴力の行使をともなう党派闘争の一方的停止」にかんする政治組織局声明を発した。わが同盟にたいする襲撃事件の謀略性に気づきながらもあえて発言しなかった知識人たちは、これを受けて知識人十三人（埴谷雄高、対馬忠行、藤本進治、井上光晴、久野収ら）が「革共同両派への提言――内ゲバ終結を訴える」を発表した（七五年六月二十七日）。

「六月十九日また一人の死者がでてしまった。彼は、二十二歳の真面目な全逓の組合活動家だったという。革マル派は、六月四日の大阪での三人の死者をだした襲撃事件と同様に、これを警察権力の謀略であると発表したという。私達はその真偽を確かめるためのことをやってはいないので、そのように断定はできない。だがしかし、これら一連の殺人事件で、ほくそえんでいるものは誰れであるのかということだけは明確であると思う。……」

この提言に応えてわが同盟は、ただちに「左翼知識人諸氏の決起を評価し、権力の暴虐に共に闘うことを訴える」声明（七五年七月二日）を発表した。

われわれのイデオロギー的＝組織的闘いに追いつめられた権力内謀略グループは、中央大・金沢大（7・5）、上智大（7・9）、國學院大（9・12）、立正大（10・8）で全学連の学生を連続的に襲撃し二名を虐殺した。さらに一九七五年七月十五日には、全学連大会会場（東京都下・小金井公会堂）に時限式殺傷爆弾を仕掛け、七月十七日には、皇太子訪沖阻止闘争の帰路にあった全学連の部隊を中核派に襲撃させ、彼らの部隊に潜りこんでいた職業的殺し屋が甲斐栄一郎君（立命館大生）を新橋駅ホーム上で虐殺した。

ここにいたってわが同盟は、十月二十七日、権力内謀略グループによる殺人襲撃という事実を暴きだすために、中核派の謀略を追認するための自称「求殺隊」の調査＝出撃拠点四ヵ所を一挙に粉砕し、そこで入手した謀略追認の大量の諸資料を暴露した。この資料の中には、「6・27提言」に名前を連ねた左翼知識人を脅すための特高警察まがいの脅迫の実態をしめすものも多数あった。

（四）殺人襲撃の謀略性を全社会的に暴露した闘いの勝利
――〈水本君謀殺・遺体すり替え弾劾〉闘争の組織化

われわれは、国家権力の走狗集団を追認者とした権力内謀略グループによる殺人襲撃の謀略性を社会的に暴露する闘いをも実現した。一九七七年一月十七日、全学連の戦士・水本潔君（日大芸術学部生）の実家に、彼の地元である千葉県市川警察署の刑事から突然「一月六日、江戸川に浮かんだ身元不明の死体を指紋照合した結果、水本潔であると判明した」という電話がかかってきた。この凶報を聞いて市川署にかけつけた水本君の両親と弁護士の前に提示されたものは、水本君の遺体ではなく、彼とは似ても似つかぬ一見ヤクザ風の男の変死体の顔写真一枚と衣類の断片などのわずかな「遺留品」であった。これが水本君謀殺・遺体すり替え事件の出発点であった。この事件は、憎むべきアメリカ帝国主義の諜報機関（CIA）と日本の警察権力が、わが全学連の戦士を謀殺し、別の死体を江戸川に浮かばせて「入水自殺」にみせかけるという前代未聞の謀略事件であった。

われわれは押さえきれぬ憤怒と悲しみをこらえて、重大な決意をこめて、この驚くべき事態をすべての労働者・学生・知識人の前に明らかにした。そしてわが反スターリン主義運動にたいしてついに加えられた謀略殺人・遺体すり替えという前代未聞の攻撃にたいして断固たる糾弾と社会的反撃の闘いに決起した。この闘いは、CIAと日本の警察権力の意を代弁して「水本は自殺だ。水死体は水本本人だ」という許し難いキャンペーンを開始した中核派の走狗性を全社会的に暴露し定着化させる闘いとも結びつけて推進された。「水本事件の真相を究明する会」が呼びかけた「権力犯罪を告発する！　水本君死体スリカエ事件弾劾！　10・23大集会」（日比谷公会堂）には五〇〇〇余名の労学市民が参加し、日本列島を揺るがす一大闘争としてもりあがった。同七七年十月十九日の参議院予算委員会で、社会党（当時）の目黒今朝次郎議員が水本事件をとりあげ、事件の真相解明の闘いは国会の場でも開始された。東京地裁刑事第七部（石丸裁判長）でも事件の事実審理がおこなわれ、審理の継続を求めて一八〇〇名にのぼる知識人・文化人が署名した。

当時の国会審議の場で、首相・福田が、そして法相・瀬戸山が目黒今朝次郎議員の追及に憮然とした顔で聞き入り、警察庁刑事局長・鈴木（後の警察庁長官）に答弁をまかせざるをえなかったように、われわれが断固として推進したこの「水本君謀殺・遺体すり替え弾劾」闘争の一大高揚は、権力内謀略グループを確実に窮地に追いつめたのである。

だが、わが労働者・学生・市民のこのような闘いにたいして、報復的な殺人襲撃がおこなわれた。「水本君謀殺・遺体すり替え事件」のもみ消しをはかろうとする国家権力の意向をうけて「水本は自殺だ」などと喚きつつ蠢きはじめた中核派および青解派。この反革命集団に追認の任務を担わせつつ、権力内謀略グループは、新たな謀略攻撃にうってでた。一九七七年十二月九日に東大駒場構内で「水本事件の真相を究明する会」の兵頭清男君が襲撃され虐殺された（青解派が追認）。翌七八年一月二十七日に、茨城県水戸市、勝田市で茨城大生のアパート四ヵ所が同時に襲撃され、中武逸郎・古橋衛・高井宏行の三君が虐殺された（青解派が追認）。同年一月三十日に、元横浜国立大学全学中央委員会委員長・安彦博君が虐殺された（中核派が追認）、二月十日には、大阪総評専従オルグの松井章さんが虐殺された（中核派と青解派が二重追認）。

われわれはこうした権力の謀略攻撃をはねかえし、国家権力の走狗集団と化した中核派、青解派を組織的に解体することをめざした〈党派闘争ならぬ党派闘争〉を、謀略襲撃で虐殺された仲間の悔しさ、無念さを背負って労学両戦線において大衆的にたたかいぬいた。

（五）　謀略粉砕闘争の歴史的勝利

一九七四年六月以後、われわれは国家権力の組織破壊攻撃を粉砕する組織的闘いをおしすすめ、その闘いをつうじて、また労学両戦線における大衆運動の組織化をつうじて、かつそれを媒介にして、わが同盟組織を創造してきた。まさにわれわれの〈謀略粉砕・走狗一掃〉の闘争は、吹き荒れた謀略攻撃をはねかえしプロレタリア前衛党を守りかつ建設する闘いであった。

一九七〇年代の後半においてわが反スターリン主義運動が直面させられていた厳しく困難な状況を、わが同盟組織が堅く団結して突破していくために、われわれは、第一に、革命的マルクス主義の立場に立脚し、敵の攻撃を打ち砕くというパトスをもって敵の動向を分析し、推論し、決断する能力を鍛える、ということを組織的に追求した。うち続く謀略攻撃との関係における敵の動向、そしてわが同盟のイデオロギー的=組織的闘いに追いつめられた二つの走狗集団の崩壊的現実のドラスチックな進行などにかんする具体的で緻密な分析力を高めてきたのである。

第二に、階級闘争・大衆運動への同盟としての組織的とりくみのただなかで、わが革命組織そのものを国家権力の攻撃から防衛するための注意力・警戒心を日常的に最大限発揮することが、〈謀略粉砕・走狗一掃〉闘争を日々推進するこのわれわれに実践的に課せられた。まさに一九七四年以前においては予想しえなかった、こうした実践的諸能力の質的向上と強化をたたかいとるための内部思想闘争を、われわれはねばり強くおしすすめてきた。

第三に、謀略攻撃の嵐のなかで、わが同盟組織そのものを形態的・実体的に確立するための意欲をみなぎらせ、その組織的実現をめざした。組織指導部だけではなくすべての組織成員が当然もっていなければならないところの、組織づくりにおける現在的環がなんであるかということについての問題意識の高度化、日常的な組織実践そのものを高度化するためのわが組織成員たちの運動=組織づくりや謀略攻撃との対決、および走狗集団との〈党派闘争ならぬ党派闘争〉の推進にかんする組織的一致と相互点検を意識的にめざした。さらには、この組織的闘いを担うすべての組織成員の諸活動の自己点検・相互点検を基礎とした内部思想＝理論闘争の組織化、それをつうじた組織成員の思想性や組織性の高度化をはかる組織的追求と組織成員の人間変革の追求――このようにわれわれは、わが同盟組織を名実ともに前衛組織として形成し確立していくための組織的闘いを断固としてくりひろげてきたのである。

われわれのこの苦難にみちた組織的闘いとその勝利を、いまわれわれは、全世界のプロレタリアート・人民に向かって胸をはって誇ることができる。

われわれは革マル派結成五〇周年を期に、わが革命的共産主義運動のより一層の強化とその国際的波及のために断固たる闘いをおしすすめ、謀略部隊の反革命的テロルによって虐殺された多くの同志や仲間たちの遺志をうけつぎ、おのれ自身のものとし、国家権力を最後的に打倒しうる前衛部隊をさらに確固として築きあげていくことをここに堅く誓うものである。

鬼塚　龍三

満身の怒りをこめて
——中核派による同志海老原虐殺を弾劾する！

一九七〇年八月五日

日本革命的共産主義者同盟　革命的マルクス主義派

闘うすべての労働者・学生・市民諸君！

一九七〇年八月三日、同志海老原俊夫（東京教育大学理学部三年）は、血にうえた腐敗分子ブクロ＝中核派の凄惨な集団リンチ・テロルにより虐殺された。

われわれは、深い悲しみと怒りをもって、この事実をすべての人民の前に明らかにする。同時にわれわれは、今や陰湿なテロリスト集団に転落したブクロ＝中核派の腐臭ふんぷんたる姿を暴露し、この腐敗分子の絶滅にむけての新たな決意を表明する。

流された血はあがなわれねばならぬ。彼らへの階級的復讐、断固とした組織的反撃はわれわれの使命であり、権利なのだ。

八月三日、敗北感にうちひしがれたブクロ＝中核派は、ついに狂気のように一名の同志を虐殺したのだ。八月一日から開始された全学連の街頭宣伝活動において、これを妨害しようとした彼らは、当然にも敗退に敗退を重ねたのであった。彼らは三日、卑劣な最後の手段としてわが全学連の活動家を意識的に見つけだし、拉致し、テロルをおこなおうとしたのである。事実、東京主要駅頭で五名余の学友が暴行をうけた。彼らはその一環として同志海老原俊夫を拉致し、学生運動史上類例のない集団リンチを加え、凄惨な暴行の限りをつくし、そして彼の生命を奪ったのである。あたかも、みじめな敗け犬どもが血を求め、うつろなまなこで街を徘徊し、背後から敵をおそうごとくに。

翌八月四日朝五時二十分、飯田橋付近の厚生年金病院前で放置されてあったのを発見された同志海老原の遺体には、全身に鉄パイプ、角材などでなぐられた一七〇にも及ぶ傷があり、とりわけ顔面は無惨にも砕かれ、眼は完全につぶされていた。さらにおそるべきことには、戦前小林多喜二を惨殺した特高の方法と同じく、太ももには錐や鉄筆でつきさされた傷が無数にあったのである。まさにこの事実は、いかに陰湿にして残虐な集団リンチがブクロ＝中核派によりおこなわれたかをはっきりと物語っているものといわざるをえない。

すでに昨一九六九年暮の中核派「全学連大会」の席上、「革マルは殺しても構わない」などと彼らの指導部が公然と発言し、さらに最近においてはヘルメットに「革マル殺せ」などと書きつらね、そうすることによってつのる恐怖感においやられながら「反革マル」策動を狂乱的にくりひろげてきたブクロ＝中核派は、ただただ陰惨なテロルを自己目的的に追求し、海老原君にリンチ・テロルを加えたのである。それゆえにまた、彼らのテロルそのものの手段、方法も、戦前の特高まがいの残虐なものに純化していったのであった。このような行為の結果、同志海老原は日本学生運動史上類例をみないテロル・リンチそのものにより、その生命を奪われたのであった。われわれはかかる事態を満身の怒りをもって銘記しておかねばならない。

闘うすべての労働者・学生・市民諸君！

昨一九六九年十―十一月闘争のなかで、その革命主義パラノイアのゆえに破産し、わが全学連を先頭とした革命的・戦闘的な学生・労働者の闘いに無残にふみつぶされ、組織そのものの壊滅状況に陥ったのみならず、その後このような事態を政治主義的にのりきるために一転してカンパニア主義路線にのりうつり、再び三たび六月闘争のなかで破産したブクロ＝中核派は、いまやその腐敗の極みに達し、腐臭を放っている。まさにそれを集約するものこそが、あまりにも陰惨な同志海老原の虐殺にほかならない。そもそも昨秋の破産をば何ひとつとして真剣に反省することなく、「十一月決戦勝利」などと居直り、さらに六月闘争に破産するや、唯一打ちぬかれた動力車労組のストとこれに連帯した全学連・反戦青年委・反戦高連の闘いにたいする組織暴露と誹謗中傷とに終始し、かつ政治技術主義的に入管法阻止というような今秋に予定される闘争課題をおしたてることによって、彼らはみずからの「六月闘争」の反動性とみじめさをおしかくそうとしているのだ。

それだけではない。かかる政治技術主義的な運動路線はまた、8・4中核派政治集会における北小路演説に示される組織建設上のおどろくべき腐敗と結びついている。すなわち、すでにまったく組織の態をなさなくなったブクロ派「組織」に危機感をもった北小路は、「会議に出席すること、機関紙を読むこと、金をはらうこと」などという中核三原則なるものをかかげ、わざわざ「わが同盟は官僚主義ではない。疑問があったらどしどし発言せよ」などと官僚主義的に恫喝し、この間の破産を棚上げし、官僚どもにたいする責任追及をそらそうとする陰険なのりきりをはかっているのである。

さらに、いまや沖縄の階級闘争からの最終的な放逐を前にしてその本性をむきだしにし、ありとあらゆる反階級的行為をくり返すSを先頭とした一握りにもならぬ沖縄におけるブクロ派の腐敗。はたまた、全逓宝樹の走狗となり労働戦線でたたかう先進的労働者に敵対し、そうすることによってあたかも延命しうるかのように妄想している全逓のブクロ派残存分子。まさにこのようなブクロ派組織の思想的・組織的腐敗を集約するものこそが、陰惨極まりない同志海老原虐殺にほかならない。

だがしかし、労働者・学生・市民諸君！

いまや、さらにおどろくべき事態が進行している。みずからひきおこした行為にみずからおびえるブクロ官僚どもは、使い古され、誰一人として信じようもない「国家権力と革マルの一体化した謀略」という逆宣伝をもって真実をおしかくしつつ、次のような言辞を弄しながら、実質的に居直りを開始している。――「われわれがやったのか権力がやったのか分からない。だが、内乱的死闘の時代には人がどんどん死ぬのが正常なのだ」とか「お前らなど殺すのが当然だ」などとうそぶきながら。

まさにそうすることによってブクロ＝中核派は、たんに同志海老原を虐殺しただけでなく、二重の意味において犯罪的行為をおこなっているのだ。党派闘争における完全な敗退を、彼らはただ「手当たりしだいにテロる」ことによってのりきるということしかできず、それゆえにテロルそのものが自己目的化され、かくして陰惨な特高もどきの手段さえもが用いられたのであるが、にもかかわらずこのような事態の意味を、彼らは何ひとつ見ることなく、むしろみずからの陰惨なテロルやリンチそのものを肯定することによって、とどまることを知らぬ思想的・組織的腐敗の道をころげおちているのだ。いまやブクロ＝中核派は、醜悪極まりない腐臭を放つ階級闘争の腐敗分子にすぎなくなっているのである。

すべての闘う労働者・学生・市民諸君！

いまや、日本階級闘争の恥ずべき腐敗分子ブクロ＝中核派による同志海老原虐殺にたいし、一切の手段を駆使した階級的復讐をもってむくいようではないか！

同志海老原は、既成左翼はいうにおよばず、ブクロ＝中核派をはじめとした階級闘争とは無縁な輩による小ブル急進主義的な盲動と真っ向から対決し、これをのりこえ、戦闘的に一九六九年十―十一月闘争、七〇年六月闘争を、たたかいぬいてきた。さらにまた彼は、七〇年二月二十五日には、一切の諸党派の闘争放棄のなかで、一〇〇名の先進的学友の先頭にたって、東京教育大学長選阻止のための本館前坐り込み闘争を指揮し、不当にも逮捕され、長期拘留された。そしていま、七〇年反安保＝沖縄闘争、学園・教育闘争を革命的に推進し、小ブル急進主義者どもを日本階級闘争から一掃し、革命的学生運動の飛躍的前進と、学生戦線の革命的統一をかちとるために、ブクロ＝中核派との党派闘争の先頭にたってたたかってい る途上で斃れた。残虐なブクロ＝中核派のテロルにたいしても、彼は固い信念と革命的熱情をもって毅然と対決し、強要されたであろう破廉恥な自己批判にたいしても断固として原則的にたたかい、まさにそれゆえにブクロ＝中核派を戦慄の底に叩きこみ、死に至らしめられたのだ。みずからの生命を犠牲にして同志海老原が守りぬいたその原則的な闘いを断固としてひきつぎ、革命的マルクス主義の旗を高々とかかげつつ、われわれは、ブクロ＝中核派との党派闘争を徹底的にたたかいぬき、彼らの最後的な解体をかちとらねばならない。まさに同志海老原の死にむくいるには、殺人者集団ブクロ＝中核派のせん滅以外にはありえない。

すべての労働者・学生・市民諸君！

わが同盟は、この殺人者集団ブクロ＝中核派にたいし、われわれの論理による一切の手段を駆使し、諸君の先頭に立って断固たる階級的復讐をかちとるためにたたかいぬくことをおごそかに宣言する。

いまや国家権力は、一部腐敗分子によってもたらされたこの虐殺を機に、公然と階級闘争、学生運動にたいする弾圧にのりだそうとしている。すでに八月五日、東京教育大学構内で実現しようとした全学連の同志海老原虐殺抗議・追悼集会、これに機動隊を出動させて弾圧し、さらに池袋での集会にたいし、公然と弾圧を加え、三名を不当検挙した。われわれは、この問題にたいする国家権力による一切の介入を断固として粉砕し、これを契機とした弾圧と対決してゆかねばならない。なぜなら、同志海老原虐殺は階級闘争のただなかにおける問題であって、当然にも階級闘争そのものの論理によって解決されるべきものだからである。まさにわれわれのみが、一切の真実を明らかにし、その解決をつけることができるのであり、またそうしなくてはならないのだ。

さらにまた、ブルジョア・ジャーナリズムはこれを反暴力キャンペーン、反学生運動キャンペーンに結びつけようとしている。われわれはかかる事態も断固として打ち破ってゆくであろう。

そしてわれわれは、くり返していおう。われわれの論理によるいかなる手段を駆使してでも、この階級的復讐は絶対われわれの手によって実現するということを。

闘うすべての労働者・学生・市民諸君！

悲しみをのりこえ、怒りを組織し、殺人者集団ブクロ＝中核派にたいする階級的復讐のため、総力を結集せよ！

死を賭してたたかいぬいた同志海老原俊夫の遺志をうけつぎ、ブクロ＝中核派の最後的解体を実現せよ！

同志海老原の死をわれわれの共有財産とし、革命的マルクス主義の旗の下に、われわれの究極的目標の実現までたたかいぬこう！

いまは亡き同志海老原俊夫。君の肉体は死んでも、その思想と情熱はわれわれの中に生きていく。君の霊よ！　安かれ。

安保＝沖縄闘争の教訓にふまえ人民党＝日共を組織的に解体せよ

一九七一年六月二十三日

日本革命的共産主義者同盟 革マル派 議長 黒田寛一

反スターリン主義運動の新たな出発点

わが支配階級と権力者にたいして、しかも彼らの打倒をめざしてたたかってきた学生を鉄パイプで撲殺しかつ墜死させた沖縄人民党＝日共スターリニストにたいして、満身の怒りをみなぎらせつつ本集会に結集したすべての労働者・学生諸君！

われわれがその粉砕のためにたたかってきた日米安保条約が、一九六九年十一月に発表された日米共同声明にもりこまれた両帝国主義国家権力者の合意にもとづいて自動延長された一年後の今日を、そしてまた、直接には一九六七年４・28闘争いらい果敢にたたかいつづけてきた沖縄闘争にもかかわらず、虚偽と欺瞞にあふれた「沖縄返還協定」が調印されてから六日目の今日を、われわれは新たな闘いの出発点たらしめなければならない。

労働戦線および学生戦線における「安保粉砕」「沖縄返還協定粉砕」のこの闘いは、一方ではブルジョア的現存秩序の「左翼的」補完物に完全に堕してしまっている一切の既成左翼のニセの反対運動をのりこえつつ推進されてきた。他方それは同時に、「内乱的死闘の時代」というトレード・マークをかかげ極左的言辞を弄しながら、ただもっぱら闘争形態のエスカレーションを種々の形で試みることのなかに「革命性」を見出しているにすぎないハミダシ左翼のあらゆる意味での破産、全共闘や八派系全国反戦の小ブル急進主義的およびアナキズム的な本質をあばきだし弾劾し、そして労学両戦線から彼ら戦術左翼諸集団やハミダシ暴力主義分子を一人残らず放逐し絶滅することをめざして断固としておしすすめられてきたし、また現にそうである。われわれのこのような闘いのゆえに、全共闘および八派系全国反戦は、ついに空中分解しさった——しかも殺人者集団ブクロ＝中核派と社青同解放派との茶番的な暴力的衝突をともないながら。

それだけではない。わが革命的左翼に指導された果敢な反対闘争にもかかわらず、安保条約を自動延長し沖縄返還協定の調印にこぎつけたわが佐藤自民党政府は、核基地をそのまま存続させた沖縄、その施政権の返還にふみきったアメリカ帝国主義者にこたえて、いまや公然と、対ソ連圏軍事戦略体制のより一層の強化と東南アジアへの帝国主義的・新植民地主義的侵略にのりだすとともに、そのためにこそ日本労働運動を全体として奉仕させるための公然たる諸政策をどしどし実施しつつある。

すなわち、マルク・ラッシュとして露呈したドル危機の一層の深刻化にあえぐアメリカ帝国主義の軍事的＝経済的要求にこたえ、かつみずからの帝国主義的雄飛をなしとげるための産業構造の軍事的再編、あらゆる生産過程の主客両面にわたる合理化およびそれにともなう労働強度のより一層の強化、なかんずく労務管理の熾烈化、さらに労働組合そのものの組織的破壊、その御用組合化、民社党・同盟会議を手先とした、そのための労働戦線の全体としての帝国主義的再編成の強行、——これらをつうじて、わが労働運動は、日本帝国主義に屈服し編みこまれるそれにとどまることなく、いまや公然と日本帝国主義に与し奉仕するそれとして完全に変質させられようとしている。

しかも悲劇的なことには、こうした事態のドラスティックな進行にたいして、口先では「階級形成」などとつぶやいてはいるが労働戦線の内部にしっかりと根をおろすための組織的闘いとは無縁な行動左翼主義者どもはいうに及ばず、一切の既成左翼はなすすべを知らず、手をこまねいている。

完全に社民化し秩序党への変質をとげた日共スターリニストは、相もかわらず破れた夢を、「民主連合政府の樹立」という夢をみつづけているにすぎない。そして総評民同（いわゆる左派をふくめたそれ）やインポ化した社会党もまた、ただただ自己存立の基盤喪失に驚き、あわてふためき、焦躁感にみなぎってはいるものの、現実にはわが支配階級に公然と与し協力しているのだ。

日本労働戦線のこのような現在的変質のただなかにあって、十数年まえから日本階級闘争の革命的再生をめざし「反社民・反代々木」の闘いを執拗にくりひろげてきたわが革共同は、その底力のほんの一端を、まずもって国鉄労働戦線において発揮した。二十数時間にわたって敢行された国鉄労働者による果敢なストライキ［一九七一年五月二十日］は――一九六九年十一月にたたかわれた動力車労組二〇〇〇〇人の戦闘的なデモンストレーションとともに、――わが反スターリン主義運動が着実に物質化されていることの一つの表現にほかならない。

たしかに敗北に終ったのだとはいえ、このストライキそれ自体は日本労働運動全体にたいして深刻な影響をあたえ、きわめて大きな教訓を残したのである。すなわち、この国鉄ストは、賃上げ闘争を、反合理化闘争ならびに「生産性向上運動研究会」(通称〝生運研〟ないし〝マル生〟)による労働組合の組織破壊攻撃にたいする断固たる組織的闘いと結びつけて実現されただけでなく、同時にまた沖縄闘争ともそれらは結合して推進されたのであり、他の産別における春闘では決してみられなかったこのような闘争の内実そのものの、その質的高さはもちろん記録されるに値するのであるが、しかし、そういう点だけから、そういっているのではない。

民間や官公労を問わず、おしなべて条件闘争という形態においてさえも、ほとんどまったくたたかわれてきていない合理化絶対反対の闘争を、――とりわけ一九五九年のロング・ラン反対闘争、一九六二年の12・14運転保安闘争、翌六三年の12・13基地統廃合反対闘争、一九六五年の「一人乗務反対、ロング・ラン反対、検修合理化反対」の闘い、一九六八年3・2、六九年5・30、10・31反合理化闘争などを、――過去十数年にわたって種々の形態と内容で、挫折をかさねながらも執拗にたたかいつづけてきた動力車労組のなかの戦闘的・革命的労働者たち。もはや巧妙ではなくなり常套手段として認識されさえしている民同・革同の〝暁の脱走〟という裏切りをはねのけ、また、生運研による公然たるストライキ破りを物理的にも粉砕しつつ、下からと上からとの組織的闘いを彼ら戦闘的労働者たちがくりひろげたことにささえられながら、しかも史上はじめてかちとられた国鉄労組と動力車労組との戦闘的な青年労働者たちによる自主的な闘いの交流と共同闘争を基盤としながら、さらにわが革共同（革マル派）国鉄委員会の的確な指導に裏づけられながら、だから要するに労働組合運動のレベルにおける組織的な闘いとわが革命的左翼の組織戦術の貫徹との有機的結合を基礎として、かの5・20ストライキはたたかいとられたのだという点にこそ、この最深の意味と意義があるのだ。一口でいうならば、国鉄労働戦線内部の民同および革同の闘争指導に反対し、それをのりこえつつたたかったのは、まさしく、いわゆる〝社民の尖兵〟革マル派だったのだ！

そして、わが全学連（洞田委員長）の国鉄ストライキ支援闘争、国鉄当局をして「非常事態宣言」をはじめて出させたというこの事態の創出に一役かったこの支援闘争も、わが革共同・革マル派の組織的闘いの運動上での一表現にほかならない。

沖縄闘争のまっただなかでうちぬかれた国鉄労働者のこの不屈なストライキ闘争の実体的基礎は、まさにこのようなものなのである。だからこそ、国労および動労の内部に民同あるいは革同という形態で自己の組織的影響力をなお一定程度ではあれ「確保」している社共両党は、この5・20闘争の意義をさえとらえることができない始末なのである。いわんや、反代々木行動左翼においてをや、なのである。

本集会に結集した、すべての労働者・学生諸君！

反戦・反安保・沖縄闘争の、現時点における敗北にもかかわらずわれわれは、わが支配階級があらゆる戦線においてしかけてきている一切の攻撃にたいして、これを断固としてはねのけてゆくための組織的基盤と橋頭堡を確実にきずきつつあるのだ。

しかも、われわれのこのような闘いは同時に、いまドラスティックに進行しつつある労働戦線の帝国主義的再編、日本労働運動の帝国主義に与するそれへの変質に抗して断固としてたたかうことなく、ただただ「議会的手段による社会主義への平和的移行」なるものを夢想して参議院選挙にうつつをぬかしているにすぎない社共両党を組織的にのりこえていくための真の拠点が確固として着実に構築されつつあることをしめしている。

強大化した反スタ運動への狂暴な攻撃の開始

まさしくこのゆえに、わが反スターリン主義革命的共産主義運動にたいして、いま、これまでとは質的に異なった、狂暴にして残虐な種々の攻撃が、新たにかけられつつあるのだ。すなわち、強大化したわが反スターリン主義運動を破壊するためのイデオロギー的および組織的攻撃ばかりでなく、その担い手たちの生命をも敢えて奪いとる攻撃さえもが、いまかけられているのである。ただに国家権力のがわからだけではなく、「人民の味方」いや「国民の味方」という仮面をかぶったスターリニストのがわからも、運動上でも組織づくり上でも着実な前進をかちとりつつあるわれわれは憎悪の眼を注がれ、狂暴な攻撃にさらされている。

「民主連合政府の樹立」という議会改良主義的で民族主義的な展望のもとに安保粉砕の闘いの推進を回

避し、沖縄の「祖国復帰」＝「即時・無条件・全面返還」という反米ナショナリズムの方針と自主独立の名におけるプロレタリア国際主義の破壊にもとづいて沖縄闘争をゆがめつづけ、そして選挙においてただただ票集めに狂奔してきた代々木スターリニスト党。その沖縄における出店機関たる人民党、その書記長秘書の宮城勝実。――彼を先頭とした数十名のナショナリストどもが、わが沖縄マルクス主義者同盟に指導された革命的学生運動ならびに反戦青年委の闘いにより現実に破産を宣告され危殆にひんした「祖国復帰運動」の〝起死回生〟をねらって、沖縄人民解放をめざしてたたかいつづけてきた一闘士・町田宗秀君を、鉄パイプと棍棒をもって、しかも空手とヌンチャクをも使用して虐殺する、という挙にでたのである。――彼の肝臓は空手によって破裂し、彼の右手首と肩は逆手になってねじまげられ骨折しているとともに動脈が切断されており、彼の目は鉄パイプと指でえぐられ、しかもそのうえ彼は北寮の二階からつきおとされて首の骨を折られ骨盤を割られたのであった。人非人的なスターリニスト民青どもにより、彼はこのように惨殺されたのであった。

ほぼ一年前［一九七〇年八月三日］、「革命的左翼」の仮面をかぶったブクロ＝中核派の意識的な集団テロによって、わが革命的学生運動の一闘士・海老原俊夫の生命が奪いとられたのであったが、いままた、もうひとりの革命的学生運動の有能な担い手を、人民党＝日共スターリニストの組織的テロルのゆえに、われわれは失った。

スターリニスト徒党によって奪われた町田宗秀の生命は再びよみがえってはこない。われわれのすべては、沖縄人民解放をめざした闘いの途上で虐殺された彼のこの死を悲しむにとどまらず、さらに彼の遺志をうけつぎ、沖縄から、そして本土から、いや全世界から一切のスターリニストとそのイデオロギーおよび制度を一掃するために、またこの闘いをつうじて日本の、世界の労働者階級の解放をたたかいとるために、現にいま断固とした闘いをくりひろげるのでなければならない。

「革マル殺せ！　復帰運動の妨害者にはリンチを加えよ！　琉大における革マル派最後の日だ！」——狂人のようにハンド・マイクから、このように叫びつづけた宮城勝実と彼にひきいられた殺人者グループのなかに、大衆運動において、理論および組織において完全に破産した人民党の断末魔が象徴されているのだ。しかも同時にそれは、額にキズを歴然とのこしている殺人犯・宮本顕治、彼をなお幹部会委員長としている代々木共産党のそれをも意味するのだ！

公然たる殺人者スターリニストどもにたいする階級的憤怒は、いやがうえにも高まらざるをえない。たしかに、彼ら人民党＝日共の徒輩は、口を開けば異口同音に言う——「平和・民主・独立・生活向上」と。また言う——「暴力は民主主義の敵だ」、「暴力的手段を行使しない社会主義への移行」と。いまではもはや大衆うけしなくなったそうした美辞麗句（？）は、しかし、彼らが彼らのいう「現実政治を動かす党」になりあがるために、人民大衆をだまし、ごまかし、あざむくためのものでしかないのである。「平和・民主・独立」という彼らのこの仮面をひっぺがすならば、しょせん彼らが、古参ボルシェヴィキを次々と血祭りにあげたスターリンの末裔でしかないことが判明するのであるが、このことが、今回の人非人的な彼らの組織的テロル、町田虐殺という動かしがたいこの現実の事実そのものによって、またもや確認されたのである。

しかも、重要なことは、次の点にある――「トロツキストは帝国主義の手先であり、祖国復帰運動の妨害者は殺してもよい」などと彼らスターリニストどもが公然とうそぶき破廉恥にも居直っている、という点にある。人民党書記長秘書なるものが陣頭指揮をとった組織的テロルによる町田虐殺を、彼らスターリニストどもが「理論」的にも正当化しようとさえしていることを、それはしめしているのである。

われわれは想起し、かみしめなければならない――一九四〇年にレオン・トロツキーがスターリンの手先によりピッケルで惨殺された、という事実を。また、スペイン革命のただなかで、革命闘争の先頭にたってたたかっていた数多くのトロツキストたちが、クレムリン官僚のまわし者によって次々と虐殺された、という歴史的事実を。さらに近くは、一九五〇年の火炎ビン闘争と日共内分派闘争が激烈化したさいに、いわゆる所感派と国際派とのあいだで、集団テロル・リンチ事件が頻発し、虐殺された者が次々と闇から闇へと葬られた、という事実を。そして、蜂起したハンガリア労働者の大量虐殺、という事実を。

安保＝沖縄闘争にかんする誤った戦術、武装蜂起主義への転落のゆえに不可避となった運動上の破産、これに決定された自己組織の瓦解と道義的荒廃、そして党派闘争における敗北、これらを糊塗し隠蔽するために、わが反スターリン主義運動からの脱落＝変質分子でしかないブクロ＝中核派は、海老原虐殺を敢えてしたのであった。ところで、今日の沖縄人民党員に指導された狂乱分子による町田虐殺は、スターリンの末裔としての彼らの本質をむきだしにした残虐行為である。それとともに、この反階級的で反人間的な行為は、「トロツキスト＝帝国主義の手先」というスターリンの神話を信じこんでいる彼らが、破産した祖国復帰運動――すなわち、沖縄問題のブルジョア的解決を契機として崩壊の危機にさらされ、またわが革命的左翼の闘いによってその破産が現実にあばきだされた祖国復帰運動、――これを死にものぐるいで救済するために強行したのである。しかも彼らは、この反階級的な残虐行為をば「理論的に」正当化しようとしてさえいるのだ。なんということだ！

われわれは、人民党＝日共スターリニストのこのような反階級的で人非人的な、しかも組織的に仕組まれた虐殺行為を断じて許すわけにはいかない。わが革命的共産主義運動の名において、そして日本プロレタリア階級の真の解放のために、ただそのために、町田宗秀を惨殺した人民党＝代々木スターリニストをはげしく糾弾し、彼らにたいする組織的な反撃を、あるゆる戦線と分野で、一切の手段と形態と方法を駆使しながら、断固として推進しなければならない。

「民主主義」の仮面をかぶった代々木共産党と一切のスターリニストおよびその同調者にたいして、いまただちに組織的反撃の鉄槌をふりおろすべきである。

＜反帝・反スターリン主義＞の旗を高くかかげ、革命的警戒心を高めつつ組織的反撃と追撃の姿勢をうちかため、あらゆる戦線において人民党＝代々木スターリニストどもを糾弾し、彼らとその党組織を革命的に解体するための組織的闘いを、熾烈に、ねばり強く、計画的にくりひろげるべきである。

わが革命的左翼が推進すべき党派闘争は、透徹した理性と合一された怒りをもって、いまや不可抗的に激化せざるをえない。われわれは、それを勝利的にたたかいぬかなければならないし、またそれは必ずできる。すでに、海老原虐殺問題を契機として、われわれ自身が深め確認し実践してきた、かの党派闘争の論理と倫理にのっとって、スターリニストどもにたいするこの党派闘争を自信と確信をもってたたかいぬこうではないか。

怒りにもえて本集会に結集したすべての労働者・学生諸君！

アメリカ帝国主義のアジアにおける最大の核要塞基地沖縄、現にいまベトナム戦争のための空軍基地・B52発進基地として利用されつづけている沖縄、その施政権の日本国家への返還、これによる日米両帝国主義の軍事同盟のより一層の強化、「沖縄の本土化」による「本土の沖縄化」が、同時にアメリカ帝国主義の対ソ連圏核軍事戦略体制そのものとその経済的基礎の再編・強化を現実につくりだすことにほかならないこと、――これをわれわれは明確に再認識し、新たな決意をもって「返還協定」批准阻止の闘いにとりくむのでなければならない。それとともに、これまで以上に反戦・軍事基地反対の闘いを強力に推進し、これをつうじて安保破棄をめざした闘いの担い手をどしどし創造し組織化し強めていくために、われわれは全力を傾注すべきである。

しかも、このような闘いは、わが革命的学生運動の一闘士・海老原俊夫を虐殺しながらも依然として堅く口をつぐんでいるブクロ＝中核派に代表されるところの行動左翼諸党派を、そして「トロツキスト＝帝国主義の手先」という神話のもとに町田宗秀を虐殺した人民党＝日共スターリニストを、さらに運動上で追いつめつつ組織的に解体するための党派闘争を勝利的になしとげていくことなしには決して実現されえない。一切の既成左翼および行動左翼にたいする果敢なイデオロギー的および組織的闘いを基礎としながら、「沖縄返還協定」批准阻止の闘いを反戦・反安保闘争と結合させておしすすめよ！

こうした闘いを労働戦線の内部でも不断にくりひろげることをつうじて、5・20国鉄ストライキにみられたような反合理化闘争・賃金闘争を推進しうる主体的＝組織的力を、あらゆる戦線、すべての職場につくりだすために、わが革共同・革マル派を先頭とした戦闘的労働者のすべては奮闘するのでなければならない。

党派闘争を勝利的に推進せよ！

いまや誰の眼にも明らかではないか――総評民同・社会党や代々木共産党は、もはや日本労働運動の雪崩をうつ右傾化、労働戦線の全体としての帝国主義的再編に抗してたたかうことができる力も理論も展望も、なんらもっていないということが。ただわが反スターリン主義運動だけが、日本プロレタリアートの未来をきりひらくことのできる現実的な力だということが。

そして、沖縄問題を一応ブルジョア的＝支配階級的に解決し日米の帝国主義的同盟を再編し強化したわが権力者どもが、再度のマルク投機に端を発してますます深刻化しつつあるドル危機を直視し円切り上げ強制を回避しながら、次にとりくむであろう諸課題――とりわけたとえば、東南アジアへの帝国主義的経済進出を軍事的に保障するために不可欠な憲法改正とか、また反米武力総路線を一時的に後景におしやり「平和共存の原則」なるものをかざした周恩来外交を前面におしだしてきている毛沢東中国との国交関係の樹立とかにかんする問題――これらにたいしても、明確にたたかう指針と展望を提起できるのは、ただ日本反スターリン主義運動の中核部隊としてのわが革共同・革マル派いがいにはありえない。

現時点における安保＝沖縄闘争の敗北にもかかわらず、われわれは決意を新たにして、「返還協定」批准阻止の闘いを、また反合理化闘争や賃金闘争を、たたかいぬかなければならない。しかも、これまでの安保＝沖縄闘争において、また今春闘において、そして町田宗秀君虐殺において、その反労働者的反階級的本質を白日のもとにさらけだした代々木スターリニスト党やその共犯者・同調者どもを根こそぎに一掃するための組織的闘いをも、われわれは自信と確信をもって推進すべきである。

七〇年代の階級闘争・大衆運動の巨大な前進は、ただわれわれのみによってきりひらかれうるのであり、わが反スターリン主義運動のみがそれを前へとおしすすめることができる唯一の強固な組織的力なのだ。

満場の労働者・学生諸君！

安保条約を自動延長したのにひきつづいて「沖縄返還協定」を調印したわが権力者にたいする断固たる闘いを持続し発展させていくとともに、革命的学生運動の一闘士・町田宗秀を虐殺した人民党＝日共にたいする怒りをただちに爆発させ、イデオロギー的＝組織的な反撃をただちに開始せよ！

∧反帝・反スターリン主義∨の旗を高くかかげて前進せよ！

［一九七一年6・23「安保粉砕・同志町田虐殺糾弾」集会へのメッセージ］

11・8事件の否定的教訓にふまえ革命的学生運動をさらに推進せよ

一九七二年十一月十一日

中央学生組織委員会

〔一〕　日本階級闘争の一つの結節点をなす一九七〇年安保＝沖縄闘争においてわが全学連は、既成左翼による反対闘争の議会主義的歪曲や反代々木行動左翼集団の革命妄想主義的行動をのりこえ、ゆいいつ原則的にして革命的にたたかってきた。またその過程で、運動の組織化に従属した党派闘争を果敢にくりひろげてきた。こうして小ブルジョア急進主義運動は没落し、学生戦線における日本共産党＝民青は急速に凋落した。そして一九六一年以来日本学生運動の内部にうちたてられた革命的学生運動は、七〇年闘争の敗北にもかかわらず、逆に巨大な前進をかちとってきたのである。

革命的学生運動のこのような前進は、安保＝沖縄闘争の推進過程で、さらにはその後の諸闘争の過程で、本質上破産した反代々木行動左翼集団にたいする断固たる党派闘争を推進することを通して実現されたのであった。とりわけ、ブクロ＝中核派による全学連の闘士・海老原俊夫君の虐殺という許しがたい敵対行為を契機として、ブクロ派組織の解体を直接的目的とした向自的な党派闘争をわれわれは断固としておし進めてきた。かかる党派闘争の推進を通して、ブクロ=中核派をはじめとする革命妄想主義者の現実的解体が進展し、また今日の革命的学生運動の前進がもたらされたのである。このような大衆運動の革命的展開と党派闘争の断固たる推進とにより、革命的学生運動がかつてない高揚を示しているからこそ、わが全学連にたいする国家権力からの、さらには既成左翼や行動左翼集団からの破壊と敵対策動が急速に激化している。

学生戦線におけるこうした事態は、さらに労働戦線においては、右翼再編に抗してたたかいつづけている革命的・戦闘的労働者の前進と、それにたいする種々の弾圧・敵対策動の激化という形であらわれている。七〇年闘争以降集中しはじめた国家権力による破壊活動、さらには一九七二年6・23［安保廃棄統一行動中央集会］以降の代々木スターリニストどもによる戦闘的労働者への敵対のエスカレート。そして本質上解体した組織を糊塗するために、スターリニストと同様にわが革命的・戦闘的労働者の闘いへの敵対をくり返しているブクロ=中核派の残党分子ども。このような緊迫した情況のもとでわが革命的・戦闘的労働者は日夜たたかいつづけている。この闘いは、今春闘における全軍労の無期限ストライキ闘争と動労の長期順法闘争に示されており、さらに秋季闘争においては相模原闘争、10・21ベトナム反戦スト、10・28北熊本闘争のわが同盟による圧倒的牽引のなかに示されている。

現段階における右のような位置からして、わが同盟にたいする破壊攻撃が国家権力の側からのみならず、既成左翼や没落した反代々木の徒輩からも加えられるのは当然であり、われわれはそれをはね返し、帝国主義・スターリン主義とたたかう労働者階級と連帯し、学生運動の革命的前進をきりひらいてきているのである。

〔二〕　ところで一九七二年十一月八日、政府・支配階級が強行した米軍相模原補給廠からのM48戦車搬出にたいし、わが全学連は断固たる緊急阻止行動を展開した。この日、早大に結集し総決起集会での意志確認にふまえ、全学連はたたかう労働者市民とともに現地闘争を横浜ノースピアにおいて果敢にくりひろげた。この総決起集会の会場に結集しつつある過程で川口大三郎君のスパイ活動が摘発されたのであった。彼は中核派学生活動家の一人として一貫して中核派の活動を現実に担い、また当日は総決起集会の周辺において結集過程のスパイ行為をおこなっていたのである。「革マル殲滅」を呼号しつつ、それを戦略にまでまつりあげてきたブクロ＝中核派、その一員としてスパイ活動をおこなった川口君にたいし、わが全学連の諸君が断固とした自己批判要求の闘いを開始したのはあまりにも当然である。川口君はわが全学連諸君の追及のまえにスパイ活動の事実を認めた。そしてスパイ行為の反省をおこなうことが迫られた。だが、この追及過程でわれわれの意図せぬ事態が現出した。川口君はショック的症状を突然おこし、死亡したのである。

〔三〕　このまったく予期せぬ事態の現出にたいして、全学連はその事実を公表するとともに、その責任を明らかにする声明を翌九日発表した。そこにおいてわが全学連は率直な自己批判をおこなうとともに、その責任の一端を全学連委員長の辞任をもって示し、革命的学生運動の前進にむけてたたかいつづけることを表明した。

もちろんわれわれは、権力による革命的学生運動破壊の策動や今日の党派関係のもとで、たえず精神的組織的緊張のもとにおかれており、そのため自己武装も不可避である。相模原闘争や北熊本闘争において端的に示された国家権力による狂暴な弾圧や組織破壊の策動、さらには諸党派によるわが全学連への破壊工作、これらにたいする組織的反撃は断固として推進されねばならない。この意味においてわれわれは、対権力の警戒心をたえず高めるとともに、党派闘争の原則的展開をもめざしてきたのである。しかし、今日の社会的荒廃状況のなかで、いわゆるノンセクト・ラディカルズおよび反代々木行動左翼集団によってかもしだされた社会的風潮のわが全学連内部への反映にたいして、われわれはあらかじめ自由ではありえない。われわれは、そのような傾向とも対決し、党派闘争の原則を明らかにし、さらに全学連運動の担い手の思想的＝組織的武装をかちとってきた。それらは、わが革命的学生運動の担い手を虐殺しながらも、それを正当化さえしてきた代々木スターリニストどもやブクロ官僚一派の腐敗と組織的に対決することを通して理論的に深化され、また現実に生かされてきたのである。

われわれはこのような党派闘争の論理と倫理にのっとり、たたかってきているとはいえ、一切の過誤から完全に無縁であるわけではない。われわれが確認してきた党派闘争の原則にもとづいていると確信しながらも、そこから事実上はみだす行為に走った一部の未熟な仲間によって、今回の事態は生みだされたのであった。そしてこのことは未熟な仲間を一部に生みだした指導部の未熟性をも示すものである。その意味において組織的責任を痛感し、たたかうすべての労働者人民に自己批判するとともに、そのような限界を実践的に克服するために奮闘することをここに明らかにするものである。このようなわれわれの態度表明は、誤りを誤りとして率直に認め、その責任を組織的に明らかにし、その克服のためにたたかうというわれわれの革命的伝統をつらぬこうとするものである。

〔四〕だが、そのためにもわれわれは、今回の事件をきっかけとして開始された国家権力、ブルジョア・ジャーナリズムによる革命的学生運動破壊の攻撃、さらには代々木スターリニストどもやブクロ官僚一派によるわが全学連への醜悪な敵対策動にたいして断固たる反撃の闘いを展開するであろう。

そもそも、代々木スターリニストどもやブクロ官僚一派には、今回の事態にかんして発言する一片の資格すらない。過去一貫してわれわれが糾弾してきたように、彼らはわが全学連の戦士を虐殺してきたばかりでなく、そのことにかんして隠蔽し、さらにはそれを公然と正当化さえしているからである。昨一九七一年六月、沖縄返還協定調印阻止闘争のただなかで、沖縄の先進的労働者・学生の闘いの前進の前に孤立した人民党・日共は、おのれの運動上の破産をおおいかくすために、沖縄における革命的学生運動の拠点・琉球大学を武装襲撃し、同志町田宗秀を虐殺したのであった。つまり、わが同盟とともに沖縄において反スターリン主義運動を推進していた沖縄マルクス主義者同盟に指導された先進的労学の闘いに、理論的にも組織的にも対抗しえなくなった「のりこえられた前衛」が、「沖縄におけるトロツキスト対策十年の遅れ」という党中央官僚の号令のもとに、反対派の肉体的抹殺というスターリン以来の伝統的な手段にまでうったえてわが革命的戦士を虐殺したのである。

またブクロ官僚一派は、一九七〇年以降のわが同盟の党派闘争の推進におびえ、一九七〇年八月に同志海老原俊夫を、さらに一九七一年十月には同志水山敏美を虐殺した。それはただ「革マル憎し」の感情のおもむくまま、つまりまったく非マルクス・レーニン主義的な下劣な感情と衝動のもとで実行された非組織的テロル=私刑（リンチ）なのであった。まさにそれは、反スターリン主義運動から脱落したブクロ官僚一派の思想的・組織的・倫理的荒廃の末期症状を示した行為にほかならない。

しかも、彼らスターリニストやブクロ官僚一派は、それらの行為にたいして何らの組織的責任をとらなかったし、またとろうともしなかった。いやむしろ、彼らはわが同盟の糾弾におびえ、わが同盟を「帝国主義の手先」であるとか「武装反革命」であるとかの許しがたい規定をはりめぐらすことにより、かの肉体的抹殺を正当化し目的化するという底なしの腐敗の道をころげおちたのであった。

このように党派闘争の原則をなにひとつ考えようともせず、わが同盟への敵対行為を続けているのが代々木スターリニストどもであり、ブクロ官僚一派なのである。これらの徒輩に11・8事件にかんして発言する資格の一片すらないことはあまりにも当然である。

しかもブクロ＝中核派をはじめとする反代々木行動左翼集団やノンセクト・ラディカルズの革命妄想主義的破産を集約的に示したのがかの連合赤軍事件であったわけであるが、連合赤軍の大量リンチ殺人事件にたいして、反代々木の徒輩は沈黙を守ることしかできなかった。これを根底的にえぐりだしたのはわが同盟以外にない。彼らは、おのれ自身が連合赤軍と本質的に同一であったがゆえに、沈黙を守らざるをえなかった。したがって、今回の事件にたいする彼らの対応も、反セクトの右翼的ムードに便乗する以外のなにものでもないのである。事実、これらの徒輩は、今回の事件に際して、当初「トロレス」（日本共産党）とか「同志として扱う」（ブクロ＝中核派）とかと称していたにもかかわらず、その舌の根もかわかぬうちに、一時的にまきおこった反セクトの右翼的ムードに便乗し、政治主義的にたちまわっている。「泳がせられてきた殺人集団」などといったキャンペーンをはりめぐらし、国家権力にわが全学連への弾圧を要求したり（日共）、「白色テロ、反革命」にたいする「虐殺糾弾闘争」なるものを呼号したり（ブクロ派）しているのだ。なんたる醜悪さ！　しかし、この醜悪な姿のなかにこそ、代々木スターリニストやブクロ官僚一派の底なしの腐敗が集約的に示されているのである。

かかる徒輩による一切の敵対策動にたいして、わが同盟はこれまで明らかにしてきた党派闘争の論理と倫理にのっとり、断固たる組織的反撃をくりひろげていくであろう。大衆闘争の組織化に従属した党派闘争を通して、さらには党派闘争としての党派闘争を通して、これらの腐臭ふんぷんたる政治集団を革命的に解体するために、われわれはさらにたたかいぬいていくであろう。

〔五〕　このような党派闘争の断固たる推進とともに、われわれはわが全学連やわが同盟組織の破壊を目論む国家権力の弾圧策動にたいして断固たる反撃をくりひろげていかねばならない。今回の事件をきっかけとして国家権力は、大学管理への警察権力の直接的介入や大学管理臨時措置法の本法化策動とともに、わが同盟と全学連組織そのものを破壊するための大弾圧を開始した。また、国家権力のこうした意向にそった形での早大当局による自治会役員への大量処分、自治会室閉鎖、自治会活動の禁止という日本学生運動史上類例のない弾圧が連続的に強行されている。そしてブルジョア・ジャーナリズムはいっせいに反学生運動キャンペーンをくりひろげ、わが全学連があたかも暴力・殺人の集団であるかのようにえがきだそうとしている。このような国家権力、大学当局、ブルジョア・ジャーナリズムの一体化した弾圧は、支配階級が11・8事件を口実として、わが革命的学生運動を破壊するための全面的弾圧を開始したことを意味している。いうまでもなくそれは、労学両戦線にわたって着実な前進をとげつつあるわが同盟とそれに指導された全学連にたいして、階級的危機意識を抱いていた支配階級による本格的攻撃の開始にほかならない。

このような日本支配階級の階級的意志にもとづく国家権力からの一切の弾圧策動にたいし、われわれは断固たる闘いを展開しなくてはならない。と同時に、代々木スターリニストどもやブクロ官僚一派などの醜悪な策動にたいして組織的反撃を一層強化していかなくてはならない。わが同盟は、そのような断固たる闘いを通してわが革命的学生運動の飛躍的前進をかちとっていくであろう。

国鉄マル生攻撃粉砕闘争の勝利的実現

――『藤原隆義＝杜学 論集』に学ぶ

はじめに

今から四十余年前、一九七〇年代初頭の国鉄職場にマル生（生産性向上運動）攻撃の嵐が吹き荒れた。当時の国鉄労働者たちは、これに敢然と立ち向かい、当局・支配階級の所期の目的を粉砕した。そればかりか、このマル生粉砕闘争を勝利的に推進する原動力となった戦闘的・革命的労働者たちが存在した職場では、国労・動労を問わず、むしろ逆にこの闘いをつうじてみずからの属する組合組織の飛躍的強化をかちとったのであった。そして、このマル生粉砕闘争の勝利を基礎にして、当時、支配階級に支えられ進められていた民間大産別の労組幹部らによる労働戦線の右翼的再編策動を頓挫させ、歴史的な一九七五年の公労協のスト権奪還ストの実現にまでいたる日本階級闘争の高揚をも切りひらいたのであった。

それから四十余年を経て、国鉄は分割・民営化され、七つのＪＲ会社となって今日に至っている。ＪＲ移行後二十七年が過ぎた今日、ＪＲ各社の労働者たちは、いわば先輩にあたる、かつての国鉄労働者たちのこうした闘いに直接・間接に学びつつ、労働組合の原則をふまえながら、自分たちの組合員・家族の利益のためにたたかいつづけていると聞く。

九年前（二〇〇五年四月二十五日）にJR西会社の管内で起きた、傷ましくも一〇七人もの犠牲者を出した福知山線の脱線・転覆事故。この事故の刑事責任を問われた最高責任者たる歴代社長は、ブルジョア裁判制度のゆえに無罪とされた。とはいえ、乗務労働者の観点からその原因を問えば、最深の背景要因は、悪名高き「日勤教育」手法[註1]を軸とする悪辣な労務管理にあるのは明らかなのだ。

会社・資本が各経営施策をスムーズに実現するために、当該社員を、素直に職制の指示に従って働く社員に仕立てることは、資本にとっての至上命題だ。現在JR各社がかけているこうした攻撃をとらえかえせば、かつてマル生攻撃という形であらわれたように、合理化計画の推進とその積極的な担い手づくりは、同時に合理化に抵抗・反対する労働組合それ自体の弱体化・変質・破壊を狙う攻撃と統一されている。こうした合理化推進・労組破壊攻撃は、資本が資本である限りたえず加えられる攻撃なのだともいえるのだ。

国鉄マル生粉砕闘争の勝利的推進についての教訓化は、すでに同志杜学が、闘争の過程に密着するかたちで明らかにしている（『藤原隆義＝杜学論集　わが革命をめざして』第二巻『現代日本労働運動論　上巻』こぶし書房、他）。それらを前提に、もっぱらそれらに学びつつ、当時の闘いを今日的に反芻《はんすう》し、自分なりの「教訓化」を試みてみたい。

（1）国鉄版マル生＝生産性向上運動の導入

一九六九年の10・31闘争で最終的に集約された、機関助士廃止を中心とした五万人要員合理化反対闘争は、敗北したとはいえ二年有半にわたって果敢にたたかわれたのであった。おそらくはこの直後から、国鉄当局は職員局に能力開発課なる特殊部門を設け、そこが日本生産性本部と連携しながら生産性向上運動の導入の準備に着手したものと考えられた。というのは、翌七〇年の春ころから全国の各職場で職制を中心とした、生産性理論の学習を含む、生産性向上運動の組織化のための研修が始められたのだからである。

これらの準備をもとにして、一九七〇年の夏ころには、同時に組合員でもある一般職員を対象にして、生運研（生産性向上運動研究会）など種々の形の「学習会」を組織し始めたのである。初めは当局なりに自信をもって、大胆に、公然と広く呼びかけて。

戦闘的・革命的労働者は、例えばA職場では当初から、当局が組合側には何の説明もないまま、組合員に個別に声をかけて組織化していることにたいして、事態掌握のために役員・活動家のみを参加させ、組合組織としてはこれに参加しないという機関方針で臨んだ。研修会に参加した役員・活動家がその内部でイデオロギー闘争をもって撹乱することによって、当局側は、現場での研修会の中止に追いこまれた。生運研は表向き姿を消してしまった。いわば非公然的の組織化へと切り替えたのだ。

しかし、七〇年の末ころには、たとえば高崎では、国労高崎の組合員が約千名も脱落し、四千名を割り込んだといわれたほど、当局によるマル生組織の組織化は、激しく進められたのであった。こうして半職制層（指導員、検査長クラス）のみならず一般組合員の一定部分を含む、生産性向上グループがあらゆるところにつくられた。東京ではあらゆる職場で、一割から二割が生運研グループに組織化されているといわれた。だがこうした実態とその実体は、これと組織的に対決するという方針・姿勢がないかぎり、そもそも明らかにできないのが実際であった。そして国労においては、高崎のそれに近い労組破壊攻撃が、東京、大阪、広島、岡山などでやられたことが、年を越えた一九七一年の一〜二月頃までには明らかになってきたのであった。

(2)　生産性向上運動に賭けた当局の狙い

国労本部指導部（民同・革同）は、生産性向上運動にたいして「国労は生産性向上そのものには一貫して反対していないのであり、その運動（組織切り崩し）に反対なのだ」と言っていた。そして当局による生運研や講習会、種々の学習会などへの一般組合員の組織化という攻撃にたいしても、「自由募集ならよい」あるいは「本人の自由意思にまかせる」という組織方針で臨んでいたのであった。けれども、その結果は、先にみた各地方組織における組合員の大量脱退という悲惨な事態だったのである。

当時の国鉄当局がマル生を導入した動機・狙いは、五万人合理化計画の次に策定した「国鉄再建一〇ヵ年計画」（二十一万五千人合理化）をよりスムーズに実現するところにあった。大規模な技術革新（運輸サービス労働過程＝「流通過程に延長された生産過程」の客体面の技術化）にみあった労働組織の再編（運輸サービス労働過程の主体面の技術化）――大量の配転・労働強化・首切り――をなしとげるためには、国鉄の「赤字」「財政危機」を打開する合理化を積極的に進めなければならないと考える職員を、大量につくりだすことが必要だったのだ。それと同時に当局は、合理化に反対したり抵抗したりする組合を変質・破壊することをも狙っていた。こうした意図・目的をもって進められたマル生運動は、たとえば合宿形式のマル生教育においては、洗脳された職員が宗教儀式まがいに、真っ暗な教室で蝋燭《ろうそく》を持たされて、

「国鉄再建の人柱になる決意」を涙を流しながら表明するというようなことをおこなっていた。こうして、少数の狂信的な職員・労働者をも生みだした。彼らは、みずからが所属する組合にたいする反感をつのらせ、職場で反組合分子として策動した。要するに、当局の合理化計画を積極的に担おうとする職員は、同時に、所属する組合の方針に反対・敵対する組合員ともなるということだ。これこそが、当局がマル生運動に賭けた階級的狙いであり、マル生運動の本質だ。すなわち、「合理化＝労組破壊攻撃」と規定する所以である。

同志杜学はこうしたマル生運動の本質の分析をふまえて、マル生分子の三つの機能（①職員として、生産性向上に奉仕する、②同時に、当局の労務管理機構、職階制を裏から実体的に支える、③国労・動労の組合員として、組合組織の右翼的変質・形骸化を策したり、直接的に分裂を策したりする）を明らかにし、マル生組織・マル生分子を合理化攻撃と労組破壊攻撃を結ぶカスガイ的実体と規定した。

（3）国労民同・革同の無対応と戦闘的・革命的労働者たちの闘い

国鉄当局が進めるマル生運動の本質、その真の狙いをこのようにとらえかえした戦闘的・革命的労働者たちは、それぞれがおいてある場の特殊的諸条件、力関係をふまえながら、組合(役)員としてマル生粉砕の闘いに、創意工夫してとりくんだ。

国労本部の民同（革同）は、マル生攻撃をたんに「思想攻撃」とのみとらえ、それに「学習会」を対置しただけだった。

それゆえ国労の中にあっては、戦闘的・革命的労働者たちは、こうした民同・革同のマル生運動にたいする反動的方針、方針ならざる方針と対決するところから始めなければならなかった。職場においても民同・革同は、当局の露骨な利益誘導で組織化されたマル生分子にたいしてさえ、「自分の意思で参加したのなら良い」などと言って容認していたのだから だ。

このように、国労本部がマル生攻撃への対決をほとんど組織化していないなかで、戦闘的労働者たちは、現に職場にかけられてくる種々の合理化攻撃に反対する職場闘争を組織化し、その過程においてマル生分子の反動性を暴露し、マル生組織解体のための闘いを進めたのであった。

他方、動労にあっては、たとえばA職場において、当局によるマル生講習会が公然と開催されたのが一九七〇年の八月中旬であったが、これにたいして、組合として反対の旗を直ちに公然と掲げて、職場からの反撃の闘いに決起した。戦闘的労働者たちは、組合活動家のマル生にかんする学習・理論武装にとりくみつつ、これをテコにしてマル生分子とのイデオロギー闘争を追求した。主に「生産性三原則」など生産性理論にかかわることをめぐってであった。いわば、〝生産性理論のマヤカシを理解させる〟ことによってマル生学習会からの離脱をはかるというかたちの、個別的イデオロギー闘争の推進であった。同志杜学は、この時期におけるイデオロギー闘争の内容は、理論主義的傾きをもっていたと指摘している。

それゆえに、この時点におけるマル生分子の多くは、「当局側の理論が正しいか、組合側の理論が正しいか、マル生学習会でもっと勉強してみる」とか「学問の自由」「思想の自由」とかを口実にした、居直り的対応で追及をかわそうとしたのであった。これが一九七〇年の年末くらいまでの、A職場における闘いの現実であった。その他の動労の職場もほぼ同様の現実にあったといえよう。

（4）初期的闘いの限界性をのりこえて本格的反撃の闘いへ

前でみたようなマル生攻撃にたいする初期的闘いの反省にふまえて、一九七一年の年明け早々から、戦闘的・革命的労働者たちは、マル生粉砕闘争の全国的な組織化を開始した。この時点における戦闘的・革命的労働者たちの現実認識・分析・方針は、およそ次のようなものであった。

（A）攻撃の分析

〈イ〉ほとんどの職場で、組合員の一五〜三〇％くらいが何らかのマル生グループに組織化されている。職場闘争がないところでは、その実態さえもが不明である。

〈ロ〉マル生運動はたんなる「思想運動」というようなものではなく、その目標・本質において、合理化＝労組破壊攻撃であり、そのための実体がマル生組織にほかならない。当局は、このマル生組織を基礎にして、国労・動労両労組の内部的変質を促すことはもとより、終局的には鉄労づくりへと集約しようとしている。それは他面、同時に、日本労働運動の右翼的再編策動へのテコ入れでもある。

〈ハ〉民同・革同の右傾化に抗する戦闘的労働者たちの足場である拠点職場にたいしては、当局は有能ないわゆる暴力職制を配しつつ、一挙的な組合の瓦解を狙っていること。

〈ニ〉そうした当局による戦闘的拠点職場を瓦解させるための革命的・戦闘的労働者たちにたいする集中攻撃と、それにのっかった、民同や日共の官僚統制・排除策動がおこなわれつつあること。

（B）方針

〈イ〉マル生運動の本質の分析にふまえて、マル生粉砕闘争をたたかうべきこと。すなわち、民同・革同系の「学習運動」の対置によるマル生分子の内部温存方式を打ち破って、マル生組織の解体をつうじてマル生運動の根絶をかちとること。

〈ロ〉具体的には、マル生組織解体のために、マル生学習会参加者の奪還オルグ、不参加誓約のオルグを強力に展開していく。このような闘いそれ自体を大衆的な職場闘争としてくりひろげていくこと。そのためにも同時に、他面では反合理化・反弾圧などもろもろの個別具体的な職場闘争の組織化をはかり、そのただなかでマル生分子をゆさぶり、組合基盤を左翼的に強化していくべきこと。これを、同志杜学は、次のように理論化した。

a．具体的な諸課題（反合、賃上げ、反戦など）をめぐってマル生組織の反動的敵対策動と実践的に対決し、それを粉砕しつつ職場闘争を戦闘的・左翼的に実現する闘い。

b．マル生組織の組織的解体を実現する闘い。

マル生組織解体の闘いを、それ自体として自立的に追求するのではない。bの闘いにとって、aの闘いを媒介・手段・基礎をなすものとして位置づけなければならない、というものだ。同志黒田は、この「a」、「b」を「闘い」としてではなく、「方針」のレベルで整理し、「a」を「マル生運動粉砕のための運動〔＝組合組織〕方針」、「b」を「マル生運動粉砕のための〔運動＝〕組合組織方針」とまとめかえしている（黒田寛一『労働運動の前進のために』こぶし書房、一〇八～一〇九頁参照）。

〈ハ〉マル生運動が、日本労働運動の右翼的再編策動へのテコ入れをなしている以上、マル生粉砕闘争はそれ自体同時に、労働運動の右翼的再編策動粉砕の闘いとして組織化されなければならないこと。

〈二〉悪質マル生分子が、闘いの結果、動労から追放された場合に、過渡的に国労側に逃げ込み、国労民同・革同がこれを抱え込むというような現実的可能性があるなかで、とりわけ反マル生闘争の戦闘的展開をめざして、職場段階からの国労・動労の共闘態勢を創造していくということが重要であるということ。

およそ以上のような分析・方針にのっとって、年明け早々から、戦闘的・革命的労働者たちは各職場において、マル生粉砕闘争に組織的かつ精力的にとりくんだ。

（5）マル生粉砕闘争の緒戦における勝利

一九七一年一月以降の戦闘的・革命的労働者たちの奮闘によって、たとえば動労東京のB職場などではマル生学習会の参加者を割り出しつつ、脱会オルグや不参加オルグをおしすすめ、悪質マル生分子にたいしては青年部による追及行動を展開した。そうすることによって、三月の動労中央委員会ころまでには、最悪質のマル生分子を除いて、マル生グループの組織的切り崩しに、相当程度成功した。

三月中旬以降は、春闘と結びつけるかたちで、マル生粉砕闘争が各職場で強力に展開された。動労の戦闘的労働者が力をもっている職場では、マル生学習会からの脱会オルグはさらに進み、当局と組んでマル生分子がストライキ不参加署名を策したが、逆にスト参加署名の組織化をもってこれを粉砕した。

孤立化させられた極少数の悪質マル生分子は、当局の意向もあり、脱退＝鉄労づくりへの志向をつのらせることになったのであった。こうした職場における闘いの前進を基礎にして、三月中央委員会では、次のようなマル生粉砕闘争の方向性と方針がうちだされたのであった。

「マル生不参加誓約書の提出者の思想的・組織的結束を強化し、春闘ストライキ一票投票の成功を期そう。極少数の悪質マル生分子の説得は至難であり、重点を置くべきは、不参加誓約書提出者の個別的強化をつうじた組合組織態勢の全体的強化ということである。そのことを基礎にして、なされてくるであろう鉄労結成策動を粉砕しながら、春闘の成功を期すべきであろう……」、と。

さらに、春闘勝利に向けた闘いのスローガンも、次のようにうちだされた。

「一、合理化推進・組合組織破壊集団＝マル生を粉砕し、鉄労結成策動を阻止せよ！　裏切り者集団・鉄労解体の闘いを推進せよ！

一、当局の合理化と賃上げとのバーター攻撃を許さず、雇用安定協定の改悪策動を粉砕せよ！

一、一票投票を成功させ、大幅賃上げ・一万九〇〇〇円獲得めざし、青空闘争でたたかおう！」

七一春闘は、労働戦線の右翼的再編の動向にも規定されて、全体として厳しい状況下にあったが、5・18〜20に公労協統一闘争が設定され傘下の労組が統一闘争に決起した。国鉄労働者はマル生粉砕の課題もあって、がんばった。戦闘的・革命的労働者の奮闘によって、5・18〜20ストライキは見事に長時間ストライキとして、爆発的に実現された。当局やマル生グループの思惑を粉砕して国労・動労が足並みをそろえて断固としてストライキを打ち抜いた。このなかで、ついに悪質マル生分子は、ストへの不参加を公然と表明し、裏切り者としてのみじめな姿を大衆の前にさらしたのであった。こうして職場の組織態勢は、反マル生で一層強く打ち固められ、裏切り者の集団を職場から追放するための闘いが直ちに始められた。

マル生粉砕闘争の緒戦における勝利であった。

この闘いの過程において、またストライキの決定的瞬間において、指導員グループとそれにつらなる私欲に固まった悪質マル生分子の正体を明らかにし、孤立させた。と同時に、圧倒的多数の組合員が、マル生粉砕の旗の下に結集して、ストライキをたたかいぬいたのだ。それは、労働者たちの気持ちを晴れ晴れ、スッキリさせ、そして彼らを元気にさせた。

こうして、5・20スト直後から、脱落した悪質マル生分子にたいする追及行動が、あらゆる職場で始まった。それは、当局のテコ入れによる鉄労結成策動を阻止する闘いでもあった。

今や、当局は、その邪悪な思惑を打ち砕かれたばかりか、己れがつくりだし少数になったマル生分子を、組合の切り崩し攻勢から守らなければならなくなった。〝職員の身の安全を守る〟という口実を設けて、鉄道公安官を職場に常駐させたり、警察本隊を職場に導入する態勢をとるという、組合運動への強権的弾圧体制を強化したのであった。

B職場では、5・20ストを経て、指導員グループとの旧来の人間関係・しがらみを断ち切った中・高年の組合員たちは、今や裏切り者としての指導員らにたいして、直接追及したり、糾弾する関係に立つようになったのだ。それゆえに、裏切り者の指導員たちは朝出勤してから夕方の退庁まで、仕事場の詰所から一歩も外に出られない状況に追い込まれていたのだった。だから、退庁のときも、一人一人ではマズイと考えた当局は、彼ら指導員を団子状態にして、まわりを職制で取り囲み・ガードして、通勤駅まで送って帰すなどまでしたのだという。

そうしたなかで、六月の上旬にはB職場でも鉄労の旗揚げ策動が判明。鉄労組織をデッチあげることで追及をかわそうという姑息な策は戦闘的労働者には通じなかった。鉄労結成策動粉砕から「鉄労解体」へとスローガンを掛け替えて、マル生闘争はさらに強力に進められることになった。

（6）　マル生運動の破綻から暴力的労組破壊へ走った国鉄当局

わが同盟とともにたたかった革命的・戦闘的国鉄労働者たちは、日本階級闘争史上初めて、マル生運動による合理化推進＝労組破壊の攻撃にたいして勝利した。国鉄労働者たちの職場生産点における激しい反撃・攻撃の前に、国鉄当局は追い込まれ、ついに階級性むきだしの暴力的処分攻撃に出た。国労・動労の全国大会を見すえて、大会直前に、新鶴見機関区の動労・国労に大量首切り攻撃をかけてきたのだ。

これにたいしては、動労の戦闘的組合員たちが、中・高年層を含めて激しく怒り、反発し、本部民同をも揺さぶり動かして、直ちに犠救（犠牲者救済）適用を決めて、組織全体でこれを包み、処分撤回のためにたたかうことを確認した。他方、国労にあっては、動労と同じように反マル生闘争を真面目にたたかっていた分会組合員が処分されたのにもかかわらず、本部民同・革同指導部は、「敵の挑発にのせられたハネ上がり」などと言いなし、犠救の適用をしなかった。（後に戦闘的組合員たちの、これへの批判もあって、しぶしぶと、しかし部分適用で認めたのだった。）

こうしたなかで国労は、全国大会において、マル生にかんする新たな方針をうちだした。すなわち、「国鉄マル生＝不当労働行為」という恣意的で間違った規定のうえに、「不当労働行為摘発運動」なるものを展開し、これをマスコミを使ってキャンペーンして、社会問題化＝政治問題化させて、国鉄当局の労務政策を転換させようというものだ。

時あたかも、沖縄返還協定批准が絡む沖縄国会の山場を前に、佐藤自民党政府は国会をスムーズにのりきるために、マル生問題の政治的収拾にのりだし、国鉄当局にテコ入れした。軌を一にして一九七一年十月五日、公労委が国鉄当局への「陳謝命令」を出した。十月下旬には、磯崎総裁が陳謝。担当責任者である職員局長・真鍋の更迭、関係者の処分を発表。あわせて、当局は「不当労働行為はやめる」「正常な生産性向上運動は続ける」と言いながら、マル生教育の二ヵ月間の中止など「軌道修正」を発表。これにたいして国労・動労両労組本部がのっかるかたちで、「紛争対策委員会」を設置することに合意。ここにいたって、当局はみずからが前面に立ってのマル生運動からは撤収する方向に動き、11・27マル生全国大会の中止を発表した。この「大会」は、当局が九月以来、各職場、地区、地方ごとのマル生集会を画策、その集大成として位置づけていたものだ。

こうした状況をとらえて、たたかう労働者たちは「11・27マル生粉砕・沖縄返還協定粉砕総決起集会」を断固として開催した。主催した東京の三単産共闘（国労・動労・全逓）を代表して発言に立った動労東京地本書記長は、マル生問題について、〝紛対委に問題解決を委ねることには反対〟〝マル生組織解体・鉄労解体の職場からの闘いこそ、唯一の労働者の勝利への道だ〟と訴えた。まさにこの発言のとおり、職場生産点での闘いを離れては、マル生組織の解体も、マル生分子の追放も、そして鉄労解体の闘いも、何もかもが実現できないことを、戦闘的労働者たちは、肌で感じて知っている。だから彼らは、この後も続く、鉄労を手先に使った、当局・権力一体となった弾圧・処分攻撃の嵐にも耐え、日本労働運動を戦闘的に牽引しつづけるのである。

実際、当局・支配者階級の国鉄労働者・労働組合にたいする抑圧・支配の意思は、形を変えた攻撃として国鉄労働者に襲いかかった。

(7)　七二春闘の爆発的実現でマル生粉砕闘争に決着

七一春闘における5・20ストの実現をつうじてマル生粉砕闘争の勝利を切りひらいてきた東京地本を先頭とする動労の戦闘的・革命的労働者たちは、七二春闘に際しても、3・15白紙ダイヤ改正にともなう合理化諸攻撃に反対する実力闘争を、国労中央本部が何らたたかおうとしないなかで、春闘の前段闘争と位置づけて単独で先制的にたたかった。すなわち、心理適性検査[註2]の実施を中心とする乗務員の労働条件や構内運転分科関係の労働条件の切り下げ、ローカル列車削減などの合理化事案に反対し、反合春闘と銘打って3・13～14統一ストを構え、三月六日以降順法闘争に入り、東京国電の大幅遅れ・運休や新幹線の遅延をも生みだして当局に打撃を与えた。3・13ストの時点では拠点となった岡山地本へも大量の支援動員を派遣してたたかった。こうした闘いによって、すでに当局と国労との間で合意に達したといわれていた、最大の課題である「心適検査の導入・実施」を粉砕したのであった。

同じ七二年三月の二十八日に、総武線の船橋で発生した運転事故で運転士が即逮捕されるという事件が起こった。事故の責任を一方的に運転士に転嫁する当局と、これを口実に弾圧するために介入してきた国家権力にたいする抗議の意をも込めて、動労は四月三日以降、無期限の順法闘争に入ることを決めた。これに先立つ三月三十日に、第六十八通常国会の衆院予算委員会において、当時鉄労の顧問でもあった民社党の和田春生が、磯崎総裁を呼びつけて、動労新鶴見支部、新潟地本坂町支部の鉄労解体闘争を「暴力事件」としてデッチあげ、直ちに処分することを迫ったのであった。これにもとづいて当局は、動労の闘争の初日である四月三日に、動労大宮・坂町両支部各二名の解雇を通知、新鶴見支部八名への同発令と、その他一九八名の処分を発表した。こうした当局の強権的な弾圧・処分攻撃に、まさに怒り心頭に発した戦闘的・革命的労働者を中心にしたたたかう国鉄労働者たちは、いよいよまなじりを決して立ち向かった。闘いは必然的に、反合・賃上げを軸にした春闘から、不当処分撤回、マル生粉砕・鉄労解体闘争に重点をおくものへと発展した。

大量不当処分を発令された動労新鶴見支部では、当局・東京南局が四月二日の段階で神奈川県警に文書での出動要請を出していたのだが、四月六日になって、再三のスト破りですでに国労からさえ除名処分されていたマル生分子を追及しようとしたところ、当直助役が介入し、これに抗議した支部役員・活動家らと、常駐していた局課員らが当直室で小競り合いになった。これを機に当局は鉄道公安機動隊五〇名を当直室に出動させ動労の役員・活動家の排除にのりだしたのみならず、管理職が一人の組合員を殴りつけた。このことに抗議し責任追及していたところ、今度は当局は、警察権力に一一〇番で出動を要請。出動した県警機動隊五〇名はガス銃・盾で完全武装し、私服一〇名とともに乗務員室にいきなり乱入し、制圧した。これに抗議して、区長室前に押しかけた約三〇名の組合員にたいして盾を振りかざして襲いかかり、動労中央本部員ら三名を不当にも逮捕したのである。

動労新鶴見支部は東京地本の指導を受けつつ、翌四月七日、順法闘争戦術をさらに強化する決意を打ち固め、全組合員にオルグするとともに断固として反撃に転じた。順法闘争における従来にない強力な戦術は、「本線関係は発車時間の一〇分前出区」「構内運転速度は五キロ以下」「構内入換機は完全な亀の子運転の実施」とされた。支部の全組合員がこれを敢然として実施した。乗り入れのすべての他区乗務員にもオルグした。地本・支部全役員による入出区規制と操車場の職制の介入阻止のために駅構内にもオルグを配置した。こうして新鶴見における超強力な順法闘争は万全の態勢で開始された。

（8）「日本列島を揺るがした25日間」の闘い

動労新鶴見のこの超強力順法闘争は、突入して二時間後には上下到着線が満線となり、四時間後には東海道・山手本線上に数十本の列車が立ち往生し、構内入換機の亀の子運転で入換作業は完全にマヒした。当局は新鶴見操車場の作業量が通常の三分の一に低下したと発表。大宮・田端での同様の強力な闘いもあり、七二年四月十日の時点で運休が一八〇〇本、十一日には二三九〇本、十二日には三二九五本出た。ここに至って、闘いは社会問題化してきた。経済企画庁が生鮮食料品の輸送確保を国鉄当局に申し入れ、国鉄当局は大幅な計画運休によってコンテナー・フレートライナー等の優等列車の確保でその場しのぎをしていた。しかし生鮮食料品のみならず、製造工場用の原材料・商品の輸送にも影響を与えはじめた。今や闘いは、ブルジョア経済全般に深刻な打撃を与えたのである。佐藤内閣は「動労の順法闘争は違法である」として治安問題化させつつあるかに見えた。動労の突出した闘いを弾圧し、この春闘を機に労働戦線の右翼的再編を目論んで国鉄当局に圧力をかけてきた。こうした情勢のもとで、この不当処分・弾圧問題が、本部・本社間の話し合いだけでは決着できないとの分析にたって、動労は全国代表者会議を開催し、ATS・減速行動を含む順法闘争を継続し、そのまま4・27～28春闘決戦になだれ込むことを決定した。こうして「日本列島を揺るがした25日間の闘争」が打ち抜かれた。最終的には運休総数三万四五〇〇本、減収六〇億円、滞貨二〇三万トンという未曽有の大打撃を資本に与えながら。

この闘いは4・27〜28の公労協・交運統一決戦ストの集約時までたたかいぬかれた。マル生処分攻撃を直接かけられた新鶴見、大宮、田端などの機関区職場だけでなく、山手線・京浜東北線その他国電関係の電車区職場でも例外なく、不当処分反対、マル生粉砕・鉄労解体のスローガンのもとで強力順法闘争はたたかわれた。

マル生運動が始まって以来、一九七〇年〜七一年にかけて、昇給・昇職・昇格・その他での差別・利益誘導で国労・動労から脱落した数万人をのみ込んで十万人組織となっていた鉄労は、七一年十月の第四回大会では今後「十五万人組織」をめざすなどと豪語していた。しかし、七一年5・20決戦ストの爆発的実現をテコとした国労・動労の反撃の前に、当局は追いつめられ、不当労働行為を総裁が「陳謝」し、当局関係者を処分することになったことに、鉄労は不満と不安をつのらせた。七二年二月の鉄労第十回中央委では「(マル生を中止するのは)生産性運動が誤った運動であるかのごとき印象を内外に与えてしまっている」「不当労働行為の被疑者にされた現場管理者多数を処分したことは問題だ」「静穏であった職場にまで職場闘争がまきおこり、職制がマヒ状態に陥るとともに職場秩序が危機に瀕している」「昇給・昇職・昇格・宿舎入居等の人事管理は当局側の権限事項なのに、現場長裁量権限は有名無実となっている」(渡辺組合長)などと、動労・国労のマル生粉砕闘争によって追いつめられた者の危機感をあらわにした。当局・権力の力で国労・動労の組織をブッカいてもらって、鉄労組織のさらなる拡大を図りたいというう汚い根性も見え見えに。これこそが民社党・和田春生が国会での八百長質問で意図したことだ。

これらの状況をみすえて、革命的・戦闘的労働者たちは、先制的に春闘前段闘争として三月反合闘争を位置づけてたたかった。そして息つく間も与えずに四月闘争に突入した。これらの闘いの最中に、同時にマル生分子への追及、鉄労解体のための闘いを大衆的に組織した。その結果、4・27〜28ストの実現過程で、鉄労からの大量復帰をかちとった。甲府・田端・立川・横浜・東神奈川等で七〇名を超える動労への復帰を実現した。しかもこの動労の「マル生粉砕・鉄労解体」闘争によって、国労への復帰をもかちとったのであった。この事態こそ、わが革命的・戦闘的労働者が先頭で切りひらいた、苦難のマル生粉砕・鉄労解体闘争の正しさを現実において証明しているものなのである。そして、この強力順法闘争をたたかいぬくことをつうじて、〝いっそストで止めてもらった方が良い〟という利用者・労働者の声をも味方として、一九七五年のスト権奪還のための大ストライキ闘争に至る高揚の道を切りひらいたのであった。

〔(7)(8)項は動労東京地本機関誌『実践と理論』を参照した。〕

註1　「日勤教育」手法――JR各社において、乗務労働に従事する社員が業務上その他で不祥事(と会社が考える事態)を惹起させたとき、教育的措置と称して、乗務労働から降ろして、会社(管理者)が認めるまで際限なく「反省文」を書かせ続けるなど、当該社員を精神的・肉体的・経済的に痛めつけ追いつめて、他の社員への見せしめとしつつ、会社に従順な社員に仕立てあげるための労務管理の一手法。

註2　心理適性検査――科学的根拠があると称して、組合活動家を排除するための手段とされたもの。

麓　行人

支配階級を震撼させた公労協スト権奪還スト

二〇一四年のこんにち、日本型ネオ・ファシズム支配体制をいっそう強化しつつある安倍政権の反動的諸攻撃をはねかえし、日本労働運動の戦闘的再生をかちとっていくために、一九七五年の公労協スト権奪還ストのただなかで「三木・自民党政府打倒」の過渡的要求を提起し、階級闘争を三木内閣を打倒しさらに自民党政府そのものを打倒する反権力闘争に発展させていくことをめざして奮闘したわが同盟の闘いをふりかえり、教訓化したい。

安倍政権のもとで飛躍的に強化されつつある日本型ネオ・ファシズム支配体制は、一九七〇年代のわが革命的左翼にたいする謀略的破壊攻撃をも一つのテコにして、一九八〇年の〝鈴木喜一〟政権成立を結節点として形成され、その後着々と強化されてきた。政府・支配階級は、動力車労組を中心に官民の基幹産業部門の奥深くに根を張りはじめたわが同盟の労働者組織を破壊するために、権力のスパイ集団（ブクロ＝中核派・青解派）に「産別戦争」を呼号させながら、革命的・戦闘的労働者への謀略襲撃をしかけた。その反面において、同盟・JC系労組の労働貴族どもとつるんで資本に奉仕する帝国主義的労働運動の育成・強化に力を注ぎ、社共両党・民同指導部を体制内に抱きこんで、全体としてネオ・ファシズム支配体制を下支えする労働組合＝現代の産業報国会づくりを推し進めてきたのである。

官公労働者の「スト権無条件全面奪還」を掲げた一九七五年のスト権ストは、マル生粉砕闘争を突破口とする動労の戦闘的闘いに牽引された七〇年代前半における日本労働運動の戦闘化の頂点において敢行された闘いであり、八日間、二〇〇時間にわたって日本資本主義の大動脈（国鉄）を完全に麻痺させ、その神経系統（郵便・電信電話）をも部分的に麻痺させるというかたちで一大高揚を示した。とはいえ、公務員・民間戦線における労組幹部の抑圧を打破するまでの組織的力の未形成のゆえに、公労協のスト権奪還闘争は挫折せざるをえなかった。

それにもかかわらず、一九六〇年代末から七〇年代にかけて日本労働運動の最先頭で戦闘的闘いを牽引するに至った動労、その深部に形成された革命的労働者組織と、〝動労のようにたたかおう〟を合い言葉としてあらゆる単産・単組で下から労組の戦闘的強化をかちとるためにイデオロギー的＝組織的闘いを推し進めてきた革命的・戦闘的労働者たちの営々たる苦闘の、この時点における表現として、このスト権ストは日本労働運動史上に燦然と輝いているのである。

今まさに、一切の左翼のみならず、労働組合の存在自体をも否定し去ろうとするネオ・ファシズム的支配体制のもとで、これを根底から覆すことのできる革命的前衛党組織と大衆的基盤を構築するために、この先達の闘いに学びたいと思う。

スト権奪還闘争はどのように実現されたか

一九四八年にアメリカ占領軍のマッカーサー書簡とそれにもとづいた政令二〇一号によって官公労働者はスト権を剝奪されてきた（公務労働者には団交権すらない）。公労協に結集する労働者たちは、この屈辱的な歴史にピリオドをうち、みずからのスト権を、文字通りストライキをもって実力で奪還する闘いに決起したのだ。

「スト権奪還」を官公労働者にとっての現実的な課題としてうかびあがらせ、一九七五年のスト権奪還闘争を切りひらいてきたのは、七二年春の動労の「日本列島を揺るがした二十五日間」の闘いであった。国鉄当局が国労・動労にかけてきたマル生攻撃を粉砕したマル生闘争への弾圧＝処分の攻撃にたいして、動労は「反処分・反弾圧」を掲げて四月三日以降無期限の強力順法闘争に突入した。この闘いは二十五日の長期にわたってたたかわれ、春闘決戦の4・27〜28統一闘争へと結びつけられ、公労協・交運・公務員共闘の統一ストが空前の規模で実現された。この「日本列島を揺るがした二十五日間の順法闘争」は、通勤の足にかかわって社会的に大きな反響を呼んだだけでなく、食糧、生産材など膨大な貨物輸送をもストップさせて、ブルジョア経済にも深刻な打撃を与えた。ブルジョアジーの中に、法の枠内での闘争形態（順法闘争）と称してストライキ以上の被害を出す動労の闘いに驚愕し、「スト権を与えて」抑えこむという労務政策を採用する部分が生みだされた。それが金脈問題による田中角栄の首相退陣の後を受けて登場した「バルカン政治家」三木武夫の内閣を構成する政治エリートであった。その意を汲んだ国鉄当局が、国労民同指導部を抱きこむために、「条件付きのスト権」付与の意向を匂わせた。これに飛びついたのが当時国労書記長の富塚三夫であり、それに連なる公労協諸単産の民同指導部であった。

一九七五年の十一月五日に、公労協第一回戦術委員長会議が開催され、スト権奪還のための「十日間の長期スト」方針が決定された。もっとも、富塚（ら公労協ダラ幹ども）は、国鉄当局・三木内閣との間での筋書きにもとづいて、長くても三日もストをやれば「条件付きスト権」付与が実現できる、と考えていたのであった。ところが、その後自民党内で、自民党幹事長・中曽根をはじめ、タカ派「青嵐会」、大平派・田中派などが巻き返し、たとえ「条件付きスト権」といえども与えるべきでないと三木にタガハメした。空打ちになることを恐れて動揺した富塚ら国労中央は長期・大規模なスト戦術を抜け駆け的に縮小しようと画策したが、動労からの左翼的規制によって〝公労協として歩調を揃える〟という線で一致し、十一月二十日の公労協拡大共闘委での意志決定にもとづいて二十三日に三公社五現業九組合へのスト突入指令が下ろされた。

十一月二十五日に国労・動労は完全共闘で全長距離列車の指名ストに突入し、翌二十六日には全逓・全電通など公労協九単産が揃って統一ストに入った。動労は全組合員の職場籠城態勢によるストを実施。国労においても革命的・戦闘的労働者が中心となって籠城態勢を構築した。二十五日には、渋谷・品川・東京・上野・池袋・新宿の駅ホームで全学連の部隊が、「スト権実力奪還スト支援」の激励・宣伝行動をおこない、ホームに滑りこんでくる電車の運転士・車掌と握手して激励した。また、スト拠点へのビラ入れや籠城態勢をとってたたかう動労・国労や全逓職場への支援行動に決起した。スト突入二日目の二十七日には、自民党内田中派や大平派が「スト権否認」の党内署名運動を開始し、三木内閣は完全に身動きがとれない状態に追いこまれた。

こうして、公労法のスト禁止条項を実質上踏み破って、政治ストが一日、一日とたたかいぬかれることになった。動揺する三木内閣と自民党内の派閥抗争激化、民同幹部を革命的・戦闘的労働者がつきあげることによって最初の三日間でストを倒そうとした富塚の思惑を打ち砕いてストが続行されている、という状況にかんがみて、わが同盟は十一月二十八日に、全労働者・人民に、ゼネストをもって決起し「三木・自民党政府打倒」のためにたたかうべきことを呼びかけたのである。翌二十九日には、全学連の部隊が、東京・大阪で事実上スト破りの機能を果たしている私鉄・地下鉄の運行をストップさせる闘いに決起した（発煙筒、古タイヤ、火焔瓶を駆使した闘い）。「条件付きスト権」を付与してもらうという思惑が外れて展望喪失に陥った富塚ら民同幹部の「中抜き」＝戦術ダウン（三十日から十二月二日まで国電・新幹線の運転開始）の画策をも、革命的・戦闘的労働者たちは下からのつきあげをもって粉砕し、逆に戦術の拡大を全単産に指令させた。

十二月一日に自民党首脳は田中派などによってつくられたスト権否認の「党見解」を発表し、三木首相は「（スト権を否認した）専門懇の意見書尊重」「違法ストには処分」という政府見解を発表した。これにたいして公労協幹部は、いったんは抗議し、ストを十日間打ち抜くことを表明したものの、「国民総迷惑——違法スト」キャンペーンと刑事弾圧の脅しの前に、「国民世論の動向と戦列の整備」を口実に十二月三日でストを中止することにふみきった。十日間の打ち抜きからさらに無期限ストへ、そして公務員・民間産別への波及によるゼネストの実現をめざして、わが同盟と革命的・戦闘的労働者が昼夜をわかたず組織的に奮闘したにもかかわらず、公務員・民間諸労組のストライキを実現することができず、したがってまた公労協中央の腰砕けを阻止することができず、ここにスト権奪還のための長期政治ストは挫折した。けれども、わが革命的左翼に支えられた、革命的・戦闘的労働者たちのスト権奪還の決意に燃える下からの大衆的盛り上がりを根本的力として、公労協のスト権奪還ストライキは、八日間、二〇〇時間におよぶ歴史的な大闘争としてかちとられたのである。

スト権奪還ストの意義

スト権を剝奪されて以降、公務員や公労協の労組指導部によるスト権奪還へのアプローチの仕方は、ＩＬＯに提訴したり、公務員制度審議会に訴えて日本の政府・権力者にスト権を与えてもらおうというものでしかなかった。こうしたスト権奪還問題をめぐる日本労働運動の〝常識〟をくつがえし、「条件付きスト権」を三木内閣から引きだすための圧力手段としてストを位置づけた民同幹部の思惑を打ち砕いて、スト権を労働者の権利としてみずからの力でたたかいとるべきものである、ということを現実の闘いをもって示したのが、この公労協スト権奪還ストであった。

このスト権闘争の実現を含めて、日本反スターリン主義運動の創成期から一九六〇年代・七〇年代（前半）をつうじて、一九五七年の国労新潟闘争の敗北以降影をひそめてしまった、生産点における実力闘争で諸要求の実現をはかるという運動路線とそれにもとづく闘いを、わが革命的・戦闘的労働者たちが下から地道につくりあげ、積み上げてきたこと、また、それをつうじて闘いの担い手たる労働組合組織そのものを戦闘的に強化し、力量を蓄えてきたこと。これらを基礎として公労協スト権奪還ストの爆発を実現することができたのだといえる。

これらのことは、中曽根が有楽町駅前で引きつった声で「革マル派が牛耳る動労にはスト権は与えられない」とアジ演説したように、総評労働運動の戦闘化をもたらしつつある動労と、それを根底で支えるわが革命的左翼の力が、権力による幾たびもの謀略的破壊攻撃にもかかわらず、日本ブルジョアジーの喉元に匕首《あいくち》を突きつけるまでに前進してきていることを示したといえる。

ついでにここで日共スターリニストがこの闘争のなかであらわにした、反労働者的な本質を示す諸言動について一言ふれておこう。

彼らはそもそも、わが革命的左翼と革命的・戦闘的労働者たちがスト権奪還闘争を現実の政治課題にのぼせた当初から、その闘いに憎悪と危機意識をつのらせていた。日共は、公労協のスト権奪還スト突入必至の段階で、党内に「労働基本権確立対策委」なるものを急きょ設置して、国会でスト権問題の集中審議をおこなえと主張しはじめた。ストに突入した翌日の二十七日には日共委員長・宮本顕治が、「わが党は公労協ストを原則的に支持するが、戦術について相談を受けていないので、責任は持たない。そもそもスト権問題は立法事項であり、国会審議こそ重要だ」などと語った。さらに宮本は「国民に理解してもらうためには統一戦線が必要である」「(スト権は)貴重な権利であり、なんでもやっていいというものではなく、使う場合は慎重に注意深くすべきだ」などとうそぶき、暗にスト権ストを批判した。それらを反映して、現場では、(動労から右翼的に分裂した)かの全動労が三日間でストを打ち切り、二十九日から「安全運転・安全点検」闘争と称して公然とスト破りに狂奔した。国労内の日共系は各地で「革マル派に突き上げられた見通しのないストはやめるべきだ」「闘争を直ちに中止せよ」などと、公然とスト破壊策動をおこなった。

「三木・自民党政府打倒」のためのわが同盟の闘いとその教訓

わが同盟は、労働戦線の内外において、三木・自民党政府打倒を直接めざして労働者・人民のゼネストを組織化するために奮闘した。すなわち、公労協のスト権奪還闘争に厚みをつけ強化するために、反合理化闘争や秋年闘争をこのスト権闘争と結合することを追求した。またストの戦闘性を高めるために、民同幹部のネトライキの強要やピケの禁止に対決し職場籠城態勢を構築することを追求した。

また、労働基本権を剝奪されている地公労・国公労産別において、わが革命的労働者はみずからの労働基本権の奪還の闘いを、公労協のスト権闘争支援の闘いと結合して推進することに全力をあげた。民間産別においてわが仲間たちは、反合・秋年闘争と公労協スト権スト支援の闘いを同時的に推進した。

こうして、公労協のスト権奪還闘争に厚みをつけ戦闘化し、さらに戦列を横に拡大してゼネストへと闘いを高揚させ、三木内閣打倒（さらに自民党政府打倒）を直接めざしてたたかったのである。いいかえれば、われわれは、既成左翼の条件付きスト権回復を要求し三木首相の「決断」を求める闘いをのりこえ、労働者・人民の階級的組織化をテコに、三木内閣打倒へ・さらには自民党政府そのものの打倒へと闘いをおしあげていくことをめざした。スト権奪還闘争を中軸とした階級闘争を反政府・反権力の闘いへとおしあげるために奮闘したのである。

この場合に次のことを確認しておく必要がある。

（イ）スト権奪還ストをば、その戦列を拡大しながら、三木内閣打倒（さらに自民党政府打倒をめざす）の闘いへとおしあげていくということ。

（ロ）「自民党政府打倒」は反権力のいわば表側からの表現であって、「三木・自民党政府打倒」というスローガンには反政府（「三木政府打倒」）と反権力（「自民党政府そのものの打倒」）の両者が含意されていること。

（ハ）スト権奪還ストを突破口に日本の労働者階級の闘いを反権力の闘いにおしあげていくためには、反戦闘争や政治経済闘争をたたかっているすべての労働者階級・人民のゼネストへの決起と合流をかちとらなければならない。このために党が発する呼びかけのスローガン（＝方針提起）は、――「スト権奪還のために三木・自民党政府を打倒せよ！」ではなく――「三木・自民党政府打倒のために○○闘争（スト権奪還闘争や反戦闘争や政治経済闘争）をたたかえ！」というように、目的と手段とが逆転したものとなる、ということ。

（ニ）ⓐスト権奪還闘争を反政府あるいは反権力の闘いに高めていくことと、ⓑ「三木・自民党政府打倒」のためにスト権奪還ストだけでなく諸闘争をたたかい労働者階級のゼネストを実現していくこと――このⓐⓑの関係は、各国革命と世界革命の論理的関係とのアナロジーにおいて省察することも可能であること（『日本の反スターリン主義運動　2』二五五～五六頁参照）。

われわれは、スト権奪還ストの激闘のなかで、このような理論的諸教訓をもかちとっていったのである。

芦川　半九郎

「テメエ」が新たな党を一から創らねばならない

革共同第三次分裂から五十年の〈いま・ここ〉に立って、私はまずもって、労働戦線・学生戦線・諸機関のすべての同志のみなさんが、同志黒田寛一の逝去という大きな試練をのりこえて、わが反スターリン主義革命的共産主義運動の前進を切りひらいてこられたという厳然たる事実にたいして、心から敬意を表したいと思います。日共スターリニスト党をはじめ左翼の崩壊状況のなかで、わが革命的左翼が国家権力の攻撃を真っ正面からはね返しつつあらゆる闘争の先頭に立っている姿を日々眼前にして、私自身一命をとりとめわが同盟の思想的・組織的な闘いの巨大な前進に支えられ、四十年におよぶ療養生活を懸命に生き抜いてこの日を迎えることができた喜びが心の底から湧いてまいります。

一九七四年一月五日にウジ虫＝ブクロ派どもによる反革命的殺人襲撃をうけ「実質的な死」を余儀なくされた私は、言語能力や記憶力などの精神機能の低下をもたらす「高次脳機能障害」という脳損傷後遺症を負わされた「どん底」から、革命的マルクス主義者として生き直すことをめざして、再出発してきました。同志の方々の組織的支えがなかったらここまで来ることは決してできませんでした。この場を借りて、心から感謝を申し上げます。

私にとって五十年前の第三次分裂とは、自分が信じ込んでいた反スターリン主義運動そのものが問われたという問題、反スターリン主義運動を担う主体そのものが問われなければならない、という深刻な問題でした。一九五八年にはじまる反スタ革命的マルクス主義者としての私そのものを問い直さなければならなかったのだからです。

私の反スターリン主義者としての出発点は、一九五七年の年末に、『探究』第二号の「反戦学生同盟の諸君へ」という同志黒田の論文に出会って、手紙形式のこの論文を自分自身への手紙としてうけとめたところにあります。反戦学同の活動家として「ソ連＝社会主義」の神話を信じ込み、平和擁護運動を何の疑問もたずにおしすすめていた当時二十一歳のぼくは、黒田論文に対決し、主体的対話をかさねることによって、マルクス主義者たらんとしていたぼく自身が実はスターリン主義者でしかないことを自覚させられ、スターリン主義からの思想的訣別を決意したのでした。翌一九五八年四月には先輩に連れられ、府中のお宅で直接に黒田さんにお会いして革命的マルクス主義の立場、その核心点をイロハから学ばせてもらう機会にも恵まれました。若きマルクスの「疎外された労働論にうらづけられた哲学的人間論」の核心的内容を教えてもらい、まさに「それによって生きかつ死ぬることのできる世界観（革命的共産主義）」を与えられた思いにかられたことは今でもハッキリ脳裡に残っています。この時に、私は、現にある組織に参加するという姿勢ではなく、スターリニスト党・日本共産党をのりこえる新たな党を「テメエ」が一から創らなければならないのだ、ということを黒田さんから徹底的に叩き込まれました。

こうして私は、反スターリニズムの前衛組織を「このオレが創りだすんだ！」という悲壮な決意と気概を固め、九州・熊本において先輩とともに三人で革共同の熊本細胞を結成したのでした。そして、一九五八年七月の革共同の第一次分裂（自称純トロツキスト太田竜の脱落・逃亡）、さらに五九年八月の第二次分裂を私なりに主体的に経験してきました。「反帝・労働者国家無条件擁護」戦略を護持した関西派＝西分派と訣別した第二次分裂をつうじて全国委員会が結成されたとき、私は、やっと〈反帝・反スターリニズム〉戦略とそれを実現するための組織戦術ということを明確にしたわれわれ（探究派）の党が結成された、という絶対的確信を深めたことを想起することができます。

この私が、一九六〇年春大学卒業を機に、単身大阪に就職先を求め、探究派の闘いゼロの地・関西において、〈反帝・反スターリニズム〉の党をこの自分が創っていくのだという意志と意欲に燃えて、新たな闘いを開始しました。同志黒田から『探究』読者の名簿をもらい、一軒一軒訪ねることから始めました。そして、奈良出身の野島三郎の紹介で知ったところの国労大阪地本の元日共党員の二人（浜野・前田）とのあいだで〈反帝・反スターリン主義〉に立脚した前衛党をつくっていくという点で一致をつくりだし、関西における革共同・全国委員会の組織を結成したのは一九六〇年の五月でした。私自身も、民間労働者を経て九月には国労大阪の書記に就職しました。私は反スタ革命的マルクス主義への確信と自信をもって、のちにブクロ官僚一派に付き従うことになる浜野・前田の二人をひっぱりながら、労働戦線において既成左翼をのりこえる組織をつくりだすことをめざして、国鉄労働者たちを『賃労働と資本』『共産党宣言』などの学習会に組織化していたわけです。

こうした学習会を基礎に、組合運動の場面における反幹部闘争をつうじてのケルンづくりをおしすすめ反スターリン主義運動の担い手をつくりだし、一九六一年初頭には、東京の仲間たちとともに日本マルクス主義青年労働者同盟（マル青労同）を結成しました。また崩壊したブントからわが同盟への流入は関西においても生起し、元京大ブントの竹中明夫と田村が革共同に入ってきました。彼ら二人を加えて、五人で関西地方委員会を結成したのです。私はブント主義と対決しなければならないという自覚をもってはいましたが、学生戦線にはあまりタッチせず、労働戦線でマル青労同を建設するためにともにたたかってきた浜野・前田にたいして〈反帝・反スタ〉の路線で一致しているという信頼をもちつづけていたのでした。

それゆえに、一九六二年秋の過程で同志黒田からブクロ官僚の問題性を指摘する手紙を頂いていたのに、関西における党内闘争の断固たる展開を遅らせてしまったのです。

しかし、同志黒田からの働きかけを受けて、私は、ブクロ官僚が大衆運動、労働運動へのわが同盟の組織戦術の貫徹を没却するという新たな大衆運動主義的疎外に陥没していることをつかみとり、遅ればせながら彼らと全面的に対決する党内闘争に踏み切りました。一九六三年一月一日に黒田宅においてもたれた政治局と関西地方委員会との合同会議に出席したときのことです。

それ以降私は、探究派以来のわれわれの基本路線を歪曲するブクロ官僚一派との分派闘争を断固としておしすすめ、関西における革マル派建設を実現していったわけです。

このような経緯への主体的反省の思いもあって、第三次分裂をかちとって以降の段階で、私は、革マル派建設のためにはブクロ派的疎外を生みだしたみずからの腐敗を見つめよ、というように問題を立てたのでした。このような私の問題の立て方にたいして、同志黒田から次のように指摘されました。ブクロ派の腐敗を自己の他在としてうけとめ、その批判・克服をつうじて自己自身と組織そのものをつくりだすこと、ブクロ官僚派の運動＝組織路線の本質が何であり、その誤謬と必然的破綻の根拠は何であるかを体系的に明らかにするという理論的課題と対決し、それをつうじて同時にわれわれ革マル派の運動＝組織論をより豊富化していくこと、この両者を二重うつししてはいけない、と。* 黒田さんのこの指摘をうけとめることをつうじて、私は、ブクロ派との場所的対決を欠如して「自己の腐敗を見つめよ」と問題を立ててしまう主体形成主義的な考え方に陥っていることを自覚し、克服していったのでした。生みだされた外なるブクロ派的腐敗を断固として批判しつくすこと、そのことをつうじてみずからと組織を強化し、われわれ自身の運動=組織づくり上の「弱さ」を具体的に克服するというように、実践的に考え追求しなければならなかったわけです。こうして私は、武井ら中央指導部がわが同盟の基本路線をねじ曲げ大衆運動主義に転落するという思いもかけない事態の現出を前に、これに立ち向かうべき己れ自身の非力さをつきつけられた私自身を現実的にのりこえ、関西における革マル派建設を実現していったことだけは確かなこととして、よみがえってくるのです。

＊本書所収「「過去からの訣別」をいかになしとげるべきか?」参照

いま私は、組織的闘いそのものに加わることはできませんが、わが同盟の理論的・組織的闘いの前進と、諸同志からの批判や助言や援助に支えられながら、私の日常実践=療養生活の内実をまさに反帝・反スターリン主義運動の場所的貫徹として実現するというカマエで生きています。第三次分裂をともにたたかった同志であり、一九七四年に私が実質的「死」を突きつけられて以降もずっと私に付き添って支え続けてくれた良き伴侶でもある同志と、二人での学習会と日常生活の点検、その教訓化の追求だけは必ず続けています。学習会は、『逆流に抗して』から始め、『組織論序説』『革命的マルクス主義とは何か?』『スターリン批判以後』上・下、『日本の反スターリン主義運動』1・2などなどを学習し、いまはトポス

（『実践と場所』）第二巻をやっています。

こうしてみずからの日々の生き方、内実の弱さ、とりわけ記憶力を含む頭脳活動の絶望的なダメさに直面しつつも、それでもみなさんに助けられ、支えられて、まさに革マル派の一担い手として、特殊な諸条件をふまえての〈われわれとしてのわれ〉の療養生活を前向きに私なりに創りだしています。

私は頭脳訓練、鍛え直しの試みの一つとして、ロシア語をイロハから学習してきました。すぐ忘れてしまいがちな私ですが、ロシアの諺などに励まされながら続けています。

Учиться《ウチッツァ》 никогда《ニカグダ》 не《ニエ》 поздно《ポーズナ》　学ぶのに遅すぎることはない

Век《ヴェク》 живи《ジヴィ》, век《ヴェク》 учись《ウチーシ》　百年生き　百年学べ＝生ある限り学べ

すべてのみなさん。老いも若きも打って一丸となって、革マル派結成半世紀の現時点を新たな出発点として、わが反スターリン主義運動の前進をかちとるために奮闘しようではありませんか。

吉川　文夫

［二〇一三年12・8革共同政治集会へのメッセージより］

同盟指導部建設の前進のために

――革共同第十二回大会について

一九七九年六月十七日

黒田寛一

一九七一年初頭から全同盟的にたたかいとられた指導部建設のための闘いを通じて、わが同盟組織建設の第二段階をわれわれはきりひらいてきた。にもかかわらず、ブクロ＝中核派解体闘争のただなかでいくつかの組織諸問題が発生した。こうした諸問題を、われわれは、激化した謀略攻撃のまっただなかでとりあげ具体的かつ実践的に解決するために苦闘してきた。こうした内部思想闘争を全同盟的にくりひろげることを通じて、わが同盟組織は飛躍的強化をたたかいとってきたといえる。

組織内思想闘争をその先頭にたってたたかいぬいてきた指導的メンバーの一部が、それにもかかわらず暴きだされ剔出された自己自身の理論上および組織実践上のもろもろの欠陥や誤謬を、執拗にくりひろげられた批判・自己批判・相互批判を通じても、ついに自覚し実践的に克服することができずに挫折したり混迷をなおつづけたりしている、というこの痛苦な組織的現状をのりこえつつ、われわれはたたかってきた。

かつてのわれわれが予想しさえしなかったこの組織内闘争を、われわれはわが同盟組織建設の第三段階と規定した。この第三段階の闘争は、同志杜学が他の三名の仲間とともに権力内謀略部隊によって焼殺される［一九七七年四月十五日］という大きな組織的打撃をこうむった過程のなかでおしすすめられてきた。謀略部隊の反革命テロルによって虐殺された五十数名の同志や仲間たちの遺志をうけつぎつつ、わが国家権力を最後的に打倒しうる前衛部隊を確固として築きあげることを堅く誓いつつ。

一方では次々にしかけられてきた種々の形態の謀略にたいしてわが同盟組織を防衛しぬくためのイデオロギー的＝組織的闘いを、数々の欠陥や蹉跌や誤謬をえぐりだし克服しながら、全同盟をあげておしすめてきた。そして他方では、こうした組織防衛のための闘争を絶対的基礎としつつ、その時々の政治的および経済的諸課題を解決するための大衆運動を労学両戦線において組織し推進し、このまっただなかで党派的なイデオロギー的＝組織的闘い（媒介的党派闘争）をも、われわれはたたかいとってきた。とりわけA闘争（水本君謀殺・遺体スリカエ弾劾闘争）を、労学両戦線での闘いを基礎としながら、全社会的広がりをもった大衆闘争として展開することに成功し、これを通じて現にいまわが同盟ならびに革命的左翼たらんとするものに仕掛けられている謀略、その実態、その背景、その本質を社会的常識の地平にまでおしあげることができたといってよい。いまや、中核派と社青同解放派（青解派）とが、まるごと権力の手先にまで、国家権力の走狗集団にまでなりさがってしまっていることは公然たる事実とさえなっている。だがまさにこのゆえに、権力内謀略グループは、その意図と意志をますます露骨にこの二つの走狗集団とその機関紙を通じてしめすと同時に、謀略襲撃も狂暴さの度を増している。東京ＳＵＭＭＩＴにむけて開始された火つけゲリラと虐殺の続出、これらの実態そのものとそれらの追認のしかたなどは、それらが謀略いがいの何ものでもないことをあらわにしつつある。最末期をむかえている二つの走狗集団を解体するだけではなく、権力内謀略グループの思惑（イタリアの「赤い旅団」を模倣した新たなゴロツキ集団＝日本型赤い旅団の結成）をもうちくだいていくための闘争を、われわれはあらゆる面で創意的にくりひろげるべきである。

さて、党派闘争ならぬ党派闘争や謀略を粉砕する大衆闘争を、学生大衆運動の革命的推進および労働運動の左翼的展開と同時的におしすすめることができたということは、こうした闘いの中核をなしているわが同盟組織そのものの底力をいかんなくしめしている。まさしくこのゆえに新たな謀略が次々にわが革命的左翼とその周辺にたいして仕組まれることにもなっている。

わが反スターリン主義運動が直面させられているこの厳しく困難な現状を全組織が堅く団結して突破していくためには、わが同盟組織そのものを、とりわけその指導部を、確固たるものとするための闘いが新たな決意のもとに推進されるべきである。またもや指導部内に露呈した諸欠陥を大胆にえぐりだし克服していくための新たな組織内闘争を、われわれは断固としておしすすめる、という決意をかためるのでなければならない。いまやわれわれは、わが同盟指導部建設の第四段階をたたかいとるためにたちあがるのでなければならない。（一九六三年～七一年＝第一段階、七一年～七六年＝第二段階、七六年～七九年＝第三段階、七九年以降＝第四段階。）

1　組織建設のイロハの蒸発

〔A〕自己変革の緩み

吹きあれる種々の形態の謀略攻撃をはねかえしながら運動＝組織づくりをおしすすめることは、たえざる精神的緊張を要求され、そしてこの緊張の持続は肉体的にも精神的にも疲労を蓄積することになる。しかも、この疲労の蓄積にはおかまいなしに、大衆運動として展開すべき政治上および経済上の諸課題が次々にまきおこり、また謀略襲撃が相次いだり組織的撹乱と挑発をねらった謀略グループによる情報戦略もさまざまな形で発動されている。それだけではなく、学校への行き帰りや出退勤をねらって、公安警察は組織的に張り込み・尾行・挑発と暴行・政治泥棒・電話によるおどしなどを公然あるいは隠然と執拗におこなっている。組織諸成員の生命と組織そのものを警察権力の攻撃から防衛するための注意力・警戒心を日常的に最大限に発揮することが現実的に強制されている。こうして精神的および肉体的な疲労困憊は不可避となる。このゆえに運動＝組織づくりにおける種々の蹉跌や誤謬をおかすことにもなる。

たとえば組織防衛上のイロハの忘却や無視、機能主義的発想法・任務分担主義・全体的視野の喪失・感覚の鈍磨などにもとづく組織防衛の閑却、精神的緊張の持続のゆえにもたらされる精神的弛緩からする暗号の忘却・無視（観念的自己二重化ができない精神的弛緩あるいは怠惰）、組織活動を展開しながら思考しつづけることを放棄した機能主義の純粋化による組織防衛効率の低下と無自覚的な組織暴露などといった諸欠陥が露出することになる。

それだけではない。精神的および肉体的な疲労の蓄積のゆえに、組織活動そのものが惰性化してたえざる自己点検と自己省察がないがしろにされたり、さらに時折り訪れる精神的弛緩や怠惰のすき間に非共産主義者的なものが忍びこんだり、またそうした頽落それ自体に無自覚のまま惰性的に同盟生活をしたりする傾向さえもがうみだされる。

種々の組織活動を通じて蓄積された疲労を回復するための方法や手段にかんする創意工夫があまりにも足りなさすぎるともいえる。〝裸のつきあい〟や〝腹割り〟のために酒を利用するのは、組織成員としての自己をブルジョア社会の疎外された人間の水準におとしめることにもなることを知るべきである。そうは言っても、もちろん禁欲主義者になるべきことを強制しているのではない。ただ共産主義者は共産主義者にふさわしい生活態度を持続すべきだ、といっているにすぎない。

疲労を回復するためには可能なかぎり睡眠時間を長くとったり体操をしたりする必要がある。組織討論と称して、相もかわらぬお喋りをえんえんとやるのは無駄であり無益である。十数分から三十分ぐらいの落語や講談に耳を傾けた方が、よほど精神的清涼剤になるのではないか。道理や人情をわきまえない朴仁などには、一つの薬となるかも知れない。組織成員といえども、少しばかりインテリジェンスのある趣味や娯楽をもつべきである。あるいは自分の「専門」外の領域に属する書物を読むということも、精神的疲労の回復に役立つのである。精神的ゆとりをとりもどすことを志すのは、肉体的および精神的過労を除去する一つの有効な手段である。たえずイライラしたり焦っていたりしたのでは、組織活動も理論活動も決してうまくいくはずがないのである。

たとえ共産主義者たらんとしているものであっても、合法および非合法の両面からの苛酷な弾圧にさらされたり、あるいは組織活動上・理論活動上での一定の限界状況に直面させられたりするようなばあいには、彼らの内になお残っていた過去的なものとか、なお克服されていないところのものとかが首をもたげるのがつねである。自己の内なる小ブルジョア的なもの・人格的未熟さ・感性の歪み・独特な個性（大ざっぱ、ぶっきらぼう、ぶっちゃまけスタイル、のんびりや、神経過敏、こまやかさ、無神経、おうへい、イラペシ、図々しさ、おとぼけ、はしゃぎすぎ、無口、一点集中癖、任侠気質、甘えん坊、軽率さ、だらしなさ、他者への無関心、傲慢さ、気がねする傾向、人見知り、おせっかい、ケチん坊、ソウウツ性、クソ度胸、小心者……）などが露出するのであり、これらがしばしば組織問題としてつきだされる諸問題にからみあうことになるのである。まさにこのゆえに組織諸成員の内面性とか過去からひきずっているところのものまでをもえぐりだすことなしには組織問題の組織的解決は不可能なのであり、またここに組織問題の重要性とその解決の困難性もあるわけなのである。

ところで、自己の内なる過去的なものが一定の人生観のようなものとして沈澱し、そしてこの沈澱しているものが共産主義者としてのおのれの主体性の一契機となっているような同志たちのばあいには、同盟生活のなかに非共産主義的なものをもちこんだり組織活動そのものに歪みが発生したりする。たとえば任侠気質のもちぬしは、組織内に親分子分の関係や独特の〝家族主義〟的関係を無意識的につくりだすことになる。それと同時に、組織討論においても、組織的・理論的基準の彼岸において、まさに「弱きを助ける」ための論議スタイルとして現象するばあいさえもがうみだされる。また、たとえば〝裸のつきあい〟

をモットーとしている一部の同志は、組織活動や理論活動とは別箇の〝領域〟が存在することを暗黙の前提としているかのようである。共産主義者としての公的生活とは別に「共産主義者の私的生活」があるかのように信じているかのようである。この「私的生活」は、いわば「ホッとする領域」＝息抜きの領域＝〝裸の・あるがままの〟生活空間のように解しているかのようである。これは、しかし、ブルジョア的人間の自己分裂を主体的に超克することを放棄した「共産主義者の二重生活」であって、共産主義者たりえていないことの如実なあらわれでしかないのである。たとえば酒の呑みすぎにおいてあらわとなる非ないし前共産主義者的な諸行動を「酒のせい」に帰することは決してできないのである。たとえ酒とは無関係であったとしても、共産主義者たらんとするもののなかに「私的生活」をつくりだしたり他の同志のなかにそれを見出そうとしたりするのは、それ自体が非共産主義的なのであって、若い時代に形成された〝裸のつきあい〟とか〝ぶっちゃまけスタイル〟の尾ひれを、あるいは非共産主義的な生き方や人生観を、いまなおひきずっているからであるといわなければならない。

任侠気質やぶっちゃまけ人生観のもちぬしは、しばしば実感主義者として自己をおしだしているのであるが、しかし彼らにはつねにマルクス主義哲学の素養が欠如しているか、さもなければ哲学的貧困をおしかくすための逃げ口上でしかないか、そのいずれかなのである。おのれの「実感」を大切にし、おのれの「実感」に固執するということは、共産主義者たらんとしているおのれ自身を哲学することの放棄を表明しているに等しいのだ。実際、彼らのばあいには、しばしば唯物論的主体性論の理解（主体化ではない）が貧弱であるだけではなく、またこのゆえに同時に認識＝思惟活動を弁証法的に展開することが不得手であり論理的思弁力が相対的に弱くまた歪んでいるのをつねとする。さらに、運動＝組織づくりにおいて不断に適用されまたそのことにより深化されるべき諸理論あるいは分析基準となるべきものへの関心が薄かったり、それらのたえざる主体化が軽視ないし彼岸化されたりしている。一口でいえば、理論性および論理性の弱さは、マルクス主義哲学を主体化するためのたえざる努力の蒸発のゆえであり、またこの蒸発のゆえに「自己の実感」を拠り所とすることにもなる、ということだ。

少青年時代に形成された人生観や生き方をもマルクス主義哲学・主体性論の主体化を通じて再吟味し、克服すべきものは克服していくという努力がつみかさねられないかぎり、組織実践そのものにおいて同じ誤りを二度三度くりかえすことにもなるであろう。おのれ自身の内になお変革されていないものを発見したり同志たちから指摘されたりしたばあいには、それを主体的に自己超出してゆく決意をかためかつ実践するのでなければならない。そうでなければ、組織活動においておかした自己の誤謬や暴きだされた欠陥をそのようなものとして自己確認することしかできないであろう。これはナルシシズムの一つのあらわれでしかない。「反官僚・反インテリ」であった過去のおのれを想起して押売りしたり「下部主義者」としての過去のおのれをおしだしてみたりしたところで、指導者としての自己の変革には少しも役立ちはしない。あるいは、おのれの思弁力の弱さということを否定的に肯定するといった言辞を弄するだけでは自己脱皮は不可能なのである。問題なのは、おのれの現状そのものからほがらかに訣別するための否定的精神であり、たえざる自己脱皮と自己超出を志向する実践的立場を確固として築きあげるところにこそある。怯懦はわれわれの敵である。

〔B〕 組織実践の歪み

現段階における階級情勢の激動、とりわけうち続く謀略との関係におけるその動向、そしてわが革命的左翼のイデオロギー的＝組織的闘いに追いつめられた二つの走狗集団の崩壊的現実のドラスティックな進行などにかかわる具体的で緻密な分析（運動論的情勢分析）や、闘争論的解明とこれを的確に展開するための理論的武器にかんするほりさげなどが、諸組織会議とりわけ指導機関の会議の主要テーマとなる。当然なされるべき組織点検――中央および地方の諸機関や各産別委員会および各細胞などでおこなわれている組織内思想闘争の報告、各級指導諸機関の担い手たちの自己点検や相互点検などの報告とそれらをめぐる論議――が、時間の関係もあって、ややもするとおろそかにされる傾向が、ここ数年間続いていることは否みがたい事実である。

各級指導機関や各産別委員会などの組織報告・点検・討論は、各種の重大な組織問題（組織防衛にかかわる問題をふくむ）が発生するたびごとには、もちろん徹底的になされてはいる。けれども、各産別委員会や単位組織の労働運動または大衆運動への組織的とりくみと、このとりくみの前提をなしかつこのとりくみを通じて強化される組織そのものの形態的および実体的確立にかんする組織総括、その時々の運動の大衆闘争論的解明にかかわる理論的諸問題の総括、とりわけわれわれの組織戦術の運動場面への貫徹においてうみだされた諸問題の総括とその実践的解明のための理論的指針のねりあげ。――これらは必ずしも十分になされているわけではない。わが同盟の組織的力量を投入してたたかった大きな闘争にかんするそれらは一定程度つねになされてはきた。けれども、そうした組織総括は不断に徹底的になされるべきである。そのような総括を通じて同時に、それぞれの闘争を責任をもって組織化した指導的メンバーそれ自身の思想的＝組織的成長がかちとられうるのだからである。とりわけ、わが同盟最高指導部を担っているメンバーの自己点検と相互点検のためにも、各メンバーが責任をもって指導している単位組織の運動＝組織づくりの現状・実態および組織内闘争の内容の概略が組織会議やその他の手段（内部文書や特殊な連絡）で不断に報告されるべきである。それぞれのメンバーが実際にくりひろげている組織実践（組織活動および組織指導）の内容を、指導的メンバーが相互に認識していないかぎり、運動＝組織づくりにかんする論議も、また特定の闘争課題をめぐる大衆闘争論的および運動＝組織論的解明にかんする論議も、なかなかほりさがらないからである。労働者同志たちをふくむ各組織成員が執筆した闘争論的解明、その歪み・欠陥・誤りなどをえぐりだし克服していくための絶対的基礎となるもの、それが運動＝組織づくりにかんする具体的で簡潔な報告である。他方、こうした組織報告がたえずなされているかぎり、闘争論的解明にかかわる諸論文にあらわれた理論上の諸欠陥と現実の運動＝組織づくりにあらわれた諸欠陥とを直結する観念性におちこまないでもすむはずであり、また前者と後者との区別および相互連関も構造的に明らかにすることが可能となるのである。そしてまた、理論展開上の欠陥や誤謬を理論のレベルにおいてはたとえ是正することができたとしても、このことは直ちに現実の組織実践における欠陥や誤謬の克服を意味するわけではないことも明らかとなるはずである。他方、もちろん、具体的組織実践においては正当な指導をし正しい闘争＝組織戦術を提起していたとしても、これらを理論化するばあいに――主体化されている諸理論の歪みや諸理論の非あるいは未主体化などに規定されて――失敗してしまう、というばあいもないではないのであるから、不断に自己自身が展開している組織活動および組織指導の内容は、その時々の組織会議において報告し討論の素材とするのでなければならない。

ところで、最近の組織総括あるいは自己総括にみられる一つの共通な特徴は、問題点列挙主義という点にある。まず提起される問題点それ自体にかんしていえば、これは、おのれの組織実践あるいは理論活動の産物の自己省察によってとらえられたものもあるのであるが、たいていのばあいは組織内討論を通じて自覚させられ把握したものである。剔出された問題点のこのような性格からして、問題点の理論的ほりさげがなかなか十分におこなわれず、問題点の自己確認によるたんなる羅列に終ってしまう傾向がしばしばうみだされる。

問題点が他の同志から指摘されたり剔出されたりしたばあいには、この問題点を結論とするのではなく出発点としつつ、適用されるべき諸理論を再主体化する努力との統一において、この問題点の理論的反省とほりさげはなされるべきなのである。そうでなければ、指摘され剔出された諸問題の理論的そして実践的克服は彼岸のものとなるであろう。

たとえば典型的には、おのれの「実感」に固執した情勢判断の誤謬を「実感」主義的に解釈する、というこのやり方では、うみだされた誤謬を実践的に克服することは決してできない。おのれの「実感」に固執した情勢分析ないし判断なるものは、そもそも革命的マルクス主義者としての実践的=場所的立場が欠如していることの見本であるばかりではなく、一般に情勢分析の方法にかんして過去十数年間論議してきた理論的成果のすべてを反古にしていることをも意味するのである。したがって、階級情勢を認識するばあいの理論的武器となるべき「情勢分析の方法」の再主体化を媒介にしながら、自己の情勢分析あるいは判断の内容そのものの誤りをつきだすことが、まずもって必要なのである。このような追求とならんで、もちろん同時に、おのれ自身の哲学的立場や認識方法そのものの主体的自己反省がなされるべきである。実感主義・クソリアリズム・内在主義・結果解釈主義・軍事力学主義などといった諸欠陥を〝答え〟として自己解釈することが問題なのではない。そのような諸欠陥におちいる根拠をこそ、下向分析的にほりさげていくことが肝腎なのである。

要するに、えぐりだされた問題点や欠陥や誤謬などを自己確認したり解釈したりするのではなく、それらの根拠を認識論的および革命理論的に追求することこそが大切なのである。問題点の列挙主義は誤謬を克服するための端緒にすらなおたっていないことをこそ自己確認すべきなのである。

それはともかく、ここではただ、△△産別委員会の組織総括とおぼしきものについて論じておく。

この「総括」は、まずもってその主体がなんであるかが極めて曖昧である。労働組合運動の組合レベルでの総括、あるいはせいぜいフラクション会議において提起されるような総括でしかない。そのようなものに堕してしまっているのは、ではなぜか。いうまでもなく、△△産別の労働運動を左翼的に推進することを目的としたわが同盟△△委員会を主体とした総括とはなっていないからである。

われわれ（わが同盟△△労働者委員会）の労働運動への組織的とりくみ（Y面）と、このとりくみの前提をなすと同時にこのとりくみを媒介として強化されるわれわれの組織（X面）、というこの構造をおさえつつ、特定の闘争課題を実現するための運動におけるこのような構造を実体論的に追求すること、いいかえればわれわれの組織戦術の運動場面への貫徹およびその成果を主体的かつ過程的に明らかにすること、これが組織総括の基本をなす。そして、すでに発表されているところの、この特定の闘争課題を実現するための労働運動にかんする闘争論的解明（このなかには闘争＝組織戦術の運動＝組織論的解明もふくまれる）、あるいは生産性向上運動（マル生）を粉砕するためのA型およびB型を理論化したものを適用して、××労働組合の一地方本部になお巣喰っている一握りの走狗分子を組合組織から最後的に追放するための闘いの闘争＝組織戦術を解明したもの、そしてそれらにはらまれている諸問題（欠陥や一面性や誤謬など）――これらは、われわれによる運動への組織的とりくみの前提・過程・結果にわたる現実そのものとの関係において追求されほりさげられるべきなのである。前者（われわれの闘争＝組織戦術の解明つまりE_2とその具体化としてのE_{2u}）が後者（現実の運動＝組織づくり）の実践的指針となっているかどうか、また前者にはらまれている欠陥や誤謬が後者において破綻をうみださなかったかどうか、あるいは後者にはらまれている諸問題は前者と無関係であるかどうか、後者にかんしてなお分析され理論的に追求されていないことがらがないかどうか、いいかえれば後者の現実分析にもとづいた総括は前者の欠陥や一面性を浮き彫りにするようなものとなっているかどうか、――およそこのようなことが追求されるべきなのである。

おそらくは例によって例のごとく「そんなことは分かっている」と開きなおる性癖をもっているわが同志が開陳した総括は、しかし、次のような二極分解を呈しているのである。すなわち、⑴「方針のレベル」にかんする総括、⑵「現実のレベル」の総括、というように。そして前者にかんしては、機関紙に掲載された闘争論的解明それ自体にはらまれている理論的欠陥を「現実のレベル」とは無関係にあげつらっているにすぎない。他方、後者にかんしては前者とはまったく無関係に、――しかも闘争論や運動＝組織論やマル生粉砕のA型およびB型の解明などの諸理論を適用して追求するという方法を完全になげすてて、

――ただただ現象論的しかも結果解釈論的に事態の経過を記述する、という方法がとられているにすぎないのである。「方針のレベル」の総括は「現実のレベル」の現実的総括において、また後者は前者との関係において、それぞれほりさげられ追求されるべきなのである。

けれども、組織総括を「方針のレベル」と「現実のレベル」との二つに分類して追求しようとしていることそれ自体が、そもそも誤りなのである。

なぜなら、さしあたりまず「方針のレベル」という発想は闘争論的解明とは無縁なものであって、この発想の基底には、労働運動への政治的対応の有効性を尺度とした方針主義が、したがってイデオロギー闘争主義（あるいは本質暴露主義）があるのだからである。しかも、この「方針」は組織戦術から切りはなされたたんなる闘争戦術のようなものでしかないだけではなく、「われわれ」の規定の曖昧性あるいは無規定ないし混乱（わが同盟組織、革命的フラクション、種々の形態の左翼フラクション、労組地方本部、労組中央本部などの雑炊＝〃五重うつし〃）と結合されるばあいには、わが同盟の組織戦術と当該労働組合の組織強化そのものにかんする組織方針との関係が曖昧となる（あるいはこの両者が無視される）ことになる。このことは、統制処分問題へのアプローチのしかたの誤りのなかに端的に露呈しているのであるが、このこと自体については、あとで論じることにする。

他方、「現実のレベル」の総括にかんしては、その規定性が明らかではない「われわれ」の労働運動への政治的あるいは政治技術主義的な対応の効率が良かったか悪かったか、という視点から総括がなされることになる。いわゆるヤリ方論的反省に堕している。この欠陥は、もちろん、木に竹を接ぐようにでてくる「ケルンづくり」の視点の提起によって隠蔽されている。「ケルンをつくらなければならないが、いい玉がいない」とか、「フラクション活動の条件がなかったわけではない」とかといった結果解釈まるだしの煙幕によって、運動への政治技術主義的対応の誤りがおしかくされているということである。

簡単にいうならば、「方針のレベル」のもとには運動への方針主義的あるいはイデオロギー闘争主義的な対応が、「現実のレベル」のもとには運動への政治技術主義的な対応が、それぞれ理解され位置づけられているにすぎないのであって、「ケルンづくり」はこれらの欠陥や無規定の「われわれ」をおおいかくすイチジクの葉として活用されているにすぎないのである。「方針のレベル」と「現実のレベル」といった二極的発想の基底にあるものは、〈運動への政治技術主義的対応プラスケルンづくり〉なのであって、これは一九六〇年代初頭に一部で開花したかのケルン主義を現在的に体現しているものにほかならない。

ところで、「方針のレベル」と「現実のレベル」というこの二分法は、哲学的にも誤っている。なぜなら、前者のもとに「理論」が、後者のもとに「現実」が、それぞれ理解されているのだからである。「理論」は「現実」の反映ないし指針であり、「現実」は「理論」の物質化である、といった単純不明解な考え方がつらぬかれているといえる。そこには、実践を規定する理論（指針）そのものの解明、理論（指針）に規定された実践そのものの解明、といったイロハ的な把握さえもが蒸発してしまっているかのようである。（いうまでもなく、このような哲学的把握を基礎として、大衆闘争論や運動＝組織論は築かれているのである。いいかえれば、理論と実践にかんするスターリン主義哲学を、われわれの諸理論の理解にもちこむならば、たちどころに後者は歪められてしまう、ということである。）

大衆闘争論的解明にせよ運動＝組織論的解明にせよ、それらは、せんじつめれば、運動＝組織づくりにおけるわれわれの諸活動そのものの構造および諸形態を主体的に解明することにほかならない。労働運動への対応、その効率を高めるための方針を明らかにするという考え方（＝方針主義）が基底にあるかぎり、（1）わが同盟の労働運動への組織的とりくみの全過程的構造も、（2）わが同盟員が組合員（または執行部の一員）たるの資格において展開する、労働運動の左翼的展開およびこれを通じての組合組織そのものの戦闘的＝左翼的強化も、（3）このような闘いを組織し推進するために、わが同盟がくりひろげる諸活動（同盟員としての活動、種々のフラクション活動、そして独特な職場活動あるいは職場闘争など）も、すべて客体化されて対象的にあつかわれるか（イ）、さもなければ「われわれの組織戦術の貫徹」や「ケルンづくり」が空語的に強調されるか（ロ）、に終ってしまうのである。つまるところ、ヤリ方論的アプローチの平面をこえでることができなくなる、ということだ。そして、このようなアプローチの欠陥と誤謬を補完するためにとびだしてくるのが、ほかでもなく党派対決主義のイデオロギー闘争を推進するための方針内容の提起（ハ）なのである。このようなものとしてそれは、かの労働運動（あるいは大衆運動）の党派闘争論的解明のようなものとなってしまうのである。「労働運動の党派闘争論的解明」という過去に発生したこの誤謬を理論的に克服する努力がないがしろにされているがゆえに、「方針」の提起が左翼組合主義的なものとなったり、またその裏返しの誤謬（いわゆる「裏がわ主義」への転落や「労働運動の党派闘争論的解明」といった偏向）におちこんだりすることになるのである。

問題の核心は、しかし、いまのべたような点にあるのではない。「方針のレベル」と「現実のレベル」といった二元的発想は、そもそも、このように発想するものそれ自身の組織実践そのものが歪んでいることを物質的基礎としていること、またこの歪みが方針主義または党派的イデオロギー闘争主義のゆえにラセン的に深まり、こうすることにより彼の存在そのものが現場の闘いから完全に遊離しているにもかかわらず、この遊離していることに無自覚であること、――まさにこの点にこそ問題の核心があるのだ。一口でいうならば、△△労働者委員会の指導部会議に出席すること、そしてこの会議で「方針」を提起したり「方針」をめぐって論議したりすること、これが、わが△△担当指導者の――意識と現実における組織づくりだ、ということである。

実際、彼が現実に展開している組織実践は、論文執筆活動をのぞけば、△△労働者委員会の指導部会議（拡大指導部会議の名において、それはしばしば細胞総会のようなものとしてもたれている）への参加および指導的メンバーとの連絡・報告・うちあわせの活動に局限されている。△△労働者委員会の下部諸組織を強化し拡大していくために当然くりひろげなければならない種々の組織活動は現実に放棄されている。中央の各地域に散在的に実存している細胞やフラクションを形態的および実体的に確立するための組織会議、またそのために不可欠な個別オルグ、さらに労働者同志たちが組織しつつある学習会や機関紙読者会などの手助け、これらのすべてが放棄されている。「時間がない」とか「常任メンバーが足りない」とかと言って。

けれども、組織実践のこのような歪みは、「時間が足りない」とか「常任メンバーが足りない」とかの問題に帰着させるわけにはいかないのである。時間の不足とか常任メンバーの不足とかは、われわれの党組織づくりにおいてはつねに必ずつきまとう限界なのであって、この限界内でどのように組織実践の質および効率を高めていくかを場所的に追求することこそが問題なのである。

現場の闘いから遊離した頭をしぼって論文を執筆することの不毛性。現場の生々とした闘いの報告の作成や労働者同志による論文執筆に協力することの実践的な意味と意義を理解し実践できない観念性。そして細胞やフラクションや学習会などからの遊離の無自覚。――組織実践のイロハをわきまえていないがゆえに、嘆きが時間の不足と常任メンバーの不足としてあらわれるのである。現場密着主義またはタコ壺的組織づくりは誤りであるが、その裏がえしも同様に誤った組織活動である。

右のような組織実践の歪みは、もちろん組織づくり観の歪み――いわゆるピラミッド主義――を前提すると同時に、組織会議のもち方および内容の歪みを措定する。

さてまず第一に、わがピラミッド主義者の組織実践の特色は、およそ次の点にある。――特定の産別組織の指導機関にいわばアグラをかいて、この機関の〝運営〟(運動のための「方針」をめぐる論議を中心としたそれ)だけを眼目とする。そしてこの機関のもとに所属する下部諸組織を――組織諸形態および組織性の形式主義的理解にもとづいて――上から操作する、という方式がとられる。こうした下部諸組織のリモコン操作は組織づくりにおける機能主義でしかない。

そして、特定の下部組織あるいはそれに属するメンバーに特定の問題(たとえば緊急を要する防衛問題など)が発生したばあいには、まずもって待機主義(下からの報告が指導機関に上がってくるまで拱手傍観していること)としてあらわれる。そして、その次の時点においては、組織問題をうみだした下部組織への消防ポンプ型出動として、いわゆるピストン・オルグとして現象する。こうした待機主義やピストン・オルグ方式は、もちろん、特定の産別組織のピラミッド的構造の頂点にあぐらをかいて、不断に下からの組織づくりを遂行することを放棄したり〝手ぬき〟をしたりしてきたことの必然的帰結である。とりわけピストン・オルグ方式はピラミッド主義という名の官僚主義を補完するためのスクランブルにほかならない。

上からの操作主義＝組織づくりにおける機能主義、ピストン・オルグ方式などは、もちろん、被指導部である組織諸成員のそれぞれへの関心が薄いこと、彼らの個別的な思想性・組織性・主体性についての貪欲な追求およびこれにもとづいた組織そのものの形態的確立についての意欲と実践の脆弱性ないし欠落、さらに指導者としては当然もっていなければならない全体的視野・気くばりの欠如、あるいは組織づくりにおける現在的な環がなんであるかということについての直観や認識の弱さ、といった諸問題ともわかちがたくむすびついている。

ところで、第二に問題となるのは、細胞やフラクションなどの会議に出席し論議を組織化することをほとんどやってこなかったわがピラミッド主義者の指導部会議のもち方および内容の歪みにかんしてである。すでにのべた方針主義あるいは党派的イデオロギー闘争主義、現場の闘いからの遊離についての無自覚のゆえに、指導機関での会議（一般的には組織会議）の内容は、その時々の労働運動にとりくむための「方針」をめぐる論議に会議の主要テーマが局限されることになる。しかも、この「方針」たるや、組織戦術から切りはなされたそれでしかないだけではなく、さらに例の「われわれ」の曖昧さとあいまって、われわれの闘争＝組織戦術（E₂）と組合運動場面へのその具体化（E₂u）とを区別および統一において追求するという問題意識そのものが欠落してしまうのである。それだけではなく、労働運動を左翼的に推進するための組合としての組織方針が、かの「方針」からは蒸発してしまうことになる。

組織会議は要するに、その時々の闘争課題を実現するための「方針」（組織戦術が基本的に欠落しているそれ）をめぐる論議に、その検討・是正による一致した「方針」の決定に、きりちぢめられることになる。そして、この「方針」が組合主義的なものであるかのように感じられたようなばあいには、「われわれ」の曖昧性に〝助けられて〟党派的対決のためのイデオロギー闘争の内容が補完的に提起されることになる。

しかもなお悪いことには、下からのたえざる組織づくりからの遊離、組織諸成員の思想性・組織性・主体性の論議を通じてのたえざる分析把握の欠落、組織点検の実質上の放棄といった日常的組織実践そのものの歪みに決定されて、指導機関の会議においても、次のようなことがらが蒸発してしまうのである。

――（1）指導機関の担い手たちの運動＝組織づくりにかんする自己点検および相互点検。（2）当該産別労働者組織を担っているすべての組織成員の思想性や組織性の分析とこの分析のくいちがいをめぐる論議の希薄化ないし欠落。（3）個々の組織成員の諸活動（同盟員としての活動、種々のフラクション活動、独特な職場活動または職場闘争、運動へのとりくみ方、一般組合員へのかかわり方など）の点検を基礎とした思想＝理論闘争の組織化。（4）組織諸成員のあいだの思想的＝人間的な交通関係を確保し実現するための、あるいは組織内思想闘争を組織的に実現するための一手段としての内部文書の発行。（5）おもに学生戦線で推進されつつある諸闘争（たとえば反戦、反原発、スターリン主義国家間戦争反対など）へのとりくみにかんして論議されていることがら（たとえば、それぞれの時点における情勢分析やその方法、闘争論的解明などにかかわる諸問題）をも、時間の許す範囲内で、かつズンドウ的にではなく、創意的に提起すること。

方針主義あるいはイデオロギー闘争主義におちこんでいることに無自覚であるばあいには、およそ右のような組織点検および組織内思想闘争にかかわることがらが欠落した「組織指導」なるものに堕してしまうのである。不断の組織点検および思想闘争が欠落した、あるいはそれが希薄な組織会議なるものは、それゆえに、思想闘争の場であることをやめてたんなる「うちあわせの場」のようなものと化してしまうのである。わが同盟組織に属する特定の指導機関の会議が「うちあわせの場」と化するということは、組織論的にはそれが運動の裏指導部化していることを意味する。たえざる下からの組織化を基礎としたわが同盟組織建設という原則を忘却ないし閑却して、特定の指導機関の会議だけを方針主義的に〝運営〟することが、われわれの組織指導なのではない。わが同盟組織づくりを特定の指導機関の「方針」をめぐる会議に解消するというこの観念性（現場の闘いからの遊離）のゆえに、組織内思想闘争は「方針」の方針主義的で党派的イデオロギー闘争主義的な論議に矮小化されることになる。それだけではなく、そもそも運動＝組織づくりにかんして発生している諸問題を、まさに問題として発見することができなくなり、組織的に追求すべき課題として設定することももちろんできなくなる。さらに、たとえ問題が発見されたり剔出されたりしたばあいにも、この問題の確認にとどまって、その理論的ほりさげができないことにもなるのである。下からの組織づくりを通じての教訓化を基礎とすることなしには、組織問題の発見も、その実践的解決も、決してできないのである。

ところで、当該産別組織の指導機関を担っている同志たちの多くは同時に労働組合の中央および地方執行部をも担っている。このゆえに当然にも、当該産別指導部の会議がなかなかもてないことになる。だからといって、指導機関の会議をつねに拡大という形式でもってよい、ということにはならない。また「現場先行と表がわ（労組）の position に規定された任務分担主義とが重なりあって、指導部会議がなかなかうまくいかない」というようにまとめることもできない。このようなまとめは、肯定的現実主義でしかない。組織的現状を突破してゆく否定的精神と実践的立場が、そこには欠如している。考えても見よ。「現場先行」となるのは、そもそもわが同盟の当該指導機関の会議の質そのものが問われているのではないのか。また「表がわのポジションに規定された任務分担主義」が固定化するのは、一体なぜなのか。わが同盟員が当該産別労働組合の執行部員としての執行部員になりさがってしまって、わが同盟員が執行部員としての諸活動を展開するということの自覚が欠如ないし希薄となっているのは、何にもとづくのであるか。わが同盟員たちが組合活動にのみ没頭してしまうことになるのは、たんに時間の問題にあるわけでもなければ、また執行部内の非同盟員たちへの〝配慮〟にあるわけでもないであろう。組合執行部を担っている同志たちに同盟員たるの自覚をたえず喚起し促進するための思想闘争がなされているか否かが問題なのであり、またわが同盟の当該産別指導機関の会議が実践的にも思想的にも役に立つものとしてもたれているか否かこそが問題なのである。わが同盟の諸組織会議の質的内容そのものの検討、そのたえざる高度化、その前提をなすところの、下からの組織づくりのための常任メンバーの日常不断の組織活動そのものの質、これらの自己点検および組織的点検をぬきにして、「会議がなかなかもてない」などとほざくのは、泣き言いがいの何ものでもない。おのれの組織実践の歪みを省察し克服しようともしないピラミッド主義者のゆえに、まさにそのゆえに組織のピラミッド的構造をそのようなものとして形成し確立することができない、ということを知るべきである。

一般に組織会議は「うちあわせの場」でもなければ、組織諸成員が「方針」をめぐって意気投合するだけの場でもない。それは、わが同盟組織を名実ともに前衛党組織として形成し確立していくための思想闘争の場、思想闘争を通してその組織諸成員の人間変革をなしとげる場なのである。だがしかし、わがピラミッド主義者に固有であると思われる次の二つの理由により、思想闘争＝人間変革の場がそのようなものたりえなくなっているのである。その第一は、彼の独特な論議スタイルのゆえに、そもそも対話が成りたたないということ。その第二は、彼だけに固有なものではない思考法上の欠陥（結果解釈主義や悟性主義）。

2　問われる指導者としての諸前提

〔A〕 対話（論議）の不成立とその根拠

わがピラミッド主義者が組織会議（や対話）においてとる態度そのものが、いまや問題にされなければならない。

わがピラミッド主義者は、大衆闘争論や運動＝組織論とは無縁な方針主義的かたよりをもっている。このことは同時に、彼が方針提起論主義（われわれの組織戦術を貫徹してゆくというベクトルが欠落して、ただもっぱら大衆の意識水準に迎合し「大衆の意識にふまえること」を自己目的化した方針の提起のしかた）に無自覚にはまりこんでいることを意味する。たとえば、一九七八年秋に、××地本に巣喰っている一握りの走狗分子を組合統制処分に付すのではなく、むしろリコールすべきだ、というような提起は、××地本の組合員大衆への観念的ふまえすぎの一産物であるともいえる。もちろんそれは本質的に、われわれの組織戦術を貫徹してゆく具体的諸形態の追求を彼岸化するばあいにのみ可能となるものなのであるが。――この「ふまえる」主義は、それによって不可避的に露出する欠陥を政治技術主義的にのりきるための党派的イデオロギー闘争の強調と不可分にむすびついている。イデオロギー闘争主義と「ふまえる」主義＝方針提起論主義とは相互補完関係にあるわけである。

ところで、この「ふまえる」主義が組織内討論や論争にもちこまれるばあいには、論議の直接的相手にたいして極度に配慮するという態度としてあらわれる。同志としての他者へのこの配慮は、卑屈な態度としてあらわれたり、他者に迎合する姿勢となったりする。同志としての他者にたいする不必要とさえ思われるこの配慮は、もちろん「生来のわがまま」を押売りする傾向をもっている彼の裏面ではある。一方では、おのれの「わがまま」を自認しかつ公言しておきながら、他方では他者にたいして必要以上の配慮をはらう、といったチグハグな言動それ自体を彼は決して改めようとはしない。〝ざっくばらんに生きる〟とか〝ぶっちゃまけスタイル〟とかをモットーとしているからなのであろう。このような同盟生活における態度や言動は共産主義者のものではなく、小ブルジョア的過去の温存であり共産主義者へのたえざる自己脱皮の放棄を宣言したに等しいことを知るべきである。

この「わがまま」な性格と他者へ配慮する性向が組織活動にもちこまれるばあいには、彼のピラミッド主義とあいまって、次のような現象をとる。たとえば、論文執筆その他の口実をつくって、フラクション会議への出席をサボタージュする、というような点にしめされている「わがまま」。下からのたえざる組織づくりから遊離しているにもかかわらず、このことに無自覚であり続けることができるのは、たんに組織観の歪み（ピラミッド主義）にもとづくだけではなく、この「わがまま」という性格とも関係していると思われる。しかも、下部諸組織から現実には完全に浮き上がっているにもかかわらず、これについての自覚をもっていないわがピラミッド主義者は、指導機関の会議において、労働者同志たちから「浮かないように」配慮しつつ討論を組織することを心掛けているのだそうである。こういう言動そのものが労働者同志たちを馬鹿にしているというべきなのだ。労働者同志たちへの配慮のしかたが間違っているだけではなく非共産主義的ではないか。どんなに厳しいことであったとしても、それが革命的マルクス主義の立場からして正当であり、理論性と論理性に基礎づけられているかぎり、彼ら労働者同志たちは率先して主体的にうけとめ実践に移すのだ。現場の闘いから遊離し、しかも理論性も論理性も定かではないところのものを提起するがゆえにこそ、かの「配慮」なるものが働き、労働者同志たちへの迎合・へつらいが不可避となるのである。とりわけ常任メンバーによるこうした迎合やへつらいを、彼ら労働者同志たちはそれこそ〝本能的〟に見抜く力をもっている。彼らが常任メンバーに期待しているのは、彼らへの迎合やへつらいではない。理論にかんしても、運動＝組織づくりにかんしても、彼ら自身の自己成長および組織的向上に役立つような教育および指導を、彼ら労働者同志は常任メンバーに期待し要求しているのだ。労働者同志たちに迎合したりへつらったりするのではなく、労働者階級の自己解放のために、さしあたり現実には労働者同志たちの個別的＝組織的な成長のために奉仕すること、これが職業革命家たらんとするものの〝出発点の出発点〟ではなかったのか。にもかかわらず「労働者同志たちから浮く」ということへの警戒を基準にした組織指導なるものは、まさに政治主義以外の何ものでもなく唾棄すべきことなのである。

組織会議を「うちあわせの場」のようなものにおとしめることなく、組織諸成員の思想闘争＝人間変革の場としてとらえ実現することを、前衛党組織を共産主義的人間の「溶鉱炉」（梅本克己）として形成し実現することを、われわれのすべては、これまでも実践してきたし今後もまたそうである。このようなわれわれにとってのイロハを、いままた再確認しなければならないのは、一体どういうわけなのであろうか。

一九六五～六六年にうみだされたあの痛苦な組織的事態を、わが同盟全体の教訓としてきたはずである。かの事態は、わがピラミッド主義者がつぶやいたように、常任メンバーが労働者同志に「ふまえ」なかったことから発生したのでは決してない。没理論であることに無自覚であった常任メンバーがおのれの欠陥を棚にあげて反組織的行為（いわゆるカチカチ山）をやったことが出発点であったのである。にもかかわらず、わがピラミッド主義者は、かの教訓を「ふまえ」の問題に矮小化してとらえていた。これは驚くべきことである。

さて、わがピラミッド主義者の組織討論の問題にもどろう。

おのれ自身の理論上および組織実践上の諸欠陥が指摘されたり剔り出されたりしたばあいには、つきだされた諸問題について、その時その場で熟考することなく沈黙し、「あとでまとめる」という態度をとるのがつねなのである。もちろん、「実感主義者」とも自称している彼は、彼の「実感」（たいていのばあいは、共産主義者としてのそれではなく、〃ただの人〃＝小市民としてのそれであるが）や心情をポンポン吐露する傾向をもってはいる。ところが、ひとたび理論上および組織実践上の諸問題になると、あらかじめ「まとめ」をやっていないものについては、沈黙するのがつねなのである。逆に、あらかじめ「まとめ」ができているばあいには、いわゆる〃大ぶろしきをひろげる〃というスタイルになったり、〃金網デス・マッチ〃と呼称される論議スタイルになる。だが、このばあいでも、他の同志たちからの批判が浴びせられると、この批判をうけとめつつ、自己の意見や見解を改めたり軌道修正したりすることが往々にしてできない。（批判のうけとめ方そのものおよび自己の思想や理論の訂正や改変などの認識論的分析については、あとでのべる。）そして、批判者にたいしては最後通告をつきつける――「オレは頭が悪いのだ」とか

「いまオレの根本が問われている」とかと。

このような論議スタイルでは思想＝理論闘争それ自体が進展しないだけではなく、組織諸成員のあいだの同志的信頼関係を実質上破壊することになるのである。同志としての他者の見解や意見に耳を傾けるという誠実さをしめしながらも、この他者にたいして自己の見解や態度をその時その場で表明しないということは不誠実であるということに、彼は気づかない。たとえ真面目な態度をとったとしても、沈黙することにより結果的には不真面目になってしまうのだ。もちろん「実感」主義者としての彼の面目を発揮するようなばあいには、不謹慎な発言を平然とやってのけたり、同志としての他者を傷つけるような発言をしても、そのことに気づかないほどの無神経ぶりをしめしたりすることになる。そして、「無神経だ」ということが指摘されると、今度は「オレは神経質なのだ」といったぐあいに、その時その場の自己の言動そのものの問題性について熟考するのではなく、おのれの性格一般の問題に横すべりさせた言辞を弄するわけなのである。このような態度をとることは明らかに、組織諸成員のあいだの人間的＝精神的な交通関係を遮断するものでしかなく、同志的信頼関係を破壊することになるのである。

さて、組織会議におけるわがピラミッド主義者との論議がそもそも論議となりえず、また一般に彼との対話が対話として成立しない、ということの構造そのものについて次にのべなければならない。

理論活動や組織実践にかかわる問題点や欠陥や誤謬などがつきだされたばあいに、わがピラミッド主義者がとる態度は、およそ次の三つである。その第一は承認の意志表示。その第二は弁解。その第三は無自覚的な居直り。

まず、承認の意志表示（「……はうけとめることができる」）がおこなわれるさいにも、「なぜ」「どのように」ということがぬけおちるのをつねとする。その根拠としては、いろいろのことが考えられる。「あとでまとめて考える」という、克服されずになお残存している習慣。結果解釈主義的なうけとり方。これまで把持してきた自己の意見や主張と組織討論を通じて獲得したところのものとの、その時その場での対質とねりあわせの放棄。対者との対話を媒介した自己との対話、自己との対話を基礎とした対者との対話をしないこと。たえざる唯物論的自己二重化にもとづく自己超出の無視。そして、次にのべるであろう形式論理的思考法など。

「承認」の意志表示がおこなわれるまえには、もちろん論争ならぬ弁解がつねに必ず披瀝される。その時その場で下向分析的に反省し思惟するという習慣が弱いこととあいまって、つきだされたことがらに直対応する姿勢をとるがゆえに、それを「認めるか認めないか」というように頭を動かすのであろう。認めなくてはならないのに「認めたくない」という心理が働くと、まずもって弁解という形式をとった反論のようなものがなされる。この弁解はしばしば論議の俎上にのぼっている問題点を曖昧にしたりボカしたり、ずらしたりする作用をもともなっているばあいもある。

とにかく理論活動や組織実践、それらの産物をめぐる論議において、真摯な自己反省とこの自己反省にもとづく自己脱皮を意識的に追求していない、あるいは追求しようともしない、このゆえに弁解がましい言辞が多くなるのだといえる。だが、弁解したあとでの「承認」は本当の承認でもなければ、自己反省による自覚でもない。それは政治主義的な承認としかいいようがない。そして事実、弁解がましい言辞と平行的あるいは併存的にとびだしてくるのが、ほかでもない居直り的発言である。

たとえば××報告のあとになされた約一時間ばかりの論議のあいだに、実にさまざまな不謹慎きわまりない発言がなされている。

①「われわれ」の無規定的使用あるいはそれが五重うつし的なものでしかないことを運動＝組織論的に克服しなければならないことが論議されているまさにその時に、「××労組においては〝われわれ〟で通用する」などと傲然と言い放ったこと。

②報告のなかで俎上にのせられていたまさにその論文をさして、「この論文は組合レベルでヒットした」と。

③われわれの組織戦術の労働運動場面への貫徹、その具体的諸形態をいかに緻密化していくかが問われ論じられているときに、「組織戦術なき展望論はずい分やりましたヨ」と。

〝ざっくばらん〟をモットーとした放言居士の放言だといってしまえばそれまでであるが、いやしくも重要な組織会議で、そのような発言がなされるということは許しがたいのである。そのような言辞を弄することが、まさに無神経なのであり意識せざる不謹慎なのである。

そして道義的レベルではなく理論のレベルからかの発言をとらえるならば、かの発言はまさに居直りとして現象するのだ。理論的解明上の種々の失敗や誤りを克服することが問題にされているまさにその時に、過去の誤謬を正当化するに等しい言辞を臆面もなく弄するということは、しかし、理論的誤謬が身体でわかっていないことの自己表明となるのである。

実際、××労組は「なんでもできる労組」とか「特殊な労組」とかといった発言などは、たとえ不用意になされたものだとしても、そのような発言それ自体は、われわれの諸理論の基本をなんら身につけていないことを自己暴露することになるのである。われわれがわれわれであるということは、われわれに固有な規定やカテゴリーをそれとして意識しなくても使用できるようになっていることを意味する。このことは、公式主義や教条主義とは別の次元の問題である。われわれが獲得した諸理論の思想化＝血肉化にかかわることである。この血肉化が十分になされていないからこそ、われわれにとっては〝常識はずれ〟と映じる発言がうみだされるわけなのである。

さて次に、承認・弁解・居直りといった態度をしめすばあいの発言形式をとりあげてみよう。

①「そんなことは分かっている」という発言形式。

被批判者が把握ないし理解していないのではないかと推論したところのものを、批判者が提起したばあいに、これにたいして「そんなことは分かっている」などと直反射的に応答するのは、そもそも相互批判の原則からの逸脱である。指摘されたことがらを反芻しながら、自己自身の把握や理解をしめすことにより、批判者のそれとのあいだにズレやくいちがいがないかどうかを、批判者（たち）と被批判者とのあいだで組織的にも確認することが必要なのである。特定のことがらにかんして、どのように、またどの程度「分かっている」かどうかを相互に確かめあうことなしには、論議あるいは論争は進展しないのだからである。理解ないし把握のしかた、その程度や度合をたえず確認しながら、理論活動や組織実践そのものやそれらの諸産物の問題性を除去し克服していくべきなのである。

②「君の言うことは理解できる」という発言形式。

批判者（たち）と被批判者とのあいだでの意見や主張のズレとかくいちがいとかを確かめたり、論議や論争を内容的にかみあわせようと努力したりしている真っ最中に、「君の言うことは理解できる」などと発言されたのでは、驚愕あるいは落胆の念につつまれて、二の句がつげなくなってしまうのだ。「君の言うこと」はそれとして了解しておくという態度を組織内討論においてとるということは、被批判者が批判者を突き放して距離をおき壁を作ることを意味するのであって、批判者と被批判者との精神的＝人間的な交通関係を、被批判者のがわから遮断することになるのである。「君の言うことは理解できる」ということが、もしも批判者の見解や意見を主体的にうけとめるポーズであるとするならば、これは極めて不誠実な態度であるだけではなく政治主義である。このような論議ないし対話のスタイルをとり続けるかぎり、自己自身の思想＝人間変革は永遠に彼岸化されてしまうにちがいない。

③「そうですよ」という発言形式。

「そうですよ」と言うばあい、これが肯定的に言われているのか否定的に言われているのかが、つねにはっきりしない。まさに否定すべきことがらをめぐって論議しているときに、否定すべきことがらを否定的に表現しつつ肯定しているように思われるばあいがしばしばある。否定的なことがらを主体的に否定するという実践的立場が欠落しているのか、それとも否定的なことがらを否定的に表現して自己肯定におちいっているのか、よくわからないばあいがある。だから「そうですよ」という発言の内容が曖昧である(肯定的か否定的かが不明であること)だけではなく、しばしば居直りともなるゆえんである。

たとえば、われわれの組織戦術の貫徹の緻密化と今後の展望について論議しているときに、「組織戦術なき展望論はずい分やりましたヨ」と言われたのでは、そもそも論議にはならない。おそらく誤謬をおかした自己自身をかえりみて自己卑下的に表現したのかも知れないが、この言葉を聞かされたものはむしろ開きなおりと感じるのが普通であろう。

対象否定も自己否定も判然としない「そうですよ」という言辞を弄することになるのは、一体なぜなのか。おそらく自己の内部に対立や矛盾をたえず生産しかつ超克してゆくという精神活動があらかじめ放棄されているからではないか。自己内における自己と他者との対質、他者にうつしだされた自己と現実の自己との対決、自己自身における過去的自己と現在的自己との葛藤、現にあるところの自己とこの自己から新たな自己への脱出＝自己超越とのあいだの緊張、これらの精神活動が弛緩ないし欠如しているがゆえに、対象否定か自己否定かが定かではなくなったり、対象否定を自己肯定的に、自己否定を対象否定的に、自己肯定を自己否定的に、自己否定を自己肯定的に、などなどとして表現することになるのかも知れない。

しかしとにかく、実際問題として、わがピラミッド主義者などは自己二重化が不得手であって、このゆえに暗号の使用に原則性がなく、暗号の使用が無駄になるだけではなく、しばしば組織暴露を組織暴露として自覚しないままやってのけてしまうことにもなっている。自己二重化の精神活動が何時でも何処でもできるように訓練するとともに、自己の内に他者を、他者の内に自己を、それぞれ見る、という最低限の努力をなすべきである。

それとともに、第④の討論形式——すなわち、たとえばAという問題あるいはテーマをめぐって論議しているときに、このAから少しばかりずれたテーマA′のもとに応答するという形式——を打破すべきである。このことは、もちろん、Aを言えばBを言い、Bを言えばCを言う、というブクロ式のすれちがい論法とは異なる。核心問題あるいはテーマにむかって真っ向から挑むという姿勢の欠如、あるいは論議されている中心問題を把握することができないことから発生する恣意的な問題設定、このゆえに、そうした横すべり論法が不可避となるのではないか。

いまみたような討論形式がとられるということは、そもそも組織会議における思想闘争の組織諸成員にとっての意義と役割について、誤った考えをもっていることにもとづくともいえる。いいかえれば、論議しながら自己自身の考えを改めたり、まとめたりすることをあらかじめ放棄し、ただただ孤立的にノートを見ながら沈思黙考して自己自身の考えをまとめる、という習慣が固定化しているだけではなく、この習慣をむしろ是としている傾きをもっていることにもとづくともいえる。けれども、こうしたやり方は非能率的であるだけではなく、まずもって論議に参加している同志たちを軽視し無視し馬鹿にすることになるのだということを自覚すべきである。一般に、労働しながらでも、歩きながらでも、またクソをしながらでも、人間は思索することが可能である。いわんや組織会議においてをや、なのである。

場所的立場にたっているかぎり、どのような局面に逢着しようとも、われわれは認識＝思惟活動を決して止めることはない。組織討論はむしろ、こうした精神活動の活性化を促す一つの場でさえある。組織および組織会議を人間変革の場として、思想闘争の場としてとらえているかぎり、組織成員としてのおのれのたえざる自己超出と自己革命は、まさに同志たちとの精神的＝人間的な交通関係の確保と実現によって保証される、ということを知るべきである。その時その場で、同志たちを鏡としながら、認識し思惟し判断し、そして実践すること、これが共産主義者たるものの組織実践であり理論活動なのである。わが同盟組織をおのれの実存的支柱としているかぎり、本来的には「ノート」などは不必要なのである。

〔B〕　認識＝思惟活動の非弁証法性

論議スタイルあるいは討論形式の誤りを克服するためには、しかし同時に、論議されている内容を正確に反映し把握する諸能力を、とりわけ論理的能力と適用すべき諸理論の主体化を、たえず心掛ける必要がある。そうでなければ、おのれの「実感」や直観に固執することになったり、レッテル的思考法（「裏がわ主義」とか「外がわからのかかわり主義」とか「組織戦術の貫徹」とかのあてはめ即空語化といった偏向をさす）に低迷したりして、自己の現状を突破することがなかなかできない、ということになるであろう。

（1）組織討論における結果解釈主義と存在論主義

結果解釈主義とか存在論主義とかを血肉化（?）してしまっている同志たちのばあいには、組織会議において論議されつつあることや論議されたことがらを、無自覚的にあるいは自覚的に、自己にこびりついた偏った思考法にもとづいてうけとり〝整理〟してしまうのをつねとする。

たとえば下向分析的ベクトル（B′──→A′）で論じられていることを、むしろ逆のベクトル（A′──→B″）から理解しまとめてしまう、という偏向を存在論主義者はもっている。また、あることがらを過程的かつ動態的に論じているにもかかわらず、これを結果的かつ静態的にまとめあげてしまう、という傾向を結果解釈主義者はもっている。

組織会議などにおいてたとえ同一のことが論じられていたのだとしても、この論議に参加している組織諸成員のそれぞれがもっている認識=思惟活動のクセのゆえに論議の内容のうけとめ方が種々雑多になってしまう、ということにしばしば驚かされる。これは極めて深刻な問題である。

認識=思惟活動のクセというべきものを克服するためには、やはり下向・上向の弁証法をまずもって主体化することからはじめる必要がある。いや、そのまえに場所的立場あるいは実践的立場とは何かということが、根本的に反省されなければならないであろう。そして同時に分析悟性主義になぜおちこむのかをも、それ自体自己反省の対象とすることが必要である。感性・悟性・理性・構想力（想像力）などの諸能力を同時的に働かせるとはどういうことなのか。組織実践を通じて体得したところのものの沈澱・記憶、事後におけるその想起（あるいは内省）および連想、それらを通じての想像力・構想力・創造力の培養、これをどのようになしとげていくのか。空間的併存と時間的継起、共時的連関と通時的連関、量的変化と質的変化、変化と発展、運動の根拠としての対立および矛盾、区別と同一性、内容と形式、本質と現象、実体と形態、根拠と条件、過程と結果、可能性と現実性、偶然性と必然性、確率性と蓋然性、分析と綜合、帰納と演繹、普遍と特殊と個別、内在と超越、のめりこみとのりこえ、合理性と非合理性、対象的なものと非対象的なもの、衝動と無感動、ぶっちゃまけと自己保身、責任と無責任、道徳性と非道徳性、献身と怠惰、おしゃべりと勉強、……これらを形式論理的にではなく弁証法的に把握するとは、どういうことなのか。――このようなことをも、マルクス主義の古典家たちだけからではなく、ヘーゲルやスターリンや毛沢東などからも学ぶ必要がある。

しかしとにかく、「ケルンをつくらなければならない、しかしいい玉がいない」とか、「フラクション活動の条件がなかったわけではない」とかといった発言は、結果解釈主義の一見本であると同時に、われわれの組織活動を客体的にしかとらえていないことの必然的帰結である。その意味では、たんに論理的諸能力を高めるだけでは問題の解決とはならない。まずもって実践そのものの主体的把握とは何かということが追求されるべきなのである。それなしには、結果解釈主義の克服も、存在論主義や悟性主義の超克も、決してできないのではないか。哲学的主体性論がわれわれの唯物論哲学の絶対的基礎であるゆえんである。

（付）　ある一定のテーマ（特定の闘争課題にむけての労働運動の組織化の理論的解明）について論文を執筆するさいに、特定の問題意識をもって特定の命題（あるいはそれに該当するもの）をたて、そしてこの命題から（イ）存在論主義的に、あるいは（ロ）結果解釈主義的に、また（ハ）形式論理的な演繹のスタイルで、理論展開をする、という傾向がしばしばみられる。

たとえば「組織戦術の貫徹」という視点からの解明の弱さを克服しようとする問題意識のもとに、特定の命題をたてて理論展開をすると、いわゆる〝裏がわ主義〟に陥没する。そのばあい、大衆闘争論的解明と運動＝組織論的解明との――理論的レベルおよび対象領域における――区別と連関その他にかんする理論的追求の欠如ないし弱さ、いやそもそもそれらの理論の主体化の度合の低さなどのゆえに、そうした偏向におちいるのがつねである。

まさしくこのゆえに、うみだされたこの欠陥（いわゆる〝裏がわ主義〟）を克服することも、それが従来と同じ方法ないしスタイルでなされるかぎり、しばしば〝裏がわ主義〟の裏がえしの誤謬を、つまり〝表がわ主義〟という新たな誤謬を、うみだすことになってしまうのである。

簡単にいうならば、「組織戦術の貫徹」という視点から論文を執筆すると〝裏がわ主義〟に陥没し、そして指摘されたこの欠陥を克服しようと試みると、今度は、「組織戦術の貫徹」にかかわることがらが蒸発してしまい、従来とは逆の誤りにおちこむ、というブレがうみだされる、ということだ。

このことは、まず第一に、理論的解明のために武器となるような諸理論の主体化が十分ではないことに起因する。そして第二には、存在論主義とか結果解釈主義とかといった自己自身の認識＝思惟活動の欠陥を主体的に克服しようとする努力それ自体が十分になされていないことにもとづく。この哲学的自己省察の欠如ないし弱さのゆえに、おのれ自身がおかした誤りそのものの下向的分析ができなくなる。下向分析の欠如が、おのれの存在論主義あるいは結果解釈主義と合体されるばあいには、指摘された諸問題の形式主義的で悟性主義的な確認より以上のことができなくなる。こうして、あるばあいには同じような誤謬を、他のばあいには裏がえし的な誤りを、たえずくりかえし生産することになるのである。

闘争＝組織戦術を解明するばあいに、「戦略の段階的具体化」（A）という視点をとって破綻し（組織論的アプローチの欠如）、そしてこの破綻を「組織戦術の貫徹」（B）という視点から克服しようとして、また新たな誤謬（実体論的機能論）を生産する、というような誤りにおちこんだのが××であったのであるが、これと構造的にはまったく同じようなジグザグにはまりこんでいる同志たちがなお存在している。

このような対極的誤謬のあいだをうろうろすることになるのは、諸理論の構造的把握がほとんどできていないことに起因するのであるが、しかし同時に、そもそも哲学的貧困あるいは自分勝手な非弁証法的思考法からの脱却が意識的に追求されていないことにもとづくのである。

決定的な問題は、場所的立場とは何か、この立場における下向的分析および自己反省の論理とはいかなるものであるか、実体論的アプローチが機能論的展開に横すべりしてしまう論理的根拠はどこにあるのか、実践を規定する指針そのものと指針に決定された実践そのものとの区別ができずに、しばしば後者を前者に解消したり前者と後者とを二重うつしにしたりする誤謬におちいるのはなぜなのか、といった諸問題を哲学的に省察することが欠けていることにある。

われわれが組織的に創出した革命実践論は、たんなる政治理論や革命論ではない。革命実践論には、唯物論哲学が、なかんずく唯物論的主体性論がつらぬかれている。このゆえに、マルクス実践的唯物論をわがものとする主体的努力を彼岸化するならば、たちどころに似而非なる革命実践論がうみだされてしまうのである。

それほど大仰にいわなくても、たとえば組織会議において、ある一定の問題をめぐって論議しているばあい、哲学的ないし論理的前提の同一性が欠けているならば、そもそも論議はかみあわないのである。ある一定のことがらを、あるものはわざわざ結果解釈主義的に、または形式論理的にまとめあげたり、他のものは存在論主義的に解釈したり、また他のものはおのれの「実感」に共鳴する部分だけを切りとってうけとめたりすることになってしまうのである。組織内討論を基礎としてつくりだされた諸論文のなかに、そうしたうけとめやまとめの一面性は如実にしめされる。

いま必要とされているのは、われわれの内部での哲学的・論理的同一性の創造である。

(2) 形式論理への転落

すでにのべたように、わがピラミッド主義者は、どうやら二極的発想あるいは二分法のもちぬしであるらしい。——「方針のレベル」と「現実のレベル」。裏がわ主義と外からのかかわり主義。統制処分は形式問題であり党派的イデオロギー闘争は内容問題であること。運動への対応とケルンづくり。運動づくり＝イデオロギー闘争と組織づくり＝ケルンづくり。……「表と裏」「外と内」「形式と内容」「現象と本質」——わがピラミッド主義者の認識＝思惟活動は、およそこの四つの論理を基準にしてなりたっている。しかも、それらは形式論理的に理解されたものでしかない。ここに問題がある。

〔イ〕 さしあたりまず、組合統制処分問題へのアプローチの問題点をとりあげてみよう。

労働組合規約に違反した特定の労働組合員あるいは特定の執行部を統制違反として処分することそれ自体は、もちろん組合組織規律上の問題であり形式問題である。だが、この形式問題は内容とむすびついている。すなわち、たとえば○○闘争を推進するという組合決定に従わずに○○闘争を放棄したといった現実が存在しているがゆえに、統制処分問題（形式問題）が問題としてうかびあがった。――まさに「そんなことは分かっている」というわけだ。

ところが、組合運動の場面における形式問題を同時に内容的にとらえ展開すること、すなわち統制処分問題を内容（＝現実）と形式（大会決定違反あるいは組合規約違反）との統一においてとらえること、これがなされていないわけではないにもかかわらず、〈統制処分は形式問題であり党派的対決のためのイデオロギー闘争は内容問題である〉というような考え方（一九七八年秋の時点）になっていたのだそうである。

明らかに、「労働運動のレベル」（表がわまたは外がわ）では形式問題を、「方針のレベル」（このばあいE_{2u}とE_2との区別がないので、外と内との、表と裏との区別はつけられない、けれども「方針」の内容が党派的対決のためのものとされているがゆえに実質上は裏がわまたは内がわといえる）では内容問題を、それぞれ論じ追求する、という形式がとられている。こうしたとらえ方は種々の誤りの重畳的産物である。

まず論理的にいえば、単純不明解な二極的発想におちいっている。すなわち「表＝外＝形式＝現象」↔「裏＝内＝内容＝本質」。そして前者の系列には「運動づくり」および〈運動への政治技術主義的対応〉が、後者のそれには「組織づくり」および〈党派的イデオロギー闘争あるいはケルンづくり〉が、それぞれ直対応させられている。〔図解を参照〕

表がわ主義		外からのかかわり主義		労組における統制処分		方針主義 政治技術主義的対応
｜		｜		｜		｜
表	＝	外	＝	形式	＝	運動づくり……m系列
↕		↕		↕		↕
裏	＝	内	＝	内容	＝	組織づくり……o系列
｜		｜		｜		｜
裏がわ主義		組織戦術の貫徹		党派的イデ闘		ケルンづくり ピラミッド主義

① E_2（Q）　現存在する運動をのりこえていくための党派的イデオロギー的＝組織的闘いの指針（運動上ののりこえに従属したイデオロギー的および組織的のりこえ)。

② $E\alpha'$（ゴリQ）　$E\alpha$の表がえし、党派性の濃いイデオロギー的＝組織的闘いの指針（運動上ののりこえと組織的のりこえの同時的推進としてのＹへの過渡形態＝y')。

③　β_2＝Ｘの表がえしとしてのＹ、他党派解体のための特殊な運動としてのＸの大衆運動場面での大衆的推進（＝Ｙ)、運動上ののりこえと組織的のりこえとの同時的推進。

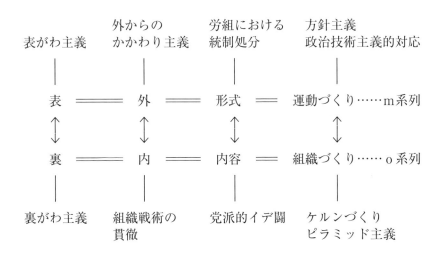

だが、「形式のない内容はなく、内容のない形式はない」というヘーゲル弁証法にのっとってさえも、右のような形式主義的分類は、――一応可能ではあるとはいえ――誤りなのである。労働運動のレベル（表あるいは外）においてさえも、統制処分問題それ自身を内容と形式の両面から明らかにすべきなのである。にもかかわらず、統制処分問題の内容面を党派的対決のためのイデオロギー闘争とみなすことにより、その形式面から実質上分離してとらえてしまった。

このことは、① 大衆闘争論的解明の視点からするならば、労働運動を左翼的に推進するための「方針」（これは実際には「闘争＝組織方針」である）から労働組合を戦闘的＝左翼的に強化することにかかわる組織方針がぬけおちていること、またわが同盟がうちだす闘争＝組織戦術（E_2）と労働運動場面におけるその具体化された指針（E_{2u}）とが未分化であること、それだけではなくさらに「方針」が闘争戦術に矮小化され（組織戦術から切りはなされた闘争戦術となっていること）、しかもこの「方針」の内容が党派的イデオロギー闘争とされていること（すなわちイデオロギー闘争主義あるいは本質暴露主義）、などを意味する。

② このような諸欠陥は、もちろん、労働運動の場面に直接に「党派的対決」なるものをもちこむという意味では、革命的労働運動主義的発想であるともいえる。このことは、直接にはE_2とE_{2u}とが未分化であること、そしてわれわれの組織戦術の運動場面への媒介的貫徹の構造および形態の追求が無視されていることにもとづく。

そして、③ 大衆闘争論的アプローチの一面性ないし誤謬のゆえに、いいかえれば労働運動への対応がイデオロギー闘争主義的に理解されているがゆえに、媒介的党派闘争（すなわち労働運動の場面での党派的あるいは党派性を濃化したイデオロギー的＝組織的闘い）の指針と労働運動の左翼的推進のための闘争＝組織戦術とが混同されてもいる。いわゆる「労働運動の党派闘争論的解明」と同じような誤りにおちこんでいる、ということなのである。

いうまでもなく、大衆運動の場面における党派闘争（＝媒介的党派闘争）の指針は、他党派解体の立場（＝党派闘争論的立場、$O \longrightarrow O_1$）にたって解明された実践的指針を、すなわち暴力行使をもともなった、他党派解体のためのイデオロギー的＝組織的闘いの指針（$E\alpha$）を、表がえしにしたもの（$E\alpha'$）である。すなわち、われわれの実践的立場の規定性を、「他党派解体」から「現存在する運動ののりこえ」に転換すること（$O \longrightarrow O_1$から$O \longrightarrow P_1$への転換）を通じて、$E\alpha$の内容を$E\alpha'$として具体化したものにほかならない。ところで、この$E\alpha'$は、のりこえの立場にたって解明された闘争＝組織戦術（E_2）にたいしては党派的内容が前面化している。E_2にもとづいた闘いが、そこ存在する運動ののりこえに従属した党派的なイデオロギー的＝組織的闘いとしてあらわれるのにたいして、$E\alpha'$にのっとった闘いは、前者の闘いの質がより党派的となったものとして現象するのである。しかし、それは他面、他党派解体のための特殊な運動（β_2＝X）の大衆運動場面での広汎な大衆を結集して展開される運動（Y）、つまり運動上ののりこえと組織上ののりこえとを同時的に推進する闘いにたいしてはそれへの過渡形態（y′）をなす。

つまるところ、E_2とE_{2u}とを分化してとらえなかったり、E_2と$E\alpha$ないし$E\alpha'$とを混同するばあいに、いわゆる「大衆運動の党派闘争論的解明」なるものが発生する、ということなのである。

たとえ××地本内の一握りの走狗分子が、××労働組合の大会決定や本部方針を無視して、外なるブクロ官僚どものハミダシ運動路線や権力の走狗としての自己組織の本質を隠蔽するための諸方針などを直接そのまま××地本の組合運動の内部にもちこみ、この反階級的で反組合的な諸方針のもとに組合員大衆を官僚主義的にひきまわしているのが現実の事実であったとしても、××地本内の走狗分子との「党派的対決」を直接的に推進するわけにはいかない。たとえイデオロギー闘争のレベルにおいてであったとしても、「党派的対決」を労働運動の内部にもちこむということは、理論的には直接的党派闘争の労働運動へのもちこみ、あるいは革命的労働運動主義への傾斜を意味する。

わが同盟員たちはあくまでも組合員あるいは執行部員たるの資格において、外なるブクロ官僚の走狗性をおしかくすための反権力を装った運動方針をそのままもちこんでいる××地本内スパイ分子どもとその運動と対決し、その反階級性を、その反組合性をあばきだしつつ闘いを組織化するのでなければならない。この意味では、かの大会決定違反・規約違反の事実そのものを最大限に活用すると同時に、この事実にもとづいた統制処分の必然性をこそ鮮明にすべきなのである。統制処分はたんなる形式問題ではないゆえんである。

××労働組合の内部に残存する一握りのブクロ派分子を追放し、そして彼らにだまされ続け彼らの暴力支配にあえいでいる下部組合員たちを「本部派」として結集していくためには、その時々の闘争課題を実現するための闘争＝組織戦術の具体化されたもの（E_{2u}）や、ブクロ派解体闘争の指針（E_{α}）の・労働運動の左翼的展開のための闘争＝組織方針として具体化したもの（E_{α}'）などを積極的に提起し、これにもとづいたイデオロギー的＝組織的闘いを推進することが必要である。この側面からするならば、マル生粉砕のA型およびB型の理論を適用して、E_{2u}の内容を豊富化することも必要となる。

それはともかく、大衆運動あるいは労働運動の闘争論的解明をしているつもりで、実はその党派闘争論的解明のようなものに陥没してしまった、というこの誤謬は、一九七三年二～四月に、労働者組織内でも学生組織内でも、論じてきたはずである。とりわけ春闘集会にむけての論文やＷＡＣ〔早稲田大学行動委員会〕解体にむけての論文を中心にして。その時々に発生した理論的解明にかかわる、したがって運動＝組織づくりそのものにかかわる失敗や欠陥や誤謬を、たんに個々の同盟員のそれとしてではなく同時に組織全体のそれとして追求し教訓たらしめてきたはずである。にもかかわらず、同志としての他者がおかした誤りを同時におのれのものとして主体的にうけとめ追求する、という真剣さと努力が欠けていたのではないか。だからこそ、克服されているはずの誤謬が再生産されることにもなるのである。

運動＝組織づくりとその理論的解明にかんする誤謬は、ただたんに論理の非弁証法性だけにもとづくのではない。同時に、理論的解明に適用されるべき諸理論そのものの理解や把握が歪んでいたり、あるいは過去の理論的および実践的諸教訓の想起や反省がないがしろにされたりしているからなのである。革命的マルクス主義者としては当然にも主体化していなければならないところのものが希薄化したり欠如しているかぎり、われわれとは無縁な政治屋どもの水準にすべり落ちてゆくことになることを知るべきである。

運動づくりを政治技術主義的に、あるいは方針主義的に、そして組織づくりを「ケルンの創造」に、それぞれ矮小化してとらえる傾向との理論闘争を通じてのみ、今日のわれわれの諸理論は一歩一歩形成されてきたのであった。運動＝組織論と方針提起論とのレベルおよびアプローチのちがい、運動＝組織論と大衆闘争論との関係、それらの党組織建設論との関係、あるいは「Ｙ面―Ｘ面」的なアプローチと「Ａ面―Ｂ面」的なそれとの区別と連関。――論議されてきたこのような核心的諸問題が十分に主体化されていないからこそ、過去の誤謬を単純にあるいは拡大的に再生産することになるのである。

けれども、右のような諸理論を知っていても適用できない、というばあいがあることを否定しようとは思わない。そのようになるのは、われわれの組織実践論の基底にある哲学——主体性論・実践論——が、それとして追求されていない、ということと無関係ではない。（梅本克己批判とは直接にはなんの関係もないことを、影山〔黒田〕が書いている根拠の一つは、『日本の反スターリン主義運動 2』を哲学的に補完するという点にあったのであろう。*）

＊　影山光夫『唯物史観と変革の論理』こぶし書房、参照。

論理的能力をいわば純粋形で身につけることはできない。諸理論の主体化を通じて、同時にこの諸理論につらぬかれている論理をも体得する、という方法がまずもってとられるべきであろう。理論の主体化が先か論理の体得が先か、というようには問題はたてられない。けれども、場所的立場を確固としてうちたてること、この立場を哲学的に反省すること、これがあらゆる追求に先立つということだけは確かである。

〔ロ〕　次に、形式論理的な思考法が如実にあらわれている例として、「民主警察」（「表」）と謀略部隊またはグループ（「裏」）との関係のとらえ方をめぐる、わずか数分間の瞬時的な論議において露呈したところのものをとりあげておこう。

（1）「表の中の裏」（M〔三井脩〕、N〔中島二郎〕、K〔国島文彦〕、Mo〔百瀬涓〕など）
（2）「表の裏」（典型的にはYo〔吉野明〕）
（3）「裏」—α　謀略部隊
　　　　　—β　自衛隊をふくむＪＣＩＡ
（4）「裏の裏」（謀略グループの参謀本部、おもにX_0系政治エリート〔頭目・田中角栄〕からなる）

この分類は、とくにC事件〔一九七六年12・5現職警察官による福永哲郎氏襲撃事件〕およびY1事件〔一九七八年1・27茨城大生襲撃事件〕にかんする具体的分析を基礎にして、われわれが推論したものであった。

ところが「表の裏」の典型的人物であるY0と「表の中の裏」といえるM0とを比較して、「どちらがBB〔謀略部隊〕により近いか」などという的はずれの発言がなされた。「的はずれ」というよりはむしろ、おのれのピラミッド主義的発想を警察権力ないし謀略グループに投影したにすぎない発言がなされた。謀略グループの実体的構造が問題になっているまさにそのときに、「BB〔何をさしているのかは不明〕に近いか遠いか」などという愚問が発せられたのである。このばあいの「BB」は、(4)を「本質」のようなものとして想定したそれであり、そしてこの(4)にたいしてY0よりM0のほうが近いのではないか、というだけのことなのである。こういう発想をこそ没理論というのであり、〃ただの人〃ないし常識人の考え方というのである。あるいはそれは一般に人物をランクからとらえる性癖の発露なのかも知れない。

たしかに、田舎警察の制服警官としても現象しているY0よりも、おそらく謀略グループの意を直接的に体して「民主警察」の表場面でうごめいているM0や彼らの指揮官Mのほうが「BBに近い」といえないことはない。けれども、われわれの謀略粉砕の闘いにとって、そんなことは毒にも薬にもならないのだ。

X0系の謀略がどのような仕組みでしかけられるのか、その構造はいかなるものか、また謀略はどのような仕組みで隠蔽されていくのか、——これを、われわれは問い分析してきたのだ。

「表の中の裏」が「裏」(あるいは「裏の裏」)と連絡をとり「裏」との連携のもとに、謀略が隠蔽されるのだ、ということの単純な構造を無視して、「裏」による謀略襲撃と「表の中の裏」によるこの襲撃の隠蔽とをまさに直線的にとらえ、そして後者の隠蔽工作によって「謀略は完遂される」としたのが、Y_1分析における一つの欠陥であった。このような「裏から表へ」の直線的なとらえ方〔中心実体としての（4）からの存在論主義的とらえ方〕を克服するために〈主体の規定性の転換および場に規定された活動の形態規定〉という論理を適用して（4）～（1）を考えるべきだ、――これが確認されているはずではないか。

ところが、警察権力を担っている諸実体を、――（4）としての「ＢＢ」を基準にして、――それらの機能やランクからだけ見る観念性におちこんでいることを自己暴露したのが、かの発言であった。この発言者は次のことを完全に忘却している。――田舎警察の制服警官Y_0は二重性をもっていること、「民主警察」の一員としての彼と謀略襲撃を直接に担った彼との二重性をもっていること、そして後者のような任務を遂行するために住民票の届けてある場所には現実には住んでいないこと、また岩国基地で特殊訓練をうけたことがあることなど。――このような分析に立脚して「表の裏」としてY_0とその行動を規定したのではなかったのか。「表の中の裏」も、同様に二重性をもってはいるが、しかし「表の中の裏」は謀略襲撃に直接には加わらない、むしろ謀略を隠蔽するための諸活動を自己の任務としているのである。

確認されたこのようなことがらを無視してかえりみないということは、なぜなのか。精神的怠惰か、弛緩か。それとも他者の見解を無視する傲慢さのゆえなのか、非革マル派的自己の押売りなのか。軽率ではすまされない。

（3）実践の客体化あるいは実体論ぬきの現象論＝機能論

革マル派的な用語を駆使しながら革マル派的な臭いをただよわせているにもかかわらず、運動＝組織づくりにかんする基本的な考え方が非革マル派的となってしまっているのは、なぜなのか。労働運動の左翼的推進にかんしては「方針」（E_2とE_{2u}の区別がなく、かつ組織方針から切りはなされている指針）を軸とした政治技術主義的なものに堕し、またわが同盟組織にかんしてはケルン主義とピラミッド主義とに陥没しているのであるが、このような偏向におちこんでしまったのは、一体なぜなのか。

もちろん、それぞれの指導機関および単位組織の組織報告と組織点検が不断にかつ十分になされてこなかった、というこの痛苦な現実を抜本的に改革することから、われわれははじめるべきである。たえざる組織報告と組織点検がなされていたならば、いま暴きだされている諸問題には、もう少し早く自覚させられたにちがいない。けれども、そのようなことだけでは、誤謬や偏向の発見とその克服は不可能に近い。いま問われているのは、わが同盟員たちの、とりわけ指導的メンバーの質的向上を、彼らの組織的・理論的および論理的の諸能力の飛躍的向上を、できるだけ早くかちとるためには何をなすべきか、ということにある。

どのように組織内討論をつみかさねたとしても、結果解釈主義・存在論主義・悟性主義・非弁証法的なものの考え方などを根底的にくつがえし克服する努力を、個々のメンバーが意識的になさないかぎり、それは無駄となってしまうのだ。しかも、わが同盟組織建設の進展とともに獲得され着々と築きあげられてきた諸理論の、たえざる現在的主体化がないがしろにされるならば、すべては、元の木阿弥となる。このことは、これまで論じてきたことからして明らかなはずである。

ところで、元の木阿弥にならないようにするための理論上の結節環は、人間実践の主体的把握を真になしとげるところにある。いいかえれば、運動＝組織づくりにかんする一切の誤謬の根もとは、実践を客体的にしかいまなおとらえていないところにこそある。

われわれの理論的追求をそれからはじめなければならないところのものを、むしろ結論あるいは〝答え〟であると思いこむ（あるいは錯覚する）、という傾向が最近は極めて濃厚である。それは精神的怠惰のゆえなのか、それとも理論的および論理的武器のさびつきあるいは枯渇のゆえなのか。そこに、革マル派的な用語の乱舞が、レッテル的思考の横行が不可避となる。

「裏がわ主義」、「表がわ主義」あるいは「外からのかかわり主義」、そして「組織戦術の貫徹」といったことが空語的にのべられるにすぎないところに、それは端的にしめされている。運動＝組織づくりにかかわる諸偏向を簡潔に表現しているこれらの規定を、あたかもレッテルのようなものとして覚えこんで解釈することが問題なのではない。それらの諸規定を、ほかでもなく自己自身の組織実践そのものの歪みを主体的に自己反省するばあいの一つの道しるべとするべきなのである。

けれども、一般に人間実践を客体化してとらえる誤謬についての哲学的反省がなされていない限り、組織実践や運動＝組織づくりの歪みにかかわる諸規定の理解も、またこの歪みの現実的＝実践的克服も、当然のことながら歪んだり未克服のままにとどまったりするのである。

一般に、おのれ自身の実践（理論的および組織的のそれ）を反省するということは、この実践を対象的にとらえ分析することである。このことはしかし、おのれ自身の実践を客体化し客観主義的に、突きはなして眺めたり断罪したりすることをなんら意味しない。おのれの実践の客体化と客体化された実践の客観主義的な解釈、というような傾向に無意識的にはまりこんでいるがゆえに、例えば「裏がわ主義」とか「外からのかかわり主義」とかといわれている諸活動の歪みそのものの構造を分析し解明することができず、むしろそうしたレッテルを自己自身にはりつけて「納得」したり解釈したりすることになるのである。

「外からのかかわり主義」あるいは「表がわ主義」という、理論的解明上の偏向および現実に発生した偏向は、この偏向におちいる直前にうみだされた「裏がわ主義」という誤謬、その裏がえしとして発生したのであった。

一九七八年秋の「裏がわ主義」は、一九七二〜七三年に学生戦線においてうみだされた〈裏がわ主義〉〈当時の西林に代表される偏向〉とは異なる。

まず後者の偏向の特徴は、およそ次のような諸点にある。――××地方の革命的学生運動の大衆的基盤が相対的に狭隘であり、他党派系の左翼スターリン主義的学生運動のほうが相対的に大きな力をもっていた、という現実的諸条件が、まずもってかの偏向が発生した前提をなしている。このゆえに、既成の運動を現実的にのりこえてゆくための闘争＝組織戦術の解明という問題意識そのものが後景におしやられ、もっぱらわが同盟あるいはマル学同の組織そのものをいかに強化していくか、という角度から運動へのとりくみを志向したのであった。このことは、現象的にはわが同盟の運動への組織的とりくみ（Y面的アプローチ）と類似しているのであるが、実際にはそうではない。むしろそれは運動＝組織論的角度からのもの（いわばA面的アプローチ）であったのであり、その一つの疎外形態であった。すなわち、〈運動上ののりこえ〉とは無関係に〈組織上ののりこえ〉が自立化し、自立化された〈組織上ののりこえ〉が、マル学同としての組織戦術を運動場面に具体化していくことを政治技術主義的に緻密化するにすぎないものとしてあらわれたのであった。〈運動上ののりこえ〉があらかじめ彼岸化されているがゆえに〈のりこえの立場〉にたった闘争＝組織戦術（とりわけ組織戦術にふまえた闘争戦術そのもの）の解明が蒸発していたのであり、したがって闘争戦術（これがフラクションづくりの基準となる）とは無関係に、マル学同の組織戦術の政治技術主義的貫徹の緻密化がはかられたのであった。こうすることによって、もちろんシンパ層を一定程度獲得することはできた。けれども、××地方における革命的学生運動は運動としての広がりを形成することができず、いわば手工業的一本釣りによる〝仲間づくり〟より以上の成果があげられなかったのである。――このような偏向を、その当時は「裏がわ主義」と規定したのであった。

ところで、一九七八年秋に発生した、理論的解明上の「裏がわ主義」とは何か。

すでに論及したように、××に巣喰う一握りの走狗分子を統制処分に付するのかどうかは形式問題であって、××労組内走狗＝スパイ分子を放逐し解体すること、そのために党派的対決のためのイデオロギー闘争を強化すべきである――このような観点からの「理論的解明」にはらまれている問題性の一側面を「裏がわ主義」と規定したのであった。けれども、党派的対決のためのイデオロギー闘争の方針には、われわれの組織戦術を××地本の労働組合運動および組合組織そのものにいかに貫徹していくかの指針が欠落していた。むしろ、××地本執行部に巣喰っている一握りの走狗分子による官僚主義的支配と暴力主義的な統制のもとにおかれている労働組合全体を、その外がわから包みこみ押しつぶしていく、という闘いを、××労組の中央および東京地方本部の指導のもとに上から推進する（もちろん、これらの諸機関を担っているわが同盟員たちや彼らがつくりだしている種々のフラクションを基礎としながらではあるが）、というような考え方にもとづいた「方針」が展開されていた。しかも、その内容は、かの党派的対決主義に規定されたそれ（具体的には、××地本内走狗分子にはもっぱら「反階級的」という烙印がおされているだけであって、彼らの言動の反組合性にかんする暴露がすっぽりぬけおちていた）でしかなかった。マル生粉砕のためのA型・B型の理論を適用して、××地本内走狗分子を追放し××労働組合の運動および組合組織そのもののより一層の強化をかちとるための指針を明らかにすべきだ、という示唆の意味を理解することができないままに、そうしたのであった。――このような追求のしかたに落ちこんでいるという意味では、それは「外がわからのかかわり主義」とも規定できるのである。

労働運動場面へのわれわれの組織戦術の貫徹にかかわる諸問題が欠落した党派的対決主義あるいは党派的対決のためのイデオロギー闘争主義、――この意味では一種の「裏がわ主義」であるといえる。けれども他面、いまなお××地本に巣喰い官僚主義的支配と暴力主義的統制を維持し続けている一握りの走狗分子を、当該地本の外がわから当該地本以外の労組員を組織し動員して放逐するために、党派的イデオロギー的＝組織的な闘いを強化する、という考え方とこれにもとづいた解明は、「表がわ主義」あるいは「外からのかかわり主義」であると規定できる。一九七八年秋にうみだされた考え方と「理論的解明」は、「裏がわ主義」という側面と「外からのかかわり主義」という側面をかねそなえているのであって、かの解明の誤謬の本質はまさに「労働運動の党派闘争論的解明」という点にある。

しかも、労働運動の左翼的展開のただなかにおける、またこの展開を通じての、マル生分子としての組合員どもの反階級性・反組合性の暴露と彼らの放逐の闘い（A型）、そして労働運動の左翼的展開を媒介とした、またこの展開の結果における、マル生分子による組合組織破壊からの労働組合組織そのものの防衛およびその戦闘的強化のための闘いの推進（B型）、――この二つの型の闘いを教訓化した理論を適用することも、彼岸化されていたからこそ、かの「労働運動の党派闘争論的解明」のようなものに堕してしまったのだといえる。つまるところ、大衆闘争論・運動＝組織論・労働運動の左翼的展開論・マル生粉砕闘争論（『藤原隆義＝杜学論集』第二巻を見よ）などのすべての一知半解あるいはそれらの非適用のゆえに、かの「解明」が必然的にうみだされたのだといってよい。

問題の核心は、われわれの組織戦術を労働運動場面へ貫徹していく構造の主体的解明がなされていないところにある。いいかえれば××地本内走狗分子を追放し××労組そのものの戦闘的＝左翼的強化と真の統一（なぜなら大会決定に違反した勝手な運動を展開しているということは、××労組内にありながらも、反中央・反東京地本として事実上分裂していることを意味するのだから）をかちとるために、わが同盟員たちは執行部員または組合員たるの資格において、また△研の指導的メンバーとして、いかなる諸活動を、E_2あるいはE_{2u}にのっとって展開すべきか――これをこそ明らかにするところにある。

「外がわからのかかわり主義」とか「裏がわ主義」とかを、そのような偏向におちこんだ自己自身（ピラミッド主義者としてのおのれ）の理論的＝組織的活動の疎外の規定として主体的に反省することなく、むしろそうした偏向規定を客観主義的に眺めて解釈するからこそ、㋑「〝われわれ〟で通用する」などと、なんの恥じらいもなくむしろ開きなおった姿勢をしめしたり、㋺「○○論文はヒットした」とか、㋩「なんでもできる××労組」「××労組は特殊な組合だ」とか、㋥「組織戦術なき展望論はずいぶんやりましたヨ」とかとうそぶくことになる。さらに次のような反省にならない反省がとびだしてくるのである。㋭〝われわれ〔?　わが同盟員?　組合員としての同盟員?　本部派?　地本派?　それとも同盟員としての組合員?……〕はおしかけスタイルであった〟とか、㋬〝下からの闘いが欠けていた、下からの闘いがボス交に解消されていた〟〝おっぱがしとぶっかきが欠けていた〟とか、㋣〝常任メンバーは労働者同志への危機あおりたてと尻押しに終始した〟とか、㋠〝RとFとDとD以外の労組などの関係がうまく展開できなかった〟とかと。これらは実体論ぬきの現象論的「総括」、いや機能主義まるだしの、組織総括ならぬ組織総括でしかない。

〝「われわれ」で通用する〟などという言辞を、あの時あの場で吐くということは、不謹慎をとおりこして犯罪的でさえあるのだ。運動=組織づくりを担っている諸実体が、彼らのそれぞれがおかれている場の特殊性に規定されつつ、どのような諸活動を、どのような闘争=組織戦術にのっとって、展開するか、――これを解明することは、無規定的な「われわれ」では絶対に不可能なのである。「われわれ」を出発点とするかぎり、反省も総括もできないことを宣言したに等しいのだ。だからこそ、わが同盟（員）、××労組本部、××地方本部……などなどの諸実体とその活動の彼岸において、ただただ現象論的・機能論的に運動=組織づくりの「まとめ」がなされ、これに「表がわ主義」や「裏がわ主義」の客観主義的解釈が付加されることになるのである。だからこそ、「なんでもできる労組」=「特殊な労組」の組合会議での経過報告とみまがうような〝組織総括〟に堕してしまうのである。

このたびの闘いへのわが同盟としての組織的とりくみを組織戦術の観点から総括することを忘却しているだけではなく、「理論的解明」および組織指導にかんするおのれ自身の誤謬を克服するどころか、それをひきずったまま、現実肯定主義的な「総括」をやってのけたのが、わがピラミッド主義者なのである。「組織戦術の貫徹」ということを空語的にしか理解していないわがピラミッド主義者は、現実否定の革命的精神を喪失し、〝労働者同志たちとの心情的一体感を求める〟ことをモットーとしつつ、指導部の一員としての自己の責務をかなぐりすててかえりみない、という反労働者的な言動にすべりおちたのである。

それだけではない。××産別労働者組織づくりのために協力して組織活動を展開している常任メンバーとの不断の討論や、「一九七九年3・30組織分裂」直後にある同志からうけたはずの示唆（たとえば「N一派による分裂反対」の闘いの下からの組織化）などのすべてを無視し、ただただ孤立主義的に、しかも現場の闘いから遊離した自己自身の狭い視野と経験の枠にとじこもって、かの総括ならぬ総括はうみだされたのであった。同志としての他者を軽視するだけではなく無視するこの態度は、一体なぜでてくるのであろうか。理論の面ばかりではなく、まさしくこの面からしても、革命的マルクス主義者としての素地がないのではないか。

第四回大会～第五回大会を出発点として、新たな決意のもとに全組織をあげて開始したわが同盟組織建設、それは苦難にみちみちた過程であっただけではなく、しばしば挫折にも等しい事態に直面させられたこともあった。にもかかわらず、挫折感を払いのけつつ、われわれはそのつどそのつど組織建設の出発点にたちかえり原則を確認し、前衛党組織建設にまい進してきた。そして、いままた何度目かの出発点に、われわれはたたされている。新たな決意をもって、わが革命のために、まさに場所的にわれわれの組織的闘いは推進されなければならない。

（未完）

〔編註〕　本論稿は、一九七九年五月に開催された革共同第十二回大会における論議にふまえて、同志黒田が文章化したものである。

(上)動労が反安保ストに決起――スト破り列車を実力阻止する組合員（70年6月23日、東京立川機関区）

(右)代々木公園から反安保デモに出発する全学連・反戦・反戦高連六五〇〇名の大部隊（70年6月14日）

全学連は同志海老原俊夫の遺影を先頭に虐殺者・
ブクロ＝中核派弾劾の闘いに決起（1970年8月5日）

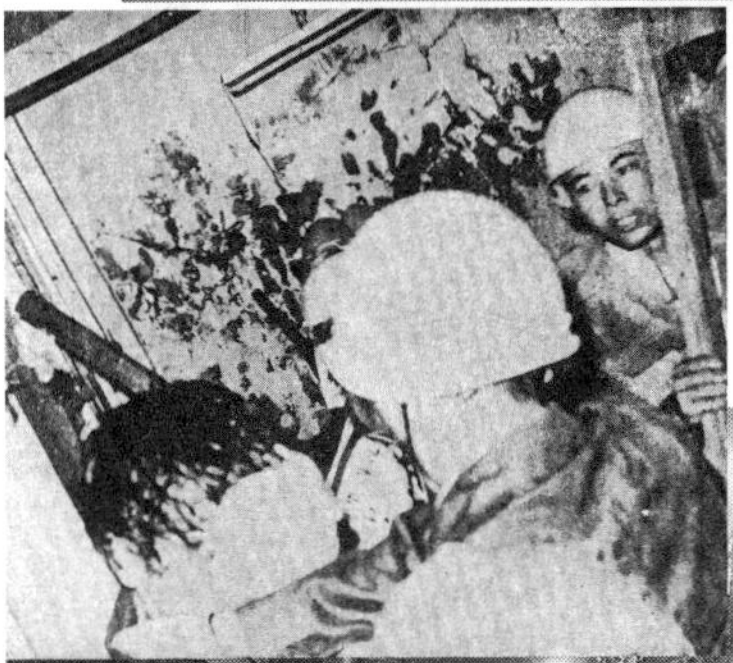

(左)人民党＝日共による琉大襲撃の現場
(下)同志町田虐殺弾劾！　怒りに燃えた全学連が
即日、日共党本部を包囲（1971年6月19日）

公労協スト権奪還ストの突入集会をかちとる動労組合員と
支援の全学連・反戦（1975年11月25日、東京・品川機関区）

解放
週刊
号外

全労働者はゼネストに起て
三木・自民党政府打倒に邁進せよ

権力、右翼のスト破壊・挑発をはねのけよ
日共、社民の裏切りを許さず
スト権全面奪還闘争を貫徹せよ

燃え上る公労協ストに
公務員・民間労働者も連帯ストに決起せよ
全労働者、学生、人民は
支援闘争を直ちに組織せよ

スト権全面奪還！ 学費値上げ阻止！
12・2労学統一行動に起て
一二月二日（火）午後五時／清水谷公園
主催 全学連（前川委員長）、反戦青年委

スト権奪還闘争特集 号外
全労働者はゼネストで起ちあがれ！
全学連、スト拠点への支援闘争に決起

スト権無条件全面奪還まで闘いぬくぞ！

裏切りの幕引きを画策する日共・民同ダラ幹

12・15革マル派政治集会
一二月一五日（月）午後五時開場
品川公会堂
北海道政治集会
関西政治集会

「三木・自民党政府打倒」のゼネストを呼びかける『解放』号外
（1975年11月30日付）

（上）スト突入集会後、構内をデモする動労組合員（11月25日、品川機関区）
（下）全学連が各地で支援闘争（11月29日、阪急宝塚線三国―庄内間）

収録論文一覧

＊を付したものは本書のための書きおろし論文。

第一部

革命的共産主義運動の現段階とわれわれの当面する組織的任務

一九六三年二月九日。革共同・革マル派第一回大会（二月八〜九日）山本勝彦（黒田寛一）議長の報告

現段階における党内闘争の核心は何か？

一九六二年十二月二十一日

地区党組織路線の混乱について

一九六二年十一月四日

問題の核心は何か？——都学生細胞総会における——

一九六二年十一月二十日

学対指導の腐敗について

一九六二年三月十八日

わが同盟の危機を直視し思想闘争を展開しつつある同志へ

一九六三年二月十四日

西ヨーロッパにおける Anti-Stalinism 運動の創成のために

一九六二年九月二十五日付の同志黒田から同志森茂への手紙

わが同盟指導部の腐敗をのりこえ「陰謀的」分派闘争を推進せよ！

一九六三年二月十六日。初出『共産主義者』第七号

動力車労組の運転保安闘争＊

——政治局内多数派による二段階戦術の強要を粉砕

関西における反スタ運動の創成と第三次分裂の勝利＊

ブクロ官僚一派との分派闘争をたたかって＊

「過去からの訣別」をいかになしとげるべきか？

一九六三年七月十三日

第二部

ベトナム戦争反対闘争の推進と内部理論闘争の発展

高揚した沖縄・反戦闘争と党派闘争の新たな段階

右の二つは、革共同第二回大会（一九六八年八月十七〜十八日）基調報告より。『日本の反スターリン主義運動 2』に収録

七〇年安保＝沖縄闘争の歴史的教訓＊

国鉄戦線における七〇年安保＝沖縄闘争＊

現段階におけるわが同盟組織建設のための核心問題

一九七〇年八月十二日。革共同第三回大会（八月十五〜十七日）黒田寛一議長の報告

共産主義者としての資質について

一九七一年五月二日。革共同第四回大会（五月二〜三日）黒田寛一議長の報告

第三部

若き仲間たちの前進のために

一九七〇年三月三十日。全国反戦高連結成大会における特別講演より。『高校生戦線』第二号に収録

〈敗北のなかの前進〉を切り開く闘い＊

謀略粉砕＝走狗解体闘争の勝利＊

満身の怒りをこめて
――中核派による同志海老原虐殺を弾劾する！

一九七〇年八月五日。初出『解放』第一六九号。『革命的暴力とは何か？』（こぶし書房）に収録

安保＝沖縄闘争の教訓にふまえ人民党＝日共を組織的に解体せよ

一九七一年六月二十三日。「安保粉砕・同志町田虐殺糾弾」集会へのメッセージ。初出『解放』第二〇一号。『共産主義者』第二五号に収録

11・8事件の否定的教訓にふまえ革命的学生運動をさらに推進せよ

一九七二年十一月十一日。初出『解放』第二五一号。『共産主義者』第二九号に収録

国鉄マル生攻撃粉砕闘争の勝利的実現＊
――『藤原隆義＝杜学 論集』に学ぶ

支配階級を震撼させた公労協スト権奪還スト＊

「テメエ」が新たな党を一から創らねばならない

二〇一三年12・8革共同政治集会へのメッセージより。『新世紀』第二六九号に収録

同盟指導部建設の前進のために
――革共同第十二回大会について　黒田寛一

一九七九年六月十七日

革マル派 五十年の軌跡 第二巻
革マル派の結成と新たな飛躍

2015年2月20日 初版第1刷発行

編 者 日本革命的共産主義者同盟 革マル派
政治組織局

発行所 有限会社 あかね図書販売
〒162-0041
東京都新宿区早稲田鶴巻町525-5-101
振替 00180-7-146431
電話 03-5292-1210
FAX 03-5292-1218
URL http://www.akanebooks.com/

定価はカバーに表示してあります。

落丁本・乱丁本はおとりかえいたします。

ISBN978-4-89989-102-4